仝延龄 ◎ 著

《论语》辨析

西北大学出版社
·西安·

图书在版编目（CIP）数据

《论语》辨析 / 仝延龄著. -- 西安：西北大学出版社，2024.10. -- ISBN 978-7-5604-5522-8

Ⅰ.B222.25

中国国家版本馆CIP数据核字第20246T2L45号

《论语》辨析
LUNYU BIANXI

仝延龄 ◎ 著

西北大学出版社出版发行

（西北大学校内　邮编：710069　电话：029-88302589）

http://nwupress.nwu.edu.cn　　E-mail：xdpress@nwu.edu.cn

全国新华书店经销　　西安奇良海德印刷有限公司印刷

开本：787毫米×1092毫米　1/16　印张：23.75

2024年10月第1版　2024年10月第1次印刷

字数：316千字

ISBN 978-7-5604-5522-8　　定价：89.00元

如有印装质量问题，请与本社联系调换，电话 029-88302966。

目　录

总论　《论语》是我国古代早期社会一部完整的治国宝典 …………… / 1

第一部分　治国之道

一、治国样板——对尧治国经验的总结和借鉴开创了我国治国之道的先河
………………………………………………………………………… / 17

二、治国模式——孔子有关中央集权制的构想辨正 …………… / 27

三、治国方略——孔子"以德治国"谋划及其历史贡献 ………… / 36

四、治国之策——"以德治国"方略的重大举措 ………………… / 67

五、治国宝典——对孔子治国学说"正本清源，古为今用" ……… / 91

第二部分　伦理治世

一、孔子伦理治世的核心是"仁" ………………………………… / 124

二、孔子伦理治世的基本途径是做"君子"式的人 ……………… / 162

三、伦理治世的最高境界是仁道 ………………………………… / 233

第三部分　孔子其人

一、书如其人 ………………………………………………………… / 271

二、学生对孔子的记述和评价 …………………………………… / 294

三、孔子的自我评述 ………………………………………………… / 306

四、社会各界对孔子的评价 ………………………………………… / 329

后记　孔子是中华文明治国学说的开创者 ……………………… / 359

总　论

《论语》是我国古代早期社会一部完整的治国宝典

孔子（前551年—前479年），名丘，字仲尼，我国古代著名的政治家、思想家和教育家，中国儒家学派的创始人。

《论语》（本书参考《论语译注》一书，杨伯峻译注，中华书局1980年版）是研究孔子及其学说最为原始的历史资料。正如太史公司马迁在《史记》中所述："余读孔氏书，想见其为人。""天下君王至于圣人众矣，当时则荣，没则已焉。孔子布衣，传十余世，学者宗之。自天子王侯，中国言'六艺'者折中于夫子，可谓至圣矣。"普天之下，有贤能的国君众多，当政时，一言九鼎，荣耀盖世。随着失去权位，这些荣耀也被带走了，很快就被人们忘记了。孔子是无权无势的"布衣"（普通人），声誉却世世代代相传，威望很高。他多才多艺，精通"六艺"，达到了圣人的高度。《论语》一书，凝聚着孔子的理论和思想，形成系统的理论体系和思想体系；凝聚着孔子一生的观点和论述，"一以贯之"，构成为孔子创立的学说和儒家学派，誉满古今中外；凝聚着孔子人生的全部精力和心血，不遗余力地推行和宣传其治国理念和治国方略，并且不断完善，矢志不移。孔子以自己的观点和学说为教材，教育和培养学生，名师出高徒，培养了一批圣贤级的人才，号称"三千弟子，七十二贤"，继承和发扬他的学说，使他的学说后继有人。正是学生及再传弟子将孔子的论述和学说汇集成册，终成传世的治国治世教科书。从书中可见其为人，也反映出孔子严于律己、崇德重教、毫无私欲、致远笃志、好学敬业、谨言慎行、言行一致、表里如一、言传身教、为人师表的品德和作风，在学生中德高望重，在社会上声望广传。孔子十七岁时，鲁国大夫孟釐子临死前告诫他的儿子懿子说："今孔丘年少好礼，其达者欤？吾即没，若必师之。"（见《史记·世家第十七·孔子》）足见其在"志于学"之年已有一定的威望，以至于流芳百世，"可谓至圣矣"。

要了解中国，就需了解孔子；要了解孔子，就需了解《论语》。结合有关资料，现就孔子及其《论语》谈几点看法。

一、《论语》的编年和内涵

《论语》的编写是在孔子去世以后,孔子的学生及其再传弟子将孔子一生的观点和论述进行收集、整理、编辑成册的。所谓《论语》,顾名思义,是用语言来表述,语录式,短则几个字,最长也就千把字,多有警句,一句或一段是一个完整的意思和观点。结构貌似松散,却围绕着治国和伦理的交叉与结合,以每篇标题整合全书,形成孔子的理论体系和学说。

这里有几点需要加以说明:

(1)孔子的论述,主要是通过口述,由学生记录;也有学生通过接触和观察,以文字形式叙述孔子的行为和日常生活。《论语》第十篇中,孔子论述的比重占95%,学生文字记述只占5%。这些记述不仅表明孔子是其学说的践行典范,更能体现孔子对自身思想和学说的执着。

(2)《论语》主要为孔子的论述,参与编写的学生在收集时,也将孔子的部分学生的论述也收集其中,这些论述忠实传承和弘扬了孔子的思想,是孔子思想的重要组成部分。

(3)这本书是一部具有可实践性的治国谋略著作,而非泛泛的理论探讨类学术著作。由书及人,孔子是建立学说的思想家,而非专注于学术研究的国学大家。

二、《论语》产生的时代背景及其历史贡献

1.《论语》产生于我国古代社会发展早期,处于大变革、大转型时期,该书针对由乱到治的政治需求提出了一套治国谋略和主张

《论语》产生于春秋时期,主要汇集了孔子及其弟子的论述,因为孔子(前551—前479)的一生都处在春秋时期,故而《论语》的时代背景应为春秋时期。

春秋战国时期(前770—前221),历时500余年,其经历时间之长、

社会转型之艰、国家撕裂之深、付出代价之大实属罕见。这个时期又分为两个阶段，第一阶段是春秋时期（前770—前476），第二阶段是战国时期（前475—前221）。

殷纣王时，天下无道，周武王推翻殷商王朝，建立大一统的周王朝，统一了全中国。为了奖励有功之臣，给他们分封领地，各路诸侯慢慢强大起来。到了春秋时期，周王朝大权旁落，各诸侯国各自为政，对外忙于争霸征战，对内横征暴敛，压榨农奴和百姓，搞得社会四分五裂，文王、武王建立的礼乐制度遭到破坏，建国初期的太平盛世已不复存在，正如孔子所说："德之不修，学之不讲，闻义不能徙，不善不能改，是吾忧也。"（见《论语·里仁篇第四》第四章第四节，标注为4·4，全书同；下文涉及《论语》篇章名省略《论语》书名）。虽然孔子对当时的社会风气很担忧，但他却慎言战争，不把精力放在抨击社会上，而是针对时弊，提出自己治国的主张和观点。

2.《论语》的价值，不仅仅反映时代性，而且能够站在当时时代的制高点上，提出超越制度、跨越时代、穿越历史的超前思想和学说

《论语》是春秋时代的产物，其主张和学说是针对春秋时期的社会和制度提出的，身负这个时代的烙印。其中涉及的人和事，都是当时的人和事，《论语》不仅只简单评价这些人和事，而且以这些人和事来论述孔子的主张和观点，也就是将这些特定的人和事抽象为一般的人和事，这就具有了一般性。

《论语》作为治国学说，具有时代性，其时代性就是为了改变当时战乱频仍的现状，不是脱离那个时代的空想，具有极强的可实践性。其贡献在于，站在制度之上，或者说站在时代的制高点上，不只是专为这个制度设计的，而是具有超越制度的特性。之所以当时不能实现，不是孔子学说本身的问题，而是其学说与当时的制度相悖，在这个制度下执政者不可能实施。

3. 《论语》论述受当时社会的制约，具有历史局限性以及孔子思想的保守性，但其"治"的正面作用和正向性是其主要方面，起主导作用

孔子所处的时代是奴隶制社会，孔子思想带有这个时代的烙印，如维护君权的礼乐制度，这种制度在现代看来存在不合理之处，这些都要历史地看待，不能用现代的标准去要求那个时代的人物。同时，从"治"的角度去理解其特定内涵，作为规矩、秩序、礼仪制度，这在任何社会都是需要的。有些观点是守旧的、保守的，例如，"民可使由之，不可使知之"。还有把妇女和小人放在一起，说是"难养也"，这种歧视妇女的观点，其负面作用至今还未完全消除。

但是，这些保守和负面的东西在全书中占的比重较小，其主要内容是讲治国良策，是积极的、正面的，是起主导作用的。

4. 《论语》彰显孔子治学方面的功绩，充分反映出孔子是我国古代伟大的教育家，是我国教育的奠基人

孔子在推行他的学说时，在政治上、思想上处处受阻，遭受挫折，在治学上却成效显著，培养了大批的人才。这些人才传承并忠实于他的学说，其中还有不少顶尖级的贤才，他们对孔子的学说融会贯通，有的还有创新发挥，有自己独到的见解。他们将孔子一生的论述收集、汇总，在《论语》这本书中形成系统完整的理论和学说，终成为不朽的传世之作。只有圣贤级的老师，没有圣贤级的学生，是难以做到的。

这是一方面，更为重要的是，孔子的教育理念以及一系列教育的理论与实践，见之于文字，这在此前的中国历史上是没有的，这为中国教育的发展奠定了坚实的基础。其中一些重要教育思想、教育理念、教育理论和实践传承至今，仍有其重要的意义。例如"有教无类"的教育理念，在剥削制度下难以实现。在我国当前的社会，制度的障碍已经消除，可是要做到事实上的"有教无类"依然是一项艰巨的任务。

5.《论语》具有深厚的文化底蕴，反映出春秋战国时期我国思想文化发展已经达到相当高的程度

没有高度的思想文化，就产生不了《论语》这样的巨著。思想根植于中国思想文化的厚土之中，这些思想文化源自历史长期的积累和沉淀，这不是一时或短期就可以达到的。从大的背景讲，在两千多年前能有《论语》这样的巨著，我国至少已积累了几千年的文化底蕴，具有长期的文明发展史，这是《论语》产生的文化背景；从孔子的家庭背景来讲，孔子小时候家庭已经衰落，家境贫寒，但他从小好学，"志于学"，有远大的抱负。家庭和社会是条件，个人的理想信念、坚持不懈的努力和坚定不移的毅力，才是《论语》产生的内在原因。

6.春秋战国处于社会大转型、大变局时期，是知识暴增、人才辈出、思想文化繁荣发展的时代，产生了一批誉贯古今的圣贤级学派创始人，也留下了横贯历史而不衰的思想文化遗产

春秋战国社会大转型的特点是争霸和战争，其争霸和战争已经摆脱原始拼杀的方式，不仅产生了一些突出的诸侯国君和军队将领，而且有智谋的辅臣、重臣、战略人才也脱颖而出，对争霸和战争的胜负起决定作用，特别是《孙膑兵法》和《孙子兵法》，不仅用之于当时的战争，而且已成为军事经典著作，运用在现代战争中。

争霸和战争需要谋臣，这提高了文人在国家的地位，促进了文化的发展。社会大转型、大变局时期，也是思想文化最活跃的时期，这个时期也是我国早期的一个"百花齐放，百家争鸣"的时代，产生了一批学派创始人和理论成果，孔子是其中的一个学派。这些学派争鸣有两个显著的特点，一是各家各自创立自己的学派，各说各话，各立各论，有同时期的，也有间隔500年先后出现的，所谓争鸣，是观点和学派不同；二是这一时期的学派和观点，大都是正向的，具有互补性，这些学派共同组合起来，就构成了我国辉煌且得天独厚的优良传统，孔子及其《论语》是其中之一。

三、对《论语》的评述和研究

对《论语》的评述和研究，两千多年来一直未停，成果颇丰，这是对我国优良思想文化传统的宝贵资料和丰厚遗产的传承和发扬。现围绕这个话题谈一些看法。

1. 近代以来，对孔子及其《论语》的评价产生过严重的分歧

这主要反映在两个方面：

（1）对孔子本人的评价：一种观点认为孔子是复旧、复辟人物；另一种观点是孔子代表新兴封建阶级的利益，孔子学说是维护封建统治阶级的思想基础。

说孔子是复旧人物，其主要论点为：

一是"克己复礼""吾从周"，是企图恢复旧的礼制，退到奴隶主统治的旧时代。这一理由并不充分，从《论语》的论述看，文王、武王时期天下有道，礼仪有序，百姓安居乐业。到了春秋时期，诸侯争霸，礼制破坏，社会四分五裂。所谓复礼，就是恢复周朝建立初期那样的太平盛世，不能将其简单说成是企图恢复旧的礼制。

二是"兴灭国，继绝世，举逸民"，恢复被灭亡的国家，承续被断的东西，把被遗弃的人提拔起来，这是企图复辟。首先需弄清这段话的意思，这一时期，周大权旁落，诸侯立国，大大小小的诸侯国难以数计。《史记·太史公自序》中记载："春秋之中，弑君三十六，亡国五十二，诸侯奔走不得保其社稷者，不可胜数。"这些被灭的诸侯国，是强凌弱、大欺小的结果，不一定都是应该被灭的国家，其制度不一定都是该断绝的，其人才不一定都是该废弃的人才。以此为据，给这句话扣上复辟的大帽子，过于武断。

将其说成是维护封建专制制度。如果是指封建社会代替奴隶社会，这是顺应社会发展，是一种进步。如果说是维护封建制度，这是另一个论题，别做他论，下面会提到。

（2）对孔子及其《论语》的评价存在严重分歧的是对孔子学说的看法：

一是对孔子学说在封建社会的作用予以否定，认为其作为封建专制制度的思想基础，维护封建专制统治达两千多年，延缓了中国封建制度灭亡的历史进程，"五四"时期，"打倒孔家店"喊出了中国革命的最强音。

二是对孔子学说基本持肯定的评价。认为孔子学说被封建社会绑架，"打倒孔家店"并没有错，不砸碎"孔家店"，不摆脱封建制度思想束缚，就不可能洗雪近代以来对列强欺凌的耻辱，就不能推翻不平等的社会制度，就没有中国的革命和人民的解放，就不可能取得今天翻天覆地的变化。但是，将其完全归罪于孔子思想，是不妥当的，要做具体分析。

前面已解读了，《论语》是在建立封建社会之前就产生的，不是专为封建社会定制的，其主导方面是正面、正向的，在封建制度建立的过程中是顺应社会发展趋势的，在建立封建政权的初期对稳定政权起到一定的作用。秦统一中国，结束了500多年的争霸和战乱，建立大一统的封建制度，焚书坑儒，推行法治，订立制度，稳固政权，却寿命不长，执政时间很短。汉武帝吸取这一历史教训，图谋从思想上统治人民，巩固政权。他从先秦的思想文化经典中，选中了《论语》，这是一部记载完整治国思想的书，其主要特点是不触及制度，由统治者实施，这就让国君掌握了治理的主动权，汉武帝扭曲了孔子关于中央集权制的构想，转变成为君权至上，称"君"为天子，是上天派往人间代表上天治理天下的，天子的话就是圣旨，就是绝对真理，是对是错臣民都得无条件听从，这样治国就变成为治世，治世就变成为治民，再加上扩大了孔子对遵守旧礼教的论述，改造了孔子的正确论述，利用了孔子大篇幅有关家庭、社会伦理的论述，将其演变成为封建专制制度和封建等级制度，将儒家学说和封建制度捆绑在一起，成为禁锢人民思想的统治工具。如果在封建社会初期，孔子学说顺应社会发展趋势，起到了正向、积极的作用，随着社会的发展，这一思想越来越成为生产和社会发展的阻力。

此外，虽然封建统治者对《论语》做了适合于封建制度的改造，可是推出的仍是《论语》的原本，这就是说，在强行推行中，通过一代代继承和发扬，《论语》中蕴含的优良传统也得到了有力推行，溶于中华民族的血脉和中华文明的内涵之中，内化为中华民族的民族特质和得天独厚的优势，这是《论语》传承的主线，它不会随着社会发展和演变而褪色。

2. 加大对《论语》研究的力度，将祖先留给我们的思想宝库挖掘出来，这是中华民族步入新时代的必然要求，是我们义不容辞的历史使命

从推翻封建制度到现在已经百余年了，孔子被封建制度捆绑所带来的负面影响已经逐渐消失了，可以通过研究还原孔子学说的原汁原味，给予较为公正的辨析和评价。

对《论语》研究的必要性大致有以下几点：

（1）近代，《论语》研究在周边一些国家和地区一直较热，近年来在西方的研究热度也起来了，孔子学院愈来愈多，相比之下，作为发源地的中国，对《论语》的研究热度相对不够，因此利用得天独厚的优势，加大研究力度是非常必要的。

（2）孔子学说被封建统治阶级绑架两千多年，虽然其负面影响已经消除，但是对孔子学说的负面评价依然存在，通过研究辨析，还原孔子学说的真谛，是非常必要的。

（3）孔子的一些论述和观点是在一定场景下讲的，有的具有针对性，这些学生都是清楚的，可是学生汇集时没有加以说明，只记录了论述和观点，这就留下研究难题；古字，一字多义，有不同解读，记录时有可能偏离原意；对孔子学说如何评价等某些都需要加以辨析和鉴别。

（4）近年来，在市场经济的浪潮下，某些以金钱为核心的价值观使包括孔子在内的优良传统发生动摇，加强孔子学说研究，培根固本，已成为一项刻不容缓的任务。

（5）目前，剥削制度的藩篱已经拆除，其制度的影响已经消退，政治环境、经济环境、文化环境都为研究包括《论语》在内的中华优秀思想文化遗产创造了最佳的条件，将其挖掘出来，古为今用，是哲学社会科学的历史使命。

3.《论语》研究的宗旨、指导思想及其遵循的原则

《论语》的研究不是为了研究而研究、为了辨析而辨析，其宗旨是发扬优良传统，加速现代化建设。

根据这一宗旨，其研究的指导思想是不忘初心，古为今用。不忘初心，是深研原著，取得真谛；古为今用，是跳出原著，学以致用，服务当今。

要贯彻这一指导思想，必须坚持正本清源、去伪存真、扬优弃糟，牢守根基的原则。正本清源，经过辨析和鉴别，澄清一些被扭曲的东西，从源头上厘清；除去一些伪劣的东西，提纯吸收真正体现孔子思想的正能量；剔除糟粕，发扬优秀文化，最后达到牢守根基的目的。将我国的现代化建设深深地扎根于中华文化和中华文明的深厚土壤之中，从而枝繁叶茂，结出丰硕的果实。

对待研究的分歧，就是要始终坚持正确的立场、观点和方法，即将辩证唯物主义和历史唯物主义，作为判断是非曲直的准则。

这里有三个要件：

（1）辩证地分析和认识问题。所谓辩证，就是从总体上对《论语》进行系统分析，把握其内在的、反映其内涵的东西及其关联，而不是孤立地、静止地、片面地看待问题，不能以点概面、以偏概全，不能把不是孔子的观点强加在孔子头上。

（2）唯物地分析和认识问题。所谓唯物，就是反映客观现实，而非主观武断，将自己的主观认识强加在孔子身上。孔子的世界观是复杂的，有宿命的成分，但不能简单将"知天命"说成是唯心主义的宿命论。

（3）历史地认识和分析问题。所谓"历史地"，就是这本书是两千多年前的著作，反映的是那个时代的人和事，论述受时代的制约，因此要从历史的角度进行认识和分析，不能用现代的观点来看待那个时代的事物。只有正确的立场、观点和方法，才能进行正确的研究和分析，才能做出透彻和正确的判断和结论。

4. 先秦诸子百家研究及其现代意义

孔子是先秦时期的著名人物，并非一举成名偶然冒出的人物。《论语》是先秦时期的巨著，并非单独产生的孤品，孔子是这个时代产生的诸多学派创始人的一个代表，要了解和评价孔子及其学说，只有将其放在诸子百家之中，才能做出正确的评价，这是就《论语》研究而言。

《论语》产生的时代背景，《论语》研究的宗旨、指导思想及其遵循的原则，同时适用于诸子百家综合研究。通过对诸子百家综合研究的思考，对我们有以下启示：

（1）诸子百家是大变革时代的产物。春秋战国，是争霸和战争的时代。争霸与战争是孔子予以反对的，但是从社会发展的趋势看，争霸和战争是由分裂到统一、由乱到治的必要手段，是顺应社会发展规律的。社会大变革，争霸和战争，不仅加速了经济的发展、军事的强盛和人才的辈出，而且造就了思想活跃和文化繁荣的盛世，诸子百家脱颖而出，产生了横贯古今、誉满全球的不朽成果。当今时代，是中华民族伟大复兴的时代。这个时代国内外的环境更加复杂，面对的形势更加严峻，社会发展任务更加艰巨，我们须从老祖宗这里得到启示，自觉抓住历史机遇，创造新的历史奇迹。

（2）诸子百家是先秦诸子百家的整合，构成中国古代取之不尽、用之不竭的优秀思想文化宝库。春秋战国时代，诸子各家各抒己见，形成不同学派，开创了中国历史第一次"百花齐放，百家争鸣"的局面，争鸣的特点是，其主流都是正向的，各有所长，且各有所短，将其整合起来，具有增值的作用，易形成完整的观点。例如，自古至今一直存在的儒法之争，将其整合起来，既重德治，又重法治，这就是一个相对完整的治国理念。

那个时代的思想争鸣有两个重要特征：一是各个学派，都不是出于功利以及维护本派的私利，而是从国家和社会大公出发；二是他们创造的思想文化成果，中华民族思想文化具有繁衍不息的优良传统，经久不衰，直到今天依然可以借鉴。

（3）树高须得根固。我将新时代比作大树，将优良传统比作树根，我国的大树根深土厚，这是我国的特点和优势。我国事业树高干粗，得益于根深土厚。中华民族进入伟大复兴的时代，树加速长，就需要培土固根。先秦时期形成的优良思想文化宝库，对新时代可以起到三方面的作用。一是将其融入新时代的复兴大业中，起到增值和加速作用；二是将其铸造和长期沉积的民族特质和品德，融入新时代的血液中，成为复兴大业的独特点和优势；三是将先秦诸子百家的优秀思想文化融入新时代的指导思想中，起到牢守根基、凝聚民族精神、激发人民热情、形成统一意志、聚集中华力量的作用。优秀思想文化传统是根。根具有固定力、支撑力，对于今天的我们依然具有重要意义。

先秦诸子百家的综合研究是一项长期性的巨大工程，仅靠少数人是难以完成的，这是哲学社会科学的艰巨任务。

我对孔子及其学说的研究，只是一种学习、一种理解、一种体会，算作是阅读的感悟。这种研究，是从青年时期的解惑开始的，后来作为老年生活的一种方式，持续至今。退休二十多年来，我对《论语》深入精细地通读了三次。首次系统研读了《论语》之后，不仅消除了疑问，而且对孔子及其思想的态度由否定转为肯定，这种感触非常深刻。其感受可以用"刻骨铭心"四个字来表述。这种感触促使我继续深读，第二次通读后，撰写了《寻根》一书。在此基础上，我进一步细读，完成第三次通读，深入到每篇、每段、每句、每字，逐字逐词理解，撰写出了《古论今语》一书。

最近，我在以前研究的基础上，在释疑、深读、细解之后，又对《论语》全书进行了第四次通读和研究，并且有了新的更深的体会，其中最主要的就是：孔子的治国主张，是超越了当时的社会制度的。本书就是据此撰写的，着重阐述我的最新研究成果。全书分为"治国之道""伦理构建""孔子其人"三个部分，重点对《论语》进行辨析，论述仁德和仁政，以期对读者有所启示。

第一部分

治国之道

一、治国样板——对尧治国经验的总结和借鉴开创了我国治国之道的先河

总论中提出，孔子学说在制度层面具有超前性，但这并不代表着孔子具有预见性和预测性。孔子是我国古代的政治家，而不是革命家；孔子是我国古代的治国谋划家，而非社会发展的战略谋划家。在孔子时代，中国还处于奴隶社会。他的学说是靠当政者实施的，为了维护自己的学说，孔子只能从中国过去的历史中找出一个样板，以此来说服当政者按这个样板去做。孔子酷爱学习，读了大量的古书，对历朝的历史了如指掌，他从三皇五帝中选中一位治国楷模，这就是尧。《论语》第二十篇《尧曰篇》对其做了集中介绍。

第二十篇是全书的压轴篇，是全书章节最少、论述篇幅最小的一篇，又是最为精华的一篇。

"尧曰"二字，高度概括了治国样板的主题和中心含义。尧，是明君的典范，是治国榜样。"尧曰"用现代的话说，就是尧对自己接班人的政治交代。

围绕这一主题，本篇只有三段也就是三节，讲述了六个重要问题：一是尧的楷模作用和治国经验；二是根据尧的治国经验以及孔子时代的社会现实，孔子提出自己的治国主张；三是孔子根据自己的治国主张提出执政要求；四是学生介绍孔子最关注的问题；五是孔子通过回答学生提问，谈如何治理好国家；六是孔子以"知"为要，强调知行结合问题。全书以学习开篇，本篇以学习收尾，告诉当政者要学习这些经验。现就这六个问题做具体的介绍。

1. 通过"尧曰"树立一个国君典范和治国样板

这段话的原文是："咨！尔舜！天之历数在尔躬，允执其中。四海困穷，天禄永终。"

用现代语言表述就是，尧说："啧啧！你这个舜啊！根据上天的安排，帝王就由你来继承，你要真诚地坚持正确的治国方略。如果你将天下治理得贫困穷苦，上天赐给你的禄位也就永远终结了。"

这二十多个字，是本篇乃至全书的重点内容。其中反映以下含义：第一，尧身体力行，励精图治，将毕生的精力用在治国上，营造了一个天下有道、百姓安居乐业的太平盛世，四海富足，丰衣足食；第二，尧没有将江山传给自己的儿子，而是经过物色、考察，挑选出能够接替他治理好国家的接班人，这是孔子将其作为样板的一个最主要的原因；第三，尧通过政治交代，告诉舜，他花了这么多心血，将国家治成这个样子，如果舜不好好治理，把国家治理成"四海困穷"，就辜负了尧对他的期望。为了让舜牢记他的托付，尧加重语气，说把舜放在这么重要的位子上，是上天安排的，如果没有治理好，上天就会惩罚舜。尧意思是，人在做，天在看。这个天，就是普天之下的老百姓，如果"四海困穷"，受害的是老百姓，舜必然遭到老百姓的唾弃。

根据上述内容，尧的治国经验有四：一是，尧治国不是为了享受和功利，而是不让普天之下贫困（"四海困穷"）。"四海富足"、人民安居乐业，是他的执政理念；二是，尧执政不是为了私心和私利，不认为江山是他个人的江山，也不认为是他的子孙和宗族的江山，他没有把江山传给他的儿子，而是选择有能力治国、能够治好国的人执政，这是其伟大之处；三是，尧将接班人看作关乎国家能否治理好的头等大事，优中选优，不仅重视领导才能，而且重视仁德，进行考察和考验，力求选准接班人。事实证明，他选舜是选对了人；四是，尧选接班人不是在他去世前才选，而是在他还在执政的时候就选好了，使其平稳过渡，以确保他的治国良策和治国理念能够传承下去。

这个政治交代之后的一句话："舜亦以命禹。"意思是，舜没有辜负尧的重托，国家同样治理得很好，也没有让自己的儿子接班，而是选中了禹，同样给禹做了政治交代。舜亦是治国榜样。因此，后世人常将"尧舜"连在一起称谓。

这就是孔子树立起的治国样板。在这里，我们且不论尧舜时期的史实如何，在孔子的笔下，尧舜的确是理想的典范人物。因此，历代都在称颂尧舜，希望"人皆可以为尧舜"。

接下来孔子谈到两个人，一个是商汤，一个是周武王。

孔子引用商汤说的话，说商汤真诚地向天帝祷告，自己诚恐诚惶，总怕上天把国家交给他，他治理不好，该做的没有做，不该做的做了。他对上天发誓说，他不敢有隐瞒，这一切上天都看得明明白白。他接着说："朕躬有罪，无以万方；万方有罪，罪在朕躬。"由于是向天帝祷告，称自己"予小子履"。履，据杨伯峻先生考证，是指汤的名字；朕，古时国君对自己的称谓。这段话的意思是说，如果他做得不对不好，就惩罚他一个人，不要牵连天下的人；如果天下无道，是由于他没有治理好，罪责在他一个人，由他一个人承担。商汤继承了夏禹的好传统，治理国家没有一丝一毫的懈怠，经常反省，总怕自己没有做好，特别敢于承担，能体恤下属和老百姓。这充分说明，选对选对接班人，才能将国家治理得越来越好。

另一个人是周武王。周朝，特别是开国国君周文王、周武王，将国家治理得好，让有仁德的人、有品行的人、勤劳的人、有善心的人都富起来，生活过得安定幸福。孔子引用周武王的话说："虽有周亲，不如仁人。百姓有过，在予一人。"这句话的意思是说："我周朝有皇亲国戚，他们是我的亲人，但是在治国上我不能依靠他们，我得依靠有仁德的人。我看重的是仁德而不是亲情。"这是在用人上。另一层意思是说："百姓如果有过错的地方，不怪他们，是我没有把国家治理好，罪责由我来承担。"前一句是讲治国的功绩，后一句是讲文王、武王的高尚仁德和品行。

孔子重点介绍了商汤和周武王的治国情况，虽不像介绍尧那样全面，但也将他们作为治国榜样，而非治国样板。

2. 根据尧的治国经验以及春秋时期的社会现状，孔子提出自己的治国主张

孔子提出治国样板和治国榜样之后，有下面一段话："谨权量，审法度，修废官，四方之政行焉。兴灭国，继绝世，举逸民，天下之民归心焉。"

由此看来，孔子提出治国样板和治国榜样，不是理论研究，而是为了推行他的治国之道，将其用之于社会，目的非常明确，具有很强的社会针对性。

孔子树立起尧这个治国样板，反映了孔子的大智慧。但尧这个起点很高，仅改变世袭制、改变诸侯国现状就根本做不到。从实践的层面，大权都掌握在诸侯国手中，争霸和四分五裂的局面不会改变，"四海困穷"的问题解决不了，因而注定无法实施。

孔子又推出商汤、周文王这样的治国榜样。周文王、周武王是周朝的先祖，"吾从周"，将周朝立国的治国之策作为榜样，这是孔子考虑的第二个层次，他的治国之策，就是这样推出的。

这段话在总论中，是从社会时弊的分析入手，进行辨析，进行正本清源、澄清问题的。此处孔子从"治"的角度提出主张，他树立了一个榜样，要当政者按此去做。周朝初期的榜样就摆在那里，一对照时弊就显示出来了。他在告诉当政者，周朝先祖那时国家治理得多么好，你们现在都折腾成什么样子了？他得依靠当政者去实施，不能刺激他们，这些话他没有说出，而是从"治"的方面要他们按老祖宗的治国样板去做，如果做不到就按周朝先祖的治国榜样去做。孔子提的主张，与诸侯国的争霸相悖，他们不会实施孔子的主张。至于周天子，在当时无法改变大局。这就注定了孔子这一套在那个时代是行不通的，这是另一个话题。

为了弄清孔子主张的含义，我们可以做进一步具体分析。要按治国榜样做，首先要审查、审定有关制度、规定和礼仪，统一度量衡，完善法度，把朝廷废弃的官制恢复起来，这样全国的政令就会统一，并且畅通无阻地执行。再根据这些制度、规定和礼仪，让那些被武力灭亡的诸侯国复兴起来，将他们被废弃的制度恢复起来，把其弃而不用的优秀人才重用起来，这样民心才能归顺。

要治理好国家，首先要立，一是"权量"，可以广指制度、体制、规矩、大政方针；二是"法度"，可以广指法律及司法执行制度；三是"官制"，即执政者领导核心的制度和建设。根据社会变化和实行情况，经常检验和审定，进行谨慎的审查、修订，只有这样，才能政令畅通、顺利执行。

"兴灭国，继绝世，举逸民"的针对性和特指性很强。兴，是指兴起、崛起、发展、建设；灭，是指已消灭的诸侯国；国，是国家；继，是指继承、坚持；绝，是指断绝、废除；世，指优良传统、制度、规矩等；举，是指推举、重用；逸，是指遗弃、废弃；民，是指普通百姓。从立的角度，立重"兴、继、举"三字，治在"兴国、继世、举民（人才）"六个字。在立的基础上，兴、继、举。兴是兴国；这里的灭，可指国家的衰败灭亡等情况，兴国是治国的重要方面；继是继世；世是治世的制度、规矩；这里的绝，是指缺失、废除，是说将缺失和废除的治世制度和规定立起来，坚持下去；民这里是指人才；举是指起用、重用那些弃之不用的优秀人才。只有兴国、继世（优良传统）、举才（优秀人才），才能深得民心，取得人民信任。在不违背孔子原意的原则下，用今天的语言解读，就能起到古为今用的作用，发扬优良传统。

还有一点需要说明，《论语》上述原文，虽然都没有标明"子曰"，但是我认为应该都是孔子说的。其理由是，孔子阅读了大量的史料，他具有这样论述的能力；如此重要的论述，可能有不少是收编学生对孔子论述的概括，反映了孔子的观点；其观点与孔子全书的论述是一脉相承的，是全书收官之论，是孔子为了推行他的治国学说而树立的治国样板和榜样。

孔子的论述可有助于对这两段的理解，这里简要举几个例证。

孔子说："尧作为国君真是伟大呀！真是崇高呀！只有天最高大，只有尧可以与天相比。他的恩德多么广博，人民简直无法用语言来称赞他。他的功绩多么崇高，他的礼仪制度多么丰富！"（"大哉尧之为君也！巍巍乎！唯天为大，唯尧则之。荡荡乎，民无能名焉。巍巍乎其有成功也，焕乎其有文章！"见《泰伯篇第八》8·18）

孔子说："多么崇高呀！舜和禹拥有天下，一点都不是为了自己！"（"巍巍乎！舜禹之有天下也而不与焉！"见《泰伯篇第八》8·18）尧选对接班人舜，舜没有辜负他的期望，舜又选对了接班人禹。

舜选拔重用了五个优秀人才，便将天下治理得很好。周武王说，他有治国的优秀人才十人。这里的"五"和"十"皆表示一批人，不是具体的数字。孔子对此评论说："人才难得，不正是这样吗？唐尧虞舜时代，就是由于人才济济且重用优秀人才，才使得国家得以兴盛。武王说的十人，其中有一名妇女，实际只有九人。周朝已经拥有三分之二的天下，仍向殷纣称臣，服事殷纣，不是为了君位，周朝先祖的德，可以说是最高尚的道德了。"（舜有臣五人而天下治。武王曰："予有乱臣十人。"孔子曰："才难，不其然乎？唐虞之际，于斯为盛。有妇人焉，九人而已。三分天下有其二，以服事殷。周之德，其可谓至德也已矣。"见《泰伯篇第八》8·20）这里讲了以下意思：一是尧舜时期治理得好，国家兴盛，是由于尧舜选准和重用了能治好国的优秀人才；二是禹和周武王都是由于有一批治国良臣，才将国家治理得很好；三是周文王道德高尚。孔子由此得出人才难得的结论，不过他将妇女排除在人才范畴之外，这属于对妇女的歧视，这种做法并不妥当。

孔子说："对于禹，我没有什么可批评的了。他自己吃得很差，却把祭品办得极丰富；衣服穿得很差，却把祭服做得极华丽；住的宫室很差，却把全部精力用于兴修沟渠水利。对于禹，我没有什么可批评的了。"（子曰："禹，吾无间然矣。菲饮食而致孝乎鬼神，恶衣服而致美乎黻冕，卑宫室而尽力乎沟洫。禹，吾无间然矣。"见《泰伯篇第八》8·21）古代祭鬼神是一项很讲究的祭礼活动，禹平时衣食能省就省，对祭礼活动，祭品和服装该花就花，一丝不苟，以示虔诚和庄重。孔子赞扬禹毫无私心、节衣缩食，将全部精力用于治水和兴修水利上。

孔子说："泰伯，可以说其品德是极其高尚了。多次将君位让给季历，人民简直无法用语言来称赞他。"（子曰："泰伯，其可谓至德也已矣。三以天下让，民无得而称焉。"见《泰伯篇第八》8·1）泰伯，即太伯。周朝先祖古公亶父的长子。古公有三个儿子，泰伯、仲雍、季历。季历的儿子姬昌，即周文王。古公去世后，泰伯偕同仲雍出走他国，将君位让给最小的弟弟季历，这才有周文王周武王建立的周王朝。面对君权这个至高无上的地位，能将其让给弟弟，没有极高的品德是做不到的。处于争霸的时代，不是争权，而是放弃，实属难能可贵。孔子对此大加称赞。

孔子说："周朝的礼仪制度，借鉴夏朝和商朝的礼仪制度，其内容更丰富，我赞成周朝的礼仪制度！"（子曰："周监于二代，郁郁乎文哉！吾从周！"见《八佾篇第三》3·14）这里孔子明确说"吾从周"，其理由是，周朝的礼仪制度是借鉴夏朝和商朝的礼仪制度，而且对那个时代的礼仪制度有改进。

孔子在回答学生提问时说："商朝（殷）对夏朝的礼仪制度，有废除，有增加，这是可以知道的；周朝对商朝的礼仪制度，有废除，有增加，也是可以知道的。据此，假使继承周朝的朝代，即使是百世，也是可以推知的。"（子张问："十世可知也？"子曰："殷因于夏礼，所损益，可知也；周因于殷礼，所损益，可知也。其或继周者，虽百世，可知也。"见《为政篇第二》2·23）孔子对过去夏商周三代已经实行的礼仪制度进行比较，不是照抄照搬，而是后者对前者的礼仪制度有增加，也有修改和废除。由此孔子推知，社会是变化的，制度也是不断更新的，社会发展是有规律的，不要说十年八年，就是百年千年，也是如此。孔子这段论述，所说的是礼仪制度，可以被看作社会发展的普遍规律的一种体现。这比上段论述更明确，怎么能归之为"倒退论"？怎么能说是"唯心论"？

3. 树立人民理念，重视民生问题，遵循礼节制度，尊重民风民俗，是关乎治理好国家的四件大事

孔子认为国家要治理好，应该重视四个方面：一是人民，人民是国家的主体；二是粮食，这是民生的重要方面；三是丧礼，这是当时最重要的礼节制度；四是祭祀，这是古代一个重要的礼仪仪式和活动，也是一项重要的民俗内容。（所重：民、食、丧、祭）这段话是学生对孔子关于治国理念的概括。这四件大事可如此理解：治理好国家，要树立人民理念，把治国的出发点和着力点放在为民上；要重视民生问题，将人民的衣食住行作为衡量治国成效的重要标准；要遵循国家的礼节和制度，尊重民风民俗，建立良好的社会秩序和风气。

4. 仁德和仁政是执政者取得人民信任和治国理政的基本要求

孔子认为，要取得人民信任、稳固政权、治好国家，执政者必须要有仁德和仁政，要求做到宽厚、诚信、勤敏、公正。宽厚就会得到群众的拥护，诚信就会得到人民的信任，勤敏就能取得功绩，公正就会使百姓喜悦，（"宽则得众，信则民任焉，敏则有功，公则说"见《阳货篇第十七》17·6）这段话是讲执政者应具备的品行：一是宽厚、仁慈，对人民要有爱心、善心，这样才能得到群众的拥护，这是执政的基础；二是仁德、诚信，言行一致，说到做到，真心实意为人民办实事、办好事，才能取信于民，这是执政的要旨；三是勤政，励精图治，善于根据形势变化，审时度势，做出正确决策，充分发挥才智和领导能力，这样才能有所建树、取得功绩，这是治国的标志；四是公正、公平，清正廉洁，政治清明，这样才能使老百姓心悦诚服，这是取得人民满意、爱人惠民、执好政对执政者的基本要求和领导保证。文中的"说"同"悦"，满意、喜悦、心悦诚服之意。这是学生对孔子提出的执政宗旨中涉及"人民"和"民生"理念，进而对执政者提出进一步要求的概括。

5. "因民之所利而利之"作为执政宗旨，实施"尊美德除恶政"的重大举措，建立美好社会，这是执政应具备的基本条件

此段论述是孔子回答学生子张怎么样做才能执好政的问题而做出的。（"何如斯可以从政矣？"）"因民之所利而利之"是"爱人惠民"的具体措施。要执好政，就要尊崇五种美德，屏除四种恶政。（"尊五美，屏四恶"本段引文均见《尧曰篇第二十》20·2）

尊五美：一是给人民以实惠，而不是把精力和资金用在有损人民利益的消耗上（惠而不费），只有"因民之所利而利之"，对人民有利的去做，对人民不利的不做；给人民带来实惠的去做，对人民有害、劳民伤财的无谓消耗不做，这样才能"惠而不费"（"因民之所利而利之，斯不亦惠而不费乎？"）。二是合理安排劳动，百姓才不会产生怨恨。（"劳而不怨"）按其具体情况，安排合适的劳动，又有谁能怨恨呢？（"择可劳而劳之，又谁怨？"）。三是欲求，人皆有之，但不能产生贪婪之心，要控制私欲（"欲而不贪"）。追求仁德而能达到仁德，又怎么会产生贪念呢？（"欲仁而得仁，又焉贪？"）。四是端庄。严肃而不傲慢（"泰而不骄"）。无论是人多还是人少，是大人物还是小老百姓，都不敢怠慢，这不就是严肃端庄而又不是傲慢吗？（君子众寡，无小大，无敢慢，斯不亦泰而不骄乎？）。五是威望，威严而不凶猛（"威而不猛"）。衣冠整齐，目不斜视，威严让人仰望而有所敬畏，这不就是威严而不凶猛吗？（"君子正其衣冠，尊其瞻视，俨然人望而畏之，斯不亦威而不猛乎？"本段引文均见《尧曰篇第二十》20·2）

屏四恶：一是虐民。不以教育为主，而是采取杀戮的方式，滥杀无辜，草菅人命，这是虐待民众（"不教而杀谓之虐"）。二是暴政，无视法律制度，不受规定规矩约束，采取强制的办法取得成绩，或者肆无忌惮，不择手段取得政绩，这叫暴政（"不戒视成谓之暴"）。三是恶习。对政令不认真执行，对政事懈怠，无所作为，还要达到预期，这叫从政恶习（"慢令

致期谓之贼"）。四是劣迹。为人民的支出很吝啬，进行克扣、挪用，这是从政劣迹（"犹之与人也，出纳之吝谓之有司"本段引文均见《尧曰篇第二十》20·2）。

综上所述，尊美德是当政者应具备的品德，弘扬从政美德，剔除官场恶政，施行仁政，反对暴政。坚持"因民之所利而利之"的执政理念，勤政爱民，清正廉洁，为民造福；反对无所作为、反对用行政命令的简单粗暴方式取得政绩；给人民以实惠而不增加人民负担，让人民勤劳而无怨言；来之于民用之于民，反对克扣；树立威严而不是以权施虐；平等待人而不傲慢，剔除"虐民""暴政"等恶习，则国家社会必将大治。

6. "知命""知礼""知言"是衡量执政者领导水平和能力的三个重要方面

孔子说："不懂得命运，就无法成为君子；不懂礼节，就无法立足于社会；不懂别人的言语，就无法了解别人。"（孔子曰："不知命，无以为君子也；不知礼，无以立也；不知言，无以知人也。"见《尧曰篇第二十》20·3）

这里"孔子曰"是对执政者说的，这是对国君尊敬的礼节。

知，是指知道、懂得、明白；命，是指命运，意指客观规律；君子，是指正人君子，是孔子树立的品行兼优的标杆。这段话的意思是，人唯有掌握并顺应自然规律，把握自身命运，方可成为真正意义上的"人"。作为执政者，就要洞察秋毫，掌握事物的内在规律，不断提高自己的领导能力和领导水平，这是作为领导者的基本素质。这里的"知命"和"知天命"是一个意思。

礼，是指仁德、礼节、规矩，只有懂得仁德、礼节、规矩，才能立足于社会。对于执政者，就是要弄懂弄明白仁德、礼节、规矩，弄懂弄明白了，才能执行好。自己带头执行，才能行得通、执行得好。

言，是指言语，言语是人行为的表达窗口，由言语可以反映出这个人是什么样的人,但是由于种种原因,语言往往表达不出人的本意,只有弄明白别人的言语,才能正确了解别人。对于执政者,下属和人民有些言语往往口不由心,就可能产生误判,出现看人偏差、用人偏差、待人偏差、决策偏差、处理偏差,甚至出现重大失误。

"知命""知礼""知言"反映治国与社会治理的重要方面,关乎执政者素质与能力,其实质是知和行的问题,只有知,才不会产生误解与偏差。而要做到知,既要靠学习也要靠实践,只有知,才能更好地实践,知行合一。全书以学习开篇,本篇以学习收尾,既要学习,又要实践,样板和榜样就在这里;孔子也提出一些具体构想和举措,具有可实践性。

二、治国模式——孔子有关中央集权制的构想辨正

孔子有关中央集权制构想的表述:

孔子曰:"天下有道,则礼乐征伐自天子出;天下无道,则礼乐征伐自诸侯出。自诸侯出,盖十世希不失矣;自大夫出,五世希不失矣;陪臣执国命,三世希不失矣。天下有道,则政不在大夫。天下有道,则庶人不议。"(见《季氏篇第十六》16·2)

孔子说:"天下太平,则礼乐制度和征伐都由天子决定;天下不太平,则礼乐制度和征伐由诸侯擅自做主。礼乐制度和征伐由诸侯做主,很少有传到十代而政权不丧失的;如果由大夫做主,很少有传到五代而政权不丧失的;如果由陪臣操纵了国家政权,很少有传到三代而政权不丧失的。天下太平,政权不会落在大夫手中。天下太平,老百姓不会非议。"

1. 孔子关于中央集权的构想是针对春秋时代的时弊而提出的,具有极强的针对性

孔子这段论述,是放在《季氏篇第十六》之中,第一段针对的是季氏,第二段就是这一论述。鲁国是孔子所在的诸侯国,季氏在鲁国掌握实权,这段话用的是"孔子曰",表明是对当政者说的,放在这里,是将鲁国和

季氏作为典型,其用意是明显的。

前一篇文章,以《卫灵公》为题。不以诸侯国国君为典型,而以卫灵公为典型,是孔子的巧妙安排。孔子说:"鲁国的政治和卫国的政治,就像兄弟一样,大致相同。"(孔子曰:"鲁卫之政,兄弟也。"见《子路篇第十三》13·7)鲁国是周公旦的封地,卫国是周公弟弟康叔的封地,本是兄弟之国,后来都差不多。孔子拿卫灵公说事,避开了鲁君。

卫灵公当政,他问孔子军队如何布阵,孔子回答:"礼仪方面的事情,我曾经听说过;军队的事情,我从来没有学习过。"("俎豆之事,则尝闻之矣;军旅之事,未之学也。"见《卫灵公篇第十五》15·1)孔子第二天就离开卫国。俎豆,是古代盛肉食的器皿,礼仪时使用,这是指礼仪。卫灵公掌握实权,过问决定征伐的事情,孔子明确告诉他,自己关心的是礼仪之事,至于征战之事,没学过,不知道。第二天离开以示反对。

季氏在鲁国掌握实权,他是大夫专权的代表人物。孔子多次抨击季氏专权,不把精力放在治国上,而是放在大肆敛财、内斗上,热衷于武力。《季氏篇第十六》开篇有一段论述是说,季氏专权,把国家治理得更差,宫廷矛盾加剧,搞得四方不安定,却又不从治理上想办法,而是忙于用武力征伐、镇压。下文对此再做详述。

阳货是季氏家臣。季氏掌握鲁国实权,而阳货又把持季氏的大权,后因权力斗争逃往他国,他是大夫陪臣专权的代表人物。阳货要见孔子,孔子对其很反感,不愿意见,他就将蒸熟的小猪趁孔子不在时送去。按当时的礼节,这样的赠送,如果当面未道谢,就必须登门致谢。孔子是很重礼节的人,他也选择阳货不在家时去,这样就可以不见面,礼节也做到了。可是,碰巧在路上相遇了。阳货喊孔子:"你过来!我有话对你说。"("来!予与尔言。")孔子只好走了过去。阳货说:"身怀一身仁德和本领却不出来,听任国家迷途失道,这能算是仁吗?"("怀其宝而迷其邦,可谓仁乎?")孔子没吭声。阳货接着说:"不可以这样说——想做官却屡屡错过机会，这能算是聪明吗？"（"不可——好从事而亟失时，可谓知乎？"）孔子仍未作声。阳货又接着说："不可以这样说——时光流逝，机会难得，失去了就再也回不来了。"（"不可——日月逝矣，岁不我与。"）话讲到这个份上，孔子说："好，我准备做官。"（孔子曰："诺，吾将仕矣。"）（本段引文见《阳货篇第十七》17·1）从和孔子谈话也可以看出，阳货这个人很霸道，孔子说的"陪臣执国命"，从这个人就可看出。

从上述可以看出，孔子对自己所在的诸侯国鲁国的情况了解得比较透彻，孔子以鲁国为例，以具体事例抨击大权旁落的社会时弊。大权旁落到诸侯卫灵公的手中，不讲礼节，精力用在争霸上；大权又从诸侯国国君落到大夫季氏手中，季氏专权，不将精力用在治好国上，而是放在讨伐镇压上，将国家治理得更差；大权又从大夫季氏落到家臣阳货的手中，更加专权，比大夫专权更差，国家每况愈下，社会四分五裂。这就是孔子立论的社会现实。

2. 孔子有关中央集权制治国模式构想的基本框架

孔子并没有把着力点放在抨击时弊上，他通过对时弊的思考，提升到国家治理的高度上，从范式形成治国模式，是孔子学说的一个重要内容。

首先，应该弄清孔子时期国家组织的结构形式，当时为奴隶社会向封建社会转变时期，政权形式可视为周朝廷和诸侯国封地两级。诸侯自有封国，重用大夫，大夫又有家臣。从形式上，只有两级，从权力上演变成为周朝廷、诸侯国国君、国君大夫、大夫家臣四级。到了封建社会，设府、州、县，才形成朝廷、府、州、县及基层组织。大权旁落（用↘表示）情况：

现实事例——周天子↘卫灵公↘大夫季氏↘季氏家臣阳货

周天子没有实权，大权旁落在卫灵公手里，自行订立礼节制度，不顾人民死活，热衷于争霸；卫灵公实权又落在大夫季氏手中，季氏专权，盘剥人民，对附属国进行讨伐，宫廷内部斗争加剧，矛盾重重；季氏的实权又落入家臣阳货手中，阳货更为专断，掌握国家命运，走得更远。

孔子将现实事例转变成为普遍形式：周天子↘诸侯国君↘大夫↘大夫陪臣

这种情况，周天子大权旁落在诸侯国国君手中已是事实。向下旁落，孔子在立论中未提及，而在产生后果中提到，是以鲁国为实例，是说如有大权旁落，必然产生严重后果。

为了更清晰些，从层次上再转变为一般形式：周天子（朝廷）↘诸侯国（大夫↘大夫陪臣）。

据此，孔子的论述主要反映在三个方面：

（1）"天下有道，则礼乐征伐自天子出"，而不是诸侯出。这里的天子，是相对诸侯国而言，代表的是朝廷。那时的朝廷，虽有廷议，决定权是在天子。因此，在这里，天子不是指个人，而是代表国家，代表的是执政者。是说，大权掌握在中央手里，这样才能统一国家、统一制度、统一决策、统一领导，诸侯才不会各行其是，造成四分五裂的局面，才能集中精力，治理好国家，天下有道，老百姓才能过太平的日子，执政者也不会遭到老百姓的反对。（天下有道，则政不在大夫。天下有道，则庶人不议。）

（2）"天下无道，则礼乐征伐自诸侯出。"这句话是和上句话相对应的，要关联在一起来理解，否则就会误将天下无道的原因，简单归之为"礼乐征伐自诸侯出"。这里的"天下无道"，是由"礼乐征伐自诸侯出"产生的。一般应表述为，"礼乐征伐自诸侯出"，则会带来"天下无道"的后果。这句话的意思是说，制度、礼节、征伐，以及一切大政方针的决策权、决定权不是掌握在中央手中，而是旁落到诸侯手中，这会破坏国家统一、制度统一、决策统一、领导统一，导致诸侯各行其是、国家四分五裂、社会混乱、老百姓不能安居乐业，则必然遭到老百姓非议、反对。

上述两句话，主要反映为中央和地方的关系问题。主要含义是，要治理好国家，必须把国家的决策权、指挥权集中掌握在中央手中，地方应服从中央，不能搞独立王国，与中央分庭抗礼，更不能把中央架空；如果将权力掌握在地方手中，就会天下无道，破坏国家统一，破坏安定团结，造成国家撕裂、社会混乱，导致不安定，国家必然治理不好。这就是孔子提出的关于中央与地方关系构想的基本框架。

（3）天子（代表中央）大权旁落带来严重的后果。

在厘清天子与诸侯国的关系之后，再来解析大权旁落产生的后果。

孔子说："礼乐征伐由诸侯做主，很少有能传到十代而政权不丧失；如果由大夫做主，很少有传到五代而政权不丧失的；如果由陪臣操纵了国家政权，很少有传到三代而政权不丧失的。"（"自诸侯出，盖十世希不失矣；自大夫出，五世希不失矣；陪臣执国命，三世希不失矣。"见《季氏篇第十六》16·2）大权旁落在诸侯手中，这已是事实，孔子认为，很少有政权传到十代而不丧失的，这是中央集权旁落的必然规律，是说如果不改变现状，迟早会垮台，这不仅包括周王朝，也包括诸侯国。如果诸侯国大权旁落，落入大夫手中，垮台更快，最多传到五代，又落入大夫陪臣手中，最多传到三代。越是向下旁落，垮台得越快。上行下效，上边偏一寸，下边偏一尺，政出多门，更为混乱，无法控制，垮台的概率更高。

这就是孔子中央集权制构想框架的雏形。这种构想框架从设置上讲，是站得住脚的，去其特定含义，是一条必然的规律。这一构想的最大缺陷用现代的话讲，是改良的，而不是革命的。周王朝大权已经旁落，政令从中央出，已经做不到了，对政权旁落已经无能为力；依靠各诸侯国来执行，也已经不行了，哪个诸侯国会主动将权力交给朝廷？没有约束机制，靠说服他们能听吗？这就注定了孔子有关中央集权制的构想无法推行。他的预测，倒是对的，可不是诸侯国靠自己解决的，而是靠武力兼并，最后由秦国统一，又靠法治而实现的。

3. 中国封建社会对中央集权制的确立及其对孔子中央集权制构想的扭曲

中国生产力在孔子之前的几千年就已经进入农耕时代，到春秋战国时期已有相当高的水平。秦统一中国之后，中央集权制才得以确立。耕农是农业社会的产物。随着争霸和战争的需要，手工业作坊有了较大的发展，一方面，用青铜作武器，刺激冶炼发展，另一方面制造农具，刺激农业发展。可是这些生产力的发展，并没有改变奴隶制的社会形态。"溥天之下，莫非王土。"各诸侯国都是周王朝的封地，这种关系使他们在名义上都归顺周王朝。打着周朝旗号搞独立王国，谁也不敢冒天下之大不韪从周朝独立出去，因为一旦这样做，就必然会遭到诸侯国围剿，从而打破各国争霸的态势。随着生产力的发展，奴隶制越来越成为生产力发展的阻力，封建社会替代奴隶社会已成为社会发展的必然趋势。这种社会转型付出代价之高、持续时间之长，实属罕见。秦统一六国，这有地理位置优势，主要是历史发展的必然。

秦始皇统一六国之后，封建制度得以确立，阶级关系发生了根本改变，社会主要由农民阶级和地主阶级组成，生产资料由地主阶级占有，农民从地主手中租用土地，以地租的方式每年给地主交租。这与农奴制度均属剥削制度，但较之农奴制生产方式有所进步，农民获得自由，在租来的土地上劳动，每年交完地主的地租后，剩余部分可养家糊口，年景好时还有结余。为了适应这种生产方式，需要加强管理，秦始皇始设郡县制政权组织，决策权和指挥权掌握在朝廷手中，并且用法制予以保证，如有反抗者，或镇压，或杀戮，以保障中央集权制的建立和巩固，为中央集权制打下根基。可是他的政权并没有坚持下去，传到二世，就被农民起义推翻，之后刘邦建立汉朝。

中央集权制是秦始皇建立起来的，将其完善巩固、作为治国模式的是汉武帝。汉武帝实行"罢黜百家，独尊儒术"的统治思想，将孔子抬到

"大成至圣"的神坛,将《论语》作为治国的工具,建立封建统治制度。

(1)利用孔子"天下有道,则礼乐征伐自天子出"的表述,扭曲了孔子有关天子代表中央的正确论述,将天子解释成天子个人,系上天的儿子,是上天派往人间代表上天治理天下的,天子在人间的权威至高无上。这样,孔子对执政者的治国要求,就被改造成为治世进而治民的理念,从而有助于汉武帝建立封建专制制度。

(2)他将孔子提出的天子带头、名正言顺、各负其责的正名思想,改造成为君为臣纲、父为子纲、妻为夫纲的封建等级制度。

(3)他将儒家学说作为封建统治的工具,将儒家思想作为封建专制制度和等级制度的思想基础,将孔子作为禁锢人民思想的工具,将儒家思想作为维护和巩固封建制度的思想武器,以此来掩盖封建剥削。至此,孔子的学说被曲解得面目全非,与孔子树立的治国样板和治国榜样南辕北辙。正是利用孔子名号以及思想进行控制,才使封建专制制度和等级制度在中央集权制模式下得以传承,封建统治达两千多年之久。

(4)孔子树立尧的治国样板,周文王、武王没有完全学习尧的治国理念,统一天下后建立了世袭制,孔子依靠执政者推行尧的治国样板是不可能实行的;又推行周文王、周武王的治国榜样,世袭制既成事实,难以撼动。封建社会将中央集权制变成为天子的家天下,封建专制制度就成为封建世袭制的产物。这是封建专制制度的重要特征,无论朝代如何更替,封建世袭制度都不会改变。这违背了孔子有关中央集权制构想的初衷,使其成为维系封建剥削制度的制度保障。

(5)封建世袭制给了天子至高无上的权力,天子要按孔子的旧礼教塑造自己、约束自己,以自己的权力传承和维持封建专制制度和等级制度,形成绝对权威,至此带来滥用职权、三宫六院、尽情挥霍享受的结果;朝廷大员以孔子的旧礼教对天子愚忠,对下属官员施虐,层层盘剥。封建社会代表的是地主阶级的利益,苛捐杂税最后落到贫苦的农民大众身上,两极分化加剧，导致广大农民的贫困和赤贫化。由于封建统治者对老百姓进行强化教育并进行伦理传承，农民没有意识到自己贫苦的根源，没有把自己贫苦的原因归之于封建制度，只是归之于自己命运不好，从而默默承受。

4. 用正确的立场、观点和方法，对孔子有关中央集权制构想在封建社会的作用做出准确评价

要厘清这一问题，需对孔子学说在封建社会的作用做全面评价，这些将在后面论述。这里仅围绕中央集权制构想对封建社会的作用加以概括阐述，主要从正反两个方面入手，厘清封建制度与孔子论述的关联以及孔子论述的本意。

（1）以天子为权力中心的封建世袭制度为政权形式，将封建专制制度和等级制度作为基本制度，代表封建地主阶级的利益，维护封建剥削制度，对长达两千多年的封建统治起到制度保障作用。以孔子思想作为封建制度的思想基础，对封建统治起到思想保证作用。

从总的方面讲，这种中央集权制度在其初期，作为社会发展阶段，在维护国家统一、保持社会稳定方面起到促进作用。这种进步，是从一个剥削社会转变为另一个剥削社会的进步，当其以天子为权力中心的世袭制政权形式，并用封建专制制度加以保障以及孔子思想予以保证时，其负面作用和危害就愈来愈大。到了近代，当西方国家崛起时，这些因素就成为社会发展的制度阻力，其封建专制主义中央集权制在西方的洋枪洋炮下，失去其制度优势，给中华民族带来灾难。

从具体分析，每个朝代的开国天子，基本都是靠武力夺取政权的，且一般既具有夺权的能力，又有掌权的能力，为了巩固政权、取得民心，崇尚仁德，政治开明，施行仁政，励精图治，被称为皇恩浩荡的明君。所谓皇恩浩荡，是指给民的恩惠、恩赐，掩盖其剥削的本质。按照世袭制，江山传给自己的儿子，没有儿子就传给兄弟和宗亲，即便儿子幼小、才智不高，也都是天子的候选人。这样一代一代传下去，越传越昏庸，直至最后被推翻。可是，由于世袭制固定下来，新的朝廷又在重复上面的过程，最后到了清朝，发展为腐败政权。光绪皇帝想通过改革治理国家，也被以慈禧太后为首的旧势力镇压下去，以世袭制为支撑的封建专制制度走到了尽头。

（2）在推行以中央集权制为支撑的封建专制制度和等级制度的同时，形成了中央集权制模式，以国家统一、民族团结、社会和合为特征，将国家大政方针的制订权、决策权和领导权集中于中央手中，统一制度、统一决策、统一规划、统一领导。通过固化和传承，成为历代封建帝王不能撼动的传统和不敢逾越的底线，这是在历史长河中始终保持社会统一而没有分裂的一条重要原因。

在这两条中，封建专制制度对封建社会起到的负面作用是主要的，其加剧了劳苦大众的剥削和压迫，维系着世袭制的封建统治，将中国社会带向发展缓慢进而逐步贫穷落后的深渊。这是从制度上说的。从中央集权制模式上讲，其作用却是正面的。要将中央集权制模式和以中央集权制为支撑的封建专制制度区分开来，不能混为一谈。秦始皇和汉武帝在建立大一统的中央集权制上是有贡献的。封建社会将其传承下来，这一点也是不能抹杀的。

对于封建皇帝（天子）也不能一概而论。有的皇帝能够按照孔子的治国主张去做，"先之劳之"，修己崇德，政治开明，仁德仁政，亲民爱民，治国有方，任用贤臣良将，法治严明，营造太平盛世，取得人民信任。

（3）孔子有关中央集权制的构想在中国封建社会起到正负截然不同的作用，这是封建统治阶级对孔子中央集权制构想进行利用和改造，成为封建专制制度，这是封建统治阶级对孔子中央集权制构想需求和扭曲的必然结果。这就引起人们对孔子学说在封建社会所起正负作用的评价。

对于孔子有关中央集权制构想和对封建社会起的作用，前面已经做了介绍和分析。有一个问题值得思考，先秦诸子百家，为什么选择孔子学说作为封建统治思想基础？这不仅仅因为孔子有完整的治国之策，有《论语》这样的文字记载，可以参照，主要是孔子学说将实施完全交给执政者，这很适合执政者的口味，可以根据需求进行更改。他们对孔子的论述予以改造，使其成为封建专制制度的根据，将孔子作为封建专制制度的标杆人物，将他的思想作为封建专制制度的思想基础。

孔子有关中央集权制构想是在周朝已实行世袭制的背景下提出的，封建统治阶级将孔子表述中的"天子"与诸侯国关系的"天子"，解释成为天子个人，建立起以世袭制为支撑的封建专制制度和等级制度。经过改造和利用，圣人就成为封建专制制度和等级制度的设计者、世袭制的维护者，孔子学说就被用来为封建专制制度和等级制度服务，世袭制就视为合理合法、名正言顺的体制。

三、治国方略——孔子"以德治国"谋划及其历史贡献

子曰："为政以德，譬如北辰，居其所而众星拱之。"（见《为政篇第二》2·1）

孔子说："用德来治理国家，就好像北极星一样，其他群星都围绕在它的周围。"

这十六个字，言简意赅，比喻形象，一看就懂，讲的却是治国的大谋划、大道理。政，是指国家政权；为政，是指执政、治政、从政；为政以德，就是以德来治理国家，即以德治国。如果能用德来治理国家，就会像北极星一样，产生极强的吸引力、内向力、凝聚力、感召力，将中央政权（朝廷）凝成核心，将各类各级官员和人才（大夫、将帅、谋臣、人士）团结在自己周围，取得全国人民的信任和拥护，团结一致，齐心协力，将国家治理好。《孔子家语》中孔子就"以德治国"做过直接表述。"问：何以治国？子曰：以德，以法。""以德治国"四个字是内核，表达了孔子有关

治国之道的总思路，是治国方略的经典。

1. "以德治国"是孔子治国学说的核心内容

文化是社会发展的先驱，先进的思想是由具有先进文化、有思想远见的思想家提出来的。在先秦诸子百家中孔子是第一个提出"以德治国"这一命题的人。"以德治国"这一命题直奔执政的主题，鲜明地提出执政理念，在人类社会发展较早时期，能提到这样的高度，足以反映孔子的非凡之处。

这不是从书斋中想出来的，而是从历史和时代的理性思考中提炼出来的；这也不是针对现实提出的治国应时之策，而是对治国的大谋划、大设计，是具有战略眼光的。

（1）孔子酷爱学习，知识渊博，爱好古文（好古），也做过史籍的整理，他经过认真反复思考，将他的治国学说凝聚为"为政以德"四个字，进而上升为"以德治国"的理念，这一理念是对中国远古和古代国家政权形态和治理经验的提纯和高度概括，具有深厚的历史渊源。

（2）根据《史记》记载，孔子曾向老子请教，他受老子的影响较深。老子的核心理念是"道"。老子的伟大之处在于，在科学极不发达时，提出"道"是宇宙产生的本源。其次，在《道德经》中，针对争霸和暴政，老子开出的良方是"无为"；也可以说是"有所为有所不为"，"有所为"含有抗争之意，这就是老子"道"的含义的一部分。孔子受老子影响，在《论语》中有所表述，他吸收老子"道"的内涵，以此建立自己的学说。针对争霸和暴政，与老子不同的是，孔子把出发点和立足点都放在"治"上，提出"德治"的主张。

（3）孔子幼年时生活贫困，成年后为生存做过卑贱的工作，当过官，教过书，收的学生多为贫苦学生，率领学生周游列国，一方面宣传他的学说，一方面进行社会考察。孔子对当时的中国社会了解得比较深，他的学说就是针对当时社会状况提出的。他认为中国社会的问题出在"为政"即执政方面，礼（礼节、规则、秩序）是表象，德是根本。"为政"就将治理好国家的问题明确放在执政者身上，因此，其德也不是指老百姓，而是为政者，从而提出"德治"的理念。"为政以德"与"以德治国"意思相同，针对性很强。以德治国的思想，不仅是对中华文明史的历史总结，也是中华文明在治国方略上的体现。

这里有一个问题，就是从孔子学说本身找"为政以德"主张没有解决当时的社会现状问题的原因。孔子的学说到处碰壁，受到当政者冷遇，很简单，与争霸和暴政相悖。下层的老百姓和人士亦不理解，认为实现不了，甚至冷嘲热讽，说什么四体不勤，五谷不分，明知不可为而为之。就连他自己的一些学生也不理解，有的学生认为他是迂腐，在陈国被困时断粮，一些学生饿得病倒了，子路就对孔子说："君子也有贫困的时候吗？"意思是说，你的学说能当饭吃吗？孔子对诸多非议不理不睬，毫无动摇，他认为自己的学说并没有错。他说："学说推行不了，这些我都知道。正因为推行不了，才要我们去宣传，去推行，去坚持，去奋斗。如果国家治理得很好，就不需要我和你们一起来改变了。"（天下有道，丘不与易也。见《微子篇第十八》18·6）从这个事例中起码得到两点体会，主张处处碰壁，遭到各方非议，首先要弄明确，这些主张是对是错，是该实现还是不该实现，尤其是新的主张，要改变现状，更应弄清这两点。如果是对的，是应该坚持的，就要排除各种非议和阻力，坚定不移去做，这就是圣人不同凡人之处。

（4）文化是知识、智慧、才能、造诣等一切人类文明成果的载体，它能孕育出，高人、领军人物并创立学说等。孔子出身于权贵家庭，虽然在他父亲时已衰落，但家庭文化底蕴深厚，在奴隶社会，能有这样的文化背景，在当时是非常难得的。这是家庭文化条件，而能成为学说创立人，主要因素还取决于自己。

孔子自己说，他从十五岁就志于学，就是说，他从小学习就有志向，这个志向就是治国，改变社会现状，而不是仅仅为了增加知识、提高文化水平而学习，也不是为了光宗耀祖而学习。他家庭贫寒，做的是卑贱的事情，接触的是底层社会，因此他的思想具有人民性；他学而不倦、温故而知新、知一而知十，举一反三，勤于思考，通过思维加工将知识提升到创新性主张；他善于观察，不耻下问，通过社会现象将其提升为治国主张。正是紧紧围绕治国主题，通过实践性、人民性、先进性和勤奋的追求精神与价值目标，才将知识转变为创新主张进而转变为治国学说及其理论体系。他的每一个主张，都是从现象中总结而来，很精辟，分解开是治国主张，汇总起来是治国学说。

从《论语》可以看出来，孔子的一生就是只做一篇文章，就是治国之道，他的全部精力、他的全部心血都花在这上面，即使是碰得头破血流也在所不惜。这就构成圣人级历史人物及其创立学说的根本原因。

2. "以德治国"将"为政以德"提到治国方略的战略高度

对"以德治国"有狭义和广义的解读，大致有伦理治国、治世治国和治政治国三种。

（1）伦理治国是治世治国的一种形式，是将以孝为核心的家庭伦理和以伦理道德为核心的社会伦理作为治国的基础，重点主要是放在治世上。

我在《占论今语》中，对"为政以德"做了这样的解读——"用道德来治理国家"。这是沿用过去研究的成果，其主要含义是，用伦理道德治国或者用品德教化治国。这种解读的依据是纵观《论语》全书，每篇以大量篇幅讲伦理，于是有人将《论语》称为《伦语》。有人以此将其解读为"修身、齐家、治国、平天下"。这句话是儒家的经典，出自《礼记·大学》，原话是："欲治其国者，先齐其家；欲齐其家者，先修其身……身修而后家齐，家齐而后国治，国治而后天下平。"这里强调的是从每个人修己做起，以个人和家庭伦理为基础，再以社会伦理治世，从而达到治理好国家的目的，让天下得以太平。

我以为这是狭义的解读，孔子的学生在汇编孔子学说时，对孔子学说把握得比较准，虽然大篇幅论述是讲伦理，但"治国"这个重点主要是体现在各篇的标题上，"为政以德"就将其与这种观点区别开来。治国主要在于政权、执政、治政，治国先治政，而不是治世、治民。这里的"德"已经不是"道德"的含义，而是一种治国形态。

（2）治世是治国的广义形式，主要体现在德治和德化上。

"为政以德"的广义解读，是将"为政"即执政作为国家治理的主要手段，是对执政者的要求。有两种形态，一是暴政，主要反映在对外霸权和战争，对内依据暴力等强制和高压手段，横征暴敛，不教而杀；另一种是以德治国，这里的"德"，不仅仅是"道德"，是已经上升到"德"的治国形态上，是与暴政截然不同的执政理念，主要体现在德治和德化上。

所谓德治，即是仁政。仁政的核心是仁者爱人，执政理念是爱人惠民。仁者爱人，首先要有爱心，仁爱仁慈。爱人有两重含义，一是泛爱众，宽则得众，即爱人民；二是爱惜人才，爱护下属。爱人惠民，就是把"因民之所利而利之"作为执政宗旨，以"民心、民信、民安"的实现情况作为衡量执政好坏的标准，将人民的衣食住行和民生问题作为重中之重的大事，给人民以实惠，减轻人民负担，安排使役人民得当，让人民富裕起来，安居乐业。要做到诚信、勤政、公平，让人民信得过。这体现在分配上要公平，公平了才能缩小贫富差距，合理了才会得到人民支持，社会安定、百姓安居乐业了，政权才能得到巩固。

所谓德化，就是执政者要有仁德之心、仁爱之心、仁慈之心、爱民之心，以德治国，以德树威，以德服人，以德团结人，以德教育人，以德感召人，以德感化人，通过家庭伦理和社会伦理构建，形成家庭和睦、社会和谐、诚信有序、国泰民安的良好社会风气和社会秩序，将国家治理成文明之邦、礼仪之邦、富庶之邦、诚信之邦、"四方之民襁负其子而至也"之邦。

（3）"以德治国"的关键是"为政以德"，主要体现在仁德和仁政上。

前面两种解读，无论是伦理治国还是治世治国，都属于治世治国的范畴。治世治国虽然将以德治国的"德"，从道德伦理的解读上升为"德"的治国理念上，依然是治世治国。

将为政以德解读为以德治国方略，是执政形态，无疑是正确的。我在《古论今语》中，进一步做了这样的解读，按照以德治国方略，紧紧抓住"为政以德"四个字。为政，是指政权、执政，主要是对当政者、执政者说的，治国需要治政。用现在的话说，只有将上层建筑建设好了，才能把国家治理好。"德"是政权形态、执政方略，体现在为政上，就要求执政者自己先有仁德，并以仁德施行仁政。

这里使用的是"为政以德"，没有使用"为政以仁""为政以礼""为政以道"。道，是目标，也指道路、道理，是"德"的理想和高峰。对于"仁"和"礼"，有的专家学者做了对比统计，在《左传》中，讲"礼"字共462次，讲"仁"字不过33次；在《论语》中，讲"仁"字109次，讲"礼"字75次。这不简单是数字的变化，反映的是孔子对"仁"和"礼"理念上的变化。在《左传》中，"仁"是作"仁爱、关爱"解，"礼"是作"礼仪、礼节"解。《左传》比较重礼仪、礼节这些外在的表象，而对仁爱、关爱这些反映爱心的内涵相对重视不够。

在《论语》中，孔子对"仁"有了新的理解，将其提升到国家治理的层面上，赋予了丰富的内涵。有人认为，孔子谈"仁"，包括恭、宽、信、敏、惠、智、勇、忠、恕、孝等内容。据此，为了理顺孔子的思路，围绕"仁"，对道、仁、德、礼四个字作出新的解读。

我认为，孔子的"仁"不仅包含上述列举的内容，其含义更宽泛，包含了中华文明的众多美好词汇。"礼"是"仁"的外显，"德"是"仁"的内涵，"道"是"仁"的目标和最高境界。故而，其"礼"字不仅指礼节、礼仪，也包括政权、体制、执政方式、大政方针、规矩、秩序、社会风气、伦理道德等与"仁"范畴相当的国家治理表象范畴；其"德"作为"仁"的内涵，已经将"德"提升到以德治国的高度，主要体现在仁德和仁政上，反映出四个层次：第一个层次，最首要的是以德治政，先将朝廷治理好，国君要做出表率，首先要做到仁德和仁政，爱人惠民，这样才能把国家和人民凝聚在自己周围，取得人民的信任和拥护；第二个层次，上边治理好了，再以德治和德化的方式治理国家，使国家国泰民安，天下有道，老百姓丰衣足食；第三个层次，通过家庭伦理和社会伦理，形成良好的社会风尚和社会秩序；第四个层次，通过教育、感化和修己，仁者爱人，实现人的全面发展。

3. 准确理解和把握孔子"以德治国"方略的要义

根据上述分析，"以德治国"主要是把握"为政"这两个字，所谓政就是治理政事，治"君"治"上"。在此基础上准确解读"德"和"政"的含义。

（1）"先之劳之"是执政的关键。"先之劳之"这句话是《子路篇第十三》中孔子在回答什么是"政"时说的，并且说"政"就是这四个字，必须按此去做，能够做到就算作是"执好政"。"先之"，与"先有司"意思相同，就是要执好政，首先要从自己做起，将自身建设好，才能带领老百姓勤劳工作。《先进篇》中的"先进"具有特指性，将"先进"单独作为篇名，作为治国之道，针对执政者，就是自己要走在前面，起模范带头作用。

孔子说："我的学说贯穿着一个基本思想。"（"吾道一以贯之。"）他的学说曾子的理解是："夫子之道，忠恕而已矣。"（见《里仁篇第四》4·15）所谓"忠"即仁者，就是"己欲立而立人，己欲达而达人"（见《雍也篇第六》6·30）。所谓"恕"，就是"己所不欲，勿施于人"（见《卫灵公篇第十五》15·24）。这是告诉执政者，你要起带头作用，你自己能够做到的事情，再要求老百姓去做，老百姓要达到的要求，首先要求自己能达到，连你自己都做不到的事情，就不要强加在老百姓头上，强行老百姓去做。

对于孔子的学说，我前面已经做了分析，认为倒数第二篇是对孔子学说的全面总结，读懂了这篇，就读懂了孔子思想。根据这一分析，阅读《论语》，理顺孔子的思路。

依此，来看"先之劳之"的提出。子路问什么是"政"。孔子回答："先之劳之。"子路是孔子的学生，辅佐鲁国大夫季氏，季氏把握着鲁国实权，孔子是针对季氏说的，这是有特指性的。按照一般性，针对执政者说，要执好政，首先执政者要从自己做起，起带头作用。学生要求老师多讲一些，孔子说，就这四个字，能坚持、毫不松懈地做到、做好，就足够了。（子路问政。子曰："先之劳之。"请益。曰："无倦。"见《子路篇第十三》13·1）

再来看孔子是如何直接回答季氏的。季氏苦于盗贼太多，问孔子怎么办。孔子回答说："假如你自己没有贪欲，不贪求钱财，就是奖励他们去盗窃，他们也不会去干的。"（季康子患盗，问于孔子。孔子对曰："苟子之不欲，虽赏之不窃。"见《颜渊篇第十二》12·18）接着，季康子问政说："如果杀掉坏人，以此来促进人们走正道，怎么样？"孔子说："你治理政事，何必要用暴政和杀人？你自己先做有德行的人，老百姓也会做善德善行的人。执政者的德好比是风，老百姓的德好比是草，风向哪边吹，草也必然而向哪边倒。"（季康子问政于孔子曰："如杀无道，以就有道，何如？"孔子对曰："子为政，焉用杀？子欲善而民善矣。君子之德风，小人之德草。草上之风，必偃。"见《颜渊篇第十二》12·19）这里的君子，是指有仁德的执政者，这里的小人是指普通民众。这段论述态度明确，针对性强，毫不隐瞒地告诉执政者，首先要明确为什么出现盗窃问题，不是出在这些人身上，而是要从自己的德行上找原因，执政者自己德行不行，有贪欲和恶行，上行下效，光靠杀戮和刑罚是制止不了的。执政者自己没有贪欲和恶行，品行端庄，就是有奖励也不会盗窃，进而提出"子欲善而民善矣"的观点，上升到执政者的"德"起决定性作用的高度，将执政者的德比作风，老百姓的德比作草，风向哪边吹，草就向哪边倒。

（2）要将国君和朝廷作为执政的最为重要的任务和要求，以国君和朝廷的礼、义、信取得民敬、民服、民情，以国君和朝廷的执政德行获得人心、凝聚人心、激励人心，将人民紧紧团结在自己周围，让四方的人民扶老携幼投奔于你。（"上好礼，则民莫敢不敬；上好义，则民莫敢不服；上好信，则民莫敢不用情。夫如是，则四方之民襁负其子而至矣。"见《子路篇第十三》13·4）。所谓执政，就是国内人民安居乐业，国外人民前来安家定居。（叶公问政。子曰："近者悦，远者来。"见《子路篇第十三》13·16）

（3）孔子有关仁德论述的要义和内涵。孔子有关仁德和仁政的论述内容丰富，含义多样。要紧扣"先之劳之"的执政要求，理顺孔子"一以贯之"的治国思路，准确把握"仁德"和"仁政"的要义和内涵。

所谓仁德，就是执政者应具备的基本素质，是执政者施行仁政的思想基础，是检验执政者国家治理好坏的最高标准。

由于论述较多，不能一一解析，只能围绕主题，择其最切题而述之。

一是崇德。这是仁德的要义，践行仁德，首推崇德。只有崇尚仁德、推崇仁德，才能把治好国家、事业放在首位，而不是先考虑获得，追求享受（"先事后得，非崇德与？"见《颜渊篇第十二》12·21）。什么是仁德？执政者通过自己的付出、努力而有所收获、有所报酬，而不是追求享受、不劳而获，这就是仁德（"仁者先难而后获，可谓仁矣。"见《雍也篇第六》6·22）。要做到崇德，执政者最主要的是对国家、对事业忠诚，对臣民讲信用，取信于民；讲道义，唯道义是从，不做不义之事，不取不义之财，能自己做到忠信和义，就是崇德（"主忠信，徙义，崇德也。"见《颜渊篇第十二》12·10）。不是以上下等级作为好坏的标准，而是以"君子"和"小人"的仁德来衡量，要求国君作君子而不作小人。君子胸中怀有仁德，看重的是仁德，做有品行的人，而小人胸中只有土地、钱财，看重的是土地和钱财，是没有品行的人（"君子怀德，小人怀土。"见《里仁篇第四》4·11）。

君子看重的是道义，君子获财，取之有道，小人看重的是私利，为了获利，不择手段，获取不义之财（"君子喻于义，小人喻于利。"见《里仁篇第四》4·16）。子曰："骥不称其力，称其德也。"（见《宪问篇第十四》14·33）"骥"是指千里马。对于千里马，看重的不是力气，而是吃苦耐劳、长途跋涉的德行。孔子这句话的喻义是，对于优秀人才，不是看重本领和才能，更重要的是看重仁德和素养。按照"先之劳之"的理念，对于国君，不是只看重其领导水平和能力，而更看重其爱人惠民的仁德和气质。

二是中庸。中庸作为德是仁德的最高层次，中，无过也无不及谓之中，即是适中。庸，是指平常、一般、常规。这里的德，不是指道德，或者是伦理，也不是权宜之策，而是将仁德的最高标准作为根本，体现在仁政上，既不过头，又不无所做为；既不左，又不右，能够准确把握适中，这就达到德的最高标准，这和忠恕之道是一致的。前者仁德体现在执政上，后者体现在对执政者仁德的要求上（"中庸之为德也，其甚至矣乎！"见《论语·雍也篇第六》6·29）。不能认为做过了比没做到好，做过了和没做到都是不对的（"过犹不及。"见《先进篇第十一》11·16。这句话虽是评价学生的，但也是普遍的道理）。封建社会将中庸之道理解为折中、和稀泥、庸庸碌碌、逆来顺受，这是对中庸的曲解。对于国君，孔子说，不要欺骗，但可以直言相谏，指出其过失和不当（子路问事君。子曰："勿欺之，而犯之。"见《宪问篇第十四》14·22）。

三是克己。执政者要约束自己，严于律己，严格要求，使自己行为合乎礼节、礼仪、规矩，将一些弃之不用、过去合乎道义的礼节、礼仪、规矩恢复起来。对于不合乎礼的事不看、不做，对于不合乎礼的话不听、不说。礼是仁的外在表现，一旦能做到克己复礼，天下的人都称之为仁者，在仁者的带领下，天下也都归于仁德了（子曰："克己复礼为仁。一日克己复礼，天下归仁焉。""非礼勿视，非礼勿听，非礼勿言，非礼勿动。"见《颜渊篇第十二》12·1）。

四是修己。子曰："修己以敬""修己以安人""修己以安百姓"。（见《宪问篇第十四》14·42）这段话有三层含义：

第一层含义，是执政者要加强自己的修养，以提高自己的敬业精神，励精图治，勤政敬业。

第二层含义，是执政者加强自己的修养，是为了以自己的仁德建立良好的社会风气和秩序，使民众崇尚仁德，从而使社会稳定，人心安定。有专家考证，因为后面有"修己以安百姓"之句，便认为这里的"人"不包括百姓，仅是指官员和贵族，对此，我不加评述。我以为，古时的词、字，存在一字多义、一词多义，在不违背原意的前提下，去其特指性，按照上下文关联，这里的"人"可理解为人心，执政者通过加强自身修养，从而带动良好的社会风气和秩序，使人们都能生活安定、人心安定。这就有了应用的意义。

第三层含义，是执政要加强自己的修养，爱人惠民，让老百姓能安居乐业。

孔子举了大量的事例来支持自己的论述，选其主要内容而引之。

一是将尧作为楷模。子曰："大哉，尧之为君也！巍巍乎，唯天为大，唯尧则之。荡荡乎，民无能名焉。巍巍乎，其有成功也。焕乎，其有文章。"（见《泰伯篇第八》8·19）名：用语言来形容、赞美；焕：光辉、光明；文章：礼乐典章制度。孔子说："尧作为国君是多么伟大、多么崇高呀！只有天最大，只有尧可以像天一样大。他的恩德多么广博，人民简直无法用语言来称颂他、赞美他。他的功绩多么辉煌，他制定的礼乐典章制度多么美好。"他对尧高度赞扬，将该用的美好词句都用上了。其意思是说，尧没有任何私欲和私利，不追求个人的享受和安逸，而是具有崇高的仁德和品行，施行仁政，一心为国，爱人惠民，制定好的礼乐典章制度，给人民以恩惠，营造一个人民安居和平、生活安乐的太平盛世，得到人民的衷心爱戴和拥护，不愧是品德崇高、功德盖世的光辉楷模。

二是将舜禹作为典范。子曰："巍巍乎！舜、禹之有天下也，而不与焉。"（见《泰伯篇第八》8·18）孔子说："舜和禹多么崇高呀！拥有天下，却没有一点私心和私念，一点也不为自己。尧把位禅让给舜，舜没有辜负尧的期望，将国家同样治理得很好，而且也将君位禅让给禹。禹也没有辜负舜的期望，将终生献给治水事业。"因此，孔子说："对于禹，我没有什么可挑剔的了，他的一生已经做得很好了。"（子曰："禹，吾无间然矣。"见《泰伯篇第八》8·21）

三是殷商"三仁"。以"微子"为篇名。据考证，微子名启，是殷纣的哥哥，殷纣昏庸无道，微子进谏不听，不与同流合污，离之而去。叔父箕子进谏，削之为奴。叔父比干进谏，殷纣怒，残忍刨心被杀。孔子称颂三人的仁德和情操，说："殷朝有三位仁人。"（"殷有三仁焉！"见《微子篇第十八》18·1）

四是泰伯。子曰："泰伯，其可谓至德也已矣。三以天下让，民无得而称焉。"（见《泰伯篇第八》8·1）孔子说："泰伯，可以说其品行极其高尚了。将君权让位给三弟季历，老百姓简直无法用语言来称赞他。"周朝先祖古公亶（dǎn）父有三个儿子，长子泰伯，次子仲雍，三子季历。古公去世后，泰伯偕同二弟仲雍出走他国，将君位让给季历，季历之子姬昌即周文王。这才有周文王周武王建立的周王朝。孔子说泰伯的品行极高，就是指面对君位这个至高无上的权位，继承理所当然，自己不争，并且带上二弟出走他国，这没有极高的品行，是做不到的。而且，当时正处在争霸时代，不去争夺，而是放弃，实属难能可贵。将"泰伯"作为篇名，反映了周先祖的肚量和气质。否则，就没有文王武王营造的太平盛世。

五是文王。子曰："三分天下有其二，以服事殷。周之德，其可谓至德也已矣。"（见《泰伯篇第八》8·20）孔子说："周文王得了天下三分之二,仍然向殷纣称臣,周文王的品行,可以说是最高的了。"这里孔子称赞的是周文王的仁德,已经占领了殷朝的大部分地区,但是并不自立为王,仍向殷朝称臣。文王讨伐殷纣是对的,殷纣残暴荒淫,文王讨伐他,是顺天而行,否则不会被赞扬。其意思是说,有了这种仁德,才能获得天下,也才能治好天下。

六是齐桓公。子曰:"齐桓公正而不谲。"(见《宪问篇第十四》14·15)孔子说:"齐桓公正派,不诡诈,不要手腕。"子曰:"桓公九合诸侯,不以兵车,管仲之力也。如其仁!如其仁!"(见《宪问篇第十四》14·16)孔子说:"齐桓公多次召开主持诸侯会盟,不是凭借武力,而是采取和平的方式,靠的是管仲的力量、谋略。这就是他的仁德!这就是他的仁德!"子曰:"管仲相桓公,霸诸侯,一匡天下,民到于今受其赐。"(见《宪问篇第十四》14·17)孔子说:"管仲辅佐齐桓公,称霸诸侯,使天下得到匡正,老百姓至今还受到他的好处。"齐桓公是诸侯国国君,管仲辅佐齐桓公。这里似乎是孔子赞扬管仲的仁德,将三段论述联系起来,我以为既称赞管仲的仁德,也称赞齐桓公的仁德,主要还在于齐桓公的仁德,没有齐桓公的仁德,就不会使用管仲,委以重任。孔子对齐桓公的评价是正派,不搞权术,不要手腕。因此,作为霸主,才不会使用武力,而采取和平的方式。他有这个主导思想,才能听取管仲的计谋。因为孔子的学生对管仲有疑义,孔子才讲了管仲的仁德,明主与贤臣相辅相成。

孔子直接点名批评的人不多,这里举几例。

一是卫灵公。卫灵公问陈于孔子。孔子对曰:"俎豆之事,则尝闻之矣;军旅之事,未之学也。"明日遂行。(见《卫灵公篇第十五》15·1)卫灵公是诸侯国国君。"陈"即现在的"阵"字,是指打仗布阵。俎、豆都是古代的器皿,行礼时使用,借以表示礼仪之事。其意思是,诸侯国国君问孔子如何打仗布阵的事,孔子回答,我听人们讲的是礼仪的事,我懂得;至于打仗布阵的事,我没有学过,我不懂,也没有兴趣,第二天就离开了卫国。这是明确反对不讲礼仪,热衷于争霸战争的行为。

二是齐景公。"齐景公有马千驷,死之日,民无德而称焉。伯夷、叔齐饿于首阳之下,民到于今称之。"(见《季氏篇第十六》16·12)这段话没有标明是谁说的,估计是孔子说的,或者是根据孔子说的意思整理的。千驷,古代时一般四匹马拉一辆车,即一驷是四匹马,千驷就是四千匹马,表示其很富有。可是因为无德,死后,老百姓不因为他地位高、很富有而称赞他。伯夷、叔齐被孔子列为逸民,即被遗弃的优秀人才。孔子说:"伯夷、叔齐,不降低自己的志气、气节,不辱没自己的身份、人格!"(子曰:"不降其志,不辱其身,伯夷、叔齐与!"见《微子篇第十八》18·8)因为有德,宁愿饿死在首阳山,而不降其志,不辱其身,却一直得到人们的称赞,人民至今还都在称颂他俩。

三是臧文仲。子曰:"臧文仲居蔡,山节藻棁,何如其知也?"(见《公冶长篇第五》5·18)臧文仲,鲁国大夫臧孙辰。"文"是谥号,"仲"是排行。蔡,古代把大乌龟叫蔡,以乌龟占卦,视为国宝。这是一种迷信,认为龟越大越灵。臧文仲为龟盖了一间房子。节,柱上斗拱。山节,雕刻着像山一样的斗拱。棁(zhuō),梁上短柱。藻棁,画着藻草的梁上短柱。其意思是说,作为国之重臣,为了搞迷信活动,给大乌龟盖了一间房子,斗拱雕刻得像山岳一样,梁上柱子绘画的藻草,比人住的都华丽,把聪明才智都用在这上面,而不是用在治理国家上,孔子对此提出批评。

四是季氏。季氏是鲁国掌握实权的大夫。孔子对其点名批评比较多。季康子问孔子如何处理政事,说:"如果杀掉无道的人来成全有道的人,怎么样?"孔子指出:"你治理国家,怎么想到用杀戮的方法呢?你要是好好治国,百姓就也会好起来。君子的品德好比风,老百姓的品德好比草。风吹到草上,草就必定跟着倒。"(季康子问政于孔子曰:"如杀无道,以就有道,何如?"孔子对曰:"子为政,焉用杀?子欲善而民善矣。君子之德,风;小人之德,草。草上之风,必偃。"(见《颜渊篇第十九》),《论语》还有几处写到孔子对季康子的批评。

《先进篇第十一》(11·17)中记述，冉求辅佐季氏，季氏很富有，依然敛财。据《左传·哀公》十一年和十二年记载，季氏欲实行田赋制度，使冉求征求孔子意见，孔子主张："施取其厚，事举其中，敛从其薄。"冉求仍顺从季氏，实行了田赋制度。孔子很生气，对学生们说："这不是我的学生，你们大张旗鼓地抨击他。"（子曰："非吾徒也。小子鸣鼓而攻之，可也。"）（见杨伯峻《论语译注》）

《季氏篇第十六》第一段，是一篇难得的反对战争的论述。这篇论述是以批评学生冉有、子路辅佐季氏，支持季氏进行战争为开端，反映一些重要的观点和看法：

一是颛臾是鲁国的附属国，季氏要讨伐颛臾，冉有和子路去见孔子，告知此事，孔子严厉地批评了二人，以事实说明讨伐没有道理，并引经据典，说他们有责任制止，如果制止不了就辞职。这段话很尖锐，很深刻。

二是指出颛臾过去先王曾经授权它主持东蒙山的祭祀，且在鲁国疆土之内，是鲁国的臣属，一直没有做出什么非分的事情，没有任何理由讨伐它。（"夫颛臾，昔者先王以为东蒙主，且在邦域之中矣。是社稷之臣也。何以伐为？"）至于说什么颛臾城墙坚固，又距离季氏封地费近，现在不去攻打，后来必然会给子孙留下祸害。孔子以君子不为，批评说，明明是自己贪欲诉诸武力而作的借口，不成其为攻打的借口（"君子疾夫舍曰欲之而必为之辞。"本段引文见《季氏篇第十六》16·1）

三是指出，鲁国的问题，作为执政者，不是颛臾的问题，而是如何治理国家的问题。对此，孔子提出了两个理论问题，一个是"不患寡而患不均，不患贫而患不安"（见《季氏篇第十六》16·1）。前一句中"寡"是少的含义，是说不担心分配得少，而担心分配不均，出现分配不公平，产生贫富差距。后一句按专家解读，"贫"指"寡"之意，就有不同的解读，有专家按字面理解，是说，作为执政者不担心支持自己决策的人是少数，而担心的是你的决策引起社会不稳定,人心不安定,老百姓不能安居乐业,这种解读说得通。还有一种解读,与上句相对应,上句是分配不均的问题,下句是治理不好引起不安定的问题,不担心收入少的问题,而担心由于治理不好,引起社会不稳定、人心不安定、老百姓不能安居乐业的问题。

跳出特指性,在不违背原意的情况下,按区域发展解读。前一句是分配不公,引起贫富差距;后一句是收入多少,有个速度问题,不担心速度慢、收入少的问题,而担心速度快,区域发展不平衡,因其收入差距,带来社会不稳定、人心浮动、社会不安定的问题。这是从治理观上升到发展观。

孔子提出的另一个理论问题是"盖均无贫,和无寡,安无倾"(见《季氏篇第十六》16·1)。"均"是均衡、公平,财富均衡,分配公平,就无所谓贫穷,就不存在贫富差距问题,这是均贫富的思想。"和"是中华伦理的核心理念,也是中华优秀传统美德的具体体现,深入探究,是人之为人的素质、社会文明、人类社会发展和进步的内在需求。孔子指出,"和"是我国执政的核心理念,对内产生凝聚力、团结力、和谐力和向心力,就不存在支持人少的问题。国家治理得好,做到均贫富、和无寡,社会就会安定,国家政权就能巩固,不会失去政权。坚定地贯彻"均""和""安"的执政理念,这是治国之本。盖,是一般、普遍的意思,不是权宜之计,是执政者要考虑的问题,而不是战争和争霸。

四是如果能够按照这些理论去做,远方的人还不归服,就用仁德感召和礼节教化来让他们投奔,来了之后,还能让他们安心定居。("夫如是,故远人不服,则修文德以来之。既来之,则安之。")现在的情况是,远方的人不归服,不能招致其来;国家四分五裂、支离破碎,不能安保。在这样严峻的形势下,不解决本身存在的问题,而在国内大动干戈,热衷内战,加剧国内混乱(远人不服,而不能来也;邦分崩离析,而不能守也;而谋动干戈于邦内。)不仅如此,还存在严重的问题——宫廷的矛盾尖锐,争权夺利,危机重重。问题不在颛臾,是出在宫廷萧墙之内,这才是问题的所在。("吾恐季孙之忧,不在颛臾,而在萧墙之内也。"本段引文见《季氏篇第十六》16·1)这篇论述,既有理论,又结合实际,可称之为反对不义战争的经典之论。

(4)孔子关于仁政的要义和内涵。仁德是仁政的内涵,仁政是仁德的外在表现,仁德对仁政起到精神支柱、提供执政动力、构筑道德高地、引领方向的作用,没有仁德的执政,就不可能实施仁政,就容易导致政权腐败、执政走偏方向;仁政是仁德的执政体现,仁政是执政、治国的核心内容,仁德必须落实在执政、治国上,没有仁政,仁德就是空的。仁德与仁政必须紧密结合,不能有所偏向。孔子说:"国家政治清明,天下有道,却很贫穷、很卑贱,是耻辱;天下无道,却很富裕、很体面,同样是耻辱。"(子曰:"邦有道,贫且贱焉,耻也;邦无道,富且贵焉,耻也。"见《泰伯篇第八》8·13。此处去其特指性,用之于执政,理通)其要义和内涵同样很丰富,择其最主要的而述之。

一是爱人惠民。将"因民之所利而利之"(见《尧曰篇第二十》20·2)作为执政宗旨,是孔子学说的核心理念,也是执政的核心内涵。首先要求执政者要热爱人民、爱护人民,对人民有爱心(什么是仁?子曰:"爱人"。见《颜渊篇第十二》12·22)。这里的人,是指人民,是普天之下的人民("泛爱众"见《学而篇第一》1·6)。对人民宽厚、仁慈,才能得到人民的拥护;讲诚信、守承诺,才能得到人民的信任;勤政、发挥治国水平,施展治国的能力,才能取得成功;公平、公正,才能使天下的人民安乐("宽则得众,信则民任焉,敏则有功,公则说。"见《尧曰篇第二十》20·1。这里的"说"同"悦",即高兴、愉悦、安乐)。要像尧让位给舜时向舜的政治交代那样,不能将国家治理得使普天之下的老百姓穷困("四海困穷",同上)。要让老百姓有饭吃,能吃饱肚子("足食"见《颜渊篇第十二》12·7),让人民富裕起来("富之"见《子路篇第十三》13·9)。要像商汤诚恐诚惶、总怕治理不好那样,向上天乞求说:"如果我没有治理好，有罪，不要加罪于天下的老百姓，如果天下的老百姓有罪，是我没有将国家治理好，罪责由我一个人来承担。"（"朕躬有罪，无以万方；万方有罪，罪在朕躬。"见《尧曰篇第二十》20·1）也要像周武王那样，说他虽有至亲近戚，也不如有仁德的人。老百姓如果有过错，责任在他一个人身上，是他没有把国家治理好（"虽有周亲，不如仁人。百姓有过，在予一人。"见《尧曰篇第二十》20·1）

二是为政以正。鲁国大夫问政于孔子，孔子回答："政者，正也。子帅以正，孰敢不正？"（见《颜渊篇第十二》12·17）这里的政，是指治理国家，是问孔子如何治理国家？正，就是执政，国家政治清明，做到清正廉洁，执政者带头严格要求自己，洁身自好，正直正派，行得端，走得正。子帅，原指军队带兵，这里是指执政者，子曰："其身正，不令而行；其身不正，虽令不从。"（见《子路篇第十三》13·6）执政者自身正了，即使不发号施令，老百姓都会去做。自身正是无声的命令，就会感召老百姓，对政府产生信任感，从而自觉贯彻；如果执政者自身不正，有私欲和贪念，贪腐谋私，追求享受和安逸，上行下效，即使你强迫命令，采取高压政策，也不能压服老百姓屈从执行。子曰："苟其身正矣，于从政乎何有？不能正其身，如正人何？"（见《子路篇第十三》13·13）孔子进一步强调"正其身"，只要执政者自身正了，治理好国家还能有什么困难？人们不令而行，拥护你、支持你、服从你，还会有什么困难？国家怎么能治理不好？你自己不能正其身，怎么能要求下面正呢？怎么能让老百姓信任你？怎么能将国家治理好呢？

三是正名。孔子提出执政"正名"的观点。正名，就是正名分。《颜渊篇第十二》（12·11）对此有一个具体的解释。齐景公问政于孔子，孔子对曰："君君，臣臣，父父，子子。"公曰："善哉！信如君不君，臣不臣，父不父，子不子。虽有粟，吾得而食诸？"齐景公问如何治理好国家，孔子回答，首先要正名分，"君要像君的样子，臣要像臣的样子，父要像父的样子，子要像子的样子。"意思是说，要治理好国家，首先要制定好规矩，每个人都要当好自己的角色，不能国君不像国君，臣不像臣，父不像父，子不像子。这是告诉执政者，你自己立规矩，首先自己要担当好自己国君的角色，把心力都用在治理好国家上，这段话是孔子针对齐景公说的。

有专家考证，齐景公是齐庄公的异母弟弟。鲁昭公末年，孔子到齐国时，齐大夫陈氏权势日重。齐景公爱奢侈，厚赋敛，施重刑，不立太子，不听大夫劝谏，国内政治混乱。所以齐景公在问政时，孔子有针对性地回答，意思是说，你先将你的秩序整顿好，不能君不君，臣不臣。齐景公表面上支持孔子的观点，实际上是执政者应对的官话，依然不尽君道，后终于被陈氏篡位。

去其特指性，孔子关于"君君，臣臣，父父，子子"的观点是正确的。回过头来，孔子的"正名"观点是如何提出的？《子路篇第十三》13·3 有一段孔子与学生子路的对话，子路向孔子提出，如果卫君要你去治理国家，你准备首先做什么？孔子回答："必也正名乎！"首先是正名分。子路说：你竟然迂腐到如此地步，要正什么名分。孔子批评子路说话粗鲁无礼，孔子说，君子对不懂的地方，可以存疑。但是，不得这么粗野。师生的交锋是围绕"正名"展开的，直截了当，毫无隐讳。

孔子提出从"正名"做起，子路反应异常激烈，这与子路身处官场有关。子路辅佐鲁国掌握实权的季氏，季氏独断专行，他说的话谁敢不听，因此子路认为，一切都是国君说了算，执政者说了算，孔子的"正名"说太迂腐，根本行不通。孔子则认为，要他治理国家，他就得改变这种状况，如果他一味顺从，就违背了自己的学说，这有什么想不通的，子路可以存疑，怎么能说"正名"是迂腐呢？下面孔子讲了一段为什么正名的道理："名不正，则言不顺；言不顺，则事不成；事不成，则礼乐不兴；礼乐不兴，则刑罚不中；刑罚不中，则民无所措手足。故君子名之必可言也，言之必可行也。君子于其言，无所苟而已矣。"要治理好国家，作为执政者，首先要立规矩，有了规矩，说话有章可循，说话算数；说话有章可循，说话算数，事情才能做成，国家制度才能建立起来；国家有了制度，刑罚才有了依据；刑罚有了依据，老百姓就不会手足无措，就知道该怎么办。反之，名分不正，你说的话没有依据，说话随意；说话随意，不算数，什么事都办不成；事情办不成，制度也建立不起来；没有制度，刑罚没有依据，乱了套；刑罚乱套，老百姓无所适从。最后孔子总结，必须先正名，有了名分，说话才有依据，说的话也才能行得通。"名之必可言也，言之必可行也。"作为君子，不能没有规矩、没有依据，信口开河，随意乱讲。后来封建社会将"正名"作为君权至上和等级社会的理论基础，是对孔子正名说的扭曲。

4."以德治国"方略是我国自古以来的执政特点和优势

"为政以德"可视为"以德治国"思想的源头。前文引用孔子的大量理论阐述和实例，其中可以说包括尧、舜、禹、汤、周文王、周武王等先祖的治国样板和楷模，以及治国无德的典型，以此来佐证"为政以德"是孔子治国学说的重要思想和执政理念，是孔子治国方略的核心内容。经过长期的历史积累和沉淀，"以德治国"成为我国执政的特点和优势。

（1）孔子"以德治国"方略是从之前的治国谋略历史以及现实社会变革中总结提纯出来的。大致反映在三个方面：

一是对中国过去执政和治国历史的研究和总结。孔子之前，中国已经有了较长时间的文明发展史，孔子阅读了大量的史料，他选择了尧、舜、禹、汤作为重点，进行研究和分析，认为他们之所以把国家治理得好，有一个共同点就是"为政以德""以德治国"。孔子从理论与实践相结合的高度，将其概括和总结为治国方略，并且由其学生汇集成册，见之于文字，成为治国宝典，具有独创性、开创性、战略性和不朽性。

二是对社会大转型乱世的理性思考和战略定力。孔子处在公元前500

多年前，中国社会由奴隶社会向封建社会转型时期，处于春秋末期，周文王、周武王建立的天下有道、太平盛世已经走向衰败，大权已经旁落到大大小小的诸侯国手中，天下四分五裂，诸侯国相互争霸和战乱，面对这一转型时代，孔子从治的方面，提出在这样的现状下，更应强调以德治国，将尧、舜、周文王、周武王的治国谋略传承下来。这不仅是解决转型乱世的良策，而且是对老祖宗治国经验的总结，反映了"以德治国"提出的时代需求性和时代跨越性。

三是对社会现实的应对和战略谋划。孔子时期，周王朝衰落，诸侯国专权已成为不可改变的社会现实和发展趋势。孔子毕其一生的精力，不遗余力地为创立自己的治国学说而努力奔波，并带领学生去诸侯国，一方面推行自己的学说，一方面进行社会考察，谋划设计治国良策，将老祖宗以德治国的经验与社会现实结合起来，反映了"以德治国"的现实针对性和制度超越性。

根据上述三个方面，孔子对尧、舜、禹、汤以及周文王、周武王等先祖的治国经验进行研究和总结，并对所处时代以及社会现实进行深入考察和辩证分析，将其概括为"为政以德"的治国理念。并且以形象的比喻说明，如果执政者能做到"为政以德"，就像北极星一样，众星都会围绕着它来运转。进而将"为政以德"提升到"以德治国"的高度，既具有时代性和现实性，又摆脱了时代和现实制度的局限性和制约性，依据超常的思维加工和开创性的创新能力，在中国历史上第一次将"以德治国"作为治国方略，这一总结成为中国得天独厚的执政治国特点和优势，是孔子做出的历史贡献。

（2）吃透"德"的含义，是准确理解和正确把握"以德治国"的关键。

无论是"为政以德"还是"以德治国"，其中的"德"都是治国的中心内涵。例如《论语》中的"道之以德，齐之以礼"等表述，都与"以德治国"的总表述含义有相通之处。这里的"德"，不是指礼节、礼仪和规矩等外在的表象，也不是指伦理道德和社会风气等道德层面的内容，而是指国家政权的执政形态，是国家执政和治理的基本形式，仁政的核心内涵和精神支柱，是凝聚人心的内在动力。其中，"德"与"礼"的关系，德是礼的内化，礼是德的外显；德与伦理道德的关系，这里的"德"，是治国的理念和谋略，伦理道德是治国的一个重要内容，前者体现在仁德和仁政上，后者体现在伦理道德构建上。

（3）"以德治国"方略是孔子治国战略谋划的顶级设计。

准确把握和理解"德"的中心内涵之后，在此基础上对"以德治国"进行正确的理解和解读，弄清这个标题包含的几个要义："以德治国"方略的准确定位，是战略谋划而非具体规划，是顶级设计而非一般重大决策或者重大创新。这反映在如下方面。

一是"以德治国"不是学术研究和理论探索，而是"以德治国"方略和谋划，这是孔子研究的出发点和落脚点。孔子的一生都围绕如何治国来建立自己的学说并全力推行，而非为了著书立说、出理论成果和做理论贡献。他将尧、舜等先祖作为治国样板，不仅仅是把他们树立为学习榜样，而是将他们"治"的经验，凝聚为"德"，总结为"以德治国"，使其成为中国治国的特点和优势。

二是"以德治国"虽然不是学术研究和理论探索，但实施者必须具备足以支撑"以德治国"的文化底蕴和思想理论素养。孔子家庭的文化背景，从小就"志于学"，成为一个学者，文化底蕴深厚，这是基础。更为重要的是勤于思考，善于思考，具有举一反三和以一而知十的思维能力，具有非凡的信念和百折不挠的坚定意志，具有超乎常人的思想文化素养和独创精神，用孔子自己的话说，就是"发愤忘食，乐而忘忧，不知老之将至"。

三是"以德治国"不是学术理论研究成果，而是对"以德治国"方略的顶级谋划和设计。说清此问题，又可从以下方面加以阐述。

孔子以尧、舜等先祖治国经验为楷模，在对时代和现实进行考察和思考的基础上，提出"以德治国"、建立"以德治国"的理论体系和思想体系，进而设计和谋划"以德治国"方略，具有实践基础和可操作性。

剖析社会大转型时代背景下的诸侯纷争、社会撕裂混乱，周王朝由兴盛到衰落、诸侯专权、对外争霸、对内礼乐失范，天下无道、百姓苦不堪言的社会弊端，提出"以德治国"方略，不仅可作为改变现状的治国良策和应急对策，还可以跳出时代和社会现状的局限性，凝聚为超越时代和社会现实的治国方略，具有战略性和历史不朽性。

在孔子之前的历史长河中，没有"以德治国"的表述，更没有"以德治国"方略的提法。孔子是根据尧、舜等先祖的治国经验进行总结和理论提升，第一次提出来的并谋划"以德治国"，具有独创性和历史开创性。

之所以说"以德治国"方略是顶级设计，是因为作为治国方略，前无古人，具有唯一性；另一方面孔子将尧、舜等先祖的治国谋划，凝聚成为"为政以德"即"以德治国"的理念，将其提升为"以德治国"方略，这种特点是质的特点，这种优势是质的外在表现，不受制度、时代和现实的制约。

（4）正确理解和把握"以德治国"方略的内涵。

由于中国长达两千多年的封建社会对孔子"以德治国"方略的扭曲和负面影响，正本清源，正确理解和把握孔子"以德治国"方略的内涵，就成为一项重要的工作。

①"以德治国"方略提出的源头。尧、舜等先祖的治国经验集中于《尧曰篇第二十》，前面已经做了详细的总结和分析。孔子之所以将尧、舜等先祖作为治国样板，最为重要的是，尧在选择接班人上，没有将权力交给自己的儿子，而选择优秀品德具有领袖品行和胜任的舜作为接班人，还在自己执政时，就给舜压担子，一方面进行考察，另一方面进行传帮带。在其交班时，进行政治交代，说："我尽我的全力，将国家治理成如今的样子。我将国家重任交给你，你一定不要让我失望，如果你将国家治理成

'四海困穷'，令老百姓失望，老天爷就会抛弃你的！（天禄永终！）"事实证明，尧选接班人舜是选对了。舜同样重视选好接班人禹，禹依然重视选好接班人，交班给启。这就是"以德治国"的样板。孔子对此大加赞赏，他说："尧是多么的崇高呀，天最崇高，尧可以与天比美。尧舜品德多么高尚呀，能够以'德'来治理国家，能让位给智能者，没有一点私心、私利和私欲，人民简直无法用语言来称赞他。禹治国做得很好了，简直挑不出他的缺点了。"（见《泰伯篇第八》8·18，8·19，8·21）这是老祖宗留给中国的治国宝典，是"以德治国"方略的源头，孔子能够将其总结为"以德治国"方略，使老祖宗的"以德治国"理念得以实践并传承下来，其功不可没。

②孔子对"以德治国"方略的设计。之所以说孔子是"以德治国"方略的顶级设计者，不仅因为孔子思想理论功力深厚，具有大智慧，能够将尧"以德治国"实践作为样板，依此进行"以德治国"方略设计，达到顶级设计高度，而且能够根据尧、舜等先祖的不同特点，实事求是地进行层级设计并准确把握，不仅具有顶级水平，而且具有战略性，并保证其在历史的演变中始终保持不间断性和不变性。尧是"以德治国"的样板、楷模，是孔子立的标杆，是最高层次，是第一代，孔子将能够赞美的话都用上了；舜是尧"以德治国"的继承者，这是仅次于尧的第二代，孔子将尧、舜并提赞扬；禹是舜的接班人，对于其"以德治国"，孔子两次说，挑不出什么缺点（见《泰伯篇第八》），这是第三代。这三代人物被孔子紧密联系在一起加以赞扬，以说明尧的最大历史功绩是，以自己的"以德治国"为样板，以德为标准选择接班人，经过连续三代保持其稳定性，这是中国是第一个治国样板、治国方略和顶级设计。但对于尧这样伟大的人物，孔子认为他也不是十全十美，有些标准也不一定能够达到。《宪问篇第十四》14·42中，孔子有这样的表述："修己以安百姓，尧、舜其犹病诸。"意思是说，加强自己的修养，能够让老百姓都过上安居乐业的生活，恐怕连

尧、舜这样的伟大圣贤都不一定能够做到。

孔子将汤、周文王、周武王以及周的先祖等作为第二层次，将其确定为榜样。为什么将他们作为榜样而没有作为样板？孔子没有讲，我认为他们的共同问题是搞世袭制，这是他们与前人的差距，但是，他们个人都具有"以德治国"的品行，施行"以德治国"的政治策略，是"以德治国"的榜样。孔子主要是推介他们"以德治国"的实绩。对于汤，只在《尧曰篇第二十》中有评述，说汤诚惶诚恐，总怕治理不好国家。这就是"以德治国"的榜样。周文王、周武王，在《尧曰篇第二十》和《泰伯篇第八》中亦是"以德治国"的榜样。对于文王，孔子主要赞扬"三分天下有其二"时依然向殷纣称臣，这反映他伐纣不是为了个人，而是仁德的表现。武王得天下后，与汤一样，说如果百姓有罪，罪在他一人。孔子赞扬武王治国的经验是重用人才，重用仁人，而不是至亲近戚。这些表述都表明，孔子对他们没有像尧、舜那样充分肯定、大加赞扬。孔子认为他们是"以德治国"方略的传承者，属于第二梯队。孔子目睹周王朝由兴盛到衰落，其中一个重要原因就是实行世袭制，像孔子这样有大智慧的人不会没有看到，但他没有指出，他对社会治理状况很担忧，所以怀念文王武王时期的盛世（吾从周）。他把全部精力用在传承尧"以德治国"治国之源和设计"以德治国"方略上，让"以德治国"方略世世代代传承下去。

第三个层次是"治"。在争霸乱世的社会转型时代大变局下，诸侯专权、国家日衰的社会现实是不可改变的趋势。孔子没有像老子那样主张无为而治，而是采取有为而治。他认为，"以德治国"是对应乱世的治国良策，愈是社会道德滑坡，愈是要坚持；但是，"以德治国"不仅是应急之策，而且是具有战略性、全局性的方略，要将其作为立德和治国的根本。可以说《论语》通书谈"治"，多警句、精句，富有哲理，常常使用比喻、借语，以物比喻人、事以及治国的道理，对人对事，从战略、全局、大节来看；有的事情虽大，从战略和全局看，是小事；有的事情虽小，从战略和全局看，却影响大局的判断，需要客观准确，从错综复杂的事物中，理清头绪，不被假象和琐事纷扰所迷惑。

《雍也篇第六》6·25 有这样一段话。子曰："觚不觚，觚哉？觚哉？"觚（gū），是古时盛酒的器皿。孔子看到一种觚，不像原来的觚，说，觚不像觚，这是觚吗？这是觚吗？有人解读，这是对觚改变形状的感叹。我以为，如果仅是对名不副实的感叹，这与全书的基调不符，学生没有必要将其录入书中。他是以物比喻"以德治国"在乱世的必要性，是说，现在这个世道，治理成这个样子，国家还像国家吗？社会还像社会吗？诸侯国还像个国家的样子吗？执政还像执政的样子吗？国君还像国君的样子吗？臣还像臣的样子吗？德还像德吗？礼还像礼吗？这还是周朝吗？这时的国君，已经只是一个招牌，不起什么作用了，他将希望寄托于诸侯国君。要治理好国家，就是要以尧、舜为样板，以周文王、周武王为榜样，以"以德治国"方略为良策，做到"为政以德"。

如何执好政、治理好国家？就是上面首先要带头，先将中央（上、国君、朝廷）建设好，然后带领人民勤奋劳动，建设国家（"先之，劳之。"）。只要坚定不移、毫不懈怠，就会取得实绩（请益，曰："无倦。"见《子路篇第十三》13·1）。要把选拔重用优秀人才作为治理好国家的大事，特别是选拔好国家执政的领导人才。上面的人才选拔好了，从上到下，各级的人才才能选拔好。对于人才，要从战略和全局评价，不要抓住"小过"不放（"赦小过"见《子路篇第十三》13·2）。书中一个典型人物就是管仲，管仲虽不是国君，在春秋时期却是一个举足轻重的人物。据《左传·庄公八年》和《左传·庄公九年》记载，齐桓公和公子纠都是齐襄公的弟弟，齐襄公无道，两人都怕被连累，桓公由鲍叔牙侍奉逃往莒国，公子纠由管仲和召忽侍奉逃往鲁国。襄公被杀之后，桓公先入齐国，立为王，便兴兵伐鲁，逼迫鲁国杀了公子纠，召忽自杀以殉，管仲则做了齐国宰相。因此，孔子的学生对管仲有质疑，按当时的"仁"的标准看，这是卖主求荣。孔子不这样认为，投名主，被重用，这是正常的选择。齐桓公称霸诸侯，不是用战争的方式，而是多次用会盟的方式，共同商议，解决争端，主要是依靠管仲的辅佐、管仲的谋略、管仲的功劳，这就是管仲的仁德（"桓公九合诸侯，不以兵车，管仲之力也。如其仁，如其仁。"见《宪问篇第十四》14·16）。管仲辅佐桓公，称霸诸侯，使得天下匡正，人民至今都受到他的好处（"管仲相桓公，霸诸侯，一匡天下，民到于今受其赐。微管仲，吾其被发左衽矣。"见《宪问篇第十四》14·17）。微：假若没有的意思。被：同"披"。左衽（rèn）：衣襟向左边开。意思是说，如果没有管仲的出谋献策，战乱不止，生灵涂炭，人民就会过着衣不遮体、食不饱腹的贫困生活。这是从战略和大局评价人的功过是非。

但是，在内政方面，孔子对管仲是另外一种评价。《八佾篇第三》（3·22）有一段孔子对管仲的评价。子曰："管仲之器小哉！""器"是器具、器皿，这里表示器量、气量、肚量。这里是说管仲器量狭小得很，是一个心胸狭窄的人。有人提出质疑，认为管仲不是很节俭吗？（子）曰："管氏有三归，官事不摄，焉得俭？"三归：有专家解读，是指大量的市租收入。摄：兼职。管仲有大量的市租收入，他众多的手下人员一人一职。意思是说，收了那么多的市租，人浮于事，讲排场，铺张浪费，这算什么节俭？有人又提出，管仲懂不懂得礼节的问题？（子）曰："邦君树塞门，管氏亦树塞门。邦君为两君之好，有反坫（diàn），管氏亦有反坫。管氏而知礼，孰不知礼？"塞门：类似于后来的照壁。反坫：坫（diàn），用土筑成的平台，祭祀和宴会时，将礼器和酒具放在其上。反坫，是指诸侯国君与邻国国君进行友好会见时，反坫用于放置空酒杯。当宴会进行到互相敬酒的环节时，宾客会将空酒杯放回到反坫上，这是当时的一种重要礼节。这段话的意思是说，国君在与其他国君交往，宴会时堂上有放置酒具的土台子，他也按此设置了这个设施；国君在宫殿门前立了一个照壁，他也在门前立一个照壁。如果这样还要说管仲懂礼节，那么还有谁不懂礼节？人们对这段话有不同解读。有人按现在的标准，立个照壁，设个放置酒具的设备，这些算什么问题？我们不能用现在情况衡量那时的事情，那时规定只有国君才可以这样做，其他人做了就是僭越。有人认为，孔子说的礼节，是奴隶主的礼节，不能依此说管仲不懂礼节。还有其他的解读。问题不在这些具体的解读上，孔子的意思是说，管仲在桓公九合诸侯上有功劳，膨胀了起来，认为自己功劳很大，可以与国君平起平坐。比起辅佐桓公九合诸侯上，这种过可以算作小过，可以不追究。但是，这不是一般的小过，功是功，过是过，由此可以看出管仲是一个小气的人。孔子用这个实例说明，坚持"以德治国"方略，加强上层仁德及建设的必要性和重要性。

③孔子设计"以德治国"方略的内涵。对孔子"以德治国"方略，前面大量篇幅的论述充分说明，孔子"以德治国"是根据尧、舜等先祖丰富"以德治国"的实践经验和样板以周朝先祖的榜样进行概括和总结，又在春秋争霸转型时期社会现状的基础上进行设计的。也就是说，是在由奴隶社会向封建社会转型的社会背景下提出的，又在此后长达两千多年的封建社会中作为封建专制制度的统治思想基础，产生了负面影响，直到今天，其影响还未完全消除，导致大家对孔子"以德治国"方略有不同看法，因此，有必要从《论语》中，对孔子"以德治国"方略进行辨析，复原其真谛。

孔子"以德治国"方略设计，主要依据是尧、舜的样板及周文王、周武王的榜样，这些都是正面、正向的；而争霸时代的无道、混乱等现实是社会弊端，是负面的，从反向说明"以德治国"的紧迫性和必要性，这是一方面。另一方面，孔子"以德治国"方略，是在春秋时代背景下提出的，具有很强的针对性和特指性，但是，他并未受时代和现实的制约，而是从战略和全局的高度，提出"以德治国"方略，具有普适性，从文字的表述上，将特指性转变为一般性。还有一个更为重要的方面，孔子"以德治国"方略，是在奴隶社会向封建社会转型的背景下提出的，不是站在其中，而是跳出时代、现实、制度等具体战术层面，站在全局、历史的高度，既不是为维护奴隶制度而设计，也不是为未来的封建社会制度而设计，是超越制度、跨越时代的。

正确理解孔子"以德治国"方略，就在于准确理解和把握"德"上。"以德治国"的"德"，不是指伦理道德、伦理治世、伦理治国的德，也不是指具有"德"本身一切内涵的德，而是含有"以德治国"内涵的包括政权和执政的"大德"，即包含真善美的所有字、词、语，包含有关治国的所有领域和各个方面，包含精神的、物质的、理论的、实践的、战术的、战略的、历史的、现实的、内政的、外交的、全局的、局部的，以及社会治理、人与人之间关系等，涵盖治国理政的各个方面；理解和把握好"大德"，是正确理解和解读孔子"以德治国"方略的关键。

正确理解孔子的战争观，就在于将孔子的战争观放在"以德治国"方略的总盘子之上进行评判。孔子的学生认为，孔子对战争持谨慎的态度（见《述而篇第七》7·13）。持谨慎态度，不是没有态度，而是在争霸以征战为特征的年代，很少公开论述，从"治"的角度将战争观设计在"以德治国"方略之中。他在回答卫灵公如何打仗布阵的问题时，明确表示反对，说打仗布阵他没有学过。这是因为，他认为卫灵公不讲礼仪，诉诸武力，是为了向外扩张（见《卫灵公篇第十五》15·1）。他明确反对季氏对附属国颛臾进行讨伐战争，是因为无正当理由，属于非正义战争。孔子对周文王占领"三分天下有其二"的疆土，仍然向殷纣称臣大加赞扬，是说周文王没有野心和私欲，故而营造了太平盛世。周文王拥有三分之二的疆土进而灭纣，是用战争的方式获得的，孔子不可能不知道，但他没有说出，用赞扬"以德治国"、在无言中予以肯定。因为，这是以有道而伐无道，是正义战争。管仲辅佐齐桓公九合诸侯以和平的方式，孔子大加赞扬，但是他以赞扬和平的方式反对诸侯以武力争霸，并未阻止连绵不断的战争。

由这些事例可以看出，孔子对战争有两种态度，对非正义战争明确反对，对正义战争持支持的态度。在以诉诸武力为特征的争霸时代，孔子公开反对非正义战争，实际上是以反对非正义战争来支持正义战争，将支持正义战争放在"以德治国"方略上，是"以德治国"方略的战争观。这一观点，在《论语》中有明确表述。（见《颜渊篇第十二》12·7）

有一段话，子曰："足兵，足食，民信之矣。"足兵，是指国家有足够的兵力。有兵，干什么？就是为了打仗。足兵，是国家强大的标志。孔子说的足兵，是为了防御、国家安全，不是为了侵略、扩张；是为了人民的安宁，让人民能吃饱饭有保障。因此，孔子认为不仅要有足够的兵力，而且要加强培训，他说，用没有经过培训的民众去打仗，可以说是让他们白白去送死（子曰："以不教民战，是谓弃之。"见《子路篇第十三》13·30）。

他进一步指出，经过有善心并有军事素养的人长期教导，具有一定作战能力，就可以让他们当兵作战了。（子曰："善人教民七年，亦可以即戎矣。"见《子路篇第十三》13·29）这些论述十分明确，孔子并不是一味反对战争，他的战争观是将强军作为"以德治国"方略的一部分，这一点我们老祖宗已经说清楚了，而且兵民一体思想在两千多年前就有了。

孔子的法治思想包含在"以德治国"方略之内，没有单独提出。这是因为，处在一个奴隶主统治的"溥天之下，莫非王土。率土之滨，莫非王臣"的社会，奴隶主的政权就是法律。在这样的社会里，法律是为奴隶主制定的，哪里有法治可言；处在一个由奴隶社会向封建社会转型的争霸时代，社会的规矩、社会的礼仪乱了套。法律是诸侯国订的，是诸侯国执行，"德之不修，学之不讲，闻义不能徙，不善不能改"（见《述而篇第七》7·3），处在这样一个时代，讲法治，受害者只能是老百姓，社会根本的任务是治，是"以德治国"方略。似乎"依法治国"是孔子的短板，后来出现了法家，于是，德治还是法治，在中国的历史长河中一直争论不休，至今都有分歧。我以为，在这样的时代和背景下，说明"以德治国"方略是对的，但并不意味着孔子不同意法治，他有自己的法治思想。法治包含在"以德治国"方略之中，是"以德治国"的一个重要方面。

孔子对汤"朕躬有罪，无以万方；万方有罪，罪在朕躬"和周武王"百姓有过，在予一人"大加赞赏（见《尧曰篇第二十》20·1），这说明，百姓即使有罪、有过，也不在百姓身上，而是在执政者身上，是执政者没有把国家治理好。这就是孔子的法治思想。他认为，国家要像国家的样子，国君要像国君的样子，首先要将上层建设好，将国家治理好。社会混乱，"礼乐不兴"，"刑罚不中，则民无所措手足。"礼仪、礼节、规矩都乱了，刑罚就不会公平，这让老百姓不知道该怎么办，不清楚怎样才是有罪。这样对老百姓定罪有什么公平可言？（见《子路篇第十三》13·3）只用行政和刑罚，可以制止犯罪，但是不能让犯罪人感到耻辱、有耻辱之心；用德来感化，晓之以德，用礼节来教化，齐之以礼，让他们对违法犯罪从思想上有所认识，有耻辱感。这样不仅可以防止犯罪，还能让他们自觉地遵纪守法。（"道之以政，齐之以刑，民免而无耻；道之以德，齐之以礼，有耻且格。"见《为政篇第二》2·3）

据《史记·孔子世家》记载，孔子在鲁国曾经做过大司寇的官职，大司寇是治理刑事的官员，用现在的话说，就是负责司法工作。可是，他不主张用杀戮和刑罚，而主张为政以德。他介绍自己的经验说，他审理案件，不仅仅是判案执法，而是通过案件审理进行德化和教化，让人们得到教育，从而减少违法犯罪和诉讼的发生。这就是孔子的法治思想，即是"以德治国"的法治思想。（子曰："听讼，吾犹人也。必也使无讼乎！"见《颜渊篇第十二》12·13）他又说："片言可以折狱者，其由也与！"子路无宿诺。（见《颜渊篇第十二》12·12）意思是"仅凭一方的言辞就可以审理案件的，大概只有仲由吧。"子路没有拖延而不兑现的诺言。有人解读，说子路之所以听见一方面之词判案，是因为他诚实，人们对他判案信得过；有人说子路果断，不拖拉；也有人认为，"子路无宿诺"与前面不搭调，不在此处，而在其他地方，是学生整理时放错了地方。我以为，从孔子对子路多次评价和批评看，子路的特点是"勇"。这里的"勇"，不是褒词，是说"勇"足而"德"欠。此处是说，听到一面之词，就判案，果断、重效率而容易轻率下结论，这种"无宿诺"，包含追求结案率，容易出错。这段话在前，以此反衬孔子正确的法治思想。恐怕不仅仅是判案风格不同，而是不符合他的"以德治国"的法治思想。孔子说，治理国家为什么要用杀戮的办法？只要执政者自己德行好，老百姓的德行也一定会好（"子为政，焉用杀？子欲善而民善矣。"见《颜渊篇第十二》12·19）。

据《史记·孔子世家》记载，孔子在任大司寇时杀了大夫少正卯（"诛鲁大夫乱政者少正卯"）。有人以此认为，孔子站在维护奴隶主阶级的立场上，而杀掉要求革新政治的少正卯。我们先不说杀少正卯对不对，该不该，孔子杀少正卯是事实。孔子批评子路采取刑罚审理案件，不符合他"以德治国"的法治思想，进而又告诫执政者，执政者何必要用杀戮，只要自己有德行，老百姓也必然会有德行。因此，要从"以德治国"方略的法治思想来解析孔子杀少正卯的问题。

四、治国之策——"以德治国"方略的重大举措

既然是治国方略，就必须落实在治国上。同时，再好的理论、再好的方略、再好的战略架构，没有举措，不落实在治国实践上，就是毫无用处的空想。"以德治国"方略就是治国良策，就是治国的重大举措，就是治国的大政方针。孔子"以德治国"方略在战略上具有深厚的实践定力和历史定力，在治国上，具有丰富的治国举措和治国良策。本书列举一些重要的方面，加以介绍。

1. "因民之所利而利之"是孔子"以德治国"方略的执政宗旨和核心理念

前面已经论证，孔子"以德治国"方略是超越当时的制度的思想。可

是，一个不容置疑的事实是，孔子设计"以德治国"方略是在奴隶制度的背景下制定的，是在奴隶社会向封建社会转变的背景下制定的，于是有的学者就将孔子"以德治国"方略与这两个制度挂钩，产生两种不同的意见，一种认为是孔子维护奴隶制度的思想，一种认为是孔子维护封建制度的思想基础。他们认为，孔子说的"民"，不是指最下层的人民群众，而是指奴隶主贵族，或者封建势力，将最底层的人民群众排除在外。

孔子在《尧曰篇第二十》中，明确提出"因民之所利而利之"，这是作为治国宗旨和指导思想提出的。翻开《论语》，全书都贯彻这一宗旨和指导思想，是站在人民的立场上，多次直接称谓"老百姓""庶人"以及工、农、兵、学、商（贾）等。

直接称谓百姓的，如《宪问篇第十四》（14·42），孔子说："修己以安百姓。"又如，《颜渊篇第十二》（12·9），鲁哀公问孔子的学生有若，收成不好，国家用度不够，怎么办？有若回答："减税。"哀公说，本来税收就不够，还让减税，这怎么行？有若说："百姓够用，你怎么能不够用？百姓不够用，你怎么能够用？"（"百姓足，君孰与不足？百姓不足，君孰与足？"）直接称庶人的，如《季氏篇第十六》（16·2），孔子说："天下有道，则庶人不议。"天下有道，治理得好，老百姓就不会非议，就不会产生不满。

称工、农、兵、学、商（贾）的。《卫灵公篇第十五》（15·10）中，孔子说，工人要做好活，一定要有好的工具（"工欲善其事，必先利其器"）。《子路篇第十三》（13·4）中，孔子说他不如老农（"吾不如老农"）。《卫灵公篇第十五》（15·32）中，孔子说，种田，免不了饥饿；上学，就可以获取俸禄（"耕也，馁在其中矣；学也，禄在其中矣"）。《子罕篇第九》（9·13）记述，孔子的学生子路对孔子说，有一块美玉，是收藏起来好呢，还是找一个识货的商人卖掉呢？孔子说："卖掉，卖掉，我在等商人来。"（子曰："沽之哉！沽之哉！我待贾者也。"）沽：卖。贾（gǔ）：商人。孔子说：

财富可以求得的话，就是做市场的守门人我也干（"富而可求也，虽执鞭之士，吾亦为之。"见《述而篇第七》7·12）。他说：财富与地位，是人们都向往的，不以正当的方式得到，不应该得到它；贫穷与下贱，是人人都厌恶的，不以正当的方式摆脱，不应该这样摆脱它（"富与贵，是人之所欲也；不以其道得之，不处也。贫与贱，是人之所恶也；不以其道得之，不去也。"见《里仁篇第四》4·5）他说：先付出劳动，然后获得报酬，这不是提高品德了吗？（"先事后得，非崇德与？"见《颜渊篇第十二》12·21）"见利思义"（见《宪问篇第十四》14·12）、"义然后取"（见《宪问篇第十四》14·13）、"不义而富且贵，于我如浮云"（见《述而篇第七》7·16）。这些都体现了孔子的财富观、义利观等思想。

我粗略统计一下，《论语》中直接提及"民"字约有 30 处。有三种情况。

第一种情况，就像有的专家解读的那样，"民"是指奴隶主贵族、封建势力或官员，但并没有举出实例；这里使用的是"人"字。举一个事例，孔子说：治理一个大国，就要敬业诚信，节约开支，爱护官员，使役老百姓时安排适当，不要放在农忙时，不要给老百姓增加重负（子曰："道千乘之国，敬事而信，节用而爱人，使民以时"见《学而篇第一》1·5）。这里，要爱护的，使用"人"字，有专家解读是指官员，后面使役的，使用"民"字，是指老百姓，在用词上是有区分的。从文字上理解，"爱人"，是指爱人民，也不违背孔子原意，也说得通。

第二种情况，仍使用"爱人"，是指人才。孔子说，仁者"爱人"爱惜人才，知人善任。要将正直的人提拔起来，委以重任，放在不正直的人之上，这样才能使不正直的人正直起来。（"举直错诸枉，能使枉者直。"见《颜渊篇第十二》12·22）他又说："举直错诸枉，则民服；举枉错诸直，则民不服。"（见《为政篇第二》2·19）和第一种情况相同，"爱人"是指人才，"民服"是指老百姓。第一、第二种情况在《论语》中直接提及

"民"的30处中占的数量不多。

其他的,即第三种情况,"民"都是指老百姓,即"人民"。学生记述,最重视的是人民,是人民的衣食住行,是人民的礼仪、礼节和民风民俗(所重:民、食、丧、祭。见《尧曰篇第二十》20·1)。子曰:"子欲善而民善矣"(见《颜渊篇第十二》12·19)、"民敬""民服""民情"(见《子路篇第十三》13·4)、"民无信不立"(见《颜渊篇第十二》12·7)等。也有孔子的学生的论述。子贡说:"博施于民而能济众。"孔子对此评价说,这就是圣人,尧、舜都难以达到(见《雍也篇第六》6·30)。曾子曰:"上失其道,民散久矣。"(见《子张篇第十九》19·19)这句话按文字理解,上,指执政者;道,是指规矩、规定、制度;民,是指民心。是说现今在位的执政者,不按规矩、规定、制度,天下无道,老百姓心散,对其不信任已经很久了。这些都说明,孔子的学生对孔子的学说理解得很深透,有独到见解,后人亦称曾子为曾圣人。我以为,编辑《论语》的孔子的学生,都可被视为圣人级的古代大师。

2. 民富国强是孔子落实爱人惠民的主要任务和目标

子贡问政。子曰:"足食,足兵,民信之矣。"子贡曰:"必不得已而去,于斯三者何先?"曰:"去兵。"子贡曰:"必不得已而去,于斯二者何先?"曰:"去食。自古皆有死,民无信不立。"(见《颜渊篇第十二》12·7)

这是孔子回答学生有关如何治理国家的对话。政:是指治理国家。足食:是指粮食充足,人民生活富裕,体现了"民富"。足兵:是指国家有足够的兵力,标志着国防力量强大,即是"国强"。两者结合便是现代意义的"民富国强"。民富,关键在"足"上,不是一部分人,而是全体人民富足。用尧的话是说,不能治理得"四海困穷"。"四海"是指全国、全天下。尧的意思是不能把国家治理得很贫穷,要人人有饭吃,不受饿,这是首先要解决的问题。要达到共同富裕是很高的标准;国强,是指国防力量强大，和民富连接起来，标志国家强盛。国强，对民富起保卫的作用，具有防卫的性质，而非炫耀武力，对外扩张。这就是说，民富国强是战略目标，标准很高，需要长期奋斗才能达到。执政者要立足当前，从现在起步，认真践行，毫不动摇，先解决不受饿、吃饱肚子的问题，再向"民富国强"奋进。

民富与国强是两个同等重要的硬标志，但是从发展上讲，有个轻重缓急和先后顺序。通过师生问答，孔子用减法方式，在回答如果在两者中必须去掉一个时，孔子回答：去掉"足兵"。其意思是说，民以食为天，执政者在国家的治理和发展上，如果根据国力和具体国情，必须在"足食"和"足兵"，即民富与国强两项中砍掉一项时，应该砍掉的是国强。反过来从治和立的正向讲，首先要解决人民的吃饭问题，先让人民不受饿、不饿肚子，要防止出现人民极度贫困甚至饿死人的现象，就要减兵，缩编军队，减少军费开支，放缓国防建设的步伐。因为，不先解决人民吃饭问题，人民饿着肚子，谈何国防力量强大，谈何国家强大。这并不是说，国防不重要，而是把发展放在第一位，发展的根本目的就是要落实在人民富裕上，国防建设就是保卫国家安全，最终目的也要落实在保证人民富裕上。

民富与民信是两个同等重要的问题，但是要从两者中选择哪个更为重要，孔子仍然通过师生问答，用减法的方式，去"食"。这是一个断然的去掉，其理由是"自古皆有死，民无信不立"。这里的"去食"，是去掉"足食"这一项，而不是指断粮，让人民没有吃的、饿肚子。这里的"自古皆有死"，是指一种存在的历史现实，是人类社会发展初期农耕社会出现的一个事实，并不是认为存在就是合理、是无所谓的事情。最主要的是在后一句"民无信不立"。信，是指人民对执政者的信任和执政的信心；立，是指国家的治理、国家的发展、国家的建设。如果没有人民的信任和信心，谈何立，谈何治理，谈何防止饿死人的问题。在"立"上，选择难，决定难；在"去"上，去掉更难，更难下决心。孔子用减法，说明取得人民信任极度重要。虽然是从"足食"与"民信"作取舍，但其实是在"民信"与"足食""足兵"中作取舍。这段话的含义是，得民心者得天下，失民心者失天下；得民心者天下治，失民心者天下乱。治国先得民心。执政者要执政、要治国，首先要取得人民的信任。而要取得人民的信任，就必须把全部的精力用在民富国强上，要落实在践行上，而不是口头承诺上，让人民真真切切感受到政府是为人民办事的，是值得信赖的。

"民无信不立"是孔子治国学说的经典论述。这句话，是针对那个时代总结的，却是颠扑不破的真理，是一条普遍的规律。这在哲学上反映为民信与国立的辩证关系。人民对国家和政府的信任和信心（包括"民敬""民信"和"民心"）是检验国家立、国家治理的试金石。没有人民的信任，没有人民的拥护，没有人民的支持，所谓国家的立、国家的治理、国家的强盛都只能是空洞的承诺，是根本立不起来的；没有群众基础，没有人民的信任和信心，要让人民不受饿、不饿死，要让国家稳定、天下太平，要让民富国强，国家强大，是根本做不到的。

将以"爱人惠民"作为指导思想和大政方针，才能取得人民信任，进而达到国立、国治、国强。这反映在两个层次上：首先要求先自立、自正、自律，以"先之劳之"取得人民信任，巩固政权，天下安泰；又以践行民生民安、民富国强的忠诚和敬业，来取得民心，得到人民的拥护和支持，这是反映民信与国立的第一层面，是执政和治理的群众基础。其次，要得到人民的信任，把人民团结在自己的周围，凝聚人心、激励人民、动员人民、组织人民，领导和带领人民艰苦奋斗，从而就能达到民富国强，进而发挥主体作用，这是反映民信与国立的第二层次，是领导主导与群众主体的关系问题。

3. 富民与教育的关系是孔子治国之策中必须正确处理的一个重要问题

子适卫，冉有仆。子曰："庶矣哉！" 冉有曰："既庶矣，又何加焉？"

曰：" 富之。" 曰：" 既富矣，又何加焉？" 曰：" 教之。"（见《子路篇第十三》13·9）

适：前往。仆：驾车。庶：众多，此处指人口众多。加：进一步（做某事）。这段意译：孔子到卫国，学生冉有跟随，给老师驾车。到了卫国，孔子说：" 人口众多呀！" 冉有问：" 这么多的人口，进一步该怎么办？" 孔子说：" 让他们富裕起来。" 冉有又问：" 富裕之后，再进一步该怎么办？" 孔子回答：" 教育他们。"

从治国之策的角度，我们去其人物和场景等特指性具体境况，在不违背孔子原意的情况下，转变成为一般性论述，可以做这样的表述：人口众多，是国情，对于人口众多的国家，如何治理？首先，要使人民先吃饱肚子，生活富裕起来。这里的" 人口众多"是指全体人民，并非仅指官员和资源占有者，也不是指少数富裕起来的人。人民富裕后，再教育人民，称之为先富后教。具体着重理解以下问题。

（1）弄清" 庶"" 富"" 教"三者的辩证关系。这段话就是讲" 庶"" 富"" 教"这三个字，这三个字讲的是治国良策的大道理。庶，人口众多，是基本国情。吃透国情，根据人口多这个基本国情，制定国家的战略目标和大政方针与政策，其战略目标就是使人民共同富裕起来并发展教育事业，又根据这个战略目标确定全体人民共同富裕的步骤，同时教育人民，提高人民的思想素质和认识能力，为实现战略目标和当前的任务而共同努力。这是基本国策。

（2）先富后教是实现人民富裕国家战略目标的战略布局和实现的步骤。针对人口众多的国情，首先要解决这么多人口的吃饭问题，让每个人不要饿肚子。解决的办法，就是依靠发展，再根据国力的提高发展教育，提高全体人民的思想素质和文化水平。故而富裕与教育的关系是先后缓急的关系，而不是重要不重要的关系。教育与发展，对富裕同等重要，从发展的角度讲，在一定程度上起决定性作用，不提高人民的思想素质和知识能力，就没有发展的后劲，要发展起来，达到富裕目标是难以实现的，因此，在财力困难的情况下，尽量挤出资金，用之于发展教育，可以称之为"先富后教、富教并重"的发展大政方针。

（3）从"教"对"富"的作用和功能上讲，孔子"先富后教、富教并重"包含两个方面的内容。

一方面，"教"着重的是提高思想素质和认识问题的能力，其功能主要是感化和教化。感化是以执政者实施的致富政策和给人民带来的实惠来感化人民。这里，"教育"与"民信"是一个作用的两个方面。孔子在《季氏篇第十六》（16·1）中讲到这个问题。孔子说，一个国家，"不患寡而患不均，不患贫而患不安"，如果能做到"均无贫，和无寡，安无倾"，边缘地区的人民仍然不归服，就用"修文德以来之"，让他们"既来之，则安之"。现在季氏治理国家，"远人不服，而不能来也；邦分崩离析，而不能守也"，却热衷于向边远附属国家诉诸武力，问题出在领导层内部。这里强调的是，执政者以自己的治理来感化人民，取得民信；如果还不能取得民信，就用仁德来教化。德政重在感化；教育重在教化。教育的感化作用，主要是通过让人民看到执政者践行"富裕"带来的好处。孔子还有一句经典，他说："贫而无怨难。"（见《宪问篇第十四》14·10）就是对此论的注释。把国家治理得很贫穷，要人民相信你，没有怨言，听你的教化，是很难做到的。只有先让人民有饭吃，求得温饱，再向富裕迈进，才能取得民心，得到人民信任，才能听得进去你说的话，教育才能取得成效。

另一方面，"教"着重的是教育事业的发展问题，是解决"民富"的人才培养和提高国民的思想文化素质与智力特别是创新能力问题。教育始终是依靠国民经济支撑的，又始终是对国民经济起动力和促进作用的。孔子说的"才难"即人才难得（见《泰伯篇第八》8·20），包括两个方面，一方面是选拔优秀治国人才、执政人才特别是领袖人才，如尧、舜；另一方面是培养优秀治国人才、执政人才特别是领袖人才。按照"先富后教、富教并重"的方针发展教育事业。孔子认为，人才是通过教育的途径培养出来的。他说："学也，禄在其中矣。"（见《卫灵公篇第十五》15·32）通过学习途径，可以获得俸禄。这里的学，指教育。俸禄，是指走入仕途，即通过教育成才，也可以说，人才是通过教育培养出来的。通过教育走入仕途，不能将此解读为上学、认为教育是为了做官。子羔正在上学，孔子的学生子路让子羔做官，孔子说：你这是害了人家孩子。子路不服，说："有民人焉，有社稷焉，何必读书，然后为学？"（见《先进篇第十一》11·25）社：土神、谷神。人们祭土神和谷神，以保佑庄稼有个好收成，其意思是说，这个地方有老百姓，有土地，有五谷，为什么一定要读书才叫作学问呢？孔子听后说，他讨厌强词夺理的人。在孔子看来，人家孩子正在好好上学，学知识，不是为了当官，而是为了成才，才能更好地治理国家。你却让人家孩子放弃学习，去做官，这是误人子弟。

同时，孔子还认为，学习也不是为学习而学习，学习的目的是为了应用。他说："诵《诗》三百，授之以政，不达；使于四方，不能专对；虽多，亦奚以为？"（见《子路篇第十三》13·5）《诗》：《诗经》。达：达到。不达：授之以政，即从政，能力不够；交办的政事，做不好。使于四方：出使外国，从事外交工作。专对：是指独立开展工作，随机应对，处理各种关系和复杂情况。不能专对，指不能独立应对。亦奚以为：这句话的含义是，读了那么多书能有什么用？这段话的意思是说：把《诗经》三百篇背得滚瓜烂熟，读了那么多书，让从政，能力不够；交办政事，做不好；让出使外国，从事外交工作，不能独立开展活动和随机应对，读了那么多书有什么用？

孔子长期从事教育工作，有丰富的教学实践经历，有关教育的论述颇丰，结合培养治国优秀人才（"贤才"）与民富国强的关系，重点摘引有关这方面的论述，进行阐述。

首先要求教师身体力行，为人师表；做到"为之不厌，诲人不倦"（见

《述而篇第七》7·34）。前一句是身体力行，身教重于言教。为：是指学习和工作，认真负责，毫不厌倦、松懈；后一句是教诲学生，循循善诱，不厌其烦、毫不怠倦、教书育人。

要将教落实在学生身上。一切教育、一切教学，都是为了教育学生、培养学生。通过"诲人不倦"达到"学而不厌"。（"学而不厌，诲人不倦"见《述而篇第七》7·2）"学而不厌"，主要取决于学生自己，是学生学习好的自身要求。教师并不是把书本的东西传授给学生就算完成教学任务，要让学生学而不厌，要求教师一方面提高教学质量，让学生愿意听、喜欢听；另一方面，通过启发、教育，提高学习的自觉性，达到教书育人的目的。教育学生树立"志于学"精神，"敏而好学，不耻下问"（见《公冶长篇第五》5·15），处处留心皆学问，"每事问"（见《八佾篇第三》3·15），"三人行，必有我师焉"（见《述而篇第七》7·22）。

要处理好学与习的关系，将理论与实践结合起来。这就要求"学而时习之"。（见《学而篇第一》1·1）这里的"学"，是指读书、学习书本知识；这里的"习"，狭义是指温习、复习，主要是巩固已学知识，广义是指练习、实用。孔子的教学内容，都与当时的社会相结合，如练习礼节、音乐、射箭、御车（驾车）等，广而言之，就是读书要与社会实践相结合。

要处理好学与思的关系。"学而不思则罔，思而不学则殆"（见《为政篇第二》2·15）。这里的"学"是指学习、读书；"思"是指思维、思考，不能只读书，死记硬背，要将书本知识通过思维加工，变成为自己的知识；罔，是指迷惘、无用；殆，是指停滞不前、有害、危险。这句话的意思是说，学习书本知识必须和思考结合起来，通过思维加工将书本知识变成为自己的知识。如果只学不思，死读书，读死书，不加思考，就会迷惘、迷惑，思想不会开窍，读书没有用处；如果只思不学，思想就会停滞不前，思考得不到要领，甚至迷失方向，以至出现危险思想，有害无益。

要处理好温故与知新的关系。"温故而知新"。（见《为政篇第二》2·

11）温习已学过的知识，加以巩固，打好基础，这是首先要做到的，这是知识的积累；在此基础上，通过思维、思考，让书本知识增值，变成为新的知识，提高思维能力和智慧，这是知识创新、思维创新。从"温故"而达到"知新"的过程，是一个知识加工的过程，是一个开动脑筋、脑力劳动的过程，是一个由量变到质变的过程。这一步更为重要。

与此相关联的论述，如"举一隅"而"三隅反"。（见《述而篇第七》7·8）隅（yù），是指一点、一个方向，其意思是由一个方向，推知三个方向。在学习上，是指由一个方面的知识，可以推出几个方面的知识。"闻一以知十"。（见《公冶长篇第五》5·9）从一个道理可以推出十个道理，和上面的意思相同。

4."有教无类"是孔子学说中关乎国家治理的一个带有根本性的问题

子曰："有教无类。"（见《卫灵公篇第十五》15·39）

孔子说："给人人以教育，没有贫富、贵贱、地位等区别。"

教：是指教育、接受知识的人；类：是指类别、限制，包括地位高低、官员与庶民、富贵与贫贱、地区的远与近、好与差、人的善与恶等，人人都有接受教育的权利和义务。

"有教无类"只有四个字，不仅仅是讲教育问题，而是讲国家治理、国家发展的大道理。孔子自己就是这样做的，凡是拜他为师的，他都不问出身、地位、贫富，一律接受，他的学生大部分出身贫贱。"有教无类"是他从自己教育工作实践中总结出来的。

（1）孔子"有教无类"是从教育对国家治理的高度提出的，将人的培养和提高作为治国的战略目标和大政方针。

教育不仅仅是教育问题，而且与国家治理有关联，是关乎国家治理的重大问题。教育的对象是人，人是教育的出发点和落脚点，人是国家治理的主体，人的知识和智慧以及人的精神品质素养对国家治理起决定性作用，人才培养和国民思想文化素质提高始终是关乎国家治理好坏的关键问题。

这一点，孔子在前面已经做了充分的阐述。"有教无类"正是从国家治理的高度提出来的，其基本论点是，让每个人接受教育，而不是少数人或者部分人。孔子指出，国家治理的两大任务，一个是"富之"，一个是"教之"。"有教无类"明确强调，教育不是少数人或者部分人接受教育，而是每个人都接受教育，这是国家治理得好坏的一个标志，人人接受教育，这是每个人的权利；另外，国家治理也不是少数人的事情，不提高全体人民的思想文化素质，国家是难以治理得好的。

（2）"有教无类"反映的实质是教育的平等与社会的公平。

"有教无类"的含义是，全体人民都有接受教育的权利，即权利的平等，反映为教育的平等；同时，这种教育的平等反映为社会的公平。只有少数人或者部分人接受教育，这少数人或者部分人掌握教育资源，享受教育的权利，而大多数人被剥夺接受教育的权利，教育不可能平等；少数人或者部分人掌握教育资源，享受教育的权利，成为权贵和执政者，掌握着国家政权，代表着少数人和部分人的利益，这样的社会不可能公平。这就是说，在这样的社会状况下，教育不可能平等，社会也不可能公平。孔子"有教无类"，是针对这种社会弊端而提出的，将"教之"即教育提升到"有教无类"的高度，将"有教无类"作为治国的战略措施和大政方针，反映为教育的平等和社会的公平，是孔子学说的一个重大贡献。两千多年前的人类社会发展的初期就提出这样的主张，至今仍有现实的意义。

（3）"有教无类"从本质上体现的是人民的权利。

孔子是我国提出"有教无类"论述的第一人。教育的对象是人。按照"有教无类"，是不分类别的，包括全体的人。可是，人是分类的，人以群分，是有类别的。孔子所处的时代是由奴隶社会向封建社会转型的历史时期，这个时期的教育资源是掌握在代表奴隶制度的国家手中，只有占有教育资源的极少数的统治者、官员和贵族享有受教育的权利，而占绝大多数的人民被剥夺了受教育的权利。孔子提出"有教无类"的主张，争取的是广大劳苦大众的受教育权利。人民受教育的权利,靠教育是争取不来的,必然牵扯到社会制度。奴隶社会的奴隶,包括自己这个人都不属于自己,没有人的权利,更谈不上受教育的权利。在《论语》中,已经出现了自耕农,有专家分析,这些自由民就是新兴封建势力的代表,这种分析有一定道理。可是,压在最底层的奴隶是很难转化为自由民的,即使是佃农,有了自身自由权,也不能改变极少数人占有生产资料而绝大多数人民权利被剥夺的社会形态。孔子提出"有教无类"的主张,是力图从教育上改变这种社会现状,反映的是教育平等和社会公平,体现了教育的人民性,是他治国学说的一个重要组成部分。

(4) 以"有教无类"辨析和厘清孔子有关教育的论述中一些有争议的问题和看法。

孔子是伟大的教育家,是我国教育的奠基人,为我国教育事业奠定了坚实的基础。他将教育作为治国学说的一个重要组成部分,有极其丰富的论述,其历史功绩是不可磨灭的。可是,《论语》中有一些论述争议较大,甚至关乎对《论语》及孔子的评价问题。本书用"有教无类"试图辨析和澄清这些问题,在不违背孔子原意下,按照文字进行解读。

①孔子曰:"生而知之者上也,学而知之者次也;困而学之,又其次也;困而不学,民斯为下矣。"(见《季氏篇第十六》16·9)

孔子说:"生来就知道的是上等的,学习后才知道的是次一等的;有了困惑再去学习的是又次一等的;有了困惑也不学,老百姓就是这种最下等的了。"

过去有人做分析,大致有三种不同的看法:一种看法认为,"生而知之者",这是唯心论;另一种看法认为,孔子宣扬等级制等;还有一种看法认为,"困而不学,民斯为下矣",这是孔子认为人民是最下等的,是在鼓吹愚民政策。

如何理解这段论述,有几点首先需要弄清楚:

一是这句话是在《季氏篇》中说的，季氏时任诸侯国大夫，掌握着诸侯国的实权，整个《季氏篇》中，使用的是"孔子曰"的表述。纵观《论语》，使用孔子言论，除了学生归纳孔子言论，没有提及孔子之外，凡是学生引用的，都用"子曰"；只有在回答诸侯国大夫以上君臣问话或对话时，才使用"孔子曰"。这段话使用"孔子曰"，从前后关联看，可能是回答季氏的问题，或者针对季氏说的。之所以这样讲，必然是有所指的，学生只引用了孔子的话，并没有说明针对哪几位君臣因为什么说这段话，可是，肯定是针对诸侯国大夫以上君臣而言的，这是考量孔子这段话以及其中每句话的一个重要的方面。

二是学生记述孔子的言论，是写在竹简上的，没有标点符号。有人将"生而知之者上也，学而知之者次也"中间的"，"号标注为"；"号，即"生而知之者，上也；学而知之者，次也"，由于标点符号不同，其含义是有差异的，这是需要斟酌的。

三是古文字常有一字多义的情况，这是第三点需要注意的。

四是这段话似乎是与孔子"有教无类"的论述相悖的，而孔子是一个严谨的圣人级学者，而且汇集孔子言论的学生也是"七十二贤"中的佼佼者，不可能将这么重要的相悖言论收录在《论语》之中。如何看待这个问题，是当代人要认真思考的。

我以为，"有教无类"可以作为判断这句话的一个基点。按照"有教无类"，遵循"取其精华，去伪存真，正本清源，古为今用"的原则，对这句话进行解读和辨析。

先分析第一个层次，"生而知之者上也，学而知之者次也。"中间"，"符号，实际上是针对诸侯国大夫以上的执政者说的，这大概反映了孔子的原意。这里的知，是指知识、聪明、智慧；生而知之，从生下来就聪明，有智慧，这是资质。这句话的含义是，你们认为你们的知识、智慧是天生带来的，你们在上位，你们认为是这样就这样。生而知之者认为在上位，但学而知之，才是最高层次的，这是整段话的关键。意思是，你再聪明、再智慧，你都要通过学习才能获得知识。

如果去其特指性，将"生而知之者"单独作为一个层次。这里的生而知之，是指天资聪明，有智慧，是天生带来的。对这句话有两种解读。

一种解读是，孔子不认为人天生就有知识，有智慧，都是通过教育才将知识转变成为自己的知识、将智慧转变成为智能和学问。孔子说他自己并非生而知之者，而是爱好古代文化，通过自己勤学和敏思而求之得来的。（子曰："我非生而知之者，好古，敏以求之者也。"见《述而篇第七》7·20）这虽然没有明确否认"生而知之者"，却在告诉人们，知识都是"敏以求之者也"。连孔子这样知识渊博具有开创性的大学问家都是"敏以求之者"，对"生而知之者"的说法，实际上是否定的。

另一种解读是，"生而知之者"是指天资，很聪明，反应快，记性好，是天生带来的，后天终生存在，这是自身的优势（这与特指执政者认为的"生而知之者"含义不同）。这是最好的，是最高层次的。这种先天的优势，也必须通过教育和学习，才能转变成为知识和智慧。教育和学习，才是获得"知之"最根本的方式。据此，就因为"生而知之者上也"这句话就断言其为是唯心论，其理由是站不住脚的。

接下来分析最后一个层次。孔子说："困而不学，民斯为下矣。"最下等的是那些遇到困惑和问题时不学习、不去寻求解决之道的人。孔子将老百姓说成是有了困惑也不学习的最下等的人，这不是宣扬愚民政策吗？这里的民，是指老百姓；下，是指最下一层的，"困而不学"是指遇到困惑疑难仍不去学习。这种现象造成的原因是，财富和经济命脉都被代表君臣和贵族的少数人把控，老百姓吃不饱肚子，整天为生活所困，认为这就是自己的命，没有机会学习。孔子认为，出现这种现象，正像汤和周武王说的，百姓出现的问题，不在百姓，是自己没有把国家治理好，责任由自己一个人来承担（"万方有罪，罪在朕躬"，"百姓有过，在予一人。"见《尧曰篇第二十》20·1），孔子不只是发发感慨了事，而是对执政者提出解决的办法。其办法是：先解决老百姓吃饱肚子的问题，进而让其富裕起来（富之），再进行教育，发展教育事业（教之），即"先富后教，富教并举"（见《子路篇第十三》13·9）。教育，不是只让少数人或者部分人享有教育的权利，而是全体人民达到"有教无类"；不是只教化老百姓，当政者和权贵同样要求接受教育，没有不受教育的特殊公民。这就是孔子提出的解决方案，怎么能是愚民政策呢？

弄清了第一层次和最后一个层次的含义，依据"有教无类"，按照"取其精华，去伪存真，正本清源，古为今用"的原则，在不与孔子原意相悖下，按文字对四个层次进行解读。

"生而知之者上也。"这里的"生"，是指先天带来的；这里的"知"，是指天资、聪明、智慧；"生而知之者上也"，是说天资聪明、脑子灵、反应快、记性好，是先天带来的，不是后天生成的。这里的"上"，是指最高层次，是第一档次。天资聪明，是先天带来的，是这类人独具的特殊优势，是其他人不具备的。但是，这种优势只有通过"学而知之"，才能将其转变为自己的智能、智慧和智力。如果背上聪明的包袱，不进行学习，不仅会落后、无为，还会聪明反被聪明误，走偏方向，甚至做出有害的事情。

"学而知之者次也。"这里的"学"，是指学习；"知"，是指知识、智慧、本领。"生而知之者"之外的人不具备天资聪明的特性，他们主要通过勤学和敏思获得知识、智慧和本领，"学而知之者"也适用于他们。"学而知之"，才是硬道理、铁规律，是普遍的真理，是最根本的层次。

孔子关于"学而知之者，次也"的论述非常丰富，可以说贯穿于《论语》全书。孔子强调，学习不仅仅是为学习而学习，而是为了实现坚定的志向（"志于学"见《为政篇第二》2·4），为了实现自己远大的信仰（"笃信好学"见《泰伯篇第八》8·13）；也不是为了自己升官发财，为了个人私利，为了自己扬名（见《颜渊篇第十二》12·20），而是学习一些平常的知识，却悟出很高的道理（"下学而上达"见《宪问篇第十四》14·35）。从个人来讲，从小"志于学"，一生的知识、智慧、敬业、创新、成就都是学习得来的，要坚持不懈（"学而不厌""为之不倦"见《述而篇第七》7·34），"一以贯之"（见《卫灵公篇第十五》15·3），活到老，学到老，"发愤忘食"，"不知老之将至"（见《述而篇第七》7·19）。从国家治理的角度讲，所有治理的大道理，都是从学习而获得的。

"困而学之，又其次也。"这里的"困"，是指困惑、迷惘、疑问；"困而学之"，是指有了困惑，通过教育和学习来解惑、辨惑和弄清还不明白的问题而获得知识，这是第三个层次。"困而知之"，也属于"学而知之"。一般来讲，其优势是，根据自己的困惑有针对性地学习，这样取得的成效比较大，理解得更深刻，这是指学习方法。作为这个层次，是指有了困惑，才通过教育和学习来解惑，也属于"学而知之"。所以说是再次一等，是因为与"学而知之"这个层次相比，有不足之处，其差距就是不能像"学而知之"层次那样，坚持不懈，具有勤奋和敏思，矢志不移，贯穿于学习、工作、生活的全过程，贯穿于终生。因此，将"学而知之"的总体优势与"困而知之"的学习方法结合起来，才能使教育和学习更有成效、更具优势。

"困而不学，民斯为下矣。"这段话，前面已做过分析，将其作为四个层次最下的一个层次，这一点也表述得很清楚。"困而不学"是说，有了困惑也不学习，是最下等的一个层次，这是最差的，是造成愚昧落后的主要原因。孔子认为，老百姓就是有困惑也不学习的人，这种表述也符合实际。孔子摆出这种现实，是为了改变这种状况，通过教育，让老百姓学习知识和文化，这是孔子的基本思路。

这四段话，似乎是根据对学习的态度和获得知识的方法划分等级的，准确地讲，是根据接受教育的程度和状况而划分等级的，其本质含义是将"学而知之"作为获得知识的根本途径。"生而知之者"虽然是最上层，必须通过"学而知之"获得实效;"困而知之者",也只有全面"学而知之",才能获得全面知识;最下一层的老百姓,也只有让他们有接受教育的平等权利,并有接受教育的政策和条件,通过"学而知之",才能改变愚昧落后的状况。这与当时的统治阶级搞的愚民政策有本质的不同,也与封建专政等级制度有本质的不同。

②子曰:"唯上知与下愚不移。"(见《阳货篇第十七》17·3)

这句话,按照杨伯峻和张志钢两位先生的解读,虽有差异,但都没有与孔子的原意相悖,都将智者、聪明和愚人、愚笨作为区分上等与下等即上层次以及下层次的标志。(见杨伯峻:《论语译注》中华书局出版,1984年3月第9次印刷;张志钢:《论语通译》《光明日报》,2007年9月刊)

他们对这句话的看法也有分歧,认为封建专政等级制度及其愚民政策始源于《论语》,孔子是罪魁祸首。在《论语》中有关的论述有三处:其一是"生而知之者上也""困而不学,民斯为下矣"的四个等级,对此,前面已做了分析。对孔子的非议者,并没有在意"孔子对曰"是针对执政者说的,也没有按文字作解读,将教育和学习的程度作为制度等级,认为封建等级制度就源于此;将孔子说的老百姓就是有困惑也不学习的愚昧这一层次现实,说成是孔子就认为人民就是最愚昧的下等人,而罔顾孔子通过教育和学习来改变这种现状的论述。在他们看来,如果说,上面使用"对曰"的话是孔子针对执政者说的,那么,孔子这句用"子曰"表述的话则是自己说的。这里有两个关键字,即"上"和"下",应该是指最上层次、程度、档次和最下层次、程度、档次。非议者将其解读为"上位""执政者"和"下层的愚昧老百姓""下等的人民",偷梁换柱,将人分为上等和下等,进而将等级制度的始作俑者扣在孔子的头上;将愚民政策的倡导者栽在孔子的身上。

③子曰:"民可使由之,不可使知之。"

对于这句话,解读分歧比较大。杨伯峻先生经过考证,其解读为:"老百姓，可以使他们照着我们的道路走去，不可以使他们知道那是为什么。"（见杨伯峻：《论语译注·泰伯篇第八》8·9）张志钢先生解读为："对于百姓，可以使他们（不知不觉）按道理去做，不可以使他们懂得为什么要这样做。"（见张志钢：《论语通译·泰伯篇第九章》）。这些解读都不与孔子原意相悖。

非议者解读是愚民政策论。其解读是，孔子认为，对于老百姓，可以使役他们，让他们服从，听从安排，不可以使他们懂得道理，知道为什么，甚至将"知"理解为知识和智慧，即不可以使他们有知识和智能。从表述上看，愚民政策论更能迷惑人。可是，封建等级制度本源论和愚民政策论的依据就这三条，这与全书孔子的基本论述是相悖的。

子曰："道千乘之国，敬事而信，节用而爱人，使民以时。"（见《学而篇第一》1·5）在不与孔子原意相悖下，去其特指性，用现代语言解读，孔子说："治理一个大国，就要敬业勤政，兢兢业业，讲究信用，节约财政开支，爱护下属，给农民分配任务，不误农时，不要增加人民的负担。"其中，"爱人"，按文字表述解读，也可以作"爱护人民""爱护老百姓"解。

孔子又说：要治理国家，要给人民以实惠，而不是把精力耗费在其他方面（也可解读，不乱开支，将资金用在为人民的实惠方面）（惠而不费，劳而不怨）。怎样才是"惠而不费"？就是前面的一个"利"字，是指对人民有利，后一个"利"字，是执政者自己所为，围绕有利于人民而为。"劳而不怨"，给老百姓安排任务，老百姓不埋怨。怎样能让老百姓不埋怨？"择可劳而劳之。"第一个"劳"字，是不给老百姓、人民增加额外负担，不误农时，能让他们得到实惠，第二个"劳"字是自觉自愿，乐于完成任务和安排，怎么能有怨恨呢？（见《尧曰篇第二十》20·2）

孔子虽然出身于贵族家庭，到他出生时，家庭已经衰落，他说："吾少也贱，故多能鄙事。"（见《子罕篇第九》9·6）他说他小时贫贱，做的都是卑贱的事。他收的学生也大多数都是贫寒的学生，只要拜他为师，他都从不拒绝，一视同仁，他最欣赏的高才生颜渊，就很贫穷，他又怎么会歧视贫寒百姓而"不可使知之"呢？

根据上述辨析，将"封建专制等级制度本源论"和"愚民政策论"栽在孔子头上，其依据是不成立的。有两个问题需要澄清和进一步佐证。

一个问题是，既然"民可使由之，不可使知之"与孔子的整个论述不搭调，观点相反，衔接不上，孔子的学生在汇集成册时，不可能把否定老师思想的论点收入其中，因此，只能是对这两句话在解读上出了偏差。大致有两种情况，一种情况是，前一句比较好理解，使由之，是指使役、任务、安排，让老百姓知道为什么，自觉自愿去完成；后一句，知，不是指知识、智慧，而是指不需要深厚的知识和智慧，不可以一定要求他们懂得高深的大道理。另一种情况，有人认为，可从标点符号使其与孔子整体论述同向，解决不搭调问题。例如有人这样译注："民可，使由之；不可，使知之。"（见《泰伯篇第八》8·9注释）虽然古人无此语法，按照文字表述，古为今用，也可算作一条思路，用孔子的话说："择其善者而从之，其不善者而改之。"（见《述而篇第七》7·22）

另一个问题是，有关封建专政等级制度的始源于孔子的问题，就此三条，是不成其理由的。孔子还有一处是论述等级的，在回答怎样才可以算知识分子、有学问的人（即"士"）时说："行己有耻，使于四方，不辱君命，可谓士矣。"做人处世，有耻辱之心，出使外国，不辱国君的使命，很好地完成任务，这在国家是最有品行、最有学问、最有本领、可以担当重任的人才，算得上是最上一等的。

次一等的是："宗族称孝焉，乡里称弟焉。""弟"同"悌"，是指尊敬兄长，在乡里是指尊敬长者。这里是说，宗族称赞他孝顺父母，乡里称赞他尊敬长者，可以说在家族和乡里很有声望、德高望重，可算是次一等的。

再次一等的："言必信，行必果，硁硁然小人哉！——抑亦可以为次矣。"硁,拟声词,形容敲打石头的声音;硁硁,形容浅薄固执的人。这类人本来就是没有什么学问的小人物,却很自负,认为自己了不起,固执己见。不过,这类人的优点是讲诚信,行事很果断,言行一致,承诺的一定做到,因此,也可以算作是再次一等的"士"了。

至于现在执政的人,"噫!斗筲之人,何足算也!"斗,是指古代一种量器的称谓;筲(shāo),古代的饭筐,能容五升;斗筲,是指知识和器量狭小。其意思是说:唉!都是一些气量狭小的人,不值得一提!这些人身居高位、不学无术,都是一些为了自己私利,胸无大志、心胸狭窄、贪图享受的人,根本不配称为"士"!(见《子路篇第十三》13·20)

孔子还说:"三年学,不至于谷,不易得也。"(见《泰伯篇第八》8·12)谷,古代以谷作为俸禄,是指做官。是说:"读了三年书,还没有做官的念头,这是很难得呀。"他让几个学生谈自己的志向,其他几个学生都谈如何治理国家的问题,只有一个出身于普通民众的学生说,他在春天的时光,约上一些成人和儿童,到河里去洗澡,洗后在岸上吹风,之后,一路唱着歌回家。孔子唯独称赞这个过着平常人的生活、能够自己快乐幸福,也能让其他人快乐幸福的普通人(见《先进篇第十一》11·26)孔子对社会和人不是按地位划分的,他是以仁爱与暴虐、德高与失德、君子与小人、善良与丑恶等作为区分好坏的标准,这在《论语》中通篇皆是。

5."举贤才"是孔子国家治理学说的战略措施和大政方针

孔子提出"举贤才"的主张,其内涵远不止推举、考察等干部选拔任用工作和措施,而是关乎能否治理好国家、能否保持政权稳定、国家能否长治久安、天下能否太平安定、人民能否安居乐业的战略举措和大政方针,关系着国家的前途和命运,执政者在治国方略确定之后要作为头等大事、重中之重,坚定不移,常抓不懈。对于尧、舜等先圣,作为治国样板和榜样,前面已经做了大量详尽的介绍。因为"举贤才"这一命题非常重要,可以说是治国方略的一个关键问题,有必要进一步加以诠释。

（1）孔子推介和总结尧、舜等先圣选拔接班人的论述是孔子学说的一大历史贡献。

在孔子之前，中国已经有了较长时间的发展历程，打下了中国文明的基础。孔子通过对中国文明史深入的钻研和深刻的解析，将尧、舜作为治国的样板，这不仅是因为尧、舜个人具有领袖的品质和本领，有一套开创性的完整的治国方略和举措，给中国"以德治国"树立起一面不朽的样板和旗帜，也因为在选拔接班人方面，开启了先河，树立起了光辉的典范。其功绩，前面已作详尽介绍。

从优秀领袖人才对政权建设和国家治理的作用及其选拔接班人对国家治理发展稳定的作用来看，孔子树立尧、舜样板和旗帜的历史贡献不可磨灭。我们重温一下孔子的评述，子曰："大哉，尧之为君也！巍巍乎！唯天为大，唯尧则之。荡荡乎，民无能名焉。巍巍乎，其有成功也，焕乎，其有文章！"（见《泰伯篇第八》8·19）这段话前面已解读，不再重复。这里有几个要点，一是作为领袖，尧是多么崇高伟大呀；二是只有天最高大，只有尧可以和天比美；三是尧的思想伟大，他能造福于人民，老百姓简直无法用语言来称赞他；四是最为重要的，他建立起好的礼乐典章制度。

这段话说明两层意思，一层意思是领袖在国家治理中起着决定性作用，而获得人民的拥护和支持是衡量领袖好坏的标准；另一层意思是执政者的伟大，不仅体现在个人成为优秀的领袖人才，而且能选准自己的接班人，能够交好班，使其将自己开创的事业继承和发扬下去。尧的历史功绩在于，他没有把政权传给自己的儿子，得到人民的爱戴和拥护，这是孔子将尧作为样板和旗帜的原因。

子曰："巍巍乎！舜、禹之有天下也，而不与焉！"（见《泰伯篇第八》8·18）孔子说："舜和禹多么伟大崇高呀！他们两个人执政以后，精心治理，富有四海，为了天下大众，一点也不为自己谋取私利！"舜和禹都是通过禅让制取得政权的，尧传位给舜，舜传位给禹，他们都没有让先辈失望，不负先辈重托，继承和发扬先辈的治国良策。

子曰："无为而治者，其舜也与？夫何为哉？恭己正南面而已矣。"（见《卫灵公篇第十五》15·5）孔子说："自己不做什么事而将天下治理得好的人大概只有舜吧？他做了些什么呢？只是端庄地坐在朝廷上而已。"古时，朝廷都是坐北面南，是说舜端庄坐在朝廷之上。其意思是说，他不是什么事都亲自去做、一人治国，而是能够选准重用人才，依靠优秀人才治国。"无为而治"，不是无所作为、什么都不做能把国家治理好，而是作为领袖不是忙自己一个人、依靠自己一个人治国，要做领袖该做的事，即抓的都是大事，抓好选拔重用人才，充分发挥人才的作用。"无为而治"是衡量领袖人物好坏、国家能否治理好的标志。将上下论述联系起来，孔子说尧、舜没有私心，称赞他们二人伟大崇高，主要是体现在选拔接班人上。

对于禹。子曰："卑宫室而尽力乎沟洫。禹，吾无间然矣。"（见《泰伯篇第八》8·21）孔子说："自己生活简朴，住得很差，却把一生精力全部用在治水、兴修水利上。对于禹，我是挑不出他的缺点了。"联系上下论述，可知尧、舜选准了接班人，造福人民。尧、舜没有私心，主要体现在禅让制方面。

（2）孔子有关选拔优秀人才对执政治国意义的论述，是以尧、舜为样板，落实"以德治国"方略的决定性重大举措。

子曰："才难，不其然乎？"（见《泰伯篇第八》8·20）孔子说："人才难得，难道不是这样吗？"这里的人才难得，包含着两方面的含义。一个方面，治国人才的选拔是一件很困难的事，要选准选好成为治国贤才非常不容易；另一方面，选准选好治国的优秀人才，难能可贵，对治国起到决定性作用。他举例说："舜有臣五人而天下治。"舜有能治理国家的贤臣五人，就将天下治理得兴盛太平。他引用周武王的话说："予有乱臣十人。"这里的"乱"，是古汉语中的一种用法，意为"治"。周武王是说，他把国家治理得好,主要是依靠十位有才能、能治理的贤臣。这里的"五"也好,"十"也好,不是指只有五个人或者十个人,而是指对治国能起作用的各个领域的人才群体,说明选拔任用优秀人才是多么难能可贵,对治理好国家是多么的重要。

(3)孔子关于爱惜人才、知人善任的论述表明,这是对执政者提出的一项头等大事和首要任务。

樊迟问仁。子曰:"爱人。"问知。子曰:"知人。"

樊迟未达。子曰:"举直错诸枉,能使枉者直。"

樊迟退。见子夏曰:"乡也,吾见于夫子而问知,子曰:'举直错诸枉,能使枉者直',何谓也?"

子夏曰:"富哉言乎!舜有天下,选于众,举皋陶,不仁者远矣。汤有天下,选于众,举伊尹,不仁者远矣。"(见《颜渊篇第十二》12·22)

和上文的论述连接起来,有以下四点含义:

一是既然人才难能可贵,那么作为执政者,在抓政策和大政方针的同时,要把选拔重用优秀人才当作同等重要的大事来抓,坚持不懈,选准用好。

二是樊迟问仁。樊迟是孔子的学生。这里的仁,是指仁德、仁政,是说执政者如何才算仁德和仁政,孔子说:"要爱惜人才。"这里的"人",是指人才。樊迟又问怎么才算是知人?即用好人才,孔子说:"知人善任",就是要把选准选好的人才任用起来,委以重任,充分发挥他们的作用。

三是樊迟没有听明白。孔子说,把正直的人才提拔起来,放在不正派的人之上,这样才能使不正派的人正直起来。或者说,上面正了,就会形成好的风气。这是从用人方面说的。

四是樊迟还是没有听明白,从孔子那里出来,对孔子的另一位学生子夏说了问答情况。问子夏如何理解,子夏回答:"老师的话多么丰富呀!舜之所以能治理好天下,是从众多的人才中,经过选拔将皋陶提拔重用起来，那些不正派的人就远离了，只好收敛或者远离不仁了。同样，汤能治理好天下，也是抓人才，选得好选得准人才。"

（4）孔子将"民服"作为衡量选准用好人才的标准。

哀公问曰："何为则民服？"孔子对曰："举直错诸枉，则民服；举枉错诸直，则民不服。"（见《为政篇第二》2·19）

哀公是指鲁哀公。民，是指人民、老百姓；服，是指服从、信服、信任和拥护；错，是指放置。大意是，鲁哀公问："怎样做才能使老百姓服从？"孔子回答："把正直的人提拔重用起来，放在不正派的人的上面，老百姓就会服从；把不正派的人提拔重用起来，放在正直的人上面，老百姓就不会服从。"

这段话具有特指性。如果去其特指性，通指选拔用人而言，是把人民服不服、信任不信任、拥护不拥护作为选拔重用人才的衡量标准，把正直的人提拔重用起来，放在不正派的人之上，这样人民就会信服，才能得到人民的信任和拥护；反之，把不正派的人提拔重用起来，放在正直的人之上，人民就不会服，得不到人民的信任和拥护。

对选拔重用的人才，要进行考察，"听其言而观其行"（见《公冶长篇第五》5·10）。不仅要听其说什么，而且要对其言行进行考察，看其是怎样做的。"众恶之，必察焉；众好之，必察焉。"（见《卫灵公篇第十五》15·28）在选拔用人上，不能只以群众的喜好或厌恶判定一个人的好坏，而是要进行考察，这样才能选准用好人才。

五、治国宝典——对孔子治国学说"正本清源，古为今用"

对于孔子治国之道这第一部分，该论述的都论述清楚了，该讲明白的都讲明白了，该辨正的也都分析透彻了，似乎再不需要说什么了。

问题在于，中国经历封建社会的时间太长了，达两千多年。这两千多年，孔子思想作为封建社会的统治思想，与封建专制制度紧紧捆绑在一起。

于是，一提到孔子治国学说，就觉得它与封建专制制度有扯不清道不明的关系，封建专制制度成为孔子学说无法逾越的障碍。围绕封建社会为什么在中国存在这么久以及与此有关系的诸多问题的所有分歧，都与孔子学说有关。问题的严重性在于，封建统治阶级将孔子抬到大成至圣的高度，将《论语》作为执政、治国必读的教科书，上至天子下至官员、文人必读的教科书、进行全民教化的教科书。可以这样说，念的是一本经（《论语》），供的是一尊神（孔子），挂的是一个招牌（孔子），卖的是一个私货（封建专制制度），持续两千余年，这种教化思想控制之深、影响之大、时间之长，可以说是前无古人。

为了厘清关系，澄清误解，我不得不不惜篇幅、不惜文字、不惜重叠，多次引用，反复叠加、逐步深入，务必使每一个论述，让现在的读者，特别是对古文阅读少的读者，都能读明白，不至于产生误读。这样显得烦琐一些，将其小结并条理化，从中得到一些启示是十分必要的。

1. "治国宝典"是对孔子治国学说的总概括

开篇总论中，将《论语》确定为治国宝典，这一章又将章名定为治国宝典，以治国宝典开篇，又以治国宝典收官。开篇是对孔子治国之道立纲，其他治国样板、治国模式、治国方略、治国之策，均是目，提纲挈领，都是治国宝典。最后这一章，为治国宝典定性、正向、辨正。划清了孔子学说与封建专制制度的界限。

一方面，"治国宝典"不是指学术著作，而是指治国学说，是讲治国的大道理，是一部完整的治国的顶级设计；不是指一般的治国宝典，而是我国历史上第一部有文字记载的，既有理论又有实践，既有经验总结又有高度提纯，首创性、独创性的古代治国顶级设计，既紧密联系现实又超越现实为我国古代治国之道打下坚实的基础，是老祖宗留下的珍贵治国宝典。这个治国宝典历经两千多年的封建社会，经过封建统治者强力推行、教化得以传承，将其最基础的治国思想内涵传承下来，形成中国独特的治国传统和优势，凝聚成中华民族的特质、品质、素质，铸就牢不可破、维系中国团结统一的民族信念和价值观，成为传承和弘扬中华文明和优秀思想文化的民族精神、动力和风格。这是我国历史传承和弘扬的主流。在两千多年的历史长河中，虽然经历改朝换代、社会变迁、内忧外患，依然一以贯之，是老祖宗留给我们最为宝贵的优秀治国思想文化遗产，这是最基本的方面。

另一方面，这个治国宝典经过封建统治阶级对孔子学说的利用、扭曲、改造，将其与封建专制制度捆绑在一起，将孔子思想改造成为封建社会的思想基础，强力推行、教化、传承，经营两千余年，《论语》就成为维护封建统治的教科书和统治工具，孔子就成为封建专制制度的"祖师爷"，孔子治国学说被扭曲了，对孔子治国学说产生严重的负面影响。正本清源，就是将孔子治国学说从封建专制制度中剥离出来之必然，又是将孔子治国学说与封建专制制度从根本上划清界限的必然要求。

要坚持"正本清源，古为今用"的原则。所谓正本清源，就是原原本本、原汁原味地深入本源。所谓古为今用，就是跳出原著，将特指性转变为一般性的文字表述。作为历史资料，进行学术研究是必要的，像这样有关治国的思想文化类的书，更应该坚持"正本清源，古为今用"的原则，既忠实原本，又能对当今有所借鉴和启示。正本清源以培根固本，古为今用以根深叶茂，古树开出新花，融于现代化的事业之中。

2.孔子治国学说是中国古代文明史宝库中最为完整的治国宝典之一

春秋战国时期，是我国社会由奴隶社会向封建社会的大转型时期，经历了500余年，分为春秋和战国两个阶段，以争霸和兼并战争为特征，其时间之长、变化之巨、跨度之大、震荡之深，前所未有。社会大转型、大演变，旧的生产关系被冲破，新的生产关系在萌生，引起生产力的飞跃，农耕生产和手工业生产有大的发展。与此同时，在三千多年的文明史和文化底蕴的基础上，思想文化领域异常活跃，史称"诸子百家"，形成了我国古代第一个"百家争鸣"的局面。这次"百家争鸣"自成体系、观点各异、形成学派,但是诸子百家总体上不是相互对立的争论,而是具有积极正向的能量,共同构建成为先秦时期中华文明和首创性的中国古代思想文化宝库,孔子只是其中一家,从治国和影响上讲,孔子学说可以称得上是这个思想文化宝库中最为绚丽的治国宝典。

从《论语》中对孔子治国宝典进一步探索,我们能发现其学说被提升为治国宝典的原因,在一些决定性因素中,孔子具有非凡的、超乎常人的思维和大智慧。

(1)为自己立学说,为治国立标杆。孔子酷爱学习,阅读了大量的史料和古籍,从三皇五帝等著名人物和事迹中进行比照筛选,为中国立了一个治国的标杆,这就是尧、舜。对此,在《论语》第二十篇中做了全面的介绍和总结。这个标杆是为中国立的,经过两千多年的历史沉积,至今都未褪色。其爱人惠民、"因民之所利而利之"的治国理念和宗旨,民富国强(足食、足兵)、共同富裕(如果"四海困穷",就会"无禄永终")治国目标,反映了孔子的治国梦想,就是说,这样的治国标杆,在公元前的奴隶社会,就由我们的老祖宗立起来了,这就是中华文明史的根基。

(2)学习他人经验,在于建立自己的学说。在先秦诸子百家中,提出治国主张的另一位大家是老子。老子由于卷入政治斗争漩涡,提出无为而治的主张,认为天下无道,不跟着统治者干,就是治,就是有为。据《史记》记载,孔子曾向老子请教、学习。

在《论语》中,对老子的"道"多有引用。这里仅举一例。《卫灵公篇第十五》(15·5)有这样的论述,子曰:"无为而治者其舜也与?夫何为哉?恭己正南面而已矣。"自己不做什么而天下治得好的人,大概只有舜吧。他做了什么呢?只是端庄地坐在朝廷罢了。

这里引用"无为而治",但是与老子的"无为而治"有两点不同。一是老子的"无为"是指官员、下属不要跟着无道的国君干,而孔子的"无为"是指国君"无为而治";二是老子的"无为而治"在"无为",孔子的"无为而治"在"有为",是指不是事事都自己亲自干,自己只做两件大事,一是决策,二是用人。对于无道的"上",老子主张"无为"抵制,孔子主张"有为"进谏。孔子在回答如何"事君"的问题时说,不要表面上阿谀奉承、欺骗国君,却可以直言进谏、当面冒犯。("勿欺之,而犯之。"见《宪问篇第十四》14·22)

（3）学习书本知识,在于提高自己治国学说的思想文化品位和创新能力。孔子酷爱学习,但不是只提高知识水平,不是死读书,而是学以致用,"志于学",紧紧扣住自己创立的治国学说。从《论语》中的引用看,基本都是引自《诗经》,见之于文字的,当时只有《诗经》。他说:"不学《诗》,无以言"（见《卫灵公篇第十六》16·13）这句话用现代的语言就是,不学习《诗经》,就没有话语权,你就难以立足于职场、立足于社会,难以有所作为。他进一步说:"诵《诗》三百,授之以政,不达;使于四方,不能专对;虽多,亦奚以为?"（见《子路篇第十三》13·5）其意思是说,你把《诗经》背得滚瓜烂熟,让你治理国家、给你交办任务,你拿不动、做不好;让你出使他国,你应付不了,不能独立开展外交工作;你读那么多书能有什么用？他每次引用《诗经》,都有所指,都有新意。

《论语》的第一篇,就讲学习的重要性。他说他不是生而知之者,而是学而知之者,其意思是说他的学说是通过"温故而知新""学而时习之"建立起来的。接着第二篇,就讲"为政"的问题,开篇就鲜明提出"为政以德"。接着就引用《诗经》:子曰:"《诗》三百,一言以蔽之。曰:'思无邪。'"见（《为政篇第二》2·2)孔子说:"《诗经》三百篇,用一句话来概括,就是'思想纯正。'"有专家学者考证,认为有三点与原意不符:一是《诗经》共有三百零五篇,孔子所说的三百篇是指全部,不是大部分或者绝大部分;二是这段话是引用《诗经·鲁颂·駉篇》之文,也就是说,这是《鲁颂》中的一篇,孔子借它来评论全部《诗经》;三是"思"字在

《駉篇》本是无含义的语首词,孔子引用来却当作"思想"解,这是断章取义。专家学者进行考证和研究是必要的。孔子也是学者,而且是严谨的大学者,不大可能引用失误,这从其他引文中也能看出。

孔子引用的是原文,不是为引用而引用,都是为了创立他的学说、提出他的主张。其中第一和第二点好理解,引用一部分,可以指代全部。主要是第三点,意思改变了。这种改变是古为今用,从现代观点看,是去其特指性,在不违背原意的原则下,按照文字的一般表述进行解读,说明《诗经》传达的都是正向正能。有的专家学者将"思无邪"解读为"内容纯正",与"思想纯正"的解读是一致的,孔子看重的是学以致用。孔子作为治国学说的开创者,他站在更高层面,把"思无邪"上升到"为政以德"的层面上,是说,要做到"为政以德",就必须"思无邪",不要走偏方向,不能思想不纯,不能将"为政以德"理解偏;"思无邪"是"为政以德"的保证,只有这样才能做到"为政以德",这就是知识创新。孔子正是钻研原本,有所创新,才能创立自己的学说。

(4) 向实践学习是孔子治国学说的丰富社会源泉。孔子不仅勤于、善于向他人和书本学习,而且勤于、善于向社会和实践学习。纵观《论语》全书,每一个观点,每一个主张,每一篇论述,都不是坐在屋子里闭门造车、凭空想出来的,都来自社会,来自细微的观察。他带领学生周游列国,一方面推行他的学说,一方面进行社会考察和调研。他到周公庙,每走一个地方,就提出疑问,向别人请教("子入太庙,每事问。"见《八佾篇第三》3·15)。有人问孔子的学生,先生到一个国家,总能了解到这个国家的政事,是自己求来的,还是别人主动告诉他的?学生说,先生靠的是温和、善良、恭敬、俭朴、谦逊得来的。先生这样甘当学生、求知若渴的方法和精神,大概是与其他人不同之处。(子禽问于子贡曰:"夫子至于是邦也,必闻其政,求之与?抑与之与?"子贡曰:"夫子温、良、恭、俭、让以得之。夫子之求之也,其诸异乎人之求之与?"见《学而篇第一》1·10）用孔子自己的话说就是："敏而好学，不耻下问。"（见《公冶长篇第五》5·15）这句话虽然是对别人的评价，但孔子自己就是这样。他说："三人行，必有我师焉：择其善者而从之，其不善者而改之。"（见《述而篇第七》7·22）

他常常用生动比喻讲述治国的大道理，以物喻人、喻事、喻德、喻治国。在论述"以德治国"时，他用北极星为例，说就像北极星一样，其他星辰都围绕在它的周围。（子曰："为政以德，譬如北辰，居其所而众星共之。"见《为政篇第二》2·1）

他对统治者说："子为政，焉用杀？子欲善而民善矣。君子之德风，小人之德草。草上之风必偃。"（见《颜渊篇第十二》12·19）你当政，为什么要杀戮？你自己有善行，老百姓也会有善行。领导者的德行好比是风，老百姓的德行好比是草。风向那边吹，草就向那边倒。

他说："民之于仁也，甚于水火。水火，吾见蹈而死者矣，未见蹈仁而死者也。"（见《卫灵公篇第十五》15·35）人民对于仁德的需要，超过对水火的需要。人民对水火的需要是最基本的需要，没有水火，人会饿死、冻死，但是人民更需要仁德，仁德只会对人民有益，不会有害。反之，如果没有仁德，不知会有多少人死于非命。从治国的角度看，没有仁德就像水火一样能够致人于死地，而且危害比水火更甚。而施行仁德和仁政，不仅不会对人造成伤害，而且对人民更有益。人民更需要的是仁德和仁政。

他将有用人才比喻为器皿，将优秀人才比喻为"瑚琏"（子贡问曰："赐也何如？"子曰："女，器也。"曰："何器也？"曰："瑚琏也。"见《公冶长篇第五》5·4）这里的"女"同"汝"，即你。可是，他又说："君子不器。"（见《为政篇第二》2·12）这里的"器"，亦是指人才，是说不是像器皿一样，只有一定的用途，或者说一才一艺。按照文字表述可做这样解读，人才不是器皿，是有头脑的人，不能将其当作工具随意使用，让其做什么就必须做什么，而应尊重人才、爱惜人才，充分发挥人才的专长和作用；也不能将其培植为亲信，使其成为自己的私人势力，拉帮结派、结党营私。在另外的地方，"器"可以做器量即"气量、肚量"解（"管仲之器小哉！"见《八佾篇第三》3·22）。

孔子将人才比作千里马，他说自己不是看重千里马的本领和力量，而是看重千里马忍辱负重、艰苦耐劳、坚韧不拔的品德和精神（子曰："骥不称其力，称其德也。"见《宪问篇第十四》14·33）。

对于不争气、不学习、不求上进、教不成才的人，就像腐朽的木头不能用来雕刻，就像粪土似的墙壁不能粉刷一样（"朽木不可雕也，粪土之墙不可杇也。"见《公冶长篇第五》5·10）。

而志高理远、高风亮节、不畏艰险、坚贞不屈的人，就像挺立在严寒的松柏一样，一直坚持到最后才落叶（子曰："岁寒，然后知松柏之后凋也。"见《子罕篇第九》9·28）。这里的"凋"，是指落叶，因为松柏在严寒中是不会干枯的。这段话的含义是说，只有在关键的时刻，才能考验一个人、识别一个人。

孔子认为，自然界有自己的规律，就像四季照样运行、万物照样生长一样，不以人们的意志为转移，人为是不能阻止和改变的，只有顺应自然规律，遵循自然规律，才能立足于社会，造福于人类。人类社会的发展也是这样，是由低级向高级发展的，也是不以人们的意志为转移的，这是人类社会发展的必然规律。一切违背自然发展规律、人类社会发展规律，试图人为阻止和改变，最终必然会失败（"四时行焉，百物生焉，天何言哉？"见《阳货篇第十七》17·19）

3.孔子思想被封建统治阶级作为维系封建专制制度长达两千多年的统治思想的原因

由奴隶社会向封建社会的转型异常艰难和剧烈，长达500余年，经过争霸和兼并战争，最后由秦国用武力完成统一大业，结束了诸侯国割据的分裂局面和奴隶主统治，建立了中国第一个大一统的封建王朝（前221—

前207）。开国之后，为了巩固政权，建立封建制度，秦始皇采用法治强力推行，焚书坑儒，镇压反抗者，结果统治时间不长，秦王朝建立后十余年就被汉王朝取代。汉武帝执政以后，汲取秦王朝灭亡的教训，企图用文治进行思想控制，从先秦诸子百家中选定儒家，罢黜百家，独尊儒术，将孔子抬到大成至圣的宝座，将《论语》选为执政和全民教科书。

既然孔子思想是治国宝典，怎么会被封建统治者所选中，而且选中以后，无论封建王朝如何更替，孔子思想的地位始终没有动摇。汉武帝为什么能选中孔子思想作为统治思想，不外有以下方面的原因：

（1）孔子是先秦早期很有声望的大学者，有一整套的治国思想体系，见之于《论语》一书，这是我国早期社会最早见之于文字记载的治国治世宝典。其后继的孟子，继承和发扬孔子思想，所以儒家学说也称孔孟之道。在先秦早期还有一位大家，就是老子，老子思想见之于《老子》一书，这也是一部治国治世的书，但是书中的"无为"思想与统治阶级主张不同，孔子的主张便于执行，这是一个基本的因素。

（2）孔子是我国古代政治家、思想家和教育家，而不是革命家。他对当时的社会看得比较透，却不进行揭露和批判，只是通过确立理念、阐述治理方法来建立自己的治国学说。他不是采取革命的办法，而是采取改良的方式，不触及社会制度，并且将改革的主动权掌握在执政者的手中。执政者认为，如何设计在你，如何执行在我，这就注定了孔子学说在当时无法推行，连一些下层人员都认为这是无用的学说。汉武帝对孔子学说加以利用、改造。可以说，创立封建专制主义中央集权国家是秦始皇的功绩，而维持和巩固封建社会制度的功劳则归于汉武帝。

（3）封建统治者利用孔子学说只治只立而不揭露和批判的改良特点，对孔子的学说进行包装、改造扭曲，使其成为货真价实的封建专制制度的治国典籍。

封建世袭制度是封建社会的一个显著特色，始于奴隶社会晚期，从禹传位于儿子，到孔子时世袭制度已经延续了长久的时间，孔子不可能无视这一现实及其弊端。他赞扬尧、舜选拔接班人的做法，将其作为治国样板，这可能隐喻着对世袭制的不赞同。但他并没有表示出明确反对，让汉武帝堂而皇之将世袭制作为封建专制制度。按照存在即合理的逻辑，认为这是孔子认可的，给其找到了"圣人"的护身符。

孔子的本意被篡改。对于中央集权制模式在前面已做过详细的解读（见《季氏篇第十六》16·2）。其核心意思是要将国家政权、执政、决策以及大政方针等一切重大权力掌握到中央手里，形成统一意志、统一部署、统一步骤、统一行动，凝聚成为全国团结一致的力量，不能各行其是，政出多门。由于当时的中央组成形式以"天子"为代表，因此在表述上只能是一切决策和政令"自天子出"，即由"天子"决定。封建统治者正是利用这种表述，将其作为强化皇权的依据。"天子"顾名思义，是上天派遣下来治国治民的，天子的话就是圣旨，错对都得无条件执行，封建统治者借此篡改了孔子的本意，将皇权至上的依据安在孔子头上，孔子也就成为封建专制制度的倡导者。

孔子主张"以德治国"，其核心是"为政以德"，其宗旨是"爱人惠民"。封建统治者将"以德治国"方略演变为封建统治思想，成为统治人民、欺压人民的工具。他们一方面将"为政以德"诠释为天子仁慈、皇恩浩荡、四海升平，将"爱人惠民"诠释为"仁爱"之心、"仁慈"之心，认为老百姓的一切都是天子恩赐的；另一方面，利用孔子各篇各章大量道德伦理论述，用思想控制人民，用伦理约束人民，使其逆来顺受，将自己的困苦归为天命所致。

充分利用孔子自身守旧保守的认识，使其成为封建思想的重要组成部分。受时代的制约，孔子有守旧保守的思想和认识，这在全书中所占比重较少，有些不当论述我们曾试图从正面理解，从取其精华、古为今用的原则进行诠释，但是从其在封建社会的负面影响来看，封建统治阶级将其加以扩大和强化，成了孔子的重要思想。

孔子说："不学礼，无以立。"（见《季氏篇第十六》16·13）礼，是指礼制、礼节、礼仪、规矩。孔子将"礼"作为治国之本、立世之本、立人之本。他对礼要求极为严格，可以说到了苛刻的程度，学生在《论语》第十篇中做了详尽的描述，对此我在前面做了正面的评价。可是，从当时"礼"的内容看，孔子有守旧的思想。封建统治者利用这样的"礼"，作为封建礼教，约束人民。

诸侯国君问孔子如何治国理政，孔子回答："君君，臣臣，父父，子子。"（见《颜渊篇第十二》12·11）其本意是，君要像君的样子，臣要像臣的样子，父要像父的样子，子要像子的样子。可是，封建统治阶级将其改造成为封建礼教，就变成为君为臣纲、父为子纲、夫为妻纲，称之为"三纲"。这八个字全变了味，就成为一把软刀子，不知害了多少人。

孔子说："唯女子与小人为难养也。近之则不孙，远之则怨。"（见《阳货篇第十七》17·25）按专家学者解读，这里的"女"借用为"奴"，是指奴婢；相对应，这里的"小人"可指卑贱的人。"孙"通"逊"。依此，这句话的意思是，只有奴婢与卑贱的人是难以与他们相处的，如果接近他们，他们就会放肆无礼，疏远他们，他们就会抱怨怀恨。可是封建礼教，将女子统指妇女，小人是指与君子相对应的小人，这样将妇女与小人放在一起，就是贬义、歧视，在封建社会运用这句话将妇女压到社会的最底层。同时，孔子对妇女歧视的思想是存在的。周武王说，我有十位治国理政的优秀人才，孔子说："有妇人焉，九人而已。"（见《泰伯篇第八》8·20）这句话说得明明白白，十人中有一名"妇人"，实际只有九人。他把妇女排除在人才之外。

孔子说："民可使由之，不可使知之。"（见《泰伯篇第八》8·9）专家学者有一些解读：对于老百姓，可以使他们按照我们的道路去走，不可以使他们知道那是为什么；或者可以这样解读，对于老百姓，可以使他们

（不知不觉）按道理去做，不可以使他们懂得为什么这样做；还有一种解读：由，是指服从、听从、经由什么道路，孔子认为，下层百姓的才智能力、认识水平、觉悟程度不一致，当政者在实行政策法令时，只能要求他们遵循去做，不可以使人人都知道这样做的道理，对此，我已在前面做了正面解读。这句话被封建统治者所利用，他们将"由"解读为使役、服从，将"知"解读为知情、智慧。意思是，老百姓可以使役他们，不可以使他们知情，不可以使他们知道原因，即不可以使他们拥有智慧，让他们做什么，他们就得做什么，让他们怎样做，他们就得怎样做，搞愚民政策，扭曲了孔子本意，退一步讲，即使孔子对老百姓有愚昧无知的看法，也不能作为愚民政策的依据。这里，按文字表述，被封建统治阶级夸大并利用了。

（4）孔子学说虽长期处于封建专制制度的污泥浊水中，其治国宝典的光彩始终没有褪色，今天，我们用辩证唯物主义和历史唯物主义客观地、实事求是地审视孔子思想在封建社会的作用和影响，其治国宝典在继承和发扬优良传统，特别是传承中华文明、思想以及文化方面，经过历史沉积，不仅毫不逊色，而且光泽夺目，留下了丰富的思想文化遗产，这反映在治国之道的方方面面。

①孔子树立起来的尧、舜标杆在封建社会中始终没有倒，无论如何改朝换代，尧、舜都是封建帝王的一面旗帜，举得好的则兴，举得不好的则衰，出现了不少文韬武略的帝王将相，例如，汉武帝、唐太宗、赵匡胤、朱元璋、康熙、乾隆以及汉唐盛世、康乾盛世等。他们一方面是地主阶级的总代表，是封建专制制度的制定者和执行者；另一方面，他们大力推崇《论语》一书，使其成为上至皇帝、官员下至全体普通老百姓的教科书，通过强力推行、代代传承、强化教育、思想教化、人文化成等方式来传播思想，将孔子学说中治国的精华继承和弘扬下来，融入中华民族的血液之中，成为中华民族的优秀品质和民族精神，是中华文明和思想文化的优良传统

和动力源泉,在封建社会的两千多年中闪耀着中华文明和思想文化的光辉。这是中国社会发展的主线,是中国历史发展的主流,是祖先留给我们的宝贵历史遗产。

②孔子关于中央集权制的构想,为中国创建了一种最佳的治国模式,是始终保持我国团结统一的制度保障。孔子关于中央集权制模式的创立,是针对奴隶社会末期中央大权旁落、社会四分五裂而提出的治国模式。封建统治阶级一方面利用孔子的文字表述,偷梁换柱,以利用、改造和扭曲的方式,将其转变成为封建专制制度和封建等级制度;另一方面,在两千多年的历史长河中,历经改朝换代和社会动荡,始终让这个文明古国保持着团结统一,是防止国家分裂的制度保障。今天,我们有必要也有条件对孔子关于中央集权制构想的初衷进行正本清源、辨析真伪。

孔子有关中央集权制构想,是针对奴隶社会造成的时弊提出的。而不是针对奴隶制度提出的;他是治国学说的设计者,而不是社会学的社会发展和预测的研究者。既然没有考证当时是什么奴隶社会,自然不会按社会发展为后来的封建社会专门设计,因此,孔子学说是为封建专制制度设计的,这是一个伪命题。

孔子有关中央集权制构想是一种治国模式,而不是必然与封建社会这种封建专制制度挂钩的"封建"特定制度的内涵,即适合各种社会制度。

孔子说:"天下有道,则礼乐征伐自天子出。"(见《季氏篇第十六》16·2)这里的天子对应的是"自诸侯出""自大夫出""陪臣执国命"。很明确,这里的"天子"是作为"中央"的代表,而不是"天子"个人,是指中央与地方的关系。其含义是,一切礼乐征伐等权力是属于中央,"天下有道,则政不在大夫"(孔子所处时代诸侯势力强大,他虽未明确提及"政不在诸侯",但仍寄希望于诸侯遵循周礼以达治国之目的)。封建统治阶级利用"自天子出"这句话,建立皇权至高无上的封建专制制度,中央集权制是封建专制制度的一种表现形式,为维系和巩固封建专制制度提供制度保障;

与此同时，孔子"生而知之者，上也""困而不学，民斯为下矣"。（见《季氏篇第十六》16·9）这种对学习获知分层次的表述被演变成壁垒森严的封建等级制度，成为封建等级制度的制度基础和制度保障，也是封建专制制度的组成形式。

孔子"以德治国"方略是其"为政以德"的执政提升，是孔子治国谋略的顶级设计，反映为国家政权的执政形态，是中央集权制的正能正向保证和思想基础。这里的"德"，是治国形态，而非指"道德"或者"思想"范畴。封建统治阶级将此作为封建专制制度的思想基础和伦理保证，将"为民"演变成为一种"治民"的形式，又以封建礼教"愚民"。这样，"以德治国"方略就演变成为封建专制制度的思想基础和以封建思想教化人民、麻痹人民意志、压迫和剥削人民的思想武器。

孔子将民富国强、取信于民作为治国战略目标和执政大政方针，提出先富后教、民富与教育并举的战略措施和执政举措，并且以崇德重教、人才治国、修己安民等一系列执政措施将"以德治国"方略落到实处，使中央集权制模式更加能够发挥凝聚人心、统一意志、团结一致的制度保障、聚集力量的优势和作用。封建统治阶级代表的是封建地主阶级的利益，剥削和压迫人民是封建地主阶级的本色，因此只能利用国家和执政权利打着"为民"的幌子，以愚忠思想教化人民，以封建礼教约束人民，以爱民、惠民欺骗人民。这样，尧、舜先圣就变成为"明君"，皇恩浩荡；中央集权就变成为"仁政"，治国"有方"；"以德治国"就变成为"治民"，"天下有道"；治国良策就变成为"恩惠"，驭民有术。孔子治国学说的真谛已不复存在。

4. 辩证地、历史地审视和辨析孔子思想在中国古代治国宝典中的始创地位

历史走得再远，都是从初始的地方起步的。中国有五千多年的文明史，孔子学说是我国文明史中重要的治国宝典，他创立了一整套完备的治国学说理论和实践体系，充分反映了我们老祖宗治国治世的追求和大智慧。今天我们完全有能力、有智慧用好孔子治国思想。

今天，要将孔子"以德治国"方略放在先秦诸子百家产生的社会变革大时代的背景下来观察和审视。孔子"以德治国"方略的设计和构想，并非因为出了这样一个伟大人物并提出了这样一个伟大的治国方略就成为孤立的现象。社会变革的大时代，产生大人物和大思想。先秦诸子百家就是在我国社会发展早期的社会大变革的社会环境下产生的，从中脱颖而出的老子、孔子、庄子、孟子、墨子、韩非子、孙武、孙膑等学派奠基人，他们的思想影响中国古今，共同形成了我国古代的思想文化宝库，其中老子和孔子是这个宝库中"以德治国"方略的鼻祖和领衔人。那时，没有"方略"这个词，而是称"道""德"。孔子从"立"和"治"的角度，继承了老子"道"和"德"的"以德治国"思想，设计出完整的"以德治国"方略的设计和构想，具有深厚的中国文明、思想和文化底蕴。从历史看，在孔子之前，中国社会已经有悠久的文明史，这是"以德治国"方略的社会文明基础；从思想看，中国社会已经有几千年的思想和智慧，这是"以德治国"方略的思想基础；从文化看，中国已经有几千年的文化发展，这是"以德治国"方略的文化基础；从孔子出身看，孔子出身于没落贵族家庭，有一定的文化家庭背景，然而他的父亲叔梁纥早逝，没有留下足够的财富，因此，他幼时贫寒，处于社会底层，这是孔子"以德治国"方略的个人家庭文化背景。由此可以看出，先秦诸子百家大时代的文明、思想和文化底蕴孕育了孔子"为政以德"方略设计，又继承和发展了孔子"以德治国"方略的思想，为我国"以德治国"方略打下坚实的基础。这是认识和研究孔子"以德治国"方略在中国历史上的地位和作用的第二个基本点。

"以德治国"方略是孔子一生治国之志的结晶，是孔子思想、学说的核心内容和精华。孔子说，他不是生而知之者，是学而知之者，终生酷爱学习，"敏以求之"（见《述而篇第七》7·20）；他并不是为了增加知识而学习、为成名而学习，从幼年起，就"志于学"（见《为政篇第二》2·4），抱有治国之志，向书本学习，如《诗经》；向他人学习，如老子；向社会学习，他的经历非常丰富，带领学生到各诸侯国进行社会考察，向老农学习，学生说他到诸侯国是靠温良恭俭让、谦虚向别人学习而了解情况、获得知识的（见《学而篇第一》1·10）。

他勤于思考、善于思考，发愤忘食，孜孜以求，终生都紧紧围绕治国之道、治国之策、"以德治国"方略而不遗余力。《论语》的每一节话、每一段话，都是深度思考的结晶、精辟的句子，都是以深层思想、学说的主题，"以德治国"方略设计和构想为主旨的深刻论断，将其汇集成册，就构成为孔子思想和学说体系、孔子"以德治国"方略设计和构想体系，就构成为以孔子"以德治国"方略为内涵的孔子治国思想和学说。

几乎每一节都是治国经典，全书则凝聚成为治国之道、治国之策。孔子的历史功绩在于，他的思想、他的学说、他的"以德治国"方略，是从理论与实践相结合而产生、而设计的。他的学说、他的"以德治国"方略是针对现实社会存在的弊端和国情而设计和构想的，具有很强的现实性和时代性。但是，他不是停留在表面的社会弊端和问题上，而是围绕"以德治国"主题，站在现实和时代的最前沿，从立和治的方面，进行深刻的思考，将其提升到理论总结和理论创新的高度，创立超越制度、超越社会现实、跨越时代，具有历史性和不朽性的思想、学说和"以德治国"方略的设计和构想，打下深厚的根基和坚实的制度基础。

这里，有一些概念和问题需要厘清。例如，我在提及"以德治国"方略时，对"以德治国"使用引号，是因为这四个字不是孔子原话，是后世语言。另外，我在对《论语》做评价时，使用如下语言："每一节、每一段话，都是深刻思考的结晶""几乎每一节都是治国经典"。但是我从前面对孔子思想、学说和"以德治国"方略的大量论述引证说明，《论语》中孔子的有些论述有缺欠、不适当甚至有错误认识，对这些问题已做了分析和澄清，这里就不再具体列举。据此，上面使用的语言是否恰当，如何理解，仅就以下几个问题综合予以考评：

（1）凡是收入《论语》之中的都是经过深刻思考的，如果不是经过思考、没有多少价值的，他的学生不会收录书中，这些学生也是圣人级或者大师级的历史人物。是否都是经典？我使用了"几乎"二字，意思是说，基本都可称为经典，这些经典是受当时社会现实和时代制约的，虽然理论上有瑕疵，从总体上不会对孔子思想、学说和"以德治国"方略造成影响，从实践上，我使用了"可实践性"用语，是指按此是可以实施的，但是当时的执政者，不会按此去做或者不完全按此去做。至于其中有些论述，如歧视妇女，其影响至今仍未消除；"民可使由之，不可使知之"，被封建统治者作为"愚民政策"被利用，这些正确的思考愈深，产生的正向作用愈大；错误的思考愈深，产生的负面作用愈大。

（2）孔子是我国古代的政治家和思想家，是学者型的"以德治国"方略的设计者和创始人。这是我们对孔子的历史定位，是我们评价孔子的基本点，离开这个基本点，就会出现偏差。不能用今人衡量孔子，不能用封建社会绑架孔子，不能用"推行不了"（是指当时社会）否定孔子。孔子是我国古代的政治家和思想家，还在人类社会发展初期创立自己的思想、学说，其学说具有完整的理论和实践体系，在中国历史上可以说是第一人。路是人踩出来的，披荆斩棘的开拓者，是了不起的。而第一个踩路人，对未来难以预测，会失败，会走弯路，会遇到难以想象的困难和挫折，能踩出第一条路的人，更为了不起。因此，即使思想、学说和"以德治国"方略有欠缺，有瑕疵，对孔子的伟大和大智慧，不会带来任何影响。

这是最基本的方面，还有另外一个方面，孔子是我国古代伟大的政治家和思想家，却不是革命家，他对现实社会的弊端主要不是采取揭露和批判的态度，而是把实施和实现的希望寄托在诸侯国统治者身上，这注定了在当时的社会推行不了。身处那个奴隶社会的时代，孔子也不例外，我们不能因此苛求孔子。圣贤是人，难免有过。圣贤之过，非常人之过。常人之过，是踏着别人的脚印前行的，虽然无大过，理论上达不到圣贤的高度，实践上达不到圣贤的深度；圣贤之过虽有瑕疵，虽然在实践上有缺陷，却在理论上达到常人达不到的高度，即超常的精神和思维，在实践上达到常人难以达到的深度，即超越制度和社会现实，具有可实践性和不朽性。

（3）从哲学上分析，无论任何人包括伟大人物，都处在自己的时代，都会受到现实社会和时代的制约，其思想无不打上时代的烙印，具有时代的局限性。孔子认为人无完人，他说："修己以安百姓，尧、舜其犹病诸！"（见《宪问篇第十四》14·42）其意思是说，严格要求自己，不断提高自己的修养和水平，能让老百姓过上幸福美满的生活，这一点，即使是尧、舜这样的圣贤都难以做到。这里包含两层含义，一方面，像尧、舜这样的典范式领袖人物，都会受社会的制约，难免有所欠缺和过失；另一方面，即使是像尧、舜这样的标杆的领袖人物，即使有欠缺和过失，并不会对其形象有丝毫影响，因为他们的欠缺和过失，是在这个社会现实和时代的背景下产生的，是有其社会原因，他们不同凡人之处，是他们那"修己以安百姓"的精神和榜样，永远也不会褪色的。

这一哲理，同样适用孔子，他一生坚定的治国理想信念和不屈不挠的精神以及构建的思想、学说和"以德治国"方略设计的根基是坚如磐石的。对此前面已做了大量的论述，这里有些问题需要进一步辨析和澄清。孔子的治国思想、学说和"以德治国"方略，到处受到诸侯国执政者的冷遇和排斥，自己的有些学生也有质疑，也遭受到普通老百姓的讽刺和非议，认为根本就推行不了，于是有人就认为，孔子这一套在理论上是不切实际、不合时宜的空想，在实践上在当时的社会推行不了，在认识论上是存在唯心倾向的。这是一种误读。孔子的"以德治国"方略是孔子根据自己的亲身经历和社会观察总结出来的，具有很强的社会针对性和"可实践性"。所谓"可实践性"是指，不是空想和臆造出来的，是可以实施和运作的，之所以当时推行不了，不是理论和方略本身有问题，而是诸侯国执政者、当政者，作为奴隶制度及奴隶主贵族的代表，是不会推行的，这是这个制度的本质决定的。

可是，他们对孔子其人敬而远之，对其学说并未取缔，允许其存在，允许孔子到处去推行，是因为不会对他们的政权和执政带来危害和实际影响，而且，孔子树立尧、舜和周朝先祖周文王、周武王的榜样，这是中华文明的基因，执政者受中华文明和礼制的熏陶，他们同时利用这一点为其执政服务，这就让"以德治国"的根深深扎在中华文明的根基之上，将其与空想和唯心区分开来。至于孔子的学生和下层老百姓的质疑、批评和非议，并不是认为孔子的学说不好。孔子的学生除子路等少数有所质疑，绝大多数学生是孔子的忠实信徒，其中一些人对孔子的学说还有发展，颇有建树，其论述在《论语》中有所记载。至于一些老百姓认为，在当时的社会，孔子的学说依赖当政者推行不了，是"知其不可而为之"（见《宪问篇第十四》14·38），甚至讽刺孔子是"四体不勤，五谷不分"的书生，他们不是认为孔子的学说不好，而是认为不切实际，推行不了。反之，如果孔子的学说能够得到执政者完全推行，奴隶就不成其为奴隶，那还是奴隶社会吗？用孔子的话说，如果这些都做到了，还要我们干什么？（"天下有道，丘不与易也。"见《微子篇第十八》18·6，18·7）孔子可贵之处在于其精神和意志，终生坚持自己的学说，并教育学生，成绩卓著，以《论语》巨著传承于世。

（4）孔子"以德治国"方略是孔子治国学说的核心内容，涵盖孔子有关治国的所有方面。孔子"以德治国"方略是根据他所处时代诸侯国对外争霸、对内盘剥人民的社会弊端而提出的，但是孔子"以德治国"方略不是针对社会时弊提出的应对之策，而是站在制度和社会现实的战略高度构建的治国之道、治国之策，包括政权观、执政观、法治思想、战争观、人民观、民族观、民主观、贞操观、英雄观、外交观、历史观、发展观以及价值观、道德观、荣辱观等，全部都放在"以德治国"方略的总盘子之中。其中有些争论比较大，都应该按这个思路进行思考。这个争论我前面也已经做了充分的论述，不必重复。

鉴于有的问题比较重要，又多有争论，对一些争论需要加以总结。例如，儒法之争从先秦时期起，一直争论至今，从未停息。我以为在先秦时期儒法之争，不是正反之争，不是本源之争，是同向之争，或者说是学派之争，更多地反映为执政方式之争。孔子主张德治，他的思想体系中并没有把依法治国与"以德治国"并列的观念，而是把法治放在"以德治国"方略的总盘子之中，通过法治一方面防止滥杀无辜，防止刑不上大夫，成为统治和镇压人民的工具，另一方面法治主要是通过法律教化人、感化人，让人不再违法犯罪。法家是因以孔子为代表的儒家学派相对立而分化产生的，其焦点是德治还是法治，争论异常激烈。其产生的背景是在战国时代，以韩非子为代表，当时各诸侯国已经进入到争霸战争的兼并时期，斗争更为激烈，在这种情况下，法治也难以正确推行。从"立"和"治"的角度，儒法之争不是正反之争，具有互补性，从法治上讲，不应将其归为孔子"以德治国"方略之中。法家的法治思想，是在秦国用武力兼并六国、建立封建王朝的初期，这种思想对于巩固政权、建立制度、统一中国起到决定性作用。但是，在封建专制制度建立和巩固的过程中，作为封建社会的第一个皇帝秦始皇，为推行法治付出了沉重的代价，导致秦王朝短命而被推翻。汉武帝依然推行的是秦王朝封建专制制度，挂的却是孔子"以德治国"方略的招牌，孔子的治国思想绑架在封建专制制度的战车上，儒家就成为维护封建专制制度的护身符，孔子就成为封建专制制度的"祖师爷"，至此，封建专制制度剥削人民的本质被孔圣人的光环掩盖了，先秦法家的法治思想也变味了。对孔子的负面评价由此而来，但是这一切并不能否定孔子思想、学说和"以德治国"方略本源及其在中国社会包括封建社会的主流、主线作用。

从社会发展观察，社会矛盾主要反映为生产力和生产关系的矛盾，奴隶社会是奴隶群体隶属于奴隶主，没有人身自由，封建社会以农民为主要生产主体，相比奴隶社会，农民有了人身自由，个体在租种的封建主的土地上生产，打破了生产力发展的制度阻碍，生产力得到解放，极大地调动农民生产的积极性，推动社会发展。这是另一个命题，其中有联系的是孔子思想、学说和"以德治国"方略在巩固国家政权、维持社会稳定、保障社会发展方面，没有出现大起大落、社会动荡，甚至反复、倒退等现象，在相当长的历史阶段，中国封建社会保持着全世界的领先地位。另一方面，孔子思想、学说和"以德治国"方略在这种以小农经济为主要生产方式下，延缓了由封建社会向更高级的资本主义社会的发展。到了近代，当西方资本主义社会发展起来之后，这种封建制度的生产关系，成为生产力发展的阻力，推翻腐朽的封建制度就成为解放生产力的历史必然，而被封建专制制度绑架的孔子及其学说就成为打倒的对象。可是，这并不意味着孔子思想、学说和"以德治国"方略被废弃，在长期封建社会的泥潭中，经过历史沉积，始终保持其本源，使其强势发展，在近代的中国革命和建设中发挥其身正根深的动力作用。

与德治和法治之争相联系的另一个命题是孔子的战争观，同样是孔子"以德治国"方略总盘子之中的战争观，主要反映为对外不是以称霸、以对外扩张为目的、以炫耀武力为主要手段的霸权思维，采取"协和万邦"（《尚书·尧典》语）的国际观和"和而不同"（孔子语，见《子路篇第十三》13·23）和平共处的对外政策；对内主要通过国家治理做到"天下有道"、民富国强、"富""教"并举，做到"盖均无贫，和无寡，安无倾"，采取"修文德"的方式，教化和感化人民，而不是采取"动干戈于邦内"的杀戮和镇压政策。（见《季氏篇第十六》16·1）其观点主要反映在以下要点：

主张德治，反对战争。诸侯国君问他布阵作战的事情，他说，他经常听到的是礼仪的事情,至于军旅的事情,从来没有学过。其含义是礼仪之邦,要讲文明,不要动不动就诉诸武力。

主张解决争端,不是用武力、战争的方式,而是用和平谈判的方式。他举例说,管仲辅佐齐桓公,称霸诸侯,就是多次会盟诸侯,"九合诸侯","不以兵车",使天下避免生灵涂炭,"民到于今受其赐。"(见《宪问篇第十四》14·16,14·17)

反对非正义战争,支持正义战争。孔子反对非正义战争,有明确态度,而没有明确表述支持正义战争。孔子认为,周文王"三分天下有其二,以服事殷。周之德,其可谓至德也已矣。""三分天下有其二",是指通过战争已经占领了三分之二的天下,周文王虽然已占据优势,但依然向殷纣称臣,孔子称周文王此举为德。说明周文王讨伐殷纣,不是为了获得江山,这场战争是正义战争,周文王之"德"是仁德,而且其"德"已经达到非常高的程度。这里的"德",是指仁德,只有"德"已经达到最高的程度。周王朝建立之后,"德"转变成为仁德和仁政,即德治(见《泰伯篇第八》8·20)

实行民富国强战略,将"足食""足兵""民信"作为治国的三大战略举措。"足食"即民富,让人民过上富裕生活,是治国的根本任务。"足兵"即国防力量强大,才能保卫国家疆土,防止外敌入侵,保障人民过上富裕的幸福生活。"民信"即取得人民的信任和支持,这一条在三者之中最为重要,"民无信不立"(见《颜渊篇第十二》12·7)就以军队而言,兵力来自人民,平时要加强备战。"善人教民七年,亦可以即戎矣"。(见《子路篇第十三》13·29)"善人",一是指领导,平时要教育人民要有保家卫国和备战的意识,二是要有作战经验的教练,平时也进行培训,作战时就会成为合格的战士。如果用未经过训练的人民去作战,这可以说是让他们去送死("以不教民战,是谓弃之。"见《子路篇第十三》13·30)根据前面的详细分析,孔子的战争观是将战争放在"以德治国"方略之中、作为民富国强三大治国战略举措之一的战争观，孔子以人民的信任和支持作为衡量战争的正义与否、正确与否，这种战争观，蕴含着人民是决定战争性质和胜负的因素。这反映在，建立强大的国防，就要有一支强大的军队，其军队士兵就来自民众；军队装备和人数又要有经济承载力，提出兵民为本的设想，平时是民，一方面生产，另一方面训练，战时为兵。故此，他将"民信"作为三大战略举措单列的一项内容，总结提升到"民无信不立"的高度。

"民无信不立"是普遍真理，是治国的结晶。一个国家、一个政权、一个当政者，必须把人民的信任和支持作为治国的执政理念，这是治和立的必备要件。如果没有人民的信任和支持，就谈不上治和立，所谓"民富国强"都是骗人的鬼话和空谈。从治和立的方面，三大决策难；从取舍方面，根据国力、条件和轻重缓急取舍更难。"足食""足兵""民信"三大战略举措都极端重要，缺一不可，可是为了说明"民无信不立"的重要性，学生与孔子之间以答疑方式进行的互动堪称经典，学生提问很有水平，孔子回答更是高水平。学生问，如果要从三者中舍去一项，先舍哪一项。孔子没有舍去"民信"，回答："去兵。"反映了孔子的人民观念；学生接着问剩下两项要舍去一项，舍哪一项。孔子回答："去食。"如果前一项回答"去兵"，还可以理解，可是回答"去食"而不是"民信"，人不吃饭就会饿死，难以理解。孔子的理由是："自古皆有死，民无信不立。"其含义是，饿死人的事，自古以来就存在。如果得不到人民的信任和支持，说明国家没有治理好，这样饿死的人会更多，孔子以此说明"民无信不立"的重要性，这是治国的硬道理。

在全面阐述孔子的战争观之后，我们再回头审视孔子的学生对孔子有关战争问题的两段评述。其一段评述是："子之所慎：齐、战、疾。"（见《述而篇第七》7·13）老师最为敏感的三件事，一个是"齐"即斋戒，一个是"战"即战争，一个是"疾"即疾病。对于斋戒，非常慎重、虔诚；

对于疾病，非常谨慎。在那个时代，生了病，没有药物和治疗手段，一般民众都是硬熬，死亡率很高，因此，生了病，要谨慎、认真对待，不能马马虎虎，不当一回事。至于战争，则是慎言。理由有二：一是，孔子主张"为政以德"，战争与"以德治国"相悖，对外争霸、对内暴力镇压是当时的常态，故而慎言战争；二是，其所以慎言，是因为一谈战争必然涉及时局，但慎言并不意味着不对时弊进行揭露和抨击。

这并不是说他的战争观含含糊糊、不论是非，其战争观非常明确，主张德治，"不以兵车"，反对战争；坚定"均无贫，和无寡，安无倾"的治国理念，主张"修文德以来之"，用现代语言表述就是，"以德治国"，反对战争；和平发展，天下有道，人民安居乐业；支持正义战争，反对非正义战争，不谋对外称霸和扩张，加强国防和备战，进行防御性战争。另一个评述是："子不语怪、力、乱、神。"（见《述而篇第七》7·21）前面的评述是慎言，这一条是不语，就是不讲。一个是"怪"，即怪异现象，那个时代科学不发达，孔子对这些现象没弄清楚便避而不谈；一个是"乱"即动乱、战乱、叛乱等，战争、称霸，往往会引发动乱，叛乱有其性质和原因，孔子虽有看法，但因牵扯社会时弊，所以不表态、不愿讲；一个是"神"，即神鬼之事，虚无缥缈，孔子重实际、重人事，他说："祭神如神在。"（见《八佾篇第三》3·12）你祭神就好像神在，其寓意是，如不祭，就如神不在。他说："务民之义，敬鬼神而远之，可谓知矣。"（见《雍也篇第六》6·22）这一条就讲得很明确：要明确一个道理，要做好务民的事情，就不要把心力用在敬鬼神上。学生问如何服事鬼神？孔子说："未能事人，焉能事鬼？"（见《先进篇第十一》11·12）这段话更明确，人世间的事情还管不过来，哪有工夫去管服事鬼神之事？至于"力"，和"怪""乱""神"并列，就是指不讲暴力、武力、战争之类。与上面慎言对应，是说只讲"以德治国""治国为民"之事。

从孔子"以德治国"方略的构想到依法治国方略的提出，是孔子"以德治国"方略经过长期历史沉积和提炼的过程。按社会发展划分，大致分为以下阶段：

第一个时期是先秦时期，史称春秋战国时期（前722年—前221年），大约500多年，是由奴隶社会向封建社会转型的大动荡时期。这一时期是孔子"以德治国"方略创立和传承时期，经受住了争霸和战争的严峻考验和纷扰，坚持孔子"以德治国"的初心和本源。

第二个时期是从秦灭六国建立封建社会到新中国成立时期（前221年—1949年），大约两千余年，这一时期，孔子"以德治国"方略虽被严重利用、改造，但它经过沉积、提纯和思想文化传承，保持本色不变、形成了中华民族独特的民族品质和精神动力。这是这段历史的主线和主流。至于孔子思想对封建社会的负面影响，无论其影响时间多长、影响多深，也只能是历史的过客。

孔子"以德治国"方略设计构想以尧、舜为样板，其治国标杆是高标准的；其治国方略思想文化内涵是高起点的；是针对社会时弊制度而制定的，却是从"立"和"治"的战略高度剔除社会制度因素的治国方略。可是，有两个关系问题是回避不了的，一个关系是孔子治国学说与社会制度的关系问题，一个是以德治国还是依法治国问题。

"以德治国"与依法治国问题。孔子一生都是处在争霸和战乱的时代，他把着眼点放在"以德治国"上，设计构想"以德治国"方略上，这种思路是对的，而法治问题却是回避不了的，他将法治放在"以德治国"方略总盘子之中，以防止、纠正法治被滥用，这种思路也是对的。但是，他没有对争霸和战乱的社会时弊进行揭露和抨击，没有解决"以德治国"方略之中法治的实践问题，封建社会统治者正是利用孔子思想的短板，建立封建专制制度，这个制度的本质是剥削、压迫和镇压人民的，与孔子法治思想大相径庭，将其作为统治人民的工具，却用孔子的"以德治国"方略将其包装起来，掩盖其压迫和压迫人民的实质，"刑不上大夫""天下衙门朝南开，有理无钱莫进来"就是真实的写照。封建专制制度的法治思想，靠封建专制制度本身是解决不了的。

　　我国已经迈进中华民族伟大复兴的新时代，老祖宗给我们留下丰厚的思想文化遗产，哲学社会科学的主要任务，就是把其挖掘出来，为新时代提供宝贵的精神财富和动力源泉。孔子治国思想只是其中之一，由于在中国历史上的特殊地位和作用，对其进行深入研究和辨析，去粗取精、去伪存真、正本清源，古为今用，是义不容辞的历史责任和担当。

第二部分

伦理治世

孔子一生的志向是治国之志，孔子一生的所学是治国之道，孔子一生的独创是治国学说，孔子一生追求的是治国学说的完善和施行，矢志不移，百折不挠，坚信笃行，"一以贯之"。这可以说是孔子一生心血凝聚的结晶。

由于孔子思想、孔子学说在中国两千多年的历史长河中的特殊地位和作用，对孔子思想及其学说一直颇有争议，有肯定的，有否定的，各种解读和评述众说纷纭，无不打上时代和社会的烙印，时至今日，争论仍未停息。

我也是由质疑开始通读《论语》的。我从第一次通读起，就将孔子思想定为治国学说，在其后的两次通读中都是紧紧围绕"治国之道"这个主题而体会、解读和感悟的，也是以此理顺思路，鉴别、透析和辨正孔子思想和学说。我自己感觉自己看明白了，搞清楚了。

既然看明白了，搞清楚了，为什么还要进一步辨析呢？对孔子学说和《论语》的评价、在中国历史的地位和作用、《论语》中的一些重要论述和内容、孔子思想与现代化的关系、孔子及其思想的研究等方面，一直有争议和不同看法，有必要根据去粗取精、去伪存真、正本清源、古为今用的原则，进行鉴别、辨正、透析，以便继承和发扬优良传统。

我将孔子学说分为两大块，一是治国之道，一是伦理治世。

在总论和第一部分，我已经从治国样板、治国模式、治国方略、治国之策、治国宝典等五个方面，对孔子的"治国之道"进行了大量的辨析和辨正。下来主要解读和讨论孔子的伦理治世之说。这是孔子治国之道的一个重要方面，是孔子治国学说的有机组成部分。

孔子学说就是讲治国之道，伦理治世属于治国之道，是治国之道的一个组成部分。两者是总体和局部的关系，是孔子治国学说中"治国之道"这一主题的两个方面。《论语》中孔子治国之道和伦理治世这两块在各篇中是交叉混合表述的，将其划分开来，这种划分不是切割，而是有利于准确把握孔子治国之道的基本内涵。治国包括制度、政权、执政及大政方针，包括政治、经济、思想、文化；治世包括伦理、道德、礼节、规矩、秩序，以及社会风气、风俗习惯、乡土人情、民生民意、精神风貌、民族气节等。

这样的划分反映了执行和参与面的问题，前者是执行主体，后者是全民参与；前者是治国的主要担当者，是治国好坏的决定者，需得取得人民的信任和拥护；同时又是动员人民和组织人民的领导者，团结全体人民参与社会治理和道德构建。

在治国之道与伦理治世的先后次序上，先治国之道，而后伦理治世，不宜逆转。这不仅仅是先后次序问题，而且是关乎能否正确理解、厘清、辨析和运用问题。只有将治国之道从交叉和混合表述中分离出来，辨正和透析清楚，再辨正和透析清楚伦理治世，才相对要容易些；反之，先从伦理治世理解治国之道，就有可能会在理论和实践上出现差错、颠倒主次和难以厘清。

有人说，《论语》就是伦理学。这句话没有错，《论语》通篇讲伦理的内容不少。伦理治世就是治国之道，这个立论，一个表述就是，"修身、齐家、治国、平天下。"这句话是儒家的经典，出自《礼记·大学》，原话是"欲治其国者，先齐其家，欲齐其家者，先修其身"；"身修而后家齐，家齐而后国治，国治而后天下平。"这是伦理治世的治国之道的经典论述，很精辟，是正向正能量的体现，立足点是先从自身修养和道德构建做起，家庭伦理为基础，这是必要条件，进而在个人和家庭伦理的基础上，进行社会伦理和道德构建，这样才能将国家治理好，从而让天下太平和稳定。这段话孔子没有引用，《论语》中也无记载，是后世对孔子学说和《论语》的解读。这段话单独作为伦理治世的治国之道，不存在什么问题，没有错，可是作为孔子学说和"论语"的解读，这种解读不完全符合孔子的原意，起码有几点是需要加以思考的：

（1）不能以论述量的多少和覆盖面的大小来确定孔子学说的主次和内

涵。《论语》中从伦理的论述量和覆盖面上，可称之为"伦语"，其中覆盖面包括执政者、从政者和全体社会成员，可是《论语》全书虽以治国为重要主题，但也包含诸多伦理方面的论述。

（2）既然《论语》的主题是治国之道，只有将孔子治国之道辨析透彻，才能正确理解和辨析伦理治世。要解读治国之道，首要的是执政理念和宗旨，即是"为政以德"（见《为政篇第二》2·2），爱人惠民（"因民之所利而利之"见《尧曰篇第二十》20·2）。执政者、当政者、从政者是治国的执政主体，只有坚定"为政以德"、爱人惠民的理念和宗旨，才能把全部精力用在治国理政上，也就会像尧一样，把国家治理得很好，给人民以恩惠，老百姓简直无法用语言来称赞他（"巍巍乎，唯天为大，唯尧则之。荡荡乎，民无能名焉"见《泰伯篇第八》8·19）；也就会像舜、禹一样，拥有天下，不谋私利，一点也不为自己（"舜、禹之有天下也，而不与焉。"见《泰伯篇第八》8·18）尧的伟大在于，他没有让自己的儿子接班，而是选拔培养舜作为自己的接班人，尧将国家治理得很好，他在向舜交班做政治交代时说，你如果将国家治理得"四海困穷"，那么你的仕途就将永远终结了，上天会惩罚你的（"天禄永终"见《尧曰篇第二十》20·1）。"天禄永终"这句话寓意很深，意思是说，人在做，天在看，你不要以为你是君，你可以胡作非为，百姓对你没有办法，这样做，天会惩罚你的。这里的天，是指气数，实际是说会遭到人民的唾弃，"水可载舟亦可覆舟"。正是这个"天"，让汤诚恐诚惶向上天祷告："朕躬有罪，无以万方；万方有罪，罪在朕躬。"（见《尧曰篇第二十》20·1）也才让周武王告诫自己："百姓有过，在予一人。"（见《尧曰篇第二十》20·1）只有"为政以德"、爱人惠民，才能真正做到关爱人民（"爱人"见《颜渊篇第十二》12·22），重视民生民食，做到"惠而不费"（见《尧曰篇第二十》20·2），"敬事而信，节用而爱人，使民以时"（见《学而篇第一》1·1），做到"宽则得众，信则民任焉，敏则有功，公则说"（宽厚就能得到群众的拥护,诚信就能得到百姓的信任,勤敏就能取得成就,公平就能使百姓高兴)(见《尧曰篇第二十》20·1)。

(3)要在全社会推行伦理和道德构建,必须"上"即执政者、当政者、从政者首先把自己的伦理道德构建好,再要求全社会做好,做出表率,起带头作用,自己带头去做,然后再使百姓去做("先之,劳之"见《子路篇第十三》13·1),要求自己做到达到,再要求别人做到达到,或者说,要求别人做到的首先自己做到("己欲立而立人,己欲达而达人"见《雍也篇第六》6·30),连自己都做不到,就不强行别人做到("己所不欲,勿施于人"见《卫灵公篇第十五》15·24)。

(4)加强上层伦理和道德构建,这对全社会伦理道德构建起道的作用,一是得到人民的信任和支持,起凝聚人心的作用。"上好礼,则民莫敢不敬;上好义,则民莫敢不服;上好信,则民莫敢不用情"(见《子路篇第十三》13·4)。"上"自己能够遵守礼节、制度、规矩、秩序,老百姓敢不遵守吗?"上"自己能遵守道义、道德、不取不义之财,不做无义之事,老百姓敢不遵守吗?"上"自己能够讲诚信,守信用,有信誉,老百姓敢不用真情吗?这里的"情",是指真心实意,反映自己的真情。百姓尊敬、信任和真心拥护这样的领导。另一个是起带动作用。孔子对掌握实权的执政者说,治理国家为什么一定要采用杀戮的方式?你自己做个德行好的人,老百姓也会成为德行好的人。他举了一个生动的例子,将执政者的德行比作为风,把老百姓的德行比作为草,风向那边吹,草就向那边倒("子为政,焉用杀?子欲善而民善矣。君子之德风,小人之德草。草上之风必偃。"见《颜渊篇第十二》12·19)这里的"子",意思是"你",是指执政者(具体指鲁国把持国政的季康子)。"善"指向善,是指有德行;"君子"指有德行的社会上层;"小人":在这里指老百姓;"偃"指倒下。这段话的含义是,你不要动不动就用杀戮的方式治理社会,你先将你的上层伦理道德搞好,将上层的风气搞正,你将上层治理好了、风气正了,这样才能取得人民的信任和支持，就会带好社会风气，老百姓就会自觉地遵守伦理道德和社会秩序。用现在的话说就是上行下效。

（5）孔子说："其身正，不令而行；其身不正，虽令不从。"（见《子路篇第十三》13·6）在厘清上述的道理之后，我们再来解读"修身、齐家、治国、平天下"这段话。修身，就是加强自身的修养，严格要求自己。孔子说："修己以敬"，"修己以安人"，"修己以安百姓"（见《宪问篇第十四》14·42）这段话是回答学生子路怎样做才能算得上是"君子"的问题，子路处于官场，辅佐季氏，所以这里的"君子"是针对当政者、从政者说的，按照文字表述，去其特指性，其意是说，要做到有仁德的当政者、从政者，就要加强自身的修养，这种修己，不是为修己而修己，不仅仅为了提高自己而修己。其一，修己是为了敬业，为了搞好工作；其二，是为了上层稳定，班子安定团结，泛指天下太平、稳定、安定人心；其三，是为了让百姓安居乐业、生活幸福，用现代语言，就是为人民服务。他说，"修己以安百姓"，让人民都能过上美满幸福的生活，这一点就连尧、舜都没有完全做到。这里把修身与治国、平天下的道理说清楚了。

孔子说："入则孝，出则弟，谨而信，泛爱众，而亲仁。"（见《学而篇第一》1·6）这段话是孔子对学生讲的，却适用于全社会成员的治世治国的经典论述，从理论上去其特指性，它对社会伦理和道德构建高度概括；在实际上具有规范性和可操作性。这里要说明的是：其一，这段话是"修身、齐家、治国、平天下"的具体化，具有可操作性和实践性。其二，两者表述有差异，前者明确家庭伦理和社会伦理属于社会治理；后者将社会治理作为治国平天下的必要前提和必然逻辑。按照前者，国家执政首要任务是治理好国家，社会治理是治国之道一部分，先把国家治理好，才能把社会治理好；先把治国之道辨析好，才能把伦理治世辨析好。反之，按后者容易主次颠倒，将伦理治世作为治理好国家的主要任务和衡量标准，出现执行偏差。其三，从社会伦理和道德构建上讲，前者清晰，覆盖全体成员，是对全体社会成员的要求。其四，从全书结构分析，包括"上"和"民"两部分，"民"是全民构建，"上"指治国的执政者和组织者，是伦理治世关键，先构建"上"自身的伦理道德，使之起带头作用和关键作用，再通过感化、教化和组织，构建全社会伦理道德，实现上治和民本一体化，产生向心力和凝聚力。

从内容上讲，"入则孝，出则弟，谨而信，泛爱众，而亲人"与"修身，齐家"是没有区别的，都是讲伦理治世，都是讲家庭伦理和社会伦理构建，都是讲社会治理。可是后者的表述，将其与"治国，平天下"连接起来，成为因果关系。这就使治国和社会治理的执政者，就有了决策和执行的权力，就有可能将社会治理即社会伦理和道德构建作为治好国家的主要任务和标准，从而放松自己治国的担当和执政者自身的带头、带动作用。

总之，《论语》中关于伦理的论述占比是很大的，每一篇中都有这方面的内容。包括伦理、道德、礼节、规矩、秩序，以及社会风气、风俗习惯、乡土人情、民生民意、精神风貌、民族气节等。正因如此，许多人说：《论语》就是伦理学。这句话是有道理的。不过《论语》的主题是治国之道，有关伦理的论述也是从属于这一主题的，因此称其为伦理治世学说才更为合适。

《论语》中的伦理治世言论，不但内容丰富，而且非常精辟。下面从三个方面来论述孔子的伦理治世学说：孔子伦理治世的核心是仁者爱人；孔子伦理治世的基本途径是做"君子"式的人；孔子伦理治世的最高境界是仁政。

一、孔子伦理治世的核心是"仁"

进入孔子的伦理治世领域，其中五彩缤纷，内容非常丰富，覆盖所有的人和事，而事的背后是人，即人事、人为、人本。据专家学者的统计和考证，在《论语》中，"仁"字出现 109 次，据此提出，孔子伦理是以仁为核心。我认为这个评论是可信的。我又对"人"字做了粗略统计，直接使用"人"字表述之处约有 104 处，与"仁"字的使用次数大约接近。一处最多的有 4 个"人"字；加上人的代名词"者"字；特指的人，如吾、我、子、己、父、母、兄、弟、妻、儿、朋、友、君子、小人、师、先生、老、少、长、幼、上、君、臣、官、士、仕、民、百姓等；还有与人有关的人、事、物、如瑚琏、指有用的人，松柏，反映气节；以及寓意人事的天道，寓意人伦的天理；还有以人为主宰的人和事等等。这样算下来，可以说《论语》通书都讲"人"。据此，孔子学说可以称为人学，孔子伦理治世可以称为人伦学。全书，每一段都是一个完整的论述，多有精句和警句。分则反映一个经典，合则构成伦理体系、构成孔子伦理治世学说。要将其全面系统完整地解读和解析，难度较大。我在《论语》三部曲中，已有逐段逐句逐字解读，亦有重点解读，本书只是就一些热点和重要的问题进行概述和条理化，可以说是对前面解读的深化和细化。

1. "人"是观察和审视孔子伦理治世学说的出发点和立足点

无论是人学还是人伦学，都包含一个"人"字，《论语》全书，都在讲述一个"人"字、体现一个"人"字，都与"人"有关联。故此，就有一个问题：孔子说的"人"是什么意思，其内涵是什么。对于孔子有关"人"的问题，《论语》产生以来的两千多年，一直有不同的看法，甚至有截然不同的正反两方面的看法，争论不休，至今都难以统一。这是由于人自身就处于特定的背景之中，每个人家庭、环境、生活、经历等各个方面都不同，所受的影响不同，所以对孔子说的"人"会有不同的看法。进入社会治理层面，不弄清"人"是什么，其内涵是什么，就不能正确解读和解析孔子有关伦理治世的论述，就不可能做到"正本清源，古为今用"。为了正确解读和厘清孔子有关"人"的论述，先得将"人"是什么，其本质是什么的问题弄清楚，从哲理上进行认识，从理论和实践的关系上进行分析。这有一个立场、观点和方法即世界观和方法论的问题，有一个认识论即统一的认识基础、准则和衡量标准，否则认识不会统一，难以判断是非曲直。

马克思指出：人的本质"是一切社会关系的总和"。马克思对人的本质的阐述，是在他的著作《关于费尔巴哈的提纲》中，对费尔巴哈关于人的本质不正确阐述的纠正，原话是"费尔巴哈把宗教的本质归结为人的本质。但是，人的本质并不是单个人所固有的抽象物。在现实性上，它是一切社会关系的总和"。他进一步指出，费尔巴哈的问题有二，一是"撇开历史的进程，孤立地观察宗教感情，并假定出一种抽象的——孤立的——人类个体"；二是基于这种认识，"他只能把人的本质理解为'类'，理解为一种内在的、无声的、把许多个人纯粹自然地联系起来的共同性"。（引自马克思《关于费尔巴哈的提纲》一文，《马克思恩格斯选集》第一卷第18页，人民出版社1972年第一版。）这两句话的前一段话是说，费尔巴哈把人的本质抽象为"人"即人的个体，这个个体的人是孤立于社会的人的个体，不承认人是社会的人；后一段话是说，既然人是抽象的、孤立的人的个体，这一个一个纯粹自然的个人组成为"类"即同类，其本质就是纯粹个人自然联系起来的共同性，从而否定人的社会性。

马克思说："他只能把人的本质理解为'类'，理解为一种内在的、无声的、把许多个人纯粹自然地联系起来的共同性。"这里使用了两个词，一个是"类"，一个是"共同性"。这个"类"，是抽象的"人类"，即"人"的"类"，这个类不是人类社会，我之所以引用马克思对费尔巴哈关于人的本质问题的分析和批判，以及马克思对人的本质的论述和界定，是因为这些论述并没有过时。如果说，在孔子的治国之道部分，还可以避开有关人的本质问题，但是，到了伦理治世部分，"人"字、人的本质就成了躲不开的问题。因此，我们引用马克思和恩格斯的论述，作为鉴别孔子有关人及其学说的准则，更为重要的是，用马克思的世界观和方法论对孔子治世治国进行分析和辨析，这应成为"正本清源，古为今用"的指导思想。

2. 慎言天道，重在人道

在先秦诸子百家中，对于"道"，最为权威的就是道家学派的创始人老子，而老子最为著名的理论就是天道。这个天，就是指相对于人所在地面之上的天，故而其道就是指天道。在《老子》一书的开篇中，老子对"道"是这样描述的："道可道，非常道；名可名，非常名。无，名天地之始；有，名万物之母。故常无欲，以观其妙；常有欲，以观其徼。此二者同出而异名，同谓之玄；玄之又玄，众妙之门。"陕西省社会科学院研究员王西平先生在他的研究成果《老子辨正》一书中，对这个问题，有其独特的见解。他说，"道可道"，第一个"道"是老子具有特定含义的道，第二个"道"是指可以言说的；"名可名"，是说"道"和天地万物都是可以被命名的；"非常名"是作动词，是说"道"具有特定的内涵，天地万物始终处于发展之中。他说，老子首先提出"道"的问题，概括地讲宇宙的生成和命名。其前四句是讲宇宙生成论，后四句是讲宇宙感知论。他对此做了大量详尽的分析和解读，指出天地生成的初始，一片混沌，是"无"的状态，所以用"无"来名天下之始；天地产生以后，就成为"有"，"天地万物生于有"，所以"有""万物之母"。据此，王西平先生认为，老子所说的"道"是在"无"的状态下的细小微粒，这种微粒聚则成形，显示出"物"的形状；散则为气，显示"无"的状态。这和现代科学的物质构成以及分子、粒子、电子、光子学说不谋而合。（以上引自王西平著的《老子辨正》一书第1—7页）老子生活于公元前500多年之前，那时没有观测的仪器和工具以及科学知识可借鉴，其感知论主要是靠肉眼观察和猜想的，感到玄而又玄，非常奥妙，能够对宇宙生成和本源做出科学猜想和认知，这是对人类做出的巨大贡献。这充分反映出春秋战国时期中国文化和文明史的底蕴已经非常深厚，我们的老祖宗具有非凡的大智慧。

在先秦诸子百家中，有两个有代表性的历史人物，一个就是最早创立道家学派的老子，并有《老子》一书流传于世；另一个是我国儒家学派的创始人孔子，并有《论语》一书流传于世。从《论语》一书的有关论述看，孔子曾拜老子为师，受老子的影响比较大。这里所引《老子》的有关论述，了解两人的背景、经历和思想，这对于正本清源、挖掘我们老祖宗的宝贵思想文化遗产，培根固本，传承和发扬优良传统，古为今用是完全必要的。

（1）两个需要大书特书的思想文化带头人物——老子和孔子。

前面已经论述过，我国先秦时期是我国社会转型的大变革时期。大变革时期也是思想最活跃和文化大繁荣的时期，我将其称为中国社会历史上第一次"百家争鸣、百花齐放"时期，形成了诸子百家争艳的思想文化盛世，其中产生了一批具有开创性、自成体系的思想文化巨匠，老子和孔子可以称得上是标杆型的代表和带头人，他们对传承和弘扬中国文明史做了里程碑式的贡献。

老子和孔子有许多共同点，最主要的是都有高度的文化底蕴和思想功力，都有不为名、不牟利的强烈理想信念追求和孜孜以求的思想境界与独创精神，以及超出凡人的大智慧。两个人都经历了仕途为官的经历，他们的为官之道，不是为了当官、光宗耀祖、也不是为了名和利，而是谋取治国治世大道，为后世留下《老子》《论语》的世界名著和优秀思想文化宝典。但是，在那样的社会制度和执行权掌握在统治者手中的状况下，在实践上注定是执行不通的。他们的历史贡献就在于，他们不是拘泥于社会的表层现象上，而是探索社会的深层问题，站在战略和时代的制高点上，创立自己的学派；他们的着眼点不只是放在揭露和抨击社会上，而是放在从治、从立上提出自己的治国治世主张，不仅具有时代性，而且具有不朽性。老子作为孔子的老师，他的思想对孔子的教育和指导具有启示作用，而孔子受老子的影响比较大，却不是全盘接受，而是在老子的启示下创建自己的学说。

本书主要是解析孔子及《论语》，这里先着重介绍一下老子。由于历史机遇和孔子学说立、治特点,孔子学说被封建社会统治者作为统治思想基础,孔子其人的身份确定无疑;《论语》是在孔子去世后由其学生对他的生前论述整理汇集成册,被官方推行和众多专家学者注释和解读,《论语》一书是孔子言论的汇集也确定无疑。可是,老子因卷入政治漩涡去官退隐家乡,后又西行出关,进入甘肃隐居,《老子》书稿是民间手抄流传,版本众多,真假难辨,对于成书时间、是否是老子所著,甚至连老子其人包括姓、名、出生时间、年龄、出生地、经历等均有不同看法。

王西平先生在《老子辨正》一书中做了考证,事实清楚翔实,可信度大。根据西平先生考证,老子生于公元前575年左右,孔子生于公元前551年,老子比孔子大20多岁。公元前516年,老子时年约60岁,因卷入政治漩涡免官归居故里,其家在中原。孔子当时带领学生周游列国,途经中原,这期间多次去向老子请教。后老子隐居甘肃。《老子》书稿应在此期间完成。按照西平先生介绍,老子在隐居期间,白天天高云淡,眼望太阳挂在天上;晚上夜深人静,仰观月亮星星。老子关于天道,即宇宙本源论和万物生成论,就是在这种意境下完成的,或者说是定稿的。孔子72岁去世,其年老子已经90多岁高龄,那时交通不便、信息闭塞,孔子是否看过《老子》书稿不得而知,也就是说,一种情况是孔子看过老子这段关于天道的论述,他有关天道的看法是针对老子的这段论述的;另一种情况是未见到过这段论述。孔子向老子请教也有两种情况,一种是老子当时已有关于天道的初步构想,另一种是老子的"道"还未涉及这段论述。我以为,无论哪种情况,孔子有关天道的言论,与老子无直接因果关系,是孔子天、地、神、鬼包括天命等疑惑而有的态度或者言论。我们不要把孔子的天道论与老子的天道论硬扯在一起讨论针对性问题,这种讨论毫无意义。

西平先生解读的粒子说揭开了天道本质,老子在公元前500多年就提出宇宙本源论和万物生成论,且已被现代科学所证实,在中国乃至全世界都是无人能比的;同时,在没有科学思想和知识可借鉴的情况下,人类思维还处在生产力很落后的社会背景时，能有这种唯物论和辩证法的认识论和方法论，也是独一无二的。这个无人能比、独一无二也包括孔子。但是不能依此说孔子是唯心论者。

孔子的学生说老师慎言天道，"子不语怪、力、乱、神"（见《述而篇第七》7·21）子：是指孔子；不语：是指不讲、不说；怪：是指怪异；力：是指暴力；乱：是指战乱（叛乱）；神：是指鬼神。这四种现象，其中怪和神是指处于人世之外的"天上"的事，怪异现象如风、雨、雷、电；神是指上天的神仙、地下的鬼魂，这些现象，恐怕孔子自己也说不清楚，所以不说、不讲。孔子是教育、培育学生的，作风比较严谨，对自己未弄明白的现象不会乱说乱讲。至于"力"和"乱"，这是指人世间的现象，不说不讲，是指不泛泛放在议论社会现象上，不把精力放在抨击社会上，而是全力推行其治国学说。还有一点更为重要，孔子是一个求实的人，他认为不必把精力用在自己弄不清楚的这些虚无缥缈的"上天"上，而是放在人道（人事）上。有学生问孔子如何侍奉鬼神？孔子回答说，人都没有侍奉好，哪有工夫去侍奉鬼神？（未能事人，焉能事鬼？）学生又问，死到底是怎么一回事？孔子回答说，人世间的事都没有弄明白，怎么能弄懂死？（"未知生，焉知死？"见《先进篇第十一》11·12）这段话可做这样理解，人世间的事情都忙不过来，哪有闲工夫去侍奉什么鬼神之事？把人生的事做好，死后升天还是下地狱，管它干什么？

由此可知，孔子和老子的思路是不同的，老子对天道有深刻的见解，但凭着自己的执着追求和大智慧，对人类做出重大贡献；而孔子则是另一种思路，上天是怎么一回事，自己难以弄明白，不要把精力用在这上面，而是放在人事上，放在治国上，创立自己的治国学说，不能依此认为孔子的论述就是针对老子的，这不是一码事。

（2）孔子如何看待人、神、鬼三者的关系。

孔子慎言天道，不是没有对天道的认识；孔子不讲神鬼，不是没有对神鬼的看法。人，泛指人世间，在人世间人从生到死的全过程，都是实实在在的，是可见的。神，是在天上，虚无缥缈，谁也没有见过。鬼，是人死后，人的躯体已经死亡，而灵魂与人体分离，游异于人世间，谁也没有见过。正因为这种现象孔子说不清楚，所以如前面所述，重人事，不讲鬼神，可是他是有看法的，在《论语》中有所表述。

"天"字即"上天"，其中也是包括鬼神的，祭天，这里指祭鬼神。祭如在，祭神如神在。子曰："吾不与祭，如不祭。"（见《八佾篇第三》3·12）这段话，前面没有加引号的，可能是孔子列举的现象，后面"祭神如神在"，很明确，是说人们祭祖先，就好像祖先就知道你在祭他，就好像神真的存在；前面的"祭如在"，分析是指祭祖先，就好像祖先知道你在祭他，或者说，就好像站在你的面前，这不是迷信，是哀思，以表对祖先的怀念。除了祭祖，也包括祭天、祭鬼神等的一切祭的活动，这段话的意思是说，人们在进行祭神祭鬼的时候，就好像神鬼存在，是说信神如神在。他没有说，如不信，就不存在。他以自己为例，说自己不参与祭祀活动，祭和不祭是一样的，暗喻自己不相信这一套。

紧接着一段：王孙贾问曰："与其媚于奥，宁媚于灶，何谓也？"子曰："不然。获罪于天，无所祷也。"（见《八佾篇第三》3·13）王孙贾是卫国大夫。屋内西南角称奥，做饭的地方称灶。古时人们认为这两个地方都有神，都要祭祀。诸侯国重臣就问孔子，为什么人们把祭灶神看得比祭西南角的神重要？其意思是说，应该祭神来保佑自己。孔子说（你说的不对），不是这么回事。得罪了上天，你祭神没有什么用。去其特指性，是说人在做，天在看，你的所作所为，在于自己，靠祭神没有什么用。这段话与上段话连在一起解读，表明了孔子不信神的态度。子曰："非其鬼而祭之，谄也。见义不为，无勇也。"（见《为政篇第二》2·24）上下句连起来。

孔子说的"鬼"，是人事，而不是鬼事，是喻义人间的"鬼事"，是说不该你做的事，去献殷勤，这是谄媚。该你挺身而出的匡扶正义的事情，却不去做，这是懦夫。子曰："务民之义，敬鬼神而远之，可谓知矣。"（见《雍也篇第六》6·22）这是回答什么是"知"的问题。去其特指性，根据文字表述，用现代的话解读。知：即认知，是指认知能力和水平。孔子说，要为人民服好务，尽心尽责做好为人民的工作，最为根本的就是如何看待和处理敬鬼神这件事，关键是"远之"，你自己不要参与，这是衡量"务民"的根本。你将心思用在这上面，怎么能做好"务民"的工作？

为了让人们更好地理解他的"知"，他举了一个现实的事例，虽然没有直接提"神鬼"二字，却是典型的鲜活例证。鲁国重臣臧文仲，给大乌龟盖了一个房子，斗拱上雕刻着像山峦一样的图案，短柱上画着藻草的彩绘，狠下了一番心思和功夫。子曰："臧文仲居蔡，山节藻棁，何如其知也？"（见《公冶长篇第五》5·18）蔡这个地方因产大乌龟而得名，当时人们称为神龟，卜卦用龟，所以孔子说，怎么把"知"用在这上面，批评其不是把认知能力和水平用在"务民"上而是用在不务正业上。通过这些不多的有关鬼神的描述，基本上可以反映出孔子对鬼神的看法和对待。其一，对鬼神之事不说不讲，这反映出他自己对人之外的上天，包括怪异现象、缥缈之物，以及鬼神等现象也没有弄明白，故而不泛泛发议论、谈看法，是"知之为知之，不知为不知"的实事求是的严谨态度。其二，他把鬼神之事放在与人的关系上来看待。人事，这是实实在在的，是可实践的，而敬鬼神之事，是虚的。人世间的事都忙不过来，哪有工夫去祭神祭鬼这些无实功的事情，这是求实的观点，是观察人事和天道的基本观点。其三，对于鬼神的看法和对待，祭神如神在。这个"如"字，就寓意着不祭神如神不在。用一般的表述，就是信其有，不信其无，反映出不信的态度。其四，人间的事，事在人为，靠的是自己，不要把人间的事情寄托在"天"上，做了悖逆天理的事，获罪于天，你祈祷上天、祈祷神保佑你，这没有用，因此人的一生是自己把握自己。

天道就是人道，天理就是人理，天伦就是人伦，天神就是人自己。同理，孔子说的"鬼事"，是指人事，是说你在人间做不该做的"鬼事"。这是告诫人们，人在做，天（神）在看，做了违背人伦的事，天理难容。从孔子的论述可以看出，在那个时代，祭鬼神很盛行，是影响社会的大事，因此，"务民"之道，为人民而工作，其中有一个根本的问题，就是如何看待和处理"敬鬼神"之事，"敬鬼神而远之"，关键词是"远之"。"敬鬼神"是一种现象，"而"是连接词，"远之"，是指远离，即不要参与。整个意思是说，要做好"为民"的事和工作，就不要参与敬鬼神的事情，这是衡量认识水平和智慧能力的标准。"务民之义，敬鬼神而远之，可谓知矣。"这句话是对前面各条的总结和概括，反映了孔子的鬼神观。将意识形态、认识论反映在人和事上体现了唯物的思想，从相互关系上立论，体现了辩证的思想，这种带有辩证唯物色彩的观点属于古代朴素的辩证唯物史观的范畴。

（3）孔子如何看待"天、地、人"三者之间的关系。

据杨伯峻先生统计，《论语》中，单言"天"字的，一共18次，其中孔子自己讲了12次。从关系上讲，这个"天"字主要是阐述天地人三者的关系。

"天、地、人"也包含三个关系，第一个关系是上面讲的人、鬼、神三者关系的一般形态，按人们理解，神是住在天上的，鬼是人去世后以鬼魂游异于人间的，两者都是相对于人之外的，其道理和上述相同，这里不再重复。

天、地、人三者的第二个关系是人、天下（人道）、天道三者的关系。"天子"称谓，用过一次，在讲中央集权制时，说天下有道，一切国家政令、制度由"天子"（代表中央）出，而不是由诸侯出。如果一切有关国家的大政方针不是由"天子"（中央）出，就会造成丧失国家政权的严重后果。后来在封建社会建立以后，"天子"一词成为皇权至高无上的专用称谓，扭曲了孔子的原意。还有一次是引用《诗经·周颂·雍》中的一句话："相维辟公，天子穆穆。"其意思是说，助祭的是四方诸侯，主祭的是庄严肃穆的天子。鲁国仲孙、叔孙、季孙三家，既不是天子，又不是诸侯，而只是诸侯国大夫，却用天子用的礼仪，孔子批评这样做是违礼违规。即使这样引用，这也不能作为"天子"皇权至高无上的依据。

我粗略统计，《论语》中使用"天下"一词的有16次，其中一次最多有四处，就是论述礼崩乐坏现象一段："天下有道，则礼乐征伐自天子出；天下无道，则礼乐征伐自诸侯出""天下有道，则政不在大夫""天下有道，则庶人不议"。其他含义引用："君子之于天下也。"（见《里仁篇第四》4·10）其意是，君子对于天下的事情。"天下归仁焉"（见《颜渊篇第十二》12·1）、"一匡天下"（见《宪问篇第十四》14·17）、"天下之民归心焉"（见《尧曰篇第二十》20·1）。作江山解："三以天下让"（见《泰伯篇第八》8·1）、"三分天下有其二"（见《泰伯篇第八》8·20）。

在《论语》中，对于"天道"的提法只有一次，不是孔子讲的，而是学生子贡说的，是说老师讲人性和天道，学生"不可得而闻也"。（见《公冶长篇第五》5·13）这和前面不讲不说相同，弄不清楚的不说不讲。但是对"天"即是"天道"不是没有态度，不是绝对不讲，提到"天"字，都有具体内涵和针对性，是有所指的。

①有关"天"的典型事例。尧曰："咨！尔舜！天之历数在尔躬，允执其中，四海困穷，天禄永终。"（见《尧曰篇第二十》20·1）这是尧对他选拔的继承人舜交班时的政治交代，他用了两个惊叹号，表明其重要性。其中两次提到"天"字，第一个"天"是说，根据上天的安排，帝位就由你来继承。明明继承人是他选拔的，是他让继承的，将"上天""天道"用上了，加重了责任和分量。第二个"天"字是说，"天"将这么重要的担子交给你，你如果不好好治理，将四海（即天下）治理得"困穷"，人吃不饱，穿不暖，生活贫穷和困苦，"天"就永远断绝你的俸禄，遭到天的

抛弃，实际是说遭到人的唾弃。舜不辜负尧的重托，把国家治理得同样很好，并像尧一样选拔禹作为继承人亦做同样的政治交代。孔子对尧舜高度赞扬，说尧是多么的崇高和伟大呀！"唯天为大，唯尧则之。"只有"天"最高大，只有尧可以与"天"相比，他的恩情多么广博，老百姓简直不知道如何用语言来称赞他（见《泰伯篇第八》8·19）。由这些典型事例看出，孔子的"天道"就是"人道"。

②"天命"。讲天命的著名典型事例是孔子的学生子夏，孔子的一个学生司马牛对别人都有兄弟而他没有很悲伤，子夏就用"生死有命，富贵在天"劝司马牛，是说人的生死、生在什么家庭、日子过得怎样、有没有兄弟，这都是人的命运，都不是自己所能决定的，是自然法则，是客观决定的，不以人们意志为转移，你何必为此伤心，他说这句话是他听说的，听谁说的，专家分析是听孔子说的。是不是孔子说的并不重要，但它反映和弘扬了孔子的思想。这句经典现在还在用，后面还有一句经典："四海之内，皆兄弟也。"这些话都是讲的人间的道理（见《颜渊篇第十二》12·5）。

③"畏天命"。孔子说，君子"畏天命"，"小人不知天命而不畏也"。（见《季氏篇第十六》16·8）这句话的含义不是说人的命运是由上天决定的，人的命运是掌握在人自己的手里。君子严格要求自己，总害怕做出违背天理的事情，受到上天惩罚。这个天理就是人理，天罚就是人罚；而小人不知天命，所以不畏天命，逆天而行，胡作非为，妄图通过祈祷来避免上天的惩罚，所以孔子说："获罪于天，无所祷也。"你做了坏事，祈祷是无用的。（见《八佾篇第三》3·13）这是说要敬畏人道，敬畏法律，敬畏规矩，敬畏人言。

④孔子通过自己的人生实践，将"知天命"作为实践人生价值的行为准则和衡量标准。孔子说自己"五十而知天命"。有人认为，孔子信命，认为命由上天决定，这是宿命论观念。这种用世俗眼光看待孔子的解释不符合孔子原意。从"人生"角度审视，抛开孔子个人的特指性和自我剖析，

孔子揭示的是人道方面的人生哲理。

孔子活了72岁，他将自己的一生分为七个阶段和七个台阶，揭示了一个理想化的人生发展过程，可以称之为"阶段论"和"台阶论"。其基本立论，人生实践是分阶段的，每一个阶段都有其特点和发展积累，到了一个年龄点，就发生了质的变化，人生上到一个新的台阶，再以这个台阶为起点，进入下一个阶段，直至人生命的终结。

第一个阶段是幼年时期，这一阶段孔子没有论述，但从15岁这个台阶看，这个时期是养成时期，带有灌输性、模仿性和盲目性。到了15岁，人生上了第二个台阶，这个台阶称之为"志于学"的阶段，这个是成才的时期，学习已经有了志向，有了理想信念，为了这个大的目标树立正确的世界观、人生观和价值观，接受成才教育，以"志"为动力，学知识，增智慧，打下人生的扎实知识和智能基础。这个时期如果基础没有打好，就会形成先天不足，走向社会后，在关键时刻就会带来影响，甚至影响人生。

到了30岁这个台阶，称之为"而立之年"，此时"三观"已经形成，学业已经完成，从学习阶段转为立业阶段，立世、立人，血气方刚，精力充沛，大显身手，大干一番事业，大有可为，是出成果的时期。这个时期，要"戒之以色"，不要贪恋女色，吃喝玩乐，追求享受，无所事事，虚度年华。这个时期跨度大，又是困难、阻力、挫折较多的时期，"勇"有余而"力"不足，每前进一步、经受每一个考验，都要经过艰苦的努力、凭借坚定的毅力、艰难地排除阻力才能取得。

上到第四个台阶，即"四十而不惑"，称之为"不惑之年"，经过磨炼和经验积累，进入壮年时期，有了解惑的能力、排阻的能力、解决处理各种疑难问题的能力，壮志凌云，是出成就的人生鼎盛时期。这个时期，要克服满足懈怠、居功自傲、停步不前、松一口气的思想。这个时期，人到中年，上有老，下有小，家庭负担较重，有个如何处理好家庭与事业的关系问题。

上到第五个台阶，即"五十而知天命"，称之为"知天命之年"。由于认知成熟，从"不惑"转为能够完全将命运掌握在自己手里。人的出身和环境是上天安排的，到了"知天命之年"，人已经成熟了，命运完全由自己掌握，不靠天，不靠地，能依靠自己解决各种困难、阻力、挫折和疑难问题，排除各种艰难险阻，抓住机遇，迎接挑战，人生实践进入顶峰时期。

上到第六个台阶，即"六十而耳顺"，称之为"耳顺之年"，由于人的心理已经成熟，到了这个年龄，一切都看开了，"不怨天，不尤人"，不怪自己没有好的处身和环境，这是"天"给的；也不怪别人不理解、不公正对待自己或非议自己，人做的事"天"都知道，只要自己行得端、走得正，对得起自己的良心和良知，就符合天理良心，"知我者其天乎"！（见《宪问篇第十四》14·35）这个阶段，人的思想境界已经达到人生的高峰，一切都明白清楚了，能担当得起任何艰难险阻，承受得起任何委屈和非议，得到"发愤忘食，乐以忘忧，不知老之将至"的精神境界（见《述而篇第七》7·19）。

上到第七个台阶，即"七十而从心所欲，不逾矩"，称之为"从心所欲，不逾矩之年"。按照过去的说法，人到七十古来稀。70岁已是高龄，不仅"知天命"，而且完全掌握"天命"。到了高龄期，人不需要制度、规定、规矩的约束，能自觉把握自己的行为，不会做出违规、违纪、违法，违背天理、人伦和良心的事情。保持身心健康，保持"老者安之"，保持晚节，这是防止老化，保持心态健康，能够健康长寿的人生最高思想境界。

人生总有一些重大的坎坷，孔子也不例外，在遇到难以解决的情感纠结和坎坷，靠自己没有办法时，就借助"天"来摆脱。这里列举四件事例：

孔子带学生到宋国，在大树下习礼，宋国大司马桓魋拔其树，欲杀孔子，学生很害怕，催老师快走。孔子讲了一段话说："天生德于予，桓魋其如予何？"（见《述而篇第七》7·23）在面对生死的关键时刻，作为老师，孔子很镇静，说，上天给了我"德"即品行、品格，行得端，走得正，没有做什么伤天害理、违背天理的事情，桓魋能把我怎么样？这种临危不惧、视死如归的态度，给学生做出表率，起到了稳定人心、增强应对危机信心的作用。明明是孔子具有的"德"，却说成是天生的，是天给予的，这是借用"天"说人间的事，不仅增加了说服力，而且体现了孔子的谦虚，他以自己的德行揭示德行对人、对人生、对人生实践的意义，预示德行是人生一点一滴、一步一步的积累得来的人生哲理，要靠平时严格要求自己，不断磨炼和践行而获得的。

孔子有一个学生颜渊，家境贫寒，住在很简陋的地方，却刻苦学习，他不仅能认真吸收和消化所学知识，而且能认真思考，使知识"闻一而知十"，可惜年纪轻轻就去世了。颜渊去世，孔子号啕大哭，连连高呼："老天爷呀，这不是要我的命吗！"（"噫！天丧予！天丧予！"见《先进篇第十一》11·9）学生劝他不要伤心，他说："我不为这样的学生悲伤，还能为谁悲伤呢？"借助于天，抒发真情，感天动地。为学生的死，控制不住自己的情感，哭得这样伤心，哭得这样动情，足见孔子爱才、惜才，学生为之感动，人们读到此处，亦深为感动，这样的老师堪称楷模。

孔子生病，学生子路做了两件事，孔子不大满意。一件是，子疾病，子路请祷。子曰："有诸？"子路对曰："有之。《诔》曰：'祷尔于上下神祇。'"子曰："丘之祷久矣。"（见《述而篇第七》7·35）公元前500多年，孔子那个时代，生病没有检查设备，缺医少药，人们只能祈祷上天保佑自己。子路也欲为孔子祈祷。孔子问："有这回事吗？"子路回答："有。"他引用《诔》中的一句话："替你向天地之神祈祷。""丘之祷久矣"这句话反映出，孔子不赞成祈祷，但是子路引经据典，到了这个份上，孔子只好说，我早已祈祷过了，意思是祈祷没有用，不信这一套。因学生也是为他好，保佑老师快好，就没有直接表达不同意，而是说，我已经祈祷过了。

第二件是，子疾病，子路使门人为臣。病间，曰："久矣哉，由之行诈也！无臣而为有臣。吾欺谁？欺天乎！且予与其死于臣之手也，无宁死于二三子之手乎！且予纵不得大葬，予死于道路乎？"（见《子罕篇第九》9·12）孔子病重，子路让别的学生充当家臣，孔子对此事反应强烈，严厉批评了子路。古代，诸侯死去，才有家臣负责丧葬之事。孔子时，可能已有卿大夫施行此礼。子路在老师病重时就做准备，按照卿大夫安葬老师。孔子是一个很重礼仪礼节的人，他认为子路把他推到不仁失德违礼的境地，说仲由骗人已经很长一段时间了！我本来不该有家臣，却一定使人充当家臣。我欺谁呢？是欺上天吗？我与其死在家臣手里，宁肯死在你们学生手里！即使不能热热闹闹办理丧事，难道就会死在道路上吗？

通过大量论述和孔子对自己人生理论和实践的总结，孔子说的"天道"，指的就是"人道"。人的出身和生活环境都不是自己选择和决定的，是人自己无法改变的，这是"天命"。但是"天命"是可知的，人的命运可以掌握在自己手里，人的一生命运是靠人自己可以改变的。"台阶论"和"阶段论"讲的都是这个道理。人的一生也会遇到一些坎子，通过人自身都是可以跨过去的，跨越要靠自己平时的磨炼和积累，经过艰苦的努力和奋斗。跨过之后，人生就有一个大的提升，就会站在新的起点上，以新的姿态，迈向又一个新的人生征程。故而人、人道、天道三者之间的关系反映为"天道"即是"人道"的关系。孔子的"天道论"就是仁者爱人、"天道"就是"人道"的"天道论"，孔子的"天命观"，就是人的命运完全可以掌握在自己手里。孔子为后世立下了标杆。

对于知人、知礼、知命三者之间的关系，孔子有一段描述。孔子曰："不知命，无以为君子也；不知礼，无以立也；不知言，无以知人也。"（见《尧曰篇第二十》20·3）不懂得命运，无法成为君子；不懂礼节，无法立足于社会；不能分辨别人的言语，无法了解别人。这段话的启示是，不懂得命运，不把命运掌握在人的手里，就无法成为有用的人，就不能明明白白做人、真真正正做人，就难以成就人生；不懂礼节，不懂规矩，就不能立德立人，就不能规规矩矩做人、堂堂正正做人，就无法立足于社会；言语是表达人的窗口，不能分辨别人的言语，就不能分辨是什么样的人，就不能真真切切了解别人、看待别人，就无法正确对待别人、处理好和人的关系。这段话对于理解孔子的"天命观"有帮助。

（4）孔子如何看待天时、地安、人和的关系。

关于这方面的论述，在《论语》中比较罕见，是很难得的内容，主要讲的是人与大自然（天地）的关系问题，这是一个极其重要的命题。

那个时期教学没有固定教室和场所，没有教学计划和教学大纲，没有教材和讲稿，也没有固定学生人数，同时那时也没有纸张和笔记本，学生席地而坐，用毛笔将老师讲的内容记在竹简上。孔子的课堂上，围绕他的治国学说，一次一个中心内容。

子曰："予欲无言。"子贡曰："子如不言，则小子何述焉？"子曰："天何言哉？四时行焉，百物生焉，天何言哉？"（见《阳货篇第十七》17·19）

孔子的学生都是成人，职业和年龄各异，学生和老师坐在一起，听老师讲课。这一天，孔子与学生席地而坐，学生准备好毛笔和竹简，面对这种情况，孔子说："我今天不想讲什么了。"学生说："你不讲，我们记什么？"按照一般常理，有的老师会拒绝讲，说，你们把我以前讲的复习，自己动动脑筋，甚至批评学生。这不是孔子的风格。孔子说了一句："天何言哉？"他把这句话说了两次以加重语气，这容易引起学生重视。学生让他讲，他却说，天说了什么？似乎答非所问。孔子采取启发式教学，往往用"天"来表达他的意思，这增加了话语的分量。意思是说，不要老师讲，你们听，要多动脑筋，对老师讲的内容多思考，举一反三，"闻一而知十"。

孔子是大学者，他不说则已，一说就借题讲了自然规律的大道理。他不是空泛地议论和空洞地说教，他说，天讲了什么？一年四季照样运行，百物照样生长。孔子那个时代,是小农时代初期,"百物"是指多的意思,可以表述为"万物照样生长"。前后对应,"天"指的是大自然,这就转换成人与大自然(天地)关系问题的另一命题,其意思就变为,大自然告诉人什么?它有自己存在和自然规律,不以人们意志为转移,人只有适应它、认知它和掌握它的规律。为了让学生听懂、听明白,他举了"四季照样运行,万物照样生长",真真切切,言简意赅,举的是日常所见,讲的是客观规律的大道理。"天何言哉?"反映了两层意思,一层意思是说"天"说什么了?另一层意思是说,还需要天说吗?前面是说,大自然没有告诉人们什么;后面是说,大自然不会告诉人们什么,它是按照自己的存在和规律运行,人们要尊重它、善待它。天时就是天理,违背天时,就是违背天理,就要遭天谴,它虽然"无言",却以它的方式百倍报复人类,造成天灾人祸的恶果。这就是孔子的"天时观",这就是人们从这段话得到的启示。

孔子说过一句话:"行夏之时。"这句话本来是讲如何治国的一段话中的一句,是指不同朝代有其治国的特点和可以借鉴的东西,此处作为治世治国来加以解读。

"时"是指历法。我国古代很早就以12个月记年和实行历法,孔子生活的时代,约为公元前551—前479年,已经以12个月记年。据考证,有三种历法,一是周历法,以子月(农历十一月)为每年第一月,以冬至为元日;二是殷历法,以丑月(农历十二月)为每年第一月;三是夏历法,以寅月(农历正月)为每年第一月。对于这三种历法,孔子认为,夏历春夏秋冬合乎自然规律,方便农业生产,所以应选用夏历。孔子的看法比较正确,至今我国仍在传统节日、农事等方面使用夏历(农历)。(见《卫灵公篇第十五》15·11)

孔子曰:"丘也闻有国有家者,不患寡而患不均,不患贫而患不安。盖均无贫,和无寡,安无倾。夫如是,故远人不服,则修文德以来之。既来

之，则安之。"（见《季氏篇第十六》16·1）

这是引用孔子反对季氏不思治理好国家、出师无名、进行讨伐内战论述中的一段话，在第一部分作为治国之道已经做过解读。这里是从治世治国角度、从社会治理方面进行解析。前面两句话"不患寡而患不均，不患贫而患不安"，这是社会现象。据专家考证，可能记载有误，应为"不患寡而患不均"。如果按原表述字面理解，寡，是指不是多少问题，而是公平、均衡问题，这是均贫富的思想；贫，是指贫穷，而"不患贫而患不安"中的"不安"才是指社会稳定、安全问题，和下面"安无倾"相对应，天下无道，暴力横行，社会混乱，人们安全得不到保障，这比贫困更令人担忧，由这种社会现象，才得出"均无贫，和无寡，安无倾"的结论。这三句话的中心内容是"均""和""安"三个字。均，作平均、均衡、公平、平等解。贫，作贫穷解。贫富差距是有贫与富之间的差异形成的概念。平均分配，就没有贫富差距。

两千多年前，孔子提出的相关思想蕴含着类似追求公平等理念，后世发展为"均贫富"等思想，是很了不起的。我国历代农民起义都打着"替天行道"和均贫富的旗号，号令天下，得到民众支持。封建帝王要推翻旧政权，也无不打着替天行道、恩惠天下的幌子，但是，剥削制度不废除，生产资料还掌握在少数人手中，均贫富不可能实现。《水浒传》中，宋江就是替天行道、杀富济贫深得人心，但是却不反对皇帝、不推翻剥削政权最终被招安。孙中山提出的三民主义以实现民主共和、民族独立等为目标，但没有解决贫富差距问题而失败，当然也没有改变中国半殖民地半封建社会的性质。只有中国共产党从成立之日起，就提出打土豪、分田地的政策，得到农民群众的拥护，在全国人民的支持下，彻底推翻了剥削制度，建立了新中国。新中国成立伊始，就在全国实行土地改革，将封建地主的土地分给贫苦农民群众，激发了广大农民的积极性，在全国人民的拥护、支持和参加下，掀起建设社会主义高潮，打下实现四个现代化的坚实基础，进而开启实现共同富裕新征程。在中国共产党领导下，通过一系列政策措施实现了公平分配等理念，这在一定程度上体现了孔子"均无贫"思想中蕴含的追求公平的精神内涵的真正实现。

和，是指和平、和谐、协调。这里做社会和谐解。社会和谐的核心要义，是人和；寡，是指少数。只有社会和谐，才能做到人和，才不会只得到少数人的支持。只有建立和谐社会，才能真正实现社会和谐、真正做到人和，才能达到"和无寡"。安，是指安定、稳定、安全、安居乐业、天下太平；倾，是指倾覆。国家安定、百姓安居乐业，政权才能巩固而不会灭亡，社会秩序稳定、社会风气良好，也就不会出现动乱。

前面讲到孔子不语的四个方面，怪、神已经解读，在这里，可以找到关于力、乱找到答案。从社会治理讲，力，是指暴力、霸道、欺凌霸市；乱，是指社会秩序混乱，社会风气败坏，人民生命安全得不到保障，通过"均""安""和"得到解决。通过分配公平做到"均无贫"，在分田地、实行按劳分配、开展建设的基础上，实现共同富裕才能实现均贫富、"均无贫"，逐步缩小以至消灭贫富差距，以共同富裕感召人、激励人心；"和无寡"，建立和谐社会，做到人和，团结人，凝聚人心；"安无倾"，社会稳定安全，人民安居乐业，稳定社会，稳定人心，这是从治和立的角度，提出社会治理的大战略、大格局。对于边远地区、贫困地区、少数民族地区，如果对"均""和""安"不相信与不服，不能采取暴力的方式，而是以治理的方式、以文明的方式，用"德"感召他们，用"文"来教化他们，让他们相信和安下心来，使那些远离家乡、流离失所的人回来，并且能定居下来，这样才能获得人心，这才是正确的治国之策。

后世在孔子相关思想的基础上发展出"天时、地利、人和"的思想。人们可以充分利用这种特点和优势造福人类社会。例如，"天时"，人不仅认识、适应、善待自然，与大自然和平相处、共存共荣，而且掌握"天时"的变化和规律，充分发挥"天时"对人类有利的一面，抓住机遇，求得发展；例如，"地利"，亦是孔子思想，孔子认为，社会总是在发展变化着，后面社会对前面社会总是"有损益"，这是社会发展的规律，人们应去掉那些有损人类社会的旧东西，充分发扬有利于人类社会的新东西，求得社会的发展和进步。天下有道，社会稳定，安全有序，人民安居乐业，在社会安全稳定的前提下求发展，在发展中保证社会安全稳定（见《为政篇第二》2·23）；例如，"人和"，用孔子的话说，就是"和而不同"。这要求人们在相互交往中保持一种有原则的和谐，既尊重差异，又寻求共识。（见《子路篇第十三》13·23）

  人的出身不同、职业不同、环境不同、条件不同、认知不同、信仰不同、三观不同，可以求同存异、和平相处。这种和平相处是有原则的，"道不同，不相为谋"。（见《卫灵公篇第十五》15·40）"和而不同"不仅是对内的"人和"关系，而且是对外的关系准则。新中国成立后，对外关系就是依据"和而不同"思想，倡导和遵循和平共处的五项基本原则。从老子的"协和万邦"到和平共处的五项基本原则，再到建立人类社会命运共同体，我国"人和"的思想根深蒂固，在新中国和新时代对人类和平发展做出重大的外交贡献。

  综上所述，孔子的"天时观"，是尊重、认知、善待人和自然的关系、充分运用和发挥对人、社会、民族、国家以至人类社会有利的特点和优势、使之服务于人和人类社会的"天时观"；孔子的"地利（地安）观"，是正确处理稳定和发展的有利条件、充分利用"地利"的特点和优势、在保持社会安全稳定、人民安居乐业的基础上、求得发展进步，不断提高人民生活的"地利观"；孔子的"人和观"，是正确处理人与人、人与社会、人与国家、人与人类关系、建立和谐的人际关系、和谐的社会秩序和社会风气、和谐的国家关系的"人和观"。"和"是我们祖先传下的核心理念和民族特质。但是孔子不是无原则地求和，"道不同，不相为谋"，同样适用于对外，不能一味以同求和，而是"以直报怨，以德报德。"（见《宪问篇第十四》

14·34）直，是正直、正义，用现在的话讲，就是你对我以怨恨、仇视的方式，我只有通过斗争的方式，来求得世界和平。"天时、地利（地安）、人和"要总体把握、有机结合、综合运用，才能掌握孔子"天时、地利、人和"思想的真谛。

3. 孔子的"人事观"

孔子的学说可以称之为人学。但是一进入现实的世界，人就被带进到孔子罕言和不语的领域。《论语》中没有提及孔子与老子是否就宇宙本体论和生成论做过交流，也未提及孔子是否读过《老子》书稿，这些都不得而知。有一点是肯定的，就是在那个时代，孔子自己罕言和不语，是因为孔子自己也没有弄明白，巧妙地回避这些问题，说是人世间的事情都没有弄清楚，哪有工夫研究这些问题。可是这些问题并没有回避掉，在其言语中不时表露出来，什么人与鬼神的关系、天地人的关系、天时地安人和的关系，什么"天道""天命"等，特别是那个"天"字，有时就出现在他的言语之中，纠缠不休，这就引起后世不同的解读和理解。作为阅读者，为了解读明明白白、清清楚楚，不得不用大量篇幅厘清其本意，以便从纠缠中摆脱出来。

我们进入孔子的人学领域，首先要回答的是孔子说的人是什么？其内涵是什么？人与社会的关系是什么？

在前面第二部分开篇时，对使用"人"字做过粗略统计，与人有关的称谓如朋、友、君子、天子、者、其、吾、己、我、民、弟子、小子、父、母、兄、弟、子、女、妻子、君、臣、上、朕、官、大夫、老、少、幼、贤、遗民、百工、百姓、民、众，以及与人有关系的物、景、器等，可以说，《论语》全书都说是人学内容，其中"人"字出现的次数与"仁"字大致相同，都超过百次，而"仁"亦是"人"的内涵。

单个使用"人"字有18次，都通称为人，用来反映人的属性，这里的"人"是指众人、人人、人们、他人，其中专称"个人"的，也都是与社会、他人、人们有关联的个人，不存在与他人毫无关系的纯粹个体的人，即所谓纯粹的个体的人，故而孔子说的"人"的属性就是人的社会性。

其他都是复字，如其人、斯人、中人、门人、妇人、夫人、民人、丈人、鲁人、行人、庶人、大人、事人、问人、兼人、乡人；仁人、圣人、善人、正人、小人，这些都是按身份、职业、称谓、德行等称呼。其中，小人有两种含义，一个与君子相对应，即心术不正的人，另一个与身份相对应，是指下层的老百姓。这些都不是单个的人，有其人，必有他人，占绝大多数。还有其他含义的：为人，是指为人处世；人事，是指人的行为和实践。爱人，两种含义，一个是爱人民、"泛爱众"；另一个是知人善任、尊重人才、爱惜人才。

（1）孔子的"人事观"，就是以人为主体，正确看待和处理"人、人事、人伦"三者关系。

梳理以上列举对"人"和有关人的称谓，可以将人与社会、人与人的关系概括为"人、人事、人伦"三者的关系。人进入人世、人的社会，远离天、鬼、神等观念的影响，"以人为主体"指人将主动掌握在人自己的手里，实践人生、改造社会、建设国家、创造未来。人事可称为人道。人事称谓与鬼神关系对应，人道称谓与天道对应。人道的提法单独使用可能产生不同理解，不如人事表意明确，所以称"人事"为宜。人伦，是社会治理的核心内容，社会和谐的核心是人和；是社会治理的要件，社会伦理和道德构建的基础是人的道德修养和品行；是社会秩序、社会治理对人的基本要求，人的道德、品行素养高，社会秩序、社会风气、社会环境、社会礼节就会好，社会治理也会更有效。

在第一部分论述治国之道时，否定了《论语》是"伦语"的看法，这并不是说"伦语"之称是错的，而是侧重点不同，治国不好，何谈伦理，只有厘清治国问题，才能解决好治世问题。将社会治理作为命题，人事、人伦就凸显出来。此前弃之未用的儒家经典"修身、齐家、治国、平天下"

重新起而用之，见《礼记·大学》中的"欲治其国者，先齐其家，欲齐其家者，先修其身"；"身修而后家齐，家齐而后国治，国治而后天下平"就上升为主题，就不会以此掩盖执政者在治国上的主体和责任，而且，在人事和伦理方面，执政者要起到"先之劳之"的带头作用。我以上面经典论述解读孔子的人事观。

（2）修己，是孔子有关社会治理对人的根本要求。

子路问君子。子曰："修己以敬。"

曰："如斯而已乎？"曰："修己以安人。"

曰："如斯而已乎？"曰："修己以安百姓，尧、舜其犹病诸！"（见《宪问篇第十四》14·42）

子路问怎样才算是君子。孔子说："修养自己，是为了保持恭敬。"

子路又问："这样就够了吗？"孔子说："修养自己，也是为了更好地与人相处。"

子路接着问："做到这样就够了吗？"孔子说："修养自己，就是让百姓安乐。这一点，连尧舜还没有完全做到！"

这段话是孔子回答子路怎样才算作君子的提问讲的。子路是孔子的学生，是一个当官的学生，而且辅佐的是掌握鲁国实权的季氏。这是有关"修己"的一段完整的表述，讲给子路听的，也是讲给当政者听的。修己与修身同义，都是要求修养自己。君子，一般称正人君子，即是品行端庄的人。要成为正人君子，就要严格要求自己，严于律己，加强自身修养，回答什么是修己、为什么要修己以及如何修己的问题。正因为子路是学生中为数较少的当官者，身居鲁国诸侯国显赫重臣，孔子才对其要求严格，提出更高要求；正因为子路受官场的影响较大，孔子的话语才针对性很强，点拨、敲打比较多。从《论语》中反映，孔子与子路互动是比较多的。他要求子路"先之劳之"，首先自己带头，各方面严格要求自己，以自己的带头作用带动老百姓。子路让老师多讲一些，孔子说，这四个字就够了，

只要你能按这四个字坚持不懈，认真去做，就不错了。（见《子路篇第十三》13·1）

孔子给子路引用了《诗经》中的两句话，意思是，不嫉妒，不贪求，为什么不会好？怎么能不好？一定会好。子路整天看这两句诗，孔子说，光念是不够的，必须认真去做，要按这个去办，记得再熟，不照着去做，能有什么用？（"不忮不求，何用不臧？"子路终身诵之。子曰："是道也，何足以臧？"见《子罕篇第九》9·27）他以评述子路弹瑟为由，生动地比喻子路就像已经升堂却未入室之人。（"由也升堂矣，未入于室也。"见《先进篇第十一》11·15）

在教学活动中，这种情况不是单方面说教，子路对孔子提的意见很多，亦很尖锐，直接当着老师的面说老师迂腐。（见《子路篇第十三》13·3）在陈国断粮，跟随的学生都生病了，子路很生气地对老师说："君子也有穷困的时候。"孔子也不客气，说："君子在穷困的时候就会坚持，克服困难，而小人在穷困时就会行为出轨、无所不为。"（"君子固穷，小人穷斯滥矣。"见《卫灵公篇第十五》15·2）这种师生关系，没有夹杂任何个人恩怨，光明磊落，对于学生有缺点，发牢骚，能以君子风度，坚持说理，以理服人，堪称典范。后世也有人批评孔子的师道尊严，孔子受旧礼教约束，有守旧思想，但是说是师道尊严出自孔子，是扭曲孔子的思想。

上述观点，既是教育学生，也是以教育学生说给当政者听的。这并不是说，孔子对子路的评价不好，而是高标准要求，他对季氏等当政者和其他人数次谈到子路，敢作敢为（勇），能力很强，有才能（力），具有作大臣的才能（可谓具臣矣），很果断，从政能有什么问题？（由也果，于从政乎何有？）对其是否有仁德，回答为"不知"，不是真的不知道，而是要求很高，其标准就连尧舜也没有完全做到。孔子的学生，能够称得上"某子"（如有子、曾子的），是一种情况；能够"子某"（如子路、子贡、子思、子夏、子张、子游等）"的，也是顶尖级的贤才，子路是其中的佼佼者。孔子的看人标准,不以顺从还是顶撞为依据,而是以真实才能为标准选拔人才,这是其非凡之处。据此,围绕孔子的人事观,就几个重要的方面,从有关修己的这段论述中得到启示:

①修己是人作为社会人的第一需求。

人来到人世间,第一个能力是动物性本能。吃穿用是基本的需求,以维持生命生活、结婚生子、传宗接代、后继有人。这是自然性,是人类作为自然物的成长发展规律。这一点,孔子没有专门论述,在整个《论语》中,都是讲有关修己的伦理治世这个问题,他希望通过治理实现天下太平、社会稳定、安居乐业、社会和谐,来让人过上好日子。孔子的立论,人不仅仅是动物人,而且是社会化的人。人要活得像个人,不能瓠不像瓠,动物本能不是人的本质属性。人要通过修己、修身,来提高人的品位,抑制人的动物野性和私欲膨胀,使人活得有尊严。

我之所以将修己作为人的第一需求,是将人作为大写的"人"、是与社会角色相匹配的有品行的人。人只有适应社会才能生存和发展,而修己本身就是一个适应的行为过程。随着社会的发展、科学的发展、文化的发展、教育的发展、文明的发展,人的认知水平、文化水平、教育水平、文明水平、智慧和能力,包括人自身也在发展,但是人的私欲和不道德甚至危害社会的行为不会随之自然消失。除法纪严惩外,从社会治理的基础性上讲,修己是第一需求。两千多年以前老祖宗就有了这种思想,更为珍贵。

与子路一起辅佐季氏的冉求,并没有顶撞过孔子,在原则问题上孔子依然不给情面。例如,季氏很富有,冉求却帮助季氏敛钱,这是大是大非问题,孔子不仅自己反对,还发动学生对冉求群起鸣鼓而攻之。孔子那篇反对季氏讨伐战争的长篇论述,就是教育子路和冉求而发的,旗帜鲜明地予以反对,道理也讲得很透彻。对于其能力和任职却当着季氏的面加以肯定。由于受时代和自己认知的局限性和片面性,孔子亦有欠妥当和错误之处。圣贤是人,孰能无过,不能以此否定孔子的主要方面甚至否定孔子。

他的"修己"论述，永远不会过时。当然，这个"修己"的具体内容不是从古到今千篇一律，一成不变的，而是带有不同的时代特征。我们不能用当代的要求，看待和要求两千多年前的历史人物。

②修己是人作为人，立德、立业、立世、立人的内在需求。

前面已经说过，从社会治理的角度讲，整部《论语》都是讲人的，从这个意义上说，《论语》就是人学，首先要回答的是，人是什么？人的本质是什么？人的本质是社会关系的总和，即社会性。孔子没有社会性的这种提法，他表述的是人与人事、人伦等关系，这在哲学上，指的就是人的社会性。这反映在：

立身，人的生命是父母给的，吃穿用是社会提供的，人的生存和发展是社会环境和条件滋养的，因此，你得活个人样来。这就得不断要求自己，通过学习、修己来锻铸自己。立人是立身之本，修己是立人之本。

立世，要在社会上站得住脚，待人处世就得不断严格要求自己，排除私欲私念。孔子在阐述"闻"和"达"时是说，达，是达到，这是人生目的，是人努力的方向，而不是"闻"，即不是名声，不是成名。（见《颜渊篇第十二》12·20）立人是立世之本，修己是立人之本。

立业，人生要有作为，首先要立德树人。他说，我不是看你的能力（力），而是看你的品德（德）。（《宪问篇第十四》14·33）本领再强，无德就会偏离方向、失去方向（"先事后得，非崇德与？"见《颜渊篇第十二》12·21）立德是立人之本，修己是立德之本。

③国家安定和社会事业发展、百姓安乐对人有修己的根本需求。

"修己以敬""修己以安人""修己以安百姓"，这三句话讲了人为什么要修己，修己的目的是什么。很明确，不只是为了自己，不是为了单纯的私利，而更重要的是为了国家和社会。敬，从个人层面来讲是敬业，从国家和社会层面来讲是国家建设、社会发展等事业。安人，从个人讲，要自觉遵守和执行社会治理的要求；从国家和社会讲，要为天下有道、社会稳定、社会风气良好、社会秩序井然、人心安定做贡献。"修己以安百姓"，为民服务、为老百姓服务，让老百姓安居乐业。这一条更为重要。通过修己，不断增强服务意识和本领，不能满足，不能松懈，不能存在差不多的思想，这一点连尧舜都未完全做到。用现在的语言表述，就是不断加强自身修养，其目的就是为人民服好务、终身服务。

概括前面所述，整部《论语》都是在讲人，孔子关于国家治理和社会治理的学说可称之为"人学"。孔子说的人，是社会的人，人的本质在于人的社会性，其中心内涵是仁者爱人、以民为本，其人学观是仁者爱人、以民为本的人学观，以国家治理和社会治理为目标，求实、求真，将天道转为人道，知行合一的人学治理观；以人为主体，正确对待和处理人、人事、人伦三者关系，建立正确的人学观、人事观和人伦观；以服务人民为宗旨，正确对待和处理人与人、人与社会、人与国家的关系，建立正确的世界观、人生观和价值观；以和为核心，正确处理均、和、安的关系，建立均无贫、和无寡、安无倾的社会治理模式，实现天下有道、社会安全稳定、社会秩序有序、社会风气良好、人民安居乐业、人心稳定的社会治理观；以人为核心、正确对待和处理天、地、人的关系，建立正确的天时观、地利观和人和观。

孔子说的人，是指社会的人，人总要活得有意义。这是对自己的要求，通过修己、修身来达到；人的第二需求是人作为人要排除私欲和贪念，具有人的品行、人格和应具备的素养，让人有涵养，这就要求修己，通过加强修养来达到，这是人的内在需求。人的第三需求，是人追求的人生、人生实践的目的，不仅仅是为了个人的安乐和幸福，更应该是为了国家、社会和人民，这就需要对自己提出更高的要求，通过修己、修身，不断提高服务意识，增强知识、智慧和能力，树立正确的"三观"。首先通过修己使自己具有敬业精神和工作能力，为国家做贡献（"修己以敬"，这里的敬，是指敬业）；其次，通过修己、修身，使每一个人为天下太平、社会安宁和稳定、社会秩序有序和社会风气良好、社会安全和人心稳定而努力("修己以安人"这里的人是指人的社会);通过修己、修身,要更好地为人民服务、为老百姓服务,让人民和老百姓安居乐业("修己以安百姓"),明确提出百姓,要为人民而献身。这三个"修己",都是以人民为出发点和落脚点。

孔子人学的核心是人、是人的社会性,孔子的立论是把人放在"社会关系"之中,他的"修己"包括全社会每个成员。这反映出人作为个人,每个人与他人、由人组成的社会和反映人的意志的国家三者的关系,称之为"人的社会关系",不存在与社会毫无关系的个人,没有他人、社会和国家,人不可能生存和生活,不可能有人生和人生实践。

孔子人学观和社会治理观是老祖宗为后世留下的珍贵遗产和独特优势,其三个"修己",既是人立人、立世、立业的基本功,更是把人放在社会、国家、人民的大视野、大格局上审视,其"修己以敬""修己以安人""修己以安百姓"是孔子人学观和社会治理观的基础功,特别是以人民为核心的人学观和社会治理观,从基础性上讲,在进入中华民族伟大复兴新时代新征程中同样适用,不会过时。

(3)齐家是孔子有关社会治理中对人的基本要求。

上面已经讲了,《论语》全书就是讲"人"的,孔子的学说可以称之为"人学"。首先要回答的是"人是什么、人的本质是什么"的问题,进而将其与社会、国家、人民联系起来,提出孔子的人学观和社会治理观。用"修身、齐家、治国、平天下"概括比较准确。修己和修身同义,三个"修己"是治国、平天下对人的根本需求。

要对齐家进行剖析,首先需要了解家庭的结构。虽然随着社会的发展、人的发展变化,家庭也在发展变化,但是孔子有关家庭的基本结构在我国一直延续,至今仍然没有变化,因此,了解孔子有关家庭的论述,对当今仍具有现实意义。

通俗地讲，齐家就是把家庭治理好，这是治国、平天下对人的基本要求。

家庭是社会的细胞，是社会组成的最小单位。人是社会细胞的内核，家庭是人与社会联系的纽带，是治国、平天下的基础。只有齐家，才能保证治国、平天下；齐家是前提，只有齐家才能保障治国、平天下。从个人而言，家庭伦理是齐家的基础，家庭伦理不好，谈何齐家；齐家是治国、平天下的基础，国家治理不好，谈何治国、平天下。故而，家庭伦理是孔子人学和社会治理的伦理基础。孔子的人学观、人伦观和社会治理观内容极其丰富，只要从孔子的人学观、人伦观和社会治理观及其相互关联来审视、把握与结合现实和每个人的实际定能受益。这里主要选择几段论述。

子曰："弟子，入则孝，出则弟，谨而信，泛爱众，而亲仁。行有余力，则以学文。"（见《学而篇第一》1·6）

这段话是孔子对学生说的，却是对人学、家庭伦理学和社会伦理学比较完整的论述。去其特指性，从文字表述上将其转化为一般解读，适用于人学、家庭伦理学和社会伦理学的界定、功能和作用以及相互的关联，这是普适性。家庭组织又不完全与社会其他组织结构相同，又有其特殊性，不能用一般人学和社会伦理学套用。

家庭结构，有两重关系，一个是血缘关系，这是特定关系，纵向父子、母子，横向兄弟姊妹。拥有什么样的父母、什么样的家庭、什么样的家庭环境和条件、有什么样的遗传基因，是个人不能决定的。我之所以将孔子有关家庭理解为社会细胞，将人理解为社会细胞核，作为仁者爱人的家庭伦理，一是明确人在家庭的定位，二是明确人在家庭的作用，前者是个人不能决定的，后者是个人可以有所作为的。另一重关系是非血缘关系中的亲情关系，如夫妻、非亲生子女等，特别是夫妻关系，妻子在家庭同样遵循家庭伦理。家庭伦理是中华传统美德，但是没有抚养关系，在赡养问题上也存在一些问题，按社会伦理难以解决。

孔子的家庭伦理观，就是以人和为核心，以孝悌为中心内容的人学观和社会治理观。

现在回到孔子的原文。"入则孝"，入是指进入父母房间问安，孝敬父母，广义是指孝顺父母，尽孝心；"出则弟"，"出"是指外出，与"入则孝"相对，外出时对待兄长要敬爱顺从。"弟"，通"悌"是指尊敬兄长，广义是指尊老爱幼，家庭团结友爱。

孔子的家庭伦理观，并不是为了齐家而齐家，家治好了，家庭伦理搞好了，是作为"治国，平天下"的基础。在社会伦理上，首先"谨而信"，说话谨慎，要言而有信。广义是指谨言慎行、表里一致，为人处世要讲诚信，以诚信立人、立世；"泛爱众"，"泛"是指广泛，"爱"是指爱心、关爱，"众"是指大众、众人，要广泛地爱众人，对大众充满爱心，广义是以宽厚待人，以宽厚处世；"而亲仁"，"而"是指从而、故而，"亲"是指亲近，"仁"是指仁德，从而要亲近有仁德的人。不能近墨者黑，助纣为虐。广义是讲仁慈，以仁德感化人、凝聚人心、关爱民众。也可以做这样理解，仁德是很高的标准，不能满足和松懈，通过人的修身和实践，不断追求社会治理的高地。

孝悌、人和、和睦是家庭伦理和齐家的基础，将家治理好，是齐家的要义；齐家，搞好家庭伦理是为了把社会治理好，诚信、宽厚、仁慈是社会治理的要旨。"行有余力，则以学文。"如果有空闲的时间，就将精力用在学习上。这里说的有空闲时间，是指要利用这些空闲时间进行学习，不要虚度年华，也不能做一些不该做的事情。孔子认为，人的一生，进行实践（行），一切都是学来的，要实践行，就得不断学习、充实和提高，这样才能行得好，行得有价值，行得有意义。要活到老，学到老。本处是对学生的要求，也是前面说的家庭伦理和社会治理的首要需求。

孔子的一些学生对孔子的家庭伦理体会很深，有子就是与孔子同样称"子"的两位学生之一，他有这样一段论述：

有子曰："其为人也孝悌，而好犯上者，鲜矣；不好犯上，而好作乱者，未之有也。君子务本，本立而道生。孝悌也者，其为仁之本与！"（《学而篇第一》1·2）

有子说："能够孝顺父母、尊重兄长，却喜欢冒犯长辈和上级，这样的人是少见的；不喜欢冒犯上级，却喜欢作乱的人，是不会有的。君子致力于培根固本，打好基础，根本立起来了，基础打好了，为人处世之大道、国家之大道，社会之大道就建立起来了。孝弟（同孝悌），就是仁的根本、根基和社会基础。"

这段话从广义上展开讲，第一段是讲孝悌的作用，从制约、自制的角度，其难度和自我要求高，是说能做到孝悌，家庭和睦，齐家做得好，在社会上冒犯上级、处理不好上下级关系的问题就很少见；就不会在社会上违规违纪违法、做出违背人伦的事情。反过来从正向上讲，孝悌做得好，齐家做得好，家庭和睦，在社会上就能遵循人伦，处理好上下关系，在社会治理上发挥正能作用。第二段从理论上将"务本"提到"本立而道生"的高度。第三段由现实结合和理论提升，把孝悌归之为仁的根本、根基和社会基础。

由此可以看出，有若被录于《论语》，被学生称为"有子"，不仅仅因为有子是他们的老师，出于对老师的尊敬，也不仅仅是因为有子是坚信孔子学说的好学生，对孔子的学说总结和概括得好，而且有自己独特的见解，并能将其提升到理论与实践相结合的高度，对孔子的论断有创新，成为传世经典，可以说是后来者居上，不愧于与孔子获得同等的"子"的称号。这是教育的功能。反过来这也恰恰说明，孔子教育的成功，名师出高徒，孔子是教育成功的典范，不愧为我国古代伟大的教育家。

在《论语》中，这样的事例不少，其中也收录了多位孔子的学生的论述和观点，《论语》不是孔子的独角戏，孔子的学说后继有人。例如，曾子，也被称为圣人，《论语》中记载有不少他的论点，"鸟之将死，其鸣也哀；人之将死，其言也善。"（见《泰伯篇第八》8·4）这段话很经典，是说人在临死的时候，不需要掩饰、顾面子，无论做了些什么，没有必要掩饰，讲的都是真话。这句话至今还常被引用。再如，孔子另一学生子夏，有一句名言："四海之内，皆兄弟也。"（见《颜渊篇第十二》12·5）孔子的学生这样的观点占了一定的内容，都是著名论断，是孔子学说的重要组成部分，这里就不一一列举了。

对于孝悌的内容，这里做一些引用：

①完成父母意愿。

子曰："父在，观其志；父没，观其行；三年无改父之道，可谓孝矣。"（见《学而篇第一》1·11）

孔子说："父亲健在时，主要是看孩子的志向、意愿，能否遵从父亲的期盼、管教；父亲去世后，主要看他的行为，是否能仍然遵照父亲生前的期盼和教诲去努力和坚持；如果行动上长期遵循父亲的期盼，即可以称得上是孝了。"

孔子这段话对孝讲得很清楚。志是指志向、意愿、目标；道是指准则、规范。从广义上讲，是指父母。父母对子女都有期盼，都希望子女有志气、有出息，在社会上行得端、走得正。能够按父母的意愿办，这就是尽孝。这里有两个关键词，一个是"志"，有志向，有抱负；另一个是"行"，要践行，不能置之脑后，不能停留在口头上。

②尽孝道。

孟懿子问孝。子曰："无违。""无违"的含义为"生，事之以礼；死，葬之以礼，祭之以礼。"（见《为政篇第二》2·5）

孟懿子是鲁国大夫，孔子这句话是针对孟懿子说的，强调不要违背礼节，要讲规矩。其意思是说，父母生你养你，对你有养育之恩。他们在世时，要遵循孝道，好好孝敬他们；他们去世后，要遵循礼节，进行安葬和祭奠，这就是孝道。对父母不孝顺，就是违背孝道。这有特指性的。按照文字一般性理解，这段话也适用。主要是说，不要违背孝道，不要做对不起父母、不尽孝的事情。要善待父母、孝敬父母，这是我国的传统美德。

③关爱父母。

孟武伯问孝。子曰："父母唯其疾之忧。"（见《为政篇第二》2·6）

孟武伯问什么是孝。孔子回答："父母最担心的是自己生病。"

孟武伯是孟懿子的儿子，父子同问孝，孔子的回答不同，有其针对性。从文字一般性解读来看，子女关心父母健康、照顾生病的父母是尽孝；父母担心子女，子女好好生活不让父母操心也是尽孝。广义上讲，是双向担心、双向关心，一方面关心父母，是尽孝；另一方面自己好好的，不让父母操心，同样是尽孝。

子游问孝。子曰："今之孝者，是谓能养。至于犬马，皆能有养。不敬，何以别乎？"（见《为政篇第二》2·7）

子游问什么是孝。孔子说："现在所谓的孝子，能够供养父母就是尽孝了。可是狗和马也能够得到人的饲料。如果不孝敬父母，这和养犬养马有什么区别呢？"

子游是孔子的学生，孔子在回答什么是孝时，直截了当，尖锐地批评对父母不孝的现象。有的子女，认为给父母做饭吃就算孝了。他们并不关爱父母，不孝敬父母，所以孔子严厉批评，这和养狗养马没有什么区别。这里有两个词，一个是"养"，这是起码的，大概孔子时代，这一点一般还能做到，因而问题不在养上；另一个是"敬"，这是关键词，敬做不到，就不能说是尽孝。这一现象，当今社会依然存在。

子夏问孝。子曰："色难。有事，弟子服其劳；有酒食，先生馔。曾是以为孝乎？"（见《为政篇第二》2·8）

子夏问什么是孝。孔子说："子女对侍奉父母始终能够做到和颜悦色，是一件很难做到的事情。仅仅有事替父母去做，有酒食（馔）供父母吃喝。然而做这些事时脸色却很难看，这能算是做到孝吗？"

子夏是孔子的另一位学生，也问孔子什么是孝的问题。色，指脸色。和颜悦色，是指侍奉父母时态度好，不给脸色看。色难，是指做到这一点很难。广义来讲，就是指使脸色、脸难看、态度不好。"弟子"和"先生"，这里不是指一般的年轻人和长辈，从侍奉父母讲，子女是晚辈，父母是长辈。服其事，是指父母需要做、要办的事情，子女去办。在生活上给父母做好吃的，以为做到了这些就是尽孝，却经常给父母脸色、耍态度，这怎么能算做到了孝呢？这段话是说，侍奉父母该做的也都做了，但是却使脸色，脸难看，耍态度，这不能算尽孝。

这三段反映的角度不同，都是讲一个道理，要孝敬父母，最主要的是要做到关爱，要从内心关爱，要有爱心。要做到长期坚持、始终如一的关爱，这是一件很难的事情。特别是生病的时候，有一句话是："久病无孝子。"就是说难。孔子批评这种现象，就是要为人子女，对父母首先要有爱心、孝心；要多关照父母、关爱父母，这是对子女很重要的要求。

④心系父母。

子曰："父母在，不远游，游必有方。"（见《里仁篇第四》4·19）

孔子说："父母健在的时候，不要出去太远，如果要出远门，要告诉他们自己要去的地方。"

孔子时代是农耕时代，交通不便，游也有特指。一般来讲，"游"是指离开家庭，不在父母身旁。这里有两层意思，一是不要离家太远，要照顾好父母；二是如远离家庭，要告诉父母，不要让父母担心。从广义上理解，离开家庭不管出去干什么，都要心系父母。出发前要告知父母自己的去处，出门后书信联系，问候、关心父母，向父母报平安。

离开家庭，有一种情况是出外工作，这就存在如何处理工作与尽孝的关系问题，要搞好工作往往就不能在父母身旁尽孝。搞好工作、为国尽忠，是父母的意愿和期盼，子女精忠报国是父母的骄傲，但却不能留在身边尽孝，这就是人们常说的忠孝不能两全的问题。孔子虽未明确论述这个问题，他的修身、齐家以治国、平天下就涵盖了这一点。他说"游必有方"就包含着处理好孝敬父母与为国尽忠关系的问题，意思是虽然不能经常在身边侍奉父母，但却能时时通过一定方式问候、关心父母，告诉他们自己工作生活的情况，让父母放心。孔子时代这些都可以做到。对父母有爱心这一点最重要，任何时代都可以做到且必须做到。

子曰："出则事公卿，入则事父兄。"（见《子罕篇第九》9·16）出门在外侍奉公卿，回到家里侍奉父兄。这是孔子讲自己，意思是在外工作尊重上级，在家里孝顺父亲（这里假设母亲已去世）和尊敬兄长。去其特指性，从字面上讲，在外敬业、在家孝敬父母、搞好家庭伦理，就是处理好尽忠和孝悌的关系。

子夏曰："贤贤易色；事父母，能竭其力；事君，能致其身；与朋友交，言而有信。虽曰未学，吾必谓之学矣。"（见《学而篇第一》1·7）子夏说，重贤德轻女色；侍奉父母竭尽全力，为国君做事时不惜生命，与朋友交往时讲诚信，做到这些即使说没学习过，我也认为他学过了。

子夏这段话，是对孔子以孝悌为核心的家庭伦理和社会伦理的深刻理解。对于子夏这段话的第一段内容存在不同理解，但这些理解都是正向的，不违背其原意。去其特指性，从广义上讲可分为四个层次。第一个层次是对自己的要求，重贤而轻色，要求成为贤者，重品德，做品行端庄的人。"色"有两种解读，一是轻女色，二是不能华而不实、不做表面文章，这两种意思都说得通。这是修身、修己。第二个层次是家庭伦理，要竭尽全力孝敬父母，这是孝道，属于齐家范畴。第三个层次，将"国君"的含义扩充，代指国家，就是指敬业、为国尽忠、精忠报国、坚贞不屈、献出自己毕生精力甚至生命，这就是报国。第四个层次是为人处世，要以诚相待、言而有信，这就是讲诚信。要做到这四点就需要不断学习和实践。所以才说，你虽然说自己没有学习过，但我认为你必定学习过了。

家庭伦理是社会伦理和社会治理的伦理基础。

前面按照"修身、齐家、治国、平天下"的主线，对仁者爱人的人伦和以孝悌为核心的家庭伦理进行解读，对社会治理和伦理治世也做了解读，从与家庭伦理相关的论述做了初步分析，较为系统地做了两个方面的工作：

伦理的方面。仁者爱人的人伦、以孝悌为核心的家庭伦理与以社会伦理为核心的社会治理。在社会伦理方面可归纳为诚信、宽厚、仁慈。

社会治理方面。主要论述是"均无贫，和无寡，安无倾"。均衡平等，对内和谐，对外和平，安全稳定。概括为均、和、安。

在社会治理方面，下面再简介两个方面：

其一，宽则得众，信则民任焉，敏则有功，公则说。（见《尧曰篇第二十》20·1）

宽厚能得到群众的拥护，诚信能得到百姓的信任，勤敏能取得成功，公平会使百姓高兴。

这段话是学生对孔子论述的总结和概括，是从伦理治世和社会治理方面对国家和执政者的要求，也是修身、齐家对治国、平天下的作用和影响。反映为宽厚、诚信、勤敏、公平四个方面，这四个方面都是以人民作为判断标准。宽厚，就能得到人民的拥护；诚信，就能得到人民的信任；勤敏即勤奋智慧，如此才能取得成就，国家治理好了人民生活才能得到保证；公平才能让百姓高兴，才能得到民心。以人民作为治国理政的出发点和落脚点。

其二，"尊五美，屏四恶。"（见《尧曰篇第二十》20·1）

这段论述比较长，讲得很具体，分析得很清晰，已在第一部分全文引证，不再重复。这里只是简要地加以概括。所谓五美，一是重视民生，二是体恤民情，三是戒除贪求，四是端正品行，五是树立威望。

要构建五美社会，就必须扬善除恶。所谓四恶，一是虐民之行，二是苛政之举，三是不良习性，四是吝啬之心。

构建五美社会，要用"因民之所利而利之"作为执政理念和衡量标准，勤政爱民，清正廉洁，反对无所作为，反对用行政命令的简单粗暴方式取得所谓的"政绩"，给人民以实惠而不增加人民的负担，让人民勤劳而无怨言；取之于民，用之于民，反对克扣；树立权威而不是以权施威；平等待人而不傲慢，剔除官场从政的"虐民""暴政""恶习""吝啬"等弊端，则国家就会大治。

从"修身、齐家、治国、平天下"这一主线理解，在人伦和社会伦理、社会治理、治国理政、五美社会这四个方面，大致上也比较清楚、明白了。

至此，可以对这个问题做一个简单的梳理。在第一部分，为了凸显治国主题，防止冲淡主题、产生不良影响、造成对治国主旨的误读，舍去"修身、齐家、治国、平天下"这一儒家理念，先厘清治国之道，明确国家和执政者的担当和主体责任，进而防止执政者利用身份和地位将治国转变为治民。只有治国之道厘清了，伦理治世问题才能厘清。

进入第二部分，伦理治世成为主题，此时，"修身、齐家、治国、平天下"就成为一条主线，所有论述都将围绕这一主线进行。

走进孔子的伦理治世思想，整个《论语》都是讲人的，于是乎，孔子所说的"人"是什么，其内涵是什么，这个问题就非常明确地摆在人们面前。孔子把人放在社会关系中来考量，这体现了人的社会性。他说的人，都不是孤孤单单的个人，都不是不和其他人发生任何关系的个人。也就是说，人不是只有权利没有义务，不是只要求他人、社会和国家对他如何如何，而对自己毫无要求和约束。我们前面大量的论述都证明了这一点。

《论语》是语录式的，每一段都是一个单独的经典，都有其单独含义，都不是孤立的，都是和其他人和事有关联的，单则表示一个观点，串起来则成为理论体系，这是此书的特点。这方面的论述和观点，丰富多彩，让人眼花缭乱，每一段都是经典的论述，每一句甚至有的词都是精辟的论点，人们都可以从中得到启示，愈嚼愈有嚼头，取之不尽，用之不竭，可以终身受益。

二、孔子伦理治世的基本途径是做"君子"式的人

孔子将君子树立为人的标杆，是说做人就要做君子这样的人。前面已经回答了人是什么，人的本质是什么的问题，接着，就必须回答要做什么样的人的问题。在《论语》中，"君子"是一个常用称谓。使用其他称谓的，如贤人、善人、圣人、好人以及有仁德的人、有品行的人，有涵养的人，等等，都可以涵盖于"君子"之中。君子可以涵盖所有具有优良品行和伦理道德的人。君子这个词，简单明了，无论你的地位高低、文化程度高低，都一提就懂，知道是指什么样的人，而且都知道怎么做也都能做到。然而，将"君子"作为标杆要求每个人终生践行，即使你职务再高、文化程度再高，也不一定都能做到。这就是说，一是人人去做都能做得很好；二是需要付出终生努力去做从而做得好上加好。"君子"一词，至今亦常使用，而且见之于各个方面，包括日常生活之中。

基于这种认识，现就有关的几个问题进行解读。

1. 君子是孔子为人们立德、立人、立世树立的样板

在《寻根》一书中，我曾经对"君子"一词做过粗略统计，共28处。这个统计太过粗略，因为学生有关"君子"称谓的没有计算在内，而这些都应纳入孔子体系之中，是该体系的重要组成部分；其他人包括当政者、从政者使用"君子"的情况，由于这些使用都与孔子的讨论有关，也应包括在内；对于孔子有关"君子"的使用也没有完全纳入统计，这存在认识的偏差。出现这些问题的一个重要原因是，只是将君子作为人的标杆和典范，而没有从做怎样的人的高度来认识这个问题。也有统计本身的差错。这次统计，凡是使用"君子"一词的，一条一条列出来，相对要准确些，共计74处。如果加上没有标注"君子"而属君子型的人，或者可以称之

为君子的人，比这个统计的数字要大得多。

既然是标杆，那么它具有以下几个方面的意义：其一作为目标，其二作为样板，其三作为要求，其四用于划分或者区分，这样这个特点就更明显，具有对比度。对比度反映在好与差、正与反、君子与小人、对与错。常用"而"连接。"而"有两个意思，一个是连接正与反，一个是意指"而且""从而"，往往反映为因与果。

要进行界定和划分，应注意把握以下几点：

（1）不是以地位和身份来划分。

在论述和事例中，孔子对当政者和从政者使用"君子"用语，基本不是按他的地位和身份来衡量的，而是采用"君子"一般通用准则。其中只有一处，是明显以地位和身份来划分的。

子曰："君子笃于亲，则民兴于仁；故旧不遗，则民不偷。"（见《泰伯篇第八》8·2）

孔子说："在上位的人能对亲属感情深厚，老百姓也就会重视仁德；在上位的人不遗弃老同事、老朋友，老百姓也就不会冷漠无情。"

这段话很明确，孔子是指在上位的人，是以地位和身份来区分是君子还是老百姓。但是，不能以此解读君子是以地位和身份来划分的。这段话按广义理解，是指在上位的人，要按君子要求自己的品行，与一般君子的品行是同样的，是没有差别的；其所不同的是，在上位的君子品行，对人民、对老百姓有影响，起引领和带动作用。主要是以品性内涵来衡量，而不是以地位和身份来划分。认为地位和身份高的人，就自然而然是君子，是误读。

孔子不以地位和身份作为划分、区分君子与非君子的准则和尺度，再举两个事例，虽然没有提"君子"二字，可以说是"非君子"。

孔子对怎么算是"士"的划分，也即对人的区分，不是以地位和身份划分的，从文字理解，排在第一位的是为国，有使命感（行己有耻，使于四方，不辱使命。）；排在第二位的是在乡里，尊老爱幼，和善待人，人缘好，有声望（宗族称孝焉，乡党称弟焉。）；排在第三位的是言行一致，表里如一，品行好（言必行，行必果），但按孔子的观点这样的人从社会上讲相对是差些（硁硁然小人哉！）硁硁，其意是敲打石头的声音，形容浅薄固执，按广义上讲，这样的人，虽然对国家、社会贡献不大，但对自己要求严格，不会对社会造成危害，也可以算是君子和君子所为。还有一种人，是当时的从政者（孔子时期），这些人都是器量狭小的人，算不上什么，根本不值一提（曰："今之从政者何如？"子曰："噫！斗筲之人，何足算也？"）（见《子路篇第十三》13·20）筲（shāo），古时的竹制容器。斗筲，比喻狭小的器量、浅薄的才识。

如果按广义解读，第一种人为国家、为民族，是君子；第二种人为乡里、为社会，在乡里和社会有威望，也是君子；第三种人对自己要求严格，言行一致，虽然对国家、对社会贡献不大，但不会对社会造成危害，也可以算是君子和君子所为。孔子认为，当时的从政者划归不到上面的几种人之中，其地位和身份虽然显赫，但心里没有国家和社会，没有担当和责任，沾染官场恶习，不仅"士"算不上，君子更算不上。

学生还举了一个事例。季氏家臣阳货。季氏把持鲁国政权，阳货又把持季氏权柄。孔子对此人很反感，他想见孔子，孔子不见他，他就想了一个办法，给孔子送了一个蒸熟的小猪，按照当时的礼俗，孔子得去登门拜谢。孔子也想了一个办法，打听好阳货不在家时去拜谢，既合礼节，又不会见面。可是，偏巧不巧，在路上正好碰上，阳货想要孔子出来工作，用"仁""好从事而亟失时""岁月逝矣，岁不我与"之类的所谓道理来说服孔子，孔子一言不发。孔子是谦谦君子，不会当面顶撞，最后实在敷衍不下去了，用了一句"吾将仕矣"搪塞过去。在孔子眼里，阳货这种人很霸道，口里讲的一些大道理，是用来对付别人的，当面一套，背后一套，是伪君子。

（2）不是以社会名望和知名度来划分。

子张问："士何如斯可谓之达矣？"子曰："何哉，尔所谓达者？"子张对曰："在邦必闻，在家必闻。"子曰："是闻也，非达也。夫达也者，质直而好义，察言而观色，虑以下人。在邦必达，在家必达。夫闻也者，色取仁而行违，居之不疑。在邦必闻，在家必闻。"（见《颜渊篇第十二》12·20）

子张问："读书人怎么才叫作达？"孔子反问："你所说的达是什么意思？"子张回答："在国家做官时要有名望，在卿大夫那里做事也一定要有名望。"孔子说："你说的是闻而不是达。达就是品质正直而且重道义，善于根据别人的言行来观察其意图，对人谦让，这样在国家就能达到要求，在卿大夫那里也能达到要求。至于闻，表面上装着仁德的样子，而实际上违背仁德，并且以仁人自居而心安理得，这样的人在国家任职时一定会骗取名望，在卿大夫那里做事时也一定会骗取名望。"

这段话是孔子与学生子张的对话，有两个关键词，一个是闻，一个是达。闻是指有名望、声望；达是指达到，达到要求，达到目标，达到仁德标准，达到人生目标等。孔子明确指出，闻不是达。达是实实在在地做到、达到。他尖锐地指出，有些有名望的人，表面上是正人君子，而在行动上却违背仁德，其声望是徒有虚名，是骗人的。这段话就包含着一个怎样做人的道理，其含义是不能以名望和知名度作为划分君子的依据。

（3）不以知识和文化程度高低来划分。

前面两例，都是以"士"为例，是泛指知识分子。这也就是说，不要认为是知识分子，认知水平高，文化程度高，就自然而然成为君子，知识层次和文化程度高，人的智慧和本领高，可以摆脱愚昧和无知，也可以有助于按君子要求去做和成为君子，但是仅凭智慧、本领和知识文化，不一定是君子或成为君子，还必须具备君子和君子所为的条件，这是两个不同的概念，不能等同。

孔子对学生子夏说:"你要做一个君子式的儒者!不要做小人式的儒者!"("女为君子儒!毋为小人儒!"见《雍也篇第六》6·13)"女"同"汝",是指你;"儒",是指知识分子。孔子这句话是对学生讲的,却是讲的通用道理,提出了"君子儒"和"小人儒"这两类人。这里明确指出,知识分子与君子不是一回事,有君子式的知识分子,也有小人式的知识分子;要做君子式的知识分子,不做小人式的知识分子。要做君子式的知识分子,就是要用君子的标准不断要求自己,认认真真去做;同时,要警惕、纠正沾染小人的恶习。

这里再举孔子与另一学生冉求的对话。

冉求曰:"非不说子之道,力不足也。"子曰:"力不足者,中道而废。今女画。"(见《雍也篇第六》6·12)

冉求说:"我不是不喜欢您的学说,而是我能力不够,达不到。"孔子说:"能力不够,是走在半路上停了下来,可你是自己给自己画了一条界线不肯往前走了。"

这是孔子与冉求的一次交谈。"说"同"悦",是指喜欢、心悦诚服;道,泛指学说,这里也可作君子之道解;"女"同"汝",是指你。冉求与子路二人共同辅佐鲁国掌握实权的大夫季氏,这是两个当高官的学生,孔子的治国之道寄希望于他们二人,要求严格,但他们的所作所为令孔子很不满意,对其批评比较多。常常将二人相提并论。从全书看,孔子和子路交流较多,子路性格直,对孔子常常不客气,孔子对子路批评也很尖锐,两人心胸坦荡,直言不讳,毫无个人之间的恩怨,师生之间是君子之交。冉求的性格与子路不同,不与孔子抗争,有的只是辩解。有这样一段记述,子路和冉求问的是同一个问题,孔子回答却不一样,其包含的意思是,对子路的回答是要三思而行,对冉求的回答是坚决去做。学生公西华问孔子,为什么一样的问题你回答的不一样?孔子说:"冉求做起事来,优柔寡断,我是鼓励他大胆去做;子路做起事来雷厉风行,鲁

莽行事,我要他三思而行。"("求也退,故进之;由也兼人,故退之。"见《先进篇第十一》11·20)

冉有和子路处在官场,按照当时官场的情况,孔子批评那些"斗筲之人",不要说他要两人改变当时现状,就连孔子自己也办不到,问题在于孔子是坚持、坚信自己的学说,毫不动摇,而他二人则是不作为,孔子认为这不是能力问题,而是自己就不去做。孔子说的给自己画一条界线,是什么意思?按孔子的话说,是沾染官场恶习,用现代语言,就是官场潜规则。孔子对冉求的评价,准确,精辟,分析很到位,简短数语,就将冉求包括子路讲透彻了,没有平时的观察和了解,不会了解这么深透。为了更好了解这段话,再举一些事例。

例一,孔子对一些学生在做评价时,说冉求善于处理政事。("政事"见《先进篇第十一》11·3)

例二,(孟武伯问仁)"求也何如?"子曰:"求也,千室之邑,百乘之家,可使为之宰也。不知其仁也。"(见《公冶长篇第五》5·8)

鲁国大夫孟武伯问冉求的仁德怎么样?孔子回答:"冉求,有千户人口的大邑,或者是百辆兵车的大夫封地,可以让他当大总管。至于他有没有仁德,我说不清楚。"

邑,是指城市、城邑;宰,主管、主持、主宰,古代官名。这里是说,能力是有的,至于仁德,他说不清楚。前面说的是真的,后面是搪塞,实际认为仁德做得不够,在冉求的上级面前,涉及品德这样的问题,孔子的评价很严谨。意思是能力没有问题,仁德方面,你们自己在工作中考察。

例三,(季康子问)曰:"求也可使从政也与?"(子)曰:"求也艺,于从政乎何有?"(见《雍也篇第六》6·8)

季康子问:"冉求也可以从政吗?"孔子回答:"冉求多才多艺,从政能有什么困难?"

鲁国掌握实权的季康子问孔子,冉求是否能从政,孔子回答,冉求既有本领、才能，又有智慧，善于工作。这个介绍是符合冉求的实际的。

季康子又问："冉求做大臣怎么样？"孔子说："我以为你问的是别的人，哪知道问的是冉求（包括子路）。所谓大臣，就是要以仁德来侍奉国君（如果做不到），就辞职不干。至于冉求，可以说已经具备了做大臣的才能。"（"所谓大臣者，以道事君，不可则止。"说到冉求，"可谓具臣矣。"）季子然又问："他们一切服从上级吗？"孔子回答："杀父弑君这样的事是不会服从的。"（"弑父与君，亦不从也。"见《先进篇第十一》11·24）

季子然是季氏的族人，问的问题实际是对辅佐季氏的看法。孔子回答得很巧妙。第一句话是说，我以为问的是别人，冉求你们能不知道吗？还用问我；第二句话没有直接回答冉求的仁德，作一般的议论，说所谓大臣，就是要有仁德，如果不行，就辞职不干。这里说的是"国君"，而没有说季氏。这就回避了两个问题，周天子也好，鲁国国君也好，都不是指大夫，不存在忠不忠于季氏的仁德问题，同时，也回避了冉求仁德怎么样的问题；第三句话是关键，很明确，冉求具备了做大臣的条件，用是没有什么问题的，这是基本看法；第四句话是杀父弑君这样的事是不会干的，是说他们的行为按仁德要求是有底线的。这是告诉当政者，你们最担心的杀父弑君这样的事不会干，让他们放心。从广义理解，杀人越货这样危害社会的事，这是孔子培养学生不能跨越的底线。画这样一条底线反映了孔子的教书育人理念，首先，要求很高，学生用一生努力都不一定达到；但是，最起码的是不能踩踏底线。这与说冉求给自己画的一条界线不同。

例四，子路、曾点（晳）、冉求（有）、公西华四个学生陪坐在孔子身旁，孔子要他们谈谈自己的志向。

（冉求）对曰："方六七十，如五六十，求也为之，比及三年，可使足民。如其礼乐，以俟君子。"

其他三人也都谈了自己的志向，谈完走后，曾点留了下来，问孔子对大家所谈的看法，孔子对冉求的看法是："怎见得方圆六七十里或五六十

里还不够一个国家呢？"（"安见方六七十如五六十而非邦也者？"见《先进篇第十一》11·26）

俟（sì）：等待；礼乐：广指礼节、规矩、制度。其他三人都谈治国之志，只有曾点谈的与三人不同。他说，暮春时节，换上春天的衣服，约上一些成人和小孩，到河里去洗澡，洗完澡，到岸上的高处吹风，然后一起唱着歌走回家。听四人谈完后，孔子长叹了一声，明确赞成曾点的看法。曾点是曾子的父亲，父子同为孔子的学生，孔子之所以赞成曾点，是重其做人。曾点是一个普通的人，他没有讲治国的大道理和远大抱负，他热爱生活，喜欢春天，是春天给他带来温暖和欢乐。他不是一个人享受，也与其他人一起享受明媚春天带来的欢乐生活，这不就是孔子所追求的理想社会状态吗？国家是礼仪之邦且社会和谐。之所以长叹一声，是他所寄希望的三人特别是子路和冉求，谈得都不令他满意，对此有些失望。冉求谈的治国之策比较好，说明有一定能力，可是他后面所说的把国家治理得富裕起来、人民富足起来就算把国家治理好了，并没有把礼节、制度、秩序、社会风气等社会治理内容包括在内，他说等待君子实行，意思是说等待有仁德的人去做，把自己排除在君子之外。四人谈完以后，孔子没有说什么，其他人走后，曾点留了下来，问孔子对他们所谈有什么看法。孔子并没有直接点评冉求，而是说国家再治理起来也不容易。孔子表示，一个国家要治理好，不能仅仅以富足为标准，礼节、制度、风气、秩序、规矩等社会治理冉求自己不做让谁做？这说明冉求本领是有的，但是与君子的思想道德要求还有差距。

例五，思想道德的差距在哪里？孔子讲了四件事：

一是按照当时的礼节，只有天子和诸侯才有资格祭祀名山大川，季氏只是鲁国的大夫，却要去祭泰山，孔子让冉求劝阻，冉求说他不能阻止。这事让孔子不满意，他没有直接批评冉求，但话中包含的意思是：连这样违规的事，你都不去劝阻，你怎么辅佐季氏？（见《八佾篇第三》3·6）

二是季氏是鲁国大夫，做的是政事，冉求辅佐季氏，亦是政事，理应把分内工作做好，可是冉求却为上级做私事，这是没有区分公事和私事，是不对的，问题是孔子问他为什么回来迟时，冉求混淆了这件事，把"事"说成"政"，所以孔子指出，这么晚能有什么政事要办？（见《子路篇第十三》13·14）。

三是季氏很富有，冉求却为其搜刮、聚集财富，这是助纣为虐，孔子对此很生气，发动学生"鸣鼓而攻之"。因为冉求是自己的学生，就动员学生对其进行批评及教育，和这种现象做斗争。这段话的意思所反映的问题是，季氏在仁德和仁政上出现问题，作为辅佐的冉求，不仅不去劝阻，而且自己在仁德和仁政上也有问题。（见《先进篇第十一》11·17）

四是季氏拟进行讨伐战争，子路和冉求去征求孔子意见，孔子坚决反对，在很长的论述中，孔子主要针对冉求，开始冉求为自己辩解，在孔子指出问题后，冉求终于说出自己的看法，说现在不去攻打，必然为子孙后代留下后患。所以，冉求对这样重大的炫武、镇压问题，本身就存在认知的问题。（见《季氏篇第十六》16·1）

以上这些评述，几乎涵盖了《论语》中对冉求的全部看法，概括起来有以下要义：冉求具备了从政的条件，不存在能力不够的问题；冉求有知识和智慧，有领导水平和领导艺术，是属于有能力的从政知识分子；冉求的问题在于思想品德问题，正像孔子说的给自己画了一个界限，是附和官场的恶习，不想改变它，也就是说，不能按"君子儒"要求自己，冉求的问题和错误就源于此。

2. 君子是孔子为做人设定的思想道德和行为规范与准则

人类社会是以人为中心、为主体、为主导的社会。孔子的学说可以称为人学，包括以人为中心的国家学说、以人为主体的社会治理学说和以人为主导的治国理政学说。对于人是什么、人的本质是什么，孔子不是把人放在个体的基点上谈人的个性和权利，而是放在人的社会性、人与人的关系、人与国家、社会和他人的关系上。因此，人要以修身、修己要求自己，进而建立以孝悌为基础的家庭伦理关系，从而在此基础上发挥每个人在治国、为民、社会治理、共建和谐社会中的作用，尽到应尽的义务。对于要做什么人的问题，有各种各样的观点和论述，孔子"君子"的提出，使得问题变得简单明了。主要体现在以下方面：

（1）"君子"一词将做什么样的人既准确又明晰地表述出来了。

"君子"称谓，人人都明白，即使是不识字的老百姓也能听懂、听明白，都能知道君子是什么样的人，君子将人的多种优点和良好品质集于一身；君子极容易将人是什么人区分开来、识别开来，是君子还是小人、好人还是坏人、君子所为还是小人所为，人人都有明晰的标准。做君子受人尊重，做小人被人们鄙视。在这样的社会舆论环境中，人们而向好向善。

（2）君子是人的人生目标和实践目标。

君子是孔子对做什么样人提出的总目标，包括人生目标和实践目标。君子这个人生总目标是每个人都要求达到的，无论你地位多高、文化层次多高，都需用一生的精力去努力，然而即使是像尧、舜这样的圣人都难以完全达到。但是只要按君子要求，是可以达到人生高峰的；实践目标按君子做人、做事，也可以达到道德高地。君子对人的要求，既有本领和智慧的要求，做好事；又有品行和素质的要求，做好人。将做人放在首位，要求更高。对于普通老百姓来说，人生目标是自己过得美满幸福，并且通过自己品行和努力，帮助他人和社会共同美满和幸福，尽到自己的社会义务，在做君子式的人和君子应做的事上，并不比有地位、有知识的人差，甚至会更好。

（3）君子是人的思想和行为规范与标尺。

做君子是人的思想和行为的实践要求，通过言行和实践，成君子式的人、做君子的事；君子是思想和行为的社会规范，按社会的规矩、社会的礼乐、社会的秩序、社会的风气，认认真真去做，做君子所为；君子是一把尺子,哪些是君子所为,哪些达到君子要求,可以做出检验。君子是衡量人们德行是否公平、公正和准确的标尺。

(4)君子的精神和品行成就人生。

君子不仅要坚持和继承优良传统与作风,不仅只是严格要求自己、约束自己,不仅只是坚持君子所为,不仅只是通过君子所为保持社会稳定和发展态势,而且要弘扬优良传统和作风,要通过学习和实践提高自己,开发头脑,进行剖析,要锻铸君子的品格,提高君子的素养,发扬君子的精神,以君子和君子作为成就人生、成就事业,为国家和社会发展做出贡献。

以上四个方面,是以"君子"对人进行划分的着眼点和立足点。

3. 君子集人的优点和正能于一身

君子到底是什么样的人?在不同的地点、不同的场合、针对不同的人、针对不同的事,孔子给了不同的回答,千头万绪,每条都可以单独做大文章,给人以启发。可是大千世界,人是父母所生,出生以后,人就成为独立的个体,有其自身的肌体、思想、习俗和生活方式,有其自身的特点和个体性,要认识他是什么样的人,在一般的情况下,不可能一一考证,用"君子"来衡量则一目了然,人们一下子就知道是什么样的人。接着,要回答的是,君子到底是什么样的人?可否给君子下一个定义?

(1)正人者,君子也。

后世人们经常使用的一句话,称之为"正人君子"。这句话可以说是对孔子其人的概括,正人就是君子。正,指正直,根子正,品行正,行得端,走得正,君子就是正直的人;直,是指腰挺得直,敢作敢为,敢于坚持原则,不走歪道。以正直对待别人的怨恨,以恩德报答别人的恩德("以直报怨,以德报德。"见《宪问篇第十四》14·34)。孔子说,对于国君,不可以欺骗,而可以冒犯。("勿欺之,而犯之。"见《宪问篇第十四》14·22)这句话特指国君。欺,是指欺骗;犯,是指冒犯,是指当面指出,扩大来说对上级也是这样。对于上级的不当行为和过失，应当面指出，直言相告，相劝，不能奉承、示好、欺骗上级；再扩指一般待人接物，也应对人诚恳，不可以有意见不当面提，甚至当面讨好，随声附和，背后意见一大堆、坏话连篇。

（2）正人先正己。

要求别人是君子，首先要自己是君子。要求别人端正品行，首先自己要端正品行（正其身）。自己品行不端正，怎么能端正别人呢？（"不能正其身，如正人何？"见《子路篇第十三》13·13）"夫仁者，己欲立而立人，己欲达而达人。"（见《雍也篇第六》6·30）所谓"仁者"即君子，自己能做到、达到，再要求别人做到、达到，自己能立身，再要求别人立身。"己所不欲，勿施于人。"（见《颜渊篇第十二》12·2）连自己都做不到，不要求别人做到。

（3）君子应谨言而慎行。

以宰我为例来分析什么不是君子及君子所为。

例一，是非不分。

哀公问社于宰我。宰我对曰："夏后氏以松，殷人以柏，周人以栗。曰，使民战栗。"子闻之，曰："成事不说，遂事不谏，既往不咎。"（见《八佾篇第三》3·21）

哀公：鲁哀公；宰我：名予，字子我，孔子的学生；社：土地神叫社，是用木做的牌位，如果国家发动对外战争，必须载这一木主而行。这段话从文字上不难理解，鲁哀公问宰我社是用什么木做的，宰我如实地介绍了三个朝代用什么木做的，这都是事实，而且说，可以让老百姓害怕发抖，这也没错。可是孔子反应很强烈，批评宰我，却没有直截了当批评他，这与孔子的教育方式有关，他在一般情况下，都不会指责、训斥，"成事不说，遂事不谏，既往不咎"，似乎是不痛不痒，其实很尖锐，针对性很强，同时给学生一个思考的空间。其直接表达的意思是：用木做土地神的牌子，这已经是既成的事实，现在说有什么用？提出用什么木做牌子，说过去的事究竟有什么必要？其引起的思考是，你说的这些虽是事实，但你没有回答到点子上，而是就事论事地跟着统治者的思路转，他要进行战争，这是确定的，他不会就此征求你的意见，而是提出用什么木做牌子的问题。既然统治者提出这个问题与战争有关，这是大是大非的问题，你应该表明反对战争的态度，不应该陷入他的圈套。更为重要的是，统治者是不会考虑到老百姓怕不怕的问题，越是让老百姓害怕越好。你这样讲，在事实上起到出点子、误导的作用。

例二，言行不一。

宰予昼寝。子曰："朽木不可雕也，粪土之墙不可杇也；于予与何诛？"子曰："始吾于人也，听其言而信其行；今吾于人也，听其言而观其行。于予与改是。"（见《公冶长篇第五》5·10）

杇（wū）：粉刷墙壁；何诛：用什么话责备；有评：不值得责备。这段话分层解析，前边一段是针对宰我白天睡觉的批评。宰我，此学生能言善辩、擅长辞令（"言语：宰我，子贡"见《先进篇第十一》11·3），孔子以前对此人的话比较相信。事情由宰我白天睡觉引起，孔子原来虽觉有宰我可信，但对他看法不好。白天睡觉，如果只是偶然睡上一小会儿，孔子也不会反应这么强烈，后来孔子发现这不是偶然现象，同时，这也反映宰我对孔子的主张不感兴趣。所以孔子对其严厉批评，把宰我比作朽木，在朽木上雕刻，是白花功夫；又比作用粪土做的墙，内部是污浊的。这样比喻，既易懂，又透彻，说宰我难以教化，比上个事例批评得更尖刻，因为上边的事例是认识问题，这个事例是品行问题。后面的"曰"的意思是又说。这件事引起孔子的反思和警觉：过去是"听其言而信其行"，从这件事发生后，孔子总结要"听其言而观其行"，"信"改为"观"，一字之差，总结得非常到位。孔子说他之所以有这种改变，是由宰我白天睡觉这件事总结出来的。善于发现问题，善于总结问题，善于从问题中吸取教训、得到启示，这就是大学问。

例三，非君子所为。

宰我问曰："仁者，虽告之曰：'井有仁焉。'其从之也？"子曰："何为其然也？君子可逝也，不可陷也；可欺也，不可罔也。"（见《雍也篇第六》6·26）

宰我问道："（面对）有仁德的人，如果有人告诉他'有仁德的人掉进井里'，他是不是跟着跳下去？"孔子说："为什么要人这样做呢？君子可以到井边去，但是不能跳下去陷在井中；可以被欺骗，但不可以愚弄他。"

这段话是孔子与学生宰我的一次关于仁者即君子的对话，是由宰我的言论引起的。宰我对孔子的提问，是一种假设，反映一种观点，条件是有仁德的人掉到井里，结果是，因为如果是君子，别人告诉他有人掉进井里了，他立刻就跳下去的话。这是受别人的一种思想压迫——只有跟着跳下去，才说明你是君子。因此孔子有针对性地说，你可以到井边去，却不能陷进去。到井边去，是想法救人，而不是让你看着无动于衷，人的生命是第一位的，不能盲目跟着跳下去送死，无谓搭上一条生命。你让人跟着跳下去，这是愚弄人，这不是教化人。

如此说来，是不是孔子提倡不舍己救人、见义勇为？这是两个不同的命题，前者是迫于"君子"称谓的思想压力，是一种说教，是一种误导，是愚弄人。后者是社会道德风尚，是提倡，是教化，是一种美德，是具有仁德品行的君子在关键时刻一种本能的反应和自觉行为。这一点文中没有提及，从孔子批评宰我来看，孔子对掉进井里的人，不是特指有仁德的人，而是泛指"人"的通称。孔子马厩失火，孔子从外面回来，首先问："伤人乎？"不问马。把人的生命放在头等重要的位置上，至于财产损失，问都不问。（见《乡党篇第十》10·17）最后一句："可欺也，不可罔也。"这是由此事孔子总结的一个观点。意思是，善意的欺骗，是好意；愚弄人，是不能容忍的。作为为人处世，可以做这样解读，宁肯欺骗他，也不能愚弄他。这里重点强调的是不能愚弄人。

例四，君子遵礼节，守规矩。

在孔子所处的时代，父母去世，子女要为父母守丧三年。宰我认为三年太长了，一年就够了。

这种改变是否有合理之处？孔子是否有守旧思想？我以为，有其合理的方面，孔子也确实有守旧的思想。孔子对宰我不满意的有两点，在社会治理方面，有些礼节、规矩的规定是必要的，作为君子是应该遵守的，在这方面宰我要求不严；另一点是，孔子也没有让宰我一定遵守，表示你认为守孝一年可以就按你说的办，但是从社会伦理上对宰我进行批评教育。

孔子认为三年守丧是必要的。这是天下通行的丧礼。（夫三年之丧，天下之通丧也。）孔子所处的时代，三年之丧已经是一种通行的礼制。孔子认为父母去世了，为父母守三年之丧，既是对父母养育之恩的报答，也是社会道德和礼仪的体现。

对于这个礼节，我没有考证是从什么时候开始实行的。从孔子的表述看，是说儿女生下来，母亲哺乳三年，守丧三年是对父母养育之恩的祭奠形式。孔子批评宰我不仁，难道宰我没有得到父母三年的爱抚吗？（"予之不仁也！""予也有三年之爱于其父母乎？"）予即宰我。

宰我提出的理由，是在三年之内不行礼仪，礼风就会毁坏；三年不奏音乐，音乐就会荒废。旧谷吃完，新谷又会接上，取火用的燧木一年更换一次，守丧一年也就可以了。

这些理由，是不成其为理由的理由，这里没有为国家、为工作、为民众提一个字，其思想动机不纯，孔子并没有从这方面批评，下面引用《阳货篇第十七》17·21一段全文：

子曰："食夫稻，衣夫锦，于女安乎？"

曰："安。"

"女安，则为之！夫君子之居丧，食旨不甘，闻乐不乐，居处不安，故不为也。今女安，则为之！"

孔子说："父母死亡不到三年就吃白米饭，穿绸缎衣服，对于你就心安吗？"

宰我回答："心安。"

孔子说："你觉得心安，你就那么做吧！君子守丧，吃美味不觉得香甜，听音乐不觉得快乐，住在家里也觉得心里不舒服，故而不会那么做。你觉得心安，你就那样做吧！"

孔子从礼节、社会伦理、孝道的角度分析得很透彻，特别指出，父母养育你三年（岂止三年！），难道不应该守丧三年吗？在守丧期间你能安心吃穿、行乐吗？宰我回答："心安。"可以看出，宰我没有报恩之心。

宰我认为他的做法是君子所为，孔子用什么是君子、是君子所为，来批评宰我的非君子所为。在这里，让我们重温孔子对冉求提出的经典论述。冉求给自己画了一条线，这条线既是底线，又是达标线。无论是子路、冉求，还是宰我，都认为自己是君子，是君子所为，都给自己画了一条线，都将底线作为达标线。孔子将其称为官场恶习，一些官员、一些知识分子，将守住底线作为达标要求，在恶习、潜规则的渗透下，一旦打开缺口，就会失守。一些官员就是在底线标准失守下走向贪腐的，应该从孔子的这些透视、分析、总结中吸取教训，吸取营养，得到启示，引以为戒。

（4）君子之贵在于抑缺扬善。

每个人都有优点，也有缺点；只有优点的人是没有的，只有缺点的人也是没有的。优点和缺点是相对的，如果没有坚持优点、把握不好优点，就可能转变为缺点；缺点如果予以重视，加以改正，就会转变为优点，这些全在于自己。有时，同样一种品行，集于一人身上，既是优点，又是缺点，因此有个扬优抑缺的问题。这就是孔子所遵循的辩证法。以子路、冉求为例。

孔子对子路特点的评价，可以概括为两个字，一个是"勇"，一个是"果"。其他如"喭""行行如也"等词的意思也可归之于这两个字上。勇，可作勇敢、勇气解；果，可作果断解；勇敢，有勇气、有魄力，敢作敢为，处理事情果断，言必行，行必果；勇，亦可作莽撞、冒失解，在这种情况下，果就会产生不良后果，甚至恶果。

　　孔子说他的主张行不通，想坐个木船到国外去，跟随他去的大概只有子路吧，子路听到以后很高兴。子曰："由也好勇过我，无可取材。"（见《公冶长篇第五》5·7）由（子路）的胆量、勇气超过我，其他没有可取之处。从书中子路的言谈举止表露出，子路一直认为自己是君子、君子所为，认为他有勇气，所以听孔子说勇气超过老师，沾沾自喜，孔子敲打他，意思是，你除了这点，还有什么可取之处？有什么可高兴的？从孔子对子路的评价看，也含有这样的意见：勇，难道全是优点吗？

　　《阳货篇第十七》17·23有一段子路与孔子有关"勇"的问题的对话。

　　子路曰："君子尚勇乎？"子曰："君子义以为上。君子有勇而无义为乱，小人有勇而无义为盗。"

　　子路问："君子崇尚勇敢吗？"孔子说："君子最看重的是道义。君子如果只有勇敢而没有道义，就会莽撞乱为；小人如果只有勇敢而没有道义，就会盗窃抢财。"

　　这段话中子路认为"勇"是勇敢、胆量、勇气，暗指自己勇敢，而孔子针对子路解读为莽撞。意思是，你这不叫勇敢，是莽撞。如果其他地方没有提"勇"字，而是提"仁者""行行（hàng）如也"（刚强凶悍）、"由（子路）也喭（yàn）（粗鲁、莽撞）"等。这里直接提"勇"，针对性很强。而且这段话，子路将崇尚勇敢提到君子、君子所为的高度，因此孔子的表述就变成为君子是什么样人的问题，这既有极强的针对性、特指性，又有对君子、君子所为诠释的普适性、一般性。从一般性讲，君子是仁者，是讲道义的。君子如果只讲勇敢，不讲道义，就会莽撞乱为，作为君子就不够格，就会转化为小人，就会做出违法乱纪的事情甚至走向犯罪。至于小人，勇字当头，就会盗窃抢劫、危害社会。其针对性是批评子路。其意是，你不要以为勇就是你的优点，你就是君子，你这是莽撞，如不警惕，就会产生严重的恶果，千万不能翘尾巴。

对于冉求，上面已做过大量引证。从其特点来讲，孔子也有两个字的概括，一个是"艺"字，一个是"退"字。"退"字单独使用时，意为向后退缩；也可理解为"柔"，作柔韧解。

孔子在向鲁哀公介绍时说"求也艺"，（见《雍也篇第六》6·8）这里的"艺"作有本领、有能力解，如具备领导艺术、善于团结及处理各种关系。孔子在介绍学生的特点时说冉求"侃侃如也"，意为和颜悦色，与"艺"的意思相关。有"艺"之人往往会"退"，即优柔寡断、犹豫不决，所以孔子说"求也退，故进之"。（见《先进篇第十一》11·22）就是鼓励冉求大胆做事。

根据这种情况，孔子常常强调学生之间优点互补，充分发挥个人的优点，克服个人的缺点。他指出："由也果"，"求也艺"，"赐也达"。（见《雍也篇第六》6·8）"求也退，故进之；由也兼人（雷厉风行、鲁莽行事），故退之"（见《先进篇第十一》11·22）

孔子在回答子路什么是完美的人时说："若藏武仲之知，公绰之不欲，卞庄子之勇，冉求之艺，文之以礼乐，亦可以为成人矣。"（见《宪问篇第十四》14·12）藏武仲、公绰（孟公绰）、卞庄子均为鲁国大夫。其大意是，藏武仲的聪明智慧，孟公绰的清心寡欲，卞庄子的敢作敢为，冉求的多才多艺，再加上礼乐的修养，就可成为完美的人。这段话是说取一些人的优点，汇聚于一人身上，就会成为完美的人，具有特指性。这种互补性，总结为一般性，是指具有一定品行的人，在利益面前不贪求，敢作敢为、勇于担当、多才多艺、善于团结人，遵循礼节、遵守规矩、遵从社会秩序，集个人优点于一身，就能成为完美的人。这里没有提子路的优点，是因为子路是提问者，不当着子路的面提及，也还有一个含义，是说人家的"勇"和你子路的"勇"不是一回事，人家那才叫敢作敢为，你的"勇"是莽撞冒失，借此敲打子路。下面由此引申说，当今的社会，"见利思义，见危受命，久要不忘平生之言，亦可以为成人矣。"（见《宪问篇第十四》14·12）这段话将做君子、做完美的人提到社会治理和治国的高度，在利益面前，首先考虑道义，考虑社会和国家利益，在国家利益和社会危机的关键时刻，能挺身而出，担当使命，甚至不惜牺牲个人生命，要始终不忘自己为国家的誓言、志向和承诺，这样才可以说是君子，是完美的人。

这一整段论述，具有特指性和针对性，对人们的启示具有普适性和一般性。整段论述又分为前后两段，前一段是个体优点的汇集成为君子和完美的人，后一段是对君子和完美的人进行理论和实践的总结和进一步要求，提出首先将个人的优点聚集于一身，使自己成为君子、完美的人，但是必须把个人与社会和国家连接起来，只有为社会、为国为民，才能成为君子。这里用了一个"亦"字，不仅表示"也"，而且表达更高的要求，不能将其割裂开来。将前后两段连贯起来，其大意可以概括为：具有一定品行的人，善于吸收他人的优点，将其凝聚为自己的优点，在利益面前不贪求，能够见利思义，不获不义之财；在国家出现危难的时刻，能够挺身而出，勇于担当，甚至不惜牺牲自己的生命，为国家和社会做出贡献。在长期处于贫困的情况下，不会磨灭自己的意志，放弃自己的理想，忘却自己的诺言，能够成为这样的人，就可以说是君子、是完美的人。

小结：君子是怎样的人，一是有品行端正，去除恶习；二是发扬优点，抑制缺点；三是见利思义，见危受命；四是坚定理想，终生践行；五是经受考验，把握自己。平时要严格要求，一点一滴修养，一言一行践行，平常时刻铸造人，关键时刻考验人。要高标准，严要求，不能满足于给自己画底线，以底线当作达标线，更不能突破底线，一旦失守，就会造成恶果。孔子对冉求画线的评述，应成为所有人的警戒！

4. 君子是有仁德的人

说来说去，君子到底是什么样的人？如何衡量？判断一个人是不是君子，是看本领还是看品行呢？孔子有一句名言："骥不称其力，称其德也。"（见《宪问篇第十四》14·33）骥，是指千里马，用千里马比喻君子、完善的人，比喻人才。千里马，不是称赞、称誉、看重其本领、能力，而是称赞、称誉，看重其仁德。一匹好马，能行千里，是有一种精神和品行，一种远大的志向抱负，一种坚定不移的信心和决心，一种坚韧不拔的意志和坚持，一种任劳任怨的责任和担当，一种排除万难的勇气和毅力，这些都靠本领和能力自身解决不了的，是靠"德"来作为动力，使力有了耐久力和增值力，发挥其更大的作用。因此，可以说君子是有仁德的人。"德"是衡量君子的一个标尺。

孔子告诫人们，那些"巧言令色"、在行为上虚伪善变的人，这种人是缺少仁德的人。（见《学而篇第一》1·3）他举人的实例来说明君子是什么样的人，来衡量、判断其人是否是君子。

（1）以子贱为例，称子贱这样有仁德的人是"君子"。

孔子的学生子贱，姓宓（fú），名不齐，字子贱。孔子说："子贱是君子！（君子哉若人！）"这是孔子点名道姓说是君子的学生之一，其主要依据是子贱有好的品德。这是告诉学生你的周围就有像子贱这样有仁德的君子，只要注意向他们学习，自己也会成为有仁德的君子。（见《公冶长篇第五》5·3）

（2）子贡以孔子有关仁德的言行判断怎样的人是君子。

冉求问孔子的另一位学生子贡，老师赞成卫君的所作所为吗？子贡说，我去问问老师。子贡到老师那里，并没有直接让孔子谈对卫君的看法，而是问伯夷、叔齐是什么样的人。孔子回答："古之贤人也。"伯夷、叔齐是商纣时孤竹国君的两个儿子，父亲去世后，将君位传给叔齐，叔齐为了让位给伯夷而逃往他国，伯夷为了让位给叔齐亦逃亡他国。故而子贡接着问，两个人会有怨恨吗？孔子回答："求仁而得仁，又何怨？"他们都追求仁德，也得到了仁德，又有什么怨恨呢？这段话似乎与卫国没有关系，可是子贡从这段话中得出结论，老师是不会赞成卫君的。

　　子贡实际讲了两个推断，一个是伯夷、叔齐是贤人，是君子，而卫国的国君卫出公辄，是卫灵公的孙子，其父太子蒯聩因谋杀卫灵公夫人南子未遂，逃亡晋国，卫灵公死后，立辄为君，故意将蒯聩送回国争夺君位，遭到卫君的反对。孔子称赞伯夷、叔齐，就意味着不赞成卫君；另一个是用仁德来衡量是否是君子。孔子就是君子，是君子的典范。（见《述而篇第七》7·15）

　　（3）孔子以颜渊为典范树立仁德典型。

　　孔子最欣赏的好学生是颜渊，主要是因为颜渊的"德行"。（见《先进篇第十一》11·3）其典型事例：

　　颜渊坚信孔子学说，认真学习，深入钻研，是孔子学说的坚定信奉者。

　　颜渊喟然叹曰："仰之弥高，钻之弥坚。瞻之在前，忽焉在后。夫子循循然善诱人，博我以文，约之以礼，欲罢不能。既竭吾才，如有所立卓尔。虽欲从之，末由也已。"（见《子罕篇第九》9·11）

　　喟：叹气、叹息。这里的喟然叹曰，是用感叹的语气，称赞孔子的学说，但又叹息，觉得自己很难达到孔子学说的高度。弥：更加、越发。循循然：很耐心地对人们、对学生进行启发教育。末：没有、无。由：途径。末由：是指没有什么途径、没有什么办法才能达到。这段话的大意是，颜渊感慨地说：老师的学说，仰视越看越高，很崇高；钻研越钻越深，很深刻。向前看，就在前面，仿佛具有前瞻性；向后看，又忽然在后面，仿佛能总结过去，面向未来。由于内容非常丰富，道理很深奥，学生往往难以理解。老师总是循循善诱，进行教诲，用丰富的文献知识教育我们，将他获得的知识毫无保留地传授给我们，诲人不倦，又用礼节约束我们的行为。这些让颜渊自己感受很深，他说，促使自己就是想停下来不学都不行，竭尽全力向老师学习，可是要达到老师那样的高度，怎么做都难以做到。整段话，前面，是颜渊称赞、宣传孔子的学说；中间，是说老师对学生传播、讲解他的学说，以达到教书育人，提高学生的认识的目的；后面是颜渊的感受和受到的教育，理解深透，有说服力，对人们有启示。

再看看孔子是如何评价颜渊的。

孔子赞扬颜渊的品行，亦赞扬颜渊忠实于自己的学说。

子谓颜渊曰："用之则行，舍之则藏，惟我与尔有是夫！"（见《述而篇第七》7·11）

舍之则藏的"藏"字，不是指隐藏、放弃，不是指自暴自弃、灰心丧气，也不是怨天尤人、满腹牢骚，而是指泰然处之，相信自己的才能。这段话的大意是，如果用自己就认真去做，如果不被任用，就安然自处，这一点只有你和我能够做到。

这段话还有一个喻义，是泛指孔子学说，是说对于自己的学说，如果采用就能实行，如果不采用，也不要丧气、自暴自弃，要泰然处之，坚信自己的学说是正确的，必然能够推行，这一点只有我和你能够做到。

孔子对颜渊评价很高，对此子路不服气，就问孔子，如果带兵打仗，你会选择什么样的人？子路问题提得很尖锐，意思是说，颜渊不是你说的那么好，带兵打仗他行吗？你还会选这样的谦谦君子吗？带兵打仗还得选像我子路这样的人。孔子回答措辞同样尖锐，不过没有直接批评，孔子说："我绝不选用有勇无谋的冒失鬼。"孔子选用的是深思熟虑、多谋善断、能够保证完成任务、取得成功的人。这是孔子针对子路进行批评教育，指出不能认为自己那样做是勇敢，而是冒失莽撞。

孔子说，人要有涵养，做事要收敛，不要过于张扬。他举例说，空手与老虎搏斗，过大江大河不用船只，这样死了也不后悔的人，我是不会选用这样的人，我所寻找的与我共事的人，是不盲目冒进、遇事冷静、善于谋划而能完成任务的人。同样，这意味着只有颜渊和他坚信自己的学说，毫不动摇。这一点，孔子寄希望于子路，子路却做不到，还不谦虚，故而予以指出问题并进行批评教育。（暴虎冯河，死而无悔者，吾不与也。必也临事而惧，好谋而成者也。）暴虎：空手与老虎搏斗；冯河：不借助舟船涉河。

子曰："回也非助我者也，于吾言无所不说。"（见《先进篇第十一》11·4）

孔子说："颜渊（回）不是对我有帮助的人，因为他对我讲的话没有不心悦诚服的。"

这句话包含两层意思：一层意思是，颜渊是孔子赞赏的好学生，认真听讲，勤于思考，对孔子所讲的话心悦诚服；另一层意思是，颜渊不给老师提意见，这对孔子没有什么帮助，这是其不足之处。这说明，孔子对学生的评价，客观、公正、实事求是，优点就是优点，缺点就是缺点，不以听话不听话作为标准，而且还能以对老师提出不同见解、有所帮助做判断。这一点，子路有其优点，师生坦诚相待，故而常常带子路于身边，并能坦率交流，子路对老师也不设防。颜渊有不足之处，却不是虚伪、讨好。孔子对学生了如指掌，评价准确，这是孔子为人师表最可贵、值得学习之处。

下面列举孔子对颜渊的一些具体评价和赞誉：

①赞扬颜渊的品行。

子曰："回也，其心三月不违仁。其余则日月至焉而已矣。"（见《雍也篇第六》6·7）

三是指多，三月是指长期；日月，是指一日、一月，泛指短期。其大意是，颜渊（回）能够长久不违背仁德（心里不忘仁德），别的学生则是短期达到而已。孔子赞扬颜渊能够按仁德要求自己，从来不做违背仁德的事情，其他学生则做不到这一点，或者不能严格高标准要求自己，或者不能坚持，要向颜渊学习。

②赞扬颜渊的学习精神。

子曰:"吾与回言终日,不违,如愚。退而省其私,亦足以发,回也不愚。"(见《为政篇第二》2·9)

孔子说:"我给颜渊(回)讲课,讲一整天,他不提任何意见和看法,好像很愚钝。可是他回去后,能够认真思考,对讲的内容理解很深,并且能够有所发挥,可见颜渊并不愚笨。"

这段话揭示的是颜渊的好学:听课时专心致志,认真听讲,能坐一整天,一言不发,就像一个愚者坐在那里一动不动,就怕漏掉老师讲的每一句话,就是听,一丝不苟,毫不马虎,反映的是学习精神;回去后,也不贪玩,将老师每天讲的,认真回味,深入思考,不仅理解很深,而且能够有所发挥。这同样反映的是,孜孜以求的探索精神。其背后则是对孔子学说的忠实与追求。

子谓颜渊,曰:"惜乎!吾见其进也,未见其止也。"(见《子罕篇第九》9·21)

孔子提到颜渊,说:"死得太可惜了!我只见他不断进步,从没有看见他停止过。"像这样追求进步、永不松懈、永不止步的好学生,却英年早逝,太可惜了!

季康子问:"弟子孰为好学?"孔子对曰:"有颜回者好学,不幸短命死矣,今也则亡。"(见《先进篇第十一》11·7)

季康子问:"你的学生中谁最爱好学习?"孔子回答:"有个学生叫颜渊,最爱好学习,不幸短命去世了,现在学生中再也没有像他那样爱好学习的人了。"

鲁哀公问孔子同样的问题,孔子的回答基本相同,只是内容上有这样一段:"不迁怒,不贰过。"从来不把怨气发在别人身上,也不犯同样的过失。其意思是说,读的书多,遇到问题从来不怨恨别人,能严格要求自己,从自己身上找原因;有了过失,能吸取教训,不再犯同样的过失,像这样好学、能学以致用的好学生，可惜去世了，就再也没有像他这样的好学生了。有的人也爱好学习，在遇到问题时，从客观上找原因，怨这怨那，把怨气发在别人身上，不从自己身上找原因，有了过失，也不吸取教训，这样的人，读的书再多，不联系实际，算不得好学的人。"未闻"，是说再也难以找到这样好学的学生了。（见《雍也篇第六》6·3）

③赞扬颜渊的刻苦精神。

子曰："回也其庶乎，屡空。"（见《先进篇第十一》11·19）

孔子说："颜回（渊）无论是道德还是其他方面都不错，可是很贫穷。"

庶乎，差不多、不错；屡空，常处于贫穷匮乏的状态，有多种理解，可表示生活贫穷，也可表示精神上的虚静、空灵等意，此处指颜渊生活贫穷。是说颜渊各方面都很优秀，就是生活很贫穷。

子曰："贤哉，回也！一箪食，一瓢饮，在陋巷，人不堪其忧，回也不改其乐。贤哉，回也！"（见《雍也篇第六》6·11）

孔子说："颜渊多么有修养呀！一个竹筒盛饭吃，一个瓢喝水，住在简陋的巷子里，其他人都受不了，很忧愁，而颜渊依然很愉快地住在那里。颜渊多么有修养呀！"

箪（dān）：盛饭的竹筒。颜渊家庭贫寒，生活贫困，粗茶淡饭，填不饱肚子。住在简陋的小巷子贫民区里，条件很差。其他人都受不了，很忧愁，可是颜渊却毫不怨天尤人，安静地住在这里，以苦为乐，磨炼意志，刻苦学习，认真钻研，在这么困难、条件这么差、环境这么乱的情况下，表现得那么突出、那么优秀、那么有涵养、那么有仁德。孔子连连称赞其不仅是好学生，而且更为重要的是有品行、有意志、有毅力、有艰苦奋斗精神。贤哉，其意为，这才是贤人，是完善的人，是君子！

④赞扬颜渊的钻研精神。

孔子提倡学生"温故而知新"（见《为政篇第二》2·11）。颜渊能够做到"闻一以知十"，这句话不是孔子说的，孔子表示赞同这一看法。（见

《公冶长篇第五5·9》)

对于孔子的主张,颜渊说:"回虽不敏,请事斯语矣。"(见《颜渊篇第十二》12·1)是说他虽然愚笨,也要按老师说的去做。在互动中,孔子与颜渊产生了深厚的师生情。孔子师徒被囚禁在匡这个地方,匡人将他们分散包围,孔子很担心颜渊的安全,脱离之后,颜渊也担心孔子的安全,赶过来见了面。孔子动情地说:"我以为你死了。"颜渊也动情地说:"老师活着,学生哪敢死。"显露出深厚的师生情。(见《先进篇第十一》11·23)因此,在颜渊去世以后,孔子毫不掩饰地号啕大哭,连连高呼:"天丧予!天丧予!""老天爷,你这是杀我呀!是要我的命呀!"他哭得很伤心(哭之恸),跟随的学生劝他,他说:"我不为这样的人伤心,还能为谁伤心呢?"(见《先进篇第十一》11·9,11·10)这个哭,哭得惊天动地,哭得昏天暗地,一个老师,为了一个学生去世,哭得这样伤心,哭得这样动情,无不让人们动情、伤心,这不仅是师生情谊的真情表露,而且反映了作为一个教师,对优秀人才早逝的爱惜和切肤之痛。

在孔子看来,培养出一个像颜渊这样极为杰出的学生实属难得,而其英年早逝是国家一大损失,得之不易,逝之不再,这就是孔子的教师情怀。只有君子,才能培养出君子这样的人才,只有自己有仁德、道德高尚,才能培养出有仁德、道德高尚、德才兼备的人才,只有自己渴求培养出有突出才能、突出贡献的人才,才能培养出有突出才能、突出贡献的人才。名师出高徒,孔子言传身教,为后世开创了典范。

5. 真善美是衡量君子的标准

君子与君子所为有各种各样的表述,其内涵概括起来,可用"真善美"三个字来体现,真善美是衡量君子的标准。前面所述内容是判断,可以区分是否是君子,而不能作为衡量君子的标准。要确立是否是君子,还得有其内涵,也还得有其标准,真善美就可以把各种君子特质纳入其中。"真"包含真实、诚信、正直、坦荡、公正、公平、实事求是、实实在在等内容;

"善"是善爱、善念、善意、善行、善心、爱人、仁慈、道义、宽厚、和睦、和气、和平、和谐、规矩、秩序、风气、礼节、严以律己、宽以待人等内容;"美"是美好、仁德、完善、人伦、道德、本领、智慧、追求、理想、意志、毅力、肚量、气节、风度、人品、素养、文化、文明、文质彬彬、脱俗高雅等内涵。

(1) 以子贡为例,树立真善美达标的榜样。

(季康子)曰:"赐也可使从政也与?"(子)曰:"赐也达,于从政乎何有?"(见《雍也篇第六》6·8)

季康子问孔子:"端木赐可以从政吗?"孔子回答:"端木赐通情达理,从政能有什么困难?"

赐:名端木赐,字子贡,孔子的学生。从全书看,孔子除与子路交流最多外,子贡与孔子的交流也比较多。除颜渊外,孔子对子贡评价也不低。达:达到、通达、达标。这里是说具备了从政的条件和才能,特指通情达理。按字意表述我们可以这样理解,办到、达到目标、达到标准、达到仁德高地、达到文化素养高地、达到道德高地。

①赞扬子贡深度探求知识和真谛的求实精神。

子贡曰:"贫而无谄,富而无骄,何如?"子曰:"可也;未若贫而乐,富而好礼者也。"

子贡曰:"《诗》云:'如切如磋,如琢如磨。'其斯之谓与?"子曰:"赐也,始可与言《诗》已矣,告诸往而知来者。"(见《学而篇第一》1·15)

这是孔子与子贡进行的学术探讨,命题是由子贡提出的,讨论如何看待富与贫的问题。子贡的立论是,贫穷而不巴结奉承,富有时也不傲慢。在对待贫与富的态度上,贫困时往往看人的脸色,低三下四、阿谀奉承,感到矮人一等;富裕时,趾高气扬,态度傲慢,看不起贫穷的人,认为自己了不起,高人一等。这是一个常常出现的社会现象。子贡认为,在贫穷时，人穷志不短，不能低三下四；在富裕时，不能盛气凌人，看不起别人。孔子赞同子贡的说法，说你说的可以，只是你的看法，不如贫穷时，不悲观失望，而是以苦为乐、安定愉快的生活，这是积极、乐观的生活态度，粗茶淡饭，觉得香甜；富裕时，更要崇尚礼节，富而好礼，平等待人，具有仁德、慈爱的人，这是一种更高的思想境界。

孔子的回答使子贡很受教育，引起他的思考，进一步将话题提升到人的修养的命题上，他引用《诗经》的一段话："如切如磋，如琢如磨。"其意思是，人的修养就像匠人加工骨器、玉器一样，锯开挫平，雕琢磨光。是说，无论是贫困和富裕时，无论是在任何环境和条件下，都要注重修养，经受各种考验，不断磨炼自己，使自己成为有仁德，有品行，经得起任何风浪，坚定不移，富不骄，贫不馁的人。孔子给予了这段话很高的评价，意思是说，告诉你的道理，你能够深入思考，有所发挥、举一反三，现在可以和你探讨《诗经》了。也就是说，现在可以和你探讨、交流一些高深的问题了。前面已经说了，颜渊是孔子最欣赏的学生，他高度赞扬颜渊的好学精神，认为在他的学生中没有第二人，可是颜渊有一个缺点，他是孔子学说的坚定信奉者，但是他对孔子学说没有帮助，只是传承者，而不是发扬者；子贡虽然没有颜渊的好学精神，可贵的是有独立思考的求索精神，孔子认为可以与之探讨深层问题。子贡是孔子对其主张和学说的发扬者，孔子给予了子贡高度赞誉。

②赞扬子贡理智客观、实事求是的求实精神。

子谓子贡曰："女与回也孰愈？"对曰："赐也何敢望回？回也闻一以知十，赐也闻一以知二。"子曰："弗如也；吾与女弗如也。"（见《公冶长篇第五》5·9）

女：同汝，即你；愈：此处作强解。孔子对子贡说："你和颜渊相比谁强？"子贡回答说："我哪敢和颜渊相比，颜渊知道一个道理，可以从中推出十个道理，而我知道一个道理，只能推出两个道理。"孔子说："你的确比不上他，我同意你的看法，你不如他。"

颜渊是孔子最欣赏的学生，而子贡又是很有才华的学生。孔子给子贡提出的问题，是一个最考验人的问题。子贡回答，他不能和颜渊相比，既不是因为颜渊最受老师赞誉，也不是谦虚，而是真心话，有自知之明，头脑很清醒，反映出子贡的高尚品行和智慧。他提出不能相比的理由是，颜渊"闻一以知十"，他只能"闻一以知二"，这个理由不是综合评价，不是好学生的评价，而是就创新这一项做对比、即创新能力做对比，其中包含两个因素，一个是颜渊那种"闻一以知十"所体现出的深思、钻研和创新才能，他根本无法与之相比；另一个是他自己也有创新能力，他能够动脑、善于思考、能够有所创新，这是实事求是，真实的心里话。虽说出差距很大，但也有谦虚的成分。孔子同意他的看法，说你在这方面的确不如他。"弗如也"这句话，没有对他说的差距那么大表示看法，主要是赞赏子贡的这种态度和品质，不明确提出来，既承认差距，又肯定其优点和态度；既肯定了他，又不使其误会和翘尾巴，给其留下思考的空间。

这里的"与"字，不是作"和"解，而是作"同意"解。作"和"解也可，以"同意"解更好些。人们为此会提出疑问，颜渊的深思、创新能力和智慧那么强，这对孔子思想和学说无疑帮助很大，而且孔子也高度赞誉颜渊的创新精神和能力，为什么孔子却说颜渊对他没有帮助呢？这不是矛盾说法吗？颜渊的深度思考和创新的确对孔子的思想和学说的理解和坚持有帮助，这种理解和帮助具有坚持性和传承性，孔子需要的帮助是能够提出一些问题和看法、面对面进行切磋和探讨，即是其帮助具有启发性和发展性，这正是颜渊的短板，不会对孔子提出不同看法，更不会面对面探讨，孔子赞扬颜渊的是他的学习钻研和创新精神。这就是说，这并不影响孔子对颜渊的基本评价。前面是基本评价，后面是其弱点，不存在矛盾说法。

③赞扬子贡敢于提出问题、能够提出问题的创新思维精神。

敢于向孔子提出看法的学生是子路，子路提出的问题和看法都与当时的官场有关，提出的问题往往令孔子很失望，对其批评教育，是对子路的爱护，是一种真诚帮助，不因子路的顶撞和尖锐意见而产生隔膜，子路跟随在他的身旁比较多，其看法和意见孔子将其看作是一种交流。子贡提出的问题都很有深度，对孔子思想和学说起到正向作用，而且孔子的回答更高一筹，对人启发很大、大有益处。因为涉及的问题比较多，这里只引述子贡的一些提问，对孔子的回答有上面的引述为范例，下面就不再列举，读者如有兴趣，根据提问找答案，这样就不显得烦琐。为了寻找方便，标注每个提问出处。

现罗列如下："子贡问君子。"子贡问怎样做才算君子（见《为政篇第二》2·13）；"子贡问为仁。"子贡问怎样才能达到仁（见《卫灵公篇第十五》15·10）；"子贡问友。"子贡问如何交友（见《颜渊篇第十二》12·23）；"子贡问政。"子贡问如何治理国家，子曰："足食，足兵，民信之矣。"子贡接着提问，没有提出先做哪一项，而是提如果要减先减哪一项，因为先减哪一项要比先做哪一项困难些，这样的提问、探讨更有教育意义（见《颜渊篇第十二》12·7）；"如有博施于民而能济众，何如？可谓仁乎？"如果有人能广泛给人民好处，并能周济民众，这人怎么样？是不是可以称得上仁者？（见《雍也篇第六》6·30）；"乡人皆好之，何如？"全乡里的人都喜欢他，你觉得这个人怎么样？"乡人皆恶之，何如？"全乡里的人都厌恶他，你觉得这人怎么样？（见《子路篇第十三》13·24）；"何如斯可谓之士矣？"怎么样才能称为士？子曰："行己有耻，使于四方，不辱君命，可谓士矣。"做人做事要有耻辱之心，以此约束自己的言行。出使外国，不辱国君使命，这样才能称为士。接着子贡又有二问、三问："今之从政者何如？"讨论步步深入（见《子路篇第十三》13·20）；"有一言而可以终身行之者乎？"有没有一句终身奉行的话呢？（见

《卫灵公篇第十五》15·24）；"有美玉于斯，韫椟而藏诸？求善贾而沽诸？"这里有一个美玉，是把它收藏在柜子里呢，还是找一个识货的商人卖掉呢？（见《子罕篇第九》9·13）。其他也有一些对人的评价。子贡曰："师与商也孰贤？"师：颛孙师，字子张；商：卜商，字子夏。均是孔子的学生。子张和子夏谁更优秀？子曰："师也过，商也不及。"子贡接着问，曰："然则师愈与？"这是不是说子张更优秀呢？子曰："过犹不及。"这段话涉及对"过"与"不及"的看法，子贡第二提问，用现代的话说，可意指"左"与右，是不是"左"比右要好呢？这个问题很有代表意义。（见《先进篇第十一》11·16）

子贡问："君子亦有恶乎？"君子有厌恶的人吗？孔子回答，有憎恶的人，讲了憎恶四种人，接着孔子也问子贡有憎恶的人吗？子贡也回答憎恶三种人。这种提问和交流很有深度。（见《阳货篇第十七》17·24）

④孔子评价子贡为人处世的特点和优势是善于表达、和颜悦色。

孔子对一些学生的评价，指出每个人的特点和优势，其中提到子贡，是属于语言表达能力强的人（"言语"，见《先进篇第十一》11·3），子贡为人处世从容不迫（"侃侃如也"，见《先进篇第十一》11·13）语言是表达的窗口，这个人的为人处世是怎么样的，往往可以从他的言语中反映出来，从子贡的言谈中可以看出，子贡表达能力很强，言行一致、言语高雅、文质彬彬，讲出的话都是充满正能量、深思熟虑的；在行上，其行为举止，对人不摆架子，为人处世和颜悦色、态度和蔼，可以称之为谦谦君子。

⑤孔子赞扬子贡是具有突出才能的优秀人才。

从上面大量引文可以看出，子贡是一个很有特色的人，他善于动脑筋、独立思考、深入钻研，善于提出问题，有自己独立见解，能够就一些深度问题与孔子交流，是孔子所谓可以和其谈论《诗经》的人，他们探讨的问题是关于治国理政和社会治理的重大问题，是关乎当时社会的一些热点和难点问题，是关于人、人学、伦理道德的突出问题，是关乎充实和发扬孔子思想和学说的理论和实践问题，孔子最欣赏子贡，认为对他有帮助的正是这一点。

除过上面写的，再举一例。

子贡曰："纣之不善，不如是之甚也。是以君子恶居下流，天下之恶皆归焉。"（见《子张篇第十九》19·20）

子贡说："商纣的坏，不像现在传说的那么厉害。所以君子憎恶身有污行，一旦有了污点，好像天下所有的坏事都归于他一个人身上了。"

纣：商朝末代国君，商亦称殷商，后代称殷纣王，是暴君的代名词；是：指人们传说的那样；恶（wù）：讨厌、憎恨、憎恶；恶（è）：坏事、罪恶。这段话解读，大致表述几层意思：其一，商纣有不善，有恶行；其二，商纣的不善、恶行，不像传说的那么厉害；其三，由于恶行出了名、名声坏，故而后世将一切坏事都归之于商纣，加在他身上，使其成为坏的典型和代名词；其四，由商纣警示世人，君子一定要严格要求自己，不要有什么污点，名声坏了，就要落得坏名声，给别人留下好像他什么坏事都做的印象。

对这段话进一步分析和思考，子贡从商纣这一典型人物中进行剖析，主要解决三个问题：如何看待历史人物？如何看待一个人？君子应该从历史人物中得到什么启示？首先是分清是非，商纣"不善"，有"恶行"，是坏，是坏国君；其二，要实事求是地看待商纣，不能因为他坏，就把一切坏和坏事都加在他身上，他坏到什么程度就是什么程度；其三，子贡拿商纣作例证，其重点要说的是，从商纣身上得到的教训，就是人一旦做了坏事，有了恶名，就落下坏名声，就成为抹不掉的污点，甚至造成严重后果；即使你没有传说的那么坏，但也难以洗刷恶名；其四，商纣的特指性，是对统治者、执政者说的，要以此为戒。就一般性而言，从商纣得到的启示是，用这样一个典型事例告诫人们，要成为君子，就要堂堂正正做人做事，一定要严格要求自己，洁身自好，为政清廉，加强修养，把握好自己，不能做不该做的坏事，犯不该犯的错误，毁坏自己的名声，造成一生悔恨和遗憾。这不是为商纣开脱，而是通过商纣，吸取教训，引以为戒，从中得到启示，警示后人；前面是造成污点，自食其果，后面是前车之鉴，不再犯错，切不可误读为商纣开脱。

⑥以物喻人，赞扬子贡是有真才实学、品行端庄的有用人才。

子贡问曰："赐也何如？"子曰："女，器也。"曰："何器也？"曰："瑚琏也。"（见《公冶长篇第五》5·4）

子贡问："我是一个怎样的人？"孔子说："你，好比是一个器皿。"子贡又问："是什么器皿？"孔子说："就像宗庙里盛黍稷的瑚琏。"

女：同汝，意指你；瑚琏：古代宗庙中盛黍稷的容器，很尊贵。宗庙象征着神圣的地方，容器，有用，是指有用的人才；瑚琏，是指很尊贵、有才华的杰出人才、栋梁之才。这段话比喻很形象，道理很浅显，一听一看就明白；又很深刻，很透彻，很到位，把子贡的特点、优势、才华、人品、风格活脱脱地全盘托出，从表达的字里行间可以看出，孔子更看重子贡及其才华，更重要的是子贡的深钻和探求精神。举两个例子：

子贡认为孔子学到的知识、文献，都能传授给学生，可是关乎"言性"与"天道"的言论和看法，却听不到。（见《公冶长篇第五》5·13）言性有两种解读，一种解读是，孔子从人的社会性角度来讲个人并非否定个性而是不强调个性；另一种解读是，指孔子的言论很谨慎，他不泛泛议论当时的社会，不谈论社会的时弊，重实际而不重空谈议论，这反映孔子是严谨的学者。天道，前面有述，孔子认为天道就是人道；他更重人道。但是上天到底是什么，天道是什么，他自己也没有弄明白，他秉持"知之为知之，不知为不知"的态度，对于自己都弄不清楚的东西，不会传授给学生。子贡的看法，反映了子贡的探求精神，总希望老师在这方面多讲一些。

再一个事例是，有一天孔子因各种原因，说我今天不讲什么了。子贡说，如果老师不讲什么，我们记什么？（见《阳货篇第十七》17·19）这个对话看似很简单，是记笔记的问题，其实反映着子贡对知识的追求，他要每天从老师那里获得新的知识，如果一天不讲，就好像失掉了什么。这种精神正是孔子欣赏和看重的。既然这样，为什么孔子把颜渊放在其他学生无法相比的第一位，而不是他最欣赏的子贡呢？这是因为颜渊是德才兼备的优秀人才，子贡是很有才华的人才。颜渊虽有缺点，但只是全优中的小瑕疵；子贡的缺点则比较明显，是其才华中的不足之处。

子贡方人。子曰："赐也贤乎哉？夫我则不暇。"（见《宪问篇第十四》14·29）

子贡讽刺别人。孔子说："赐，你就都对吗？我却没有这闲工夫。"

方：有诽谤之意，这里理解为讽刺别人。子贡有一个缺点，就是讽刺别人，这是有才华的人常有的一个缺点，容易看不起别人，故而孔子批评他，你就觉得自己什么都对，什么都好。孔子说他没有闲工夫对待别人，是说还是把自己管好，有功夫加强自己的修养，把自己的事情做好；还有一个含义是，别人如果有做得不好的，要多加帮助，指责讽刺别人，只能伤害别人。这大概就是孔子虽然对子贡很欣赏，却把颜渊放在他前面的一条重要原因。讽刺指责别人，影响团结，不利于和谐相处，这是在仁德上有瑕疵，孔子给予批评教育，这种批评教育也是爱护学生，并没有影响他对子贡的高度评价。

子贡曰："我不欲人之加诸我也，吾亦欲无加诸人。"子曰："赐也，非尔所及也。"（见《公冶长篇第五》5·12）

子贡说："我不想他人强加于我的事情，我同样不想强加于人。"孔子说："赐呀，这不是你能做到的。"

这是孔子与子贡面对面的一次对话和交流。这是子贡就他自己为人处世方面提出的看法，他认为别人不强加他的事情，他也不强加于别人。子贡讲的是心里话，是实话，似乎不存在什么问题，按一般理解，是应该能做到的，对于孔子赞誉"赐也达"的人，孔子却说子贡做不到。

这需要从两方面解读。第一个方面，孔子是就子贡个人而言。其一，是子贡的个人特点。子贡为人处世善于表达、和颜悦色，是其优点，可是由于有才华，往往伴随有才华的人常犯的毛病，就是瞧不起别人，即使别人没有强加你什么、没有惹你，你善于对待别人就做不到；其二，是你有缺点，讽刺指责别人，"无加诸人"做不到。第二个方面，子贡以自己为例，从社会的层面探讨为人处世问题，人不强加于我，我不会去强加于人；反过来讲，如果人强加于我，在别人逼迫的情况下，我可能会强加于人。

孔子说做不到也有两层意思。其一，从社会现实讲，社会是复杂的，影响做不到的因素比较多，不是你个人随心所欲去做的，即使你是正确的，也不一定能够做到，根据当时的社会状况，你做不到；其二，从社会伦理的角度讲，你达不到仁德、为人处世的标准。从一般性上讲，面对社会现实，要求人对自己提出要求，善待他人，正确处理好人与人之间的关系，严于律己，宽以待人，崇尚社会伦理，严格要求自己，加强自身修养，要求别人做到的，首先自己要做到，做有仁德、有品行、有涵养的人。

对于子贡身上存在明显的不足和问题，如何看待"赐也达"和"非尔所及"即做不到的问题，孔子提出了一个著名的观点："先有司，赦小过，举贤才。"（见《子路篇第十三》13·2）首先自己要起带头作用，对别人的小过错不计较，推荐选拔优秀人才。这段话是针对执政者如何治理国家说的，去其特指性，按一般性理解，就是正确看待人、看待人的缺点和问题。人非圣贤，孰能无过，要看人的大节，这些缺点和问题并不影响优秀人才的称谓（达），是优秀人才存在的缺点，通过教育和加强自身修养来解决。

子贡与孔子多次对话和交流，让子贡受益匪浅，每次探讨都有新的收获，可以说子贡的才华能够提升和展现，与孔子的教诲有关，子贡对孔子评价很高。

太宰问于子贡曰："夫子圣者与？何其多能也？"子贡曰："固天纵之

将圣,又多能也。"

子闻之,曰:"太宰知我乎!吾少也贱,故多能鄙事。君子多乎哉?不多也。"(见《子罕篇第九》9·6)

太宰问子贡:"孔夫子是圣人吗?他怎么这样多才多艺呢?"子贡回答:"是上天让他成为圣人,又使他多才多艺。"

孔子听到这段对话之后说:"太宰知道我呀!我小时很贫苦,所以学会不少卑贱的技艺。真正的君子会有这么多的技艺吗?是不会的。"

太宰:是指官员。一个官员向子贡提出的问题是,孔子是不是圣人,为什么他那么多才多艺?子贡回答,老师就是圣人,是上天赐给的,不然他怎么那样有智慧、那么超凡,那么多才多艺。用上天赐予表达高度赞誉之词。孔子的回答,否定了子贡的说法,一是否定是上天赐予的,是学而知之者;二是从其表述中表露出自己只是一个普通的人,其之所以能够现在这样,是靠自己学习和艰苦努力获得的;三是小时生长在贫寒之家,做的都是一些卑贱的事,自己的才艺是由这些卑贱的事中学得的,特别是在苦难的环境中经过磨炼,锻造了自己的意志和精神动力,这表明,小时经受苦难并不是坏事,对人成就人生是有益处的;四是,孔子没有提圣人,而是说君子,这是他看人的标准。他说,现在的君子,像他这样经受过艰难困苦是很少的,他们就想天下掉下馅饼,自己一夜成名,是算不上什么君子的。孔子告诫人们,要做真正的君子,就要按君子的要求,加强自身修养,经过艰苦努力和考验,孔子是以自己亲身的经验总结出来的。这种交流对子贡教育至深,子贡之所以才华出众,不断进步,与孔子的教育是分不开的。其才华得到社会和人们的认可。

后来,有当政者评价说,"子贡贤于孔子",对此子贡举了两个事例予以澄清。

子贡曰:"譬之宫墙,赐之墙也及肩,窥见室家之好。夫子之墙数仞,不得其门而入,不见宗庙之美,百官之富。得其门者或寡矣。"(见《子张

篇第十九》19·23）

子贡说："拿房屋围墙做个比喻，我家的围墙只有肩膀高，站在墙外能看到房舍的美好。而老师家的围墙有几丈高，如果不进入大门，就看不到里面像宗庙一样雄伟壮美和富丽堂皇的房屋。但是能找到门入内的人太少了。"

仞（rèn）：古代长度单位，七尺为仞。这里指高度，数仞，形容墙很高；官：此处是指房舍；宫墙：此处作围墙解。这里是以物喻人，子贡是将他与老师比较，喻义是，他的道行，就像及肩的围墙，人家一眼就看得清清楚楚，而老师的道行就像很高的围墙，其中就像神圣宗庙那样高深的主张和学说，很难看得（理解得）清楚。而要入门（深入理解这些主张和学说），能够深入其中（了解深透）的人并不多，我怎么敢与老师比。不愧是孔子的学生，也能用生活中的浅显比喻讲述高深的道理，使人一看就懂，既深刻又透彻。

子贡曰："夫子之不可及也，犹天之不可阶而升也。"（见《子张篇第十九》19·25）

子贡说："老师无法赶得上，就像天上无法用梯子登上一样。"

这又是一个浅显的例子，是说我怎么敢与老师相比，一个在天上，一个在地上，要赶上老师，就像登天一样，哪能和老师相比。

这不是谦虚，是子贡的真实看法。他提出的理由是：

子贡曰："夫子之得邦家者，所谓立之斯立，道之斯行，绥之斯来，动之斯和。其生也荣，其死也哀，如之何其可及也？"（见《子张篇第十九》19·25）

子贡说："如果任用老师治理国家，要让百姓立于礼，百姓就会立于礼；引导百姓，百姓就会跟他走；安抚百姓，百姓就会来投奔；动员百姓，百姓就会齐心协力。老师生得光荣，死了让人悲哀。怎么能赶得上呢？"

绥：作"安抚"解。

这段话是子贡多次对老师评价的总结,其意是说,他之所以无法赶上老师,不仅在仁德上,而且在孔子的学说、治国之道上。用孔子的治国之道治理国家,该立的都能立起来,深入民心、凝聚人心,老百姓会拥护孔子、支持孔子,会真心实意地按照其治国之策去做,孔子的学说无人能比。孔子在世时做的贡献无比光荣,死后人们哀悼怀念。他怎么能和老师相比呢?

有当政者诋毁孔子。子贡曰:"无以为也!仲尼不可毁也。他人之贤者,丘陵也,犹可逾也;仲尼,日月也,无得而逾焉。人虽欲自绝,其何伤于日月乎?多见其不知量也。"(见《子张篇第十九》19·24)

子贡说:"不要这样做!仲尼是诋毁不了的。别人的贤德,好比是丘陵,是可以超越的;仲尼的贤德,好比是日月,是无法超越的。一个人即使想自绝于日月,但对日月来说,能有什么损失呢?只能说明这个人不自量力罢了。"

这个驳斥,铿锵有力,将对孔子的诋毁比作诋毁日月,这些人是痴心妄想,不会对日月有任何损伤,只能说明你不自量力。这是指名道姓的批驳,可见孔子在子贡心目中的高大形象。

(2)孔子有关君子的精言警句。

孔子有关君子的言论,可以说全书比比皆是,内容非常丰富,这里只引用标明"君子"的精言警句,除具有特指性外,均按文字作一般性解读,按文意归纳几个方面,加以注释点评。总体上,其内涵可归纳为真善美。引用分几个部分:其一是精句精语,其二是系列关联经典和警句,其三是君子与小人对照,其四是部分学生对孔子有关君子的理解和独立见解。有的在前面已引用,不再重复;有的后面提及,不影响整体性和系统性。

①君子为国为民。

君子"修己以敬""修己以安人""修己以安百姓"。(见《宪问篇第十四》14·42)

君子要做到"敬"即敬业,"安人"即社会安定、安定人心,"安百姓"即老百姓安居乐业。敬、安人、安百姓系君子所为,合而为为国为民。敬、安人、安百姓为关键词,彰显君子之志。

"君子谋道不谋食";"君子忧道不忧贫"。(见《卫灵公篇第十五》15·32)

"君子谋求得道,而不是谋求衣食";"君子只担心没有得道,不担心生活贫困。"

道,是指理想目标,这里可理解为事业、国家治理理念。整段意思是,君子谋求的是事业、治理国家之道,而不是为了养家糊口,也不是为了钱财。关键词是"道",彰显君子之道。

②君子礼仪为本。

"君子义以为质,礼以行之,孙以出之,信以成之。君子哉!"(见《卫灵公篇第十五》15·18)

"君子以道义为根本,在行为上遵循礼节去做,在语言上谦虚谨慎,用诚信的态度去完成。这才是真君子!"

义:是指道义,基本素质;质:本质、质地,此处作根本解;礼:行为重礼节;孙:同"逊";出:出言、语言,广义指为人处世,谦虚谨慎;信:诚信;成:完成,可作事业有成解。这段话的大意是,君子应该具备四个方面:其一是"义"包括道德、道义、仁义,是指品德,是君子的基本素质;其二是"礼"即礼节、礼仪、规矩,行为上重礼节、循规矩;三是"孙",即逊,广义指为人处世、谦虚谨慎;四是"信",是指对人、对事业的态度,讲诚信,以诚待人、对事守信,对事业有信念、有信心,坚定不移地完成。做到这四个方面,就可称之为君子。关键词是义、礼、孙、信,概括为品行,彰显君子品行。

"君子之于天下也,无适也,无莫也,义之与比。"(见《里仁篇第四》4·10)

无适：无可无不可，没有规定要怎么做；无莫：没有一成不变的没有规定一定不要怎么做。"君子对于天下的事情，没有规定要怎么做，也没有规定不要怎么做，与义的要求相符合，怎么合情合理就怎么做。"关键词是义，即道义，彰显君子道义。

"君子矜而不争，群而不党。"（见《卫灵公篇第十五》15·22）

"君子端庄自持而不与人争执，能与人合群相处而不拉帮结派。"

矜（jīn）：庄重、矜持，指端庄自重，不和人争执、闹矛盾；群，合群，善于待人；党：拉帮结派、结党营私、搞小圈子。"矜而不争，群而不党"，这是做人的原则。矜、群是关键词。矜，不争；群，不党，重在团结，作风正派，彰显君子作风。

"君子无所争。必也射乎！揖让而升，下而饮。其争也君子。"（见《八佾篇第三》3·7）

"君子没有与人相争这样的事情。如果要说有争，一定是比射箭！射箭前相互作揖后登台，射完箭之后相互敬酒。这样的相争，是君子之争。"

揖：作揖、谦让，这里表示敬意；争：争执、竞争。其意是说，君子没有什么可相争的事情，对人友善和气。如果要有争，比如射箭比赛，必有输赢。赛前先作揖，表示敬意；比赛完，下来无论输赢，饮酒，表示友谊。上台是对手，下台是朋友，讲的是义气，是不伤害别人之争，是增加友谊之争。关键词是"争"，彰显君子之争。

"君子不重则不威，学则不固。主忠信，无友不如己者，过则勿惮改。"（见《学而篇第一》1·8）

重：庄重、重视；威：威严、威望；固：巩固；勿：同毋，不要；惮（dàn）：怕；改：改正。"君子不重则不威"是主题。去其"不"，庄重、威严。庄重才有威严，才有威望；庄重，有了威望，学习才能巩固。

后一段是，君子要庄重、威严、且让学习得以巩固，就要做好三点。其一，主忠信，要做到忠诚、守信。其二，无友不如己者。其意是不与不讲忠信的人为友。这句话可做这样理解，没有朋友不如自己，也即是自己的朋友都有值得自己学习的地方，要向他们学习。这里有一点需要注意，不能把"不如"泛化，作为人与己的比较，解读为"不与不如自己的人交朋友"，那么谁还会有朋友呢？其三，过，则勿惮改。其意是，有了过错，不要怕丢面子，敢于改正。"君子不重，则不威""主忠信""过，则勿惮改"，三句均为经典。重是关键词，庄重，重视树立威望、重视巩固学问、重视忠信、重视交友、重视改过。君子品行端庄。

③君子好学笃行。

"君子食无求饱，居无求安，敏于事而慎于言，就有道而正焉，可谓好学也已。"（见《学而篇第一》1·14）

"君子不求吃得饱和住得舒服，主要是兢兢业业做事，说话谨慎，少说多做，能够向有道德的人学习他们的优点，并改正自己的缺点，这样就称得上是好学了。"其意思是说，要注意向他人学习，向有仁德的人学习，善于学习他人身上的长处，以吸取有益的东西，以弥补自己身上的缺陷和不足，而不是把精力放在吃住和享受上。这段话的含义是，学习不仅是学习书本知识，更要注重向实践学习，在做事中求得新知；向他人学习，吸取他人的长处；要结合自己的实际学习，不断改进自己、提高自己，不断改正自己的缺点和不足，要把精力放在做事上，学习以提高做事能力和智慧，不要把精力放在享受上，这是君子好学之道。"敏于事而慎于言""君子好学"是经典，关键词是"事""言"敏事慎言，彰显君子好学。

"君子博学于文，约之以礼，亦可以弗畔矣夫！"（见《雍也篇第六》6·27）

"君子能够广泛学习知识，又能够严格用礼节约束自己，这样就不会做出越轨的事情。"

畔：同"叛"，意指违背。大意是，光有知识文化不行，还必须与礼节、规矩相结合，才能做好工作、把握好自己，不做违法违纪违背道德礼仪的越轨之事。"博学于文，约之以礼"是经典，文和礼是关键词，这是君子求知之道。

④君子表里如一。

"君子欲讷于言而敏于行。"（见《里仁篇第四》4·24）

"君子说话谨慎得当，做事勤劳敏捷。"

此段话是经典。言语是人表达的窗口，善于表达、正确表达、言之可信、言行一致；行是人的行为、实践，是人之根本，表现为人的能力、人的智慧、人的敏捷；敏是人生实践、报效国家、服务社会、造福人民、成就人生、成就事业的要求。关键词是言、行，讷、敏是言行特点，彰显君子言行一致。此句与"敏于事而慎于言"大意相似。

君子"先行其言而后从之。"（见《为政篇第二》2·13）

"说出的话就要去做，将说的话做到了，就可以算是君子。"

君子要说到做到，不能只说不做、说大话空话，说出的话，有了承诺，就要认真去做，有所兑现，看你怎么做，而不是看你怎么讲。"先行其言"是要点，"从之"可以理解为"做到"。如果解读为，君子有什么话，你做到了，不要先急着去说，你做到了再说出来，这样才是说话算数，这样理解也能说得通，也是强调言行一致。"行"是关键词，彰显君子言行一致。

"论笃是与，君子者乎？色庄者乎？"（见《先进篇第十一》11·21）

"要称赞说话诚实的人，这样的人是真正的君子呢，还是只在表面上伪装庄重呢？"

论笃：是指言论诚恳笃实的人，也就是说话诚实的老实人；与：是指赞誉；是：可作"就是"解。这段话的意思是说，不能以言语看人，看一个人不能只看这个人说话如何，而要听其言而察其行，看这个人是真老实还是表面装着老实，从而要求人们表里一致，不说假话，老老实实做人。"论笃"是关键词，强调表里一致，彰显君子表里如一。

"君子耻其言而过其行。"（见《宪问篇第十四》14·27）

"君子以说得多做得少为耻辱。"

做人不要认为只说不做、说多做少、满口大话空话漂亮话是一件光彩的事情，而要以此为耻，要多做少说，扎扎实实做事，以劳动敬业为光荣。仍强调的是言行一致，要有耻辱之心、知耻之心。耻是关键词，彰显君子的荣辱观。

"君子不以言举人，不以人废言。"（见《卫灵公篇第十五》15·23）

"君子不因为别人话说得好听而推荐提拔，也不因为这个人品行不好就不听取他的正确意见。"

这段话的含义是，不能把那种说得好听、善于表达的人，就以为是优秀人才予以推荐、提拔和重用，要对人做全面了解和考察；也不能因为这个人不好，就对他说的话、讲的意见都不听、都不采纳，对其正确的话、正确的意见应该倾听和采纳。这是讲如何看人、如何选人的问题。这句话是经典。"举""废言"是关键词，彰显君子用人之道。

⑤君子大度大气。

"君子贞而不谅。"（见《卫灵公篇第十五》15·37）

"君子讲大信，而不拘于小信。"

这是专家解读，按字面意思作一般性解读。贞：是指贞操、节守；谅：原意是固执、坚持己见。这句话的解读是，在贞操上、大节上、理念上、信仰上、原则问题上坚贞不屈、坚定不移，而在一些小节上、非原则问题上不应固执、坚持己见。在有利于大节的非原则问题上也可以做出让步。"君子贞而不谅"是经典。贞是关键词，彰显君子恪守贞操。

"人不知而不愠，不亦君子乎？"（见《学而篇第一》1·1）

"别人不知情，误会你，对你有看法、有意见，你不生气，这不正是君子所为吗？"

知：是指知情、了解；愠（yùn）：生气、怨恨、发怒。人不知，是说别人不知情，对你有看法、有意见；而不愠，是指你不生气、不责怪别人。这句话是经典。"不知""不愠"是关键词，是说人有涵养，彰显君子风度。

"君子病无能焉，不病人之不己知也。"（见《卫灵公篇第十五》15·19）

"君子担心自己没有能力，不担心别人不了解自己。"

病：怕、担心。君子要把精力放在提高自己的做事能力上。从而做好自己的工作，而不是放在别人了解不了解自己上，总怕别人不了解自己。如果事情没有做好，首先反省检查自己，从自己身上找原因，而不是埋怨别人不了解自己，从客观上找原因。"己"是关键词。君子严己宽人，彰显君子气质。

"君子疾没世而名不称焉。"（见《卫灵公篇第十五》15·20）

"君子担心的是，到死名声都不被人知道。"

这是笔者以前的解读，笔者以为，这句话是孔子从亲身经历得到的，是对其人生发出的感慨，他毕其一生的精力，创建自己的学说，推行自己的主张，一直推行不了，担心自己辛辛苦苦建立的学说至死都不被认可，无声无息地淹没不为后世知道，这是从作为上总结的。按照专家的解读，疾：是指担心；没（mò）：是指去世；名：是指名声、声誉；称：是指称道。其大意是说，君子所担心的是，自己的名声，至死都不被人称道。"名"即名声是关键词。君子担心的是自己的名声，这是从人品、品行上说的，君子重名声，彰显君子品行。

"君子居之，何陋之有？"（见《子罕篇第九》9·14）

"有君子去住，怎么会简陋呢？"

孔子想去东部少数民族的边远地方居住，有人劝孔子，说那个地方简陋，孔子这句话是针对解劝说的。其意思是说，那个地方很落后，条件很差。孔子没有说他自己，而是说"君子"，按原意是说，君子是不会因落后和条件差而不去居住，我孔子为什么嫌条件差不去呢？孔子将个人特指性转变为"君子"一般性，其蕴涵的意思是说，君子到落后和条件差的边远地方居住，这是君子的必然作为，到这里居住，可以进行艰苦磨炼。'何陋之有'是关键词，彰显君子气节。

"质胜文则野，文胜质则史。文质彬彬，然后君子。"（见《雍也篇第六》6·18）

"朴实多于文采，就难免粗野；文采多于质朴，就难免浮华。只有文采与质朴相结合，才能成为君子。"

质：是指质朴、朴实；文：是指文采；野：是指粗野；史：其本义是宗庙里掌管礼仪的祝官，这里是指像祝官那样言辞浮夸、虚浮的状态。对于这段话有几种解读，本处是按文字作一般性解读，质是指质朴，文是指文采，君子是质与文结合得好的人。孔子是内在与外在统一论者，强调内在与外在相统一、文与质相结合。"文质彬彬"是关键词，彰显君子风采。

"君子不忧不惧。""内省不疚，夫何忧何惧？"（见《颜渊篇第十二》12·4）

"君子不忧愁，不畏惧""自己反省自己，问心无愧，这还有什么忧愁和畏惧的呢？"

"不忧不惧"是立论，是君子的气度。不忧，反映的是乐观精神，无忧无虑、积极奋进；不惧，反映为勇敢精神，敢作敢为、敢于担当。"内省不疚"是"不忧不惧"的原因，内省，是从内心进行反思，扪心自问，无愧于心，还有什么可以忧愁的？还有什么畏惧的？孔子在告诉人们，做人要有无畏精神、牺牲精神、乐观精神、奋进精神，严格要求自己，进行反省，加强修养，毫无私心私念，只有内省、只有无私，才能不忧、才能无惧。"内省不疚"与"无忧无惧"是因果关系。"无忧无惧"是关键词，彰显君子气度。

（3）孔子有关君子系列关联经典和警句。

①以子产为典型，阐述君子之道有四。

子谓子产，"有君子之道四焉：其行己也恭，其事上也敬，其养民也惠，其使民也义"。（见《公冶长篇第五》5·16）

孔子评价子产，说他"具有君子的四个特点'自己的言行举止端庄严谨，对君主恭敬礼貌，教养人民多给实惠，使役人民合乎道义'"。

这段话是针对子产，具有特指性。子产，名公孙侨，字子产，郑穆公的孙子，是春秋时郑国的贤相，是杰出的政治家，孔子对其评价很高。按文字理解，将行为端庄、对上尊敬、给民实惠、使民合乎道义作为衡量管理者的四条标准，具有借鉴意义。其一是个人品行端庄，其二可以解读为对上面布置的事情或事业兢兢业业，其三是要给人民以实惠，其四是对老百姓布置任务合情合理。从一般性上讲，做一个君子式的好干部，应具备四个特点，一是人品好，端庄正直；二是做事认真负责、兢兢业业；三是一心为民，给人民办实事、办好事；四是爱护人民，不给人民增加负担。行恭、事敬、惠民、义民，彰显君子治国为民之道。

②以自己没有做到，阐述"君子道者三"。

子曰："君子道者三，我无能焉：仁者不忧，知者不惑，勇者不惧。"子贡曰："夫子自道也。"（见《宪问篇第十四》14·28）

孔子说："君子重视的三个方面，我都没有做到：仁者不忧愁，智者不迷惑，勇者不惧怕。"子贡说："这三个方面是老师对自己的评述。"

这段话是孔子针对自己说的，这是有特指性的。按照文字作一般性解读，其大意是，作为君子，要注重从三个方面要求自己，或者说要做到三个方面：

其一，仁者不忧。一个有仁德的人，就一定很乐观，对什么事都不发愁，能经受住各种困苦和灾难，从不悲观失望，使自己成为仁者。

其二，知者不惑。有智慧的人，就可以解开任何疙瘩和疑难问题，凭借自己的智慧做人做事,始终能保持冷静清醒的头脑,敏锐观察客观事物,发挥自己的聪明才智,使自己成为智者。

其三,勇者不惧。有勇气的人,敢作敢为,无所畏惧,百折不挠,可以克服各种艰难险阻,从不畏首畏尾,始终有一股勇往直前的劲头,事事走在前面,使自己成为勇者。这里说的勇,是指勇敢、勇气。只有仁者,才能不忧;只有智者,才能不惑;只有勇者,才能不惧。此说,已见《子罕篇》,这里孔子说这三个方面,他都做到了。学生说,这三个方面是孔子在说自己,意思是,老师这三个方面都做得很好。无论孔子说得如何,但他提出的仁者、智者、勇者都是人们的普遍追求。仁、智、勇是关键词,彰显孔子品行智慧之道。

③陪伴君子说话容易出现的过失。

——"侍于君子有三愆"

孔子曰:"侍于君子有三愆:言未及之而言谓之躁,言及之而不言谓之隐,未见颜色而言谓之瞽。"(见《季氏篇第十六》16·6)

孔子说:"陪伴君子说话容易出现的三种过失:没轮到你说话你抢先说,这叫急躁;该你说话你不说,这叫隐瞒;不看对方脸色便随意说话,这叫盲目。"

"孔子曰"这里是指对高位的重臣说话时,用"君子"而未称职位,是以"君子"而不是"职位"衡量,这种情况多出于职场。此处按文字字意作一般性解读。侍:是指陪伴;愆(qiān):过失;瞽(gǔ):眼睛瞎了,这里做没有看脸色、盲目解。

在与人交往和交谈中,其一,防止急躁,不该你讲的时候你却讲,还要别人听你的,接受你的看法。这是不行的。要善于听取别人的意见,不先入为主。

其二,防止隐瞒。该说的话不说,藏在自己心里,不表什么态度。有什么看法要表达出来,不隐瞒观点。

其三，防止乱说。不看脸色、不分场合，信口开河，不管你该讲不该讲，不管别人接受得了还是接受不了，随意发表看法和意见，起不到应起的作用。讲话一定要有分寸，深思熟虑，避免随意性和盲目性。

孔子把这三种情况称为过失，用"君子"一词其上升到仁德、品行、素养的层面，这是品行上的过失，警示人们引以为戒。"愆"是关键词，防急躁、防隐瞒、防盲目，喻义语言体现人的品行，要求亦应是君子所为，彰显君子品行之道。

④人生应该引起的警惕戒备。

——君子有三戒

孔子曰："君子有三戒：少之时，血气未定，戒之在色；及其壮也，血气方刚，戒之在斗；及其老也，血气既衰，戒之在得。"（见《季氏篇第十六》16·7）

孔子说："君子有三件事应该警惕戒备：年轻时，血气未定，要戒备贪恋女色；壮年时，血气旺盛，要戒备争强好斗；老年时，血气衰退，要戒备贪得无厌。"

孔子说的君子应该警惕戒备的三件事，不是权宜之计或者一般大事，而是关乎人的整个一生应该警惕戒备、一刻也不能放松的重大问题。人的一生要好也需要戒，只有懂得戒才能更好。

从人生讲需有三戒，其一，青少年时期，人还未成熟，正在成长期间，还未定型，即"血气未定"，这个时期，更重要的是警惕贪恋女色，追求享受，这将影响身心健康，对终生带来影响。

其二，中壮年时期，人的精力很旺盛，即"血气方刚"，是人生出成就的时期，争强好胜并不一定错，但精力不能放在争斗上，不要争强好斗，这是这一时期要警惕的。

其三，到了老年时期戒之在得。得，是指得到。这个时期，人的机能和精力衰退，即"血气既衰"，什么功名利禄、金钱、成就、名誉、地位，该放下的应该放下了。三戒,即是少年时戒之在色,中年时戒之在斗,老年时戒之在得,对人生概括得很精辟,"戒"是关键词,戒色、戒斗、戒得,少年时好学有志,壮年时奋斗有成,老年时淡泊益寿,戒而更好,将人生之路走好,彰显君子人生之道。

(4) 孔子将"君子"与"小人"做对照,更能体现君子的特点和优势。

孔子将"君子"与"小人"做对比,一目了然,让人一看就明白,很容易就分清是君子所为还是小人所为,知道君子是什么样的人,小人是什么样的人。所谓君子,就是有仁德、有品行、有素养的人,是正直端庄、行得端、走得正的人,人们常以正人君子称之;小人是缺乏仁德、品行很差、缺少涵养、心术不正、言行举止令人不齿的人,人们常以卑鄙小人称之。现罗列如下:

① "君子怀德,小人怀土;君子怀刑,小人怀惠。"(见《里仁篇第四》4·11)

德:是指道德、仁德、品德、道义;土:是指土地,广义作"利"即物质利益解。孔子所处时代,是农耕时代,土地是命根子,土是指财产。其意思是,君子看重的是道德,小人胸中装的只有财产,即"物"。刑:是指法律、规矩、制度;惠:是指实惠,亦指物质利益。这段话的大意是,君子重德、重法,小人看重的只有实惠、物质利益,而无德、无法。

② "君子喻于义,小人喻于利。"(见《里仁篇第四》4·16)

喻:是指知道、明白、懂得,这里可作看重解。其大意是,在对待"义"和"利"的态度上,可以看出这个人是君子还是小人。君子看重的是义,君子所得,取之有道;小人看重的是利,为了获利,不择手段,获取不义之财。

③ (谓子夏)"女为君子儒,毋为小人儒!"(见《雍也篇第六》6·13)

君子儒:是指君子式的知识分子;小人儒:是指小人式的知识分子。孔子告诉学生,不是只要有知识、有学问,就是合格的知识分子,还要有仁德，德才兼备，做君子，而不做小人。也就是说，不要以知识为本钱，做起事来却有失知识分子大雅，有损知识分子称号。因此，要做学问，也要修养品行。"君子儒"对学生具有特指性，同时也具有一般性，是对所有知识分子的要求。

④ "君子坦荡荡，小人长戚戚。"（见《述而篇第七》7·37）

坦荡荡：是指心胸宽广坦荡、光明磊落；长戚戚：是指忧愁悲伤，这里可做这样解读：心胸狭窄，不光明磊落，因此常以小人之心度君子之腹，怀疑这、怀疑那，过得不舒坦。"坦荡荡"是关键词。

⑤ "君子成人之美，不成人之恶。小人反是。"（见《颜渊篇第十二》12·16）

成人之美是指成全别人的好事，"不成人之恶"指不促成别人的恶事。其大意是说，支持、成全别人做好事，还是纵容、支持别人做坏事，是扬善除恶还是助恶去善，是区分君子还是小人的一个重要方面。"美"即善是关键词。

⑥ "君子和而不同，小人同而不和。"（见《子路篇第十三》13·23）

"和"是孔子思想的核心理念，"和而不同"是孔子学说的一个重要观点，无论在国家、政权、治国理政、社会治理、对外关系，人与人之间为人处世等方面都具有重要作用和不朽性。在这里特指区分君子与小人的标志。和：是指和谐、协调、合作；同：是指统一、同一、一致等。就是说，君子能够与他人和谐相处，合作共事，协调一致，共同完成目标任务；同时又能保持各自的特点，发表不同的意见，发挥个人的优势和特长。小人则随声附和，随波逐流，口是心非，言行不一，只是维持表面上的一致，实际上不能与人和谐相处，合作共事，甚至不顾大局，闹矛盾，搞不团结。这是区分君子和小人的一条原则。

"和而不同"的内涵非常丰富，可以运用于许多方面。例如，建设社会主义现代化，要坚持发展是硬道理，加快经济建设，同心协力，拧成一股绳,这是"和";同时采用多种经济形式,多种经营方式,不搞一刀切。这是"不同"。在思想文化领域,坚持社会主义方向,加快建设和发展是"和",百花齐放是"不同"。

⑦"君子泰而不骄,小人骄而不泰。"(见《子路篇第十三》13·26)

泰:安泰,此处是指心胸开阔、坦荡;骄:是指心胸狭窄、傲慢。"泰而不骄"还是"骄而不泰",即是心胸开阔坦荡还是心胸狭窄傲慢,是区分君子还是小人为人处世之道的一个重要标志。"泰"是关键词,是在告诉人们,做事要心胸开阔,光明磊落,正直坦荡,而不是心胸狭窄,骄傲自大,不能坦诚待人。

⑧"君子而不仁者有矣夫,未有小人而仁者也。"(见《宪问篇第十四》14·6)

"君子之中有做不仁的事的人,而小人无仁德可言。"

"仁"是这句话的关键词。仁是指仁德、品行、素养。"仁"是区分君子与小人的标志。君子是具备"仁"标准的人,要达到"仁"的标准,需要不断加强自身修养和践行,有两种情况。一种情况是没有达到标准,作为君子就需要终生努力,这是君子之所以为君子的基本要求,另一种情况是有过失,有不仁的作为,做了不仁的事,作为君子,就应改过并克服缺点;而小人根本达不到标准和要求,小人即使做一些"仁"的事,也只能是一种伪装、一种掩盖,不可能成为君子。只有努力达到"仁"的标准称为君子,才能做到真正的仁。这段话可这样理解,即使君子有时可能成为不仁者,小人也不会成为仁者,这是要人们做君子而不做小人。前一句说的是好人也可能做过一点坏事,后一句说的是小人不会做好事,这是两个不同的概念,不能混淆,不能误读为孔子认为君子中有不仁的人,如有不仁者,不会是君子,而是小人;也不能以职位区分君子和小人,区分的标准只能是"仁"。至于小人经过改变成为君子,这是另一回事,这在《论语》中有论述,与此段并不矛盾。

⑨ "君子上达，小人下达。"（见《宪问篇第十四》14·23）

"上达"是关键词。上达：意指达到高标准，这里是指通达于仁义；下达：意指达到低标准，这里是指通达于财利。区分君子与小人，主要是看他的所作所为，是仁德和仁义，还是金钱和利益。君子看重的是仁义，以仁义修己，以仁义处世，以仁义待人，以仁义治世。小人看重的是财利，以金钱为价值取向，以财利为判断好坏的标准，不重品德修养，不讲道义，追求私欲和私利，获取不义之财，为了一己之利，损害国家和他人的利益。

⑩ "君子固穷，小人穷斯滥矣。"（见《卫灵公篇第十五》15·2）

孔子被困在陈国断了粮，跟随的学生都饿病了，站不起来，子路很生气地对孔子说："君子也有穷困的时候吗？"（"君子亦有穷乎？"见《卫灵公篇第十五》15·2）子路这句话很不客气且尖锐，提到"君子"的高度，其含义是，你整天讲"君子"，但"君子"不能当饭吃，这是在发牢骚。孔子讲这段话，既是对子路的批评教育，也是教育大家，说君子在穷困挨饿面前，在困难情况下能经受考验、克服困难。这里的"固"，是指稳固、坚定。而小人在穷困、遇到困难时，无所不为、胡作非为。这是对子路的批评，具有特指性。对学生而言，孔子是在教育学生，人总会遇到困难，在这个时候，要坚持自己信念和操守，要把握好自己，而不能产生邪念，从而做出越轨的事情。这不仅在当时起到稳定人心、增强信心的作用，而以亲身经历为例，对学生进行人生实践教育。"固"是关键词，是"固"还是"滥"，是区分君子还是小人的尺度，这是君子意志磨炼之道。

⑪ "君子求诸己，小人求诸人。"（见《卫灵公篇十五》15·21）

"君子严格要求自己，小人严格要求别人。"

"己"是关键词，严己宽人还是宽己严人，这是"求诸己"还是"求诸人"是区分君子还是小人的为人处世准则。

⑫ "君子不可小知而可大受也，小人不可大受而可小知也。"（见《卫

灵公篇第十五》15·34）

"君子不可以用小事情考验他，却可以担当重大责任，小人不可以担当重大责任，却可以用小事情考验他。"

对君子要重大节，不要抓住一些小事、求全责备，大胆委以重任；对小人不能委以重任，小人从一些小事上就可以考验出来，因为小人人品不好，在一些小事上也能反映出来，只要认真考验，就能加以区别。君子也犯错误，也有缺点，却不反映人品问题，这一点通过观察分析也能区别开来。"大受"是关键词，是说君子可以委以重任，看本质，看大节，善于识人用人。"大受"就是可以委以重任，而"小知"就是即使从小事考验出来也不能委以重任，这是区分君子和小人的一个重要方面。这里不能误读，认为孔子对君子只重大节，这里是指看待别人、对人处事、选人用人重大节，作为君子个人还要注意一言一行，严于律己。

⑬ "君子义以为上。君子有勇而无义为乱，小人有勇而无义为盗。"（见《阳货篇第十七》17·23）

这段话是孔子回答子路问君子"尚勇"的问题而说的。这正是子路的缺点，孔子数次批评子路的"勇"不叫勇敢，而是莽撞冒失。子路提的问题的意思是，君子不是崇尚勇敢吗？孔子针锋相对地指出：你说的不对，君子最看重的是道义，如果君子重勇而不重义，就会乱为，行为越轨；而小人重勇而不重义，就会盗窃抢劫、胡作非为。这是有特指性的，是在告诉子路，你不要以勇敢而自豪，要把重点放在崇尚仁义上，否则，轻者就会犯错误、莽撞闯祸，重者成为违法违纪的小人。可是，因为子路提到"君子"，孔子也用"君子"回答，于是就具有了"君子"的一般性。

这里需要弄清两个概念，一个是君子与小人，君子最重要的品质是义，是仁，"义以为上"，小人最重要的特点是不仁不义；另一个是乱和盗。乱，是针对君子重勇而不重义说的。这里的乱，是指乱为，是行为越轨，做出不理智的事，不做获得不义之财的事，不做损人利己的事。盗，是针对小人只重勇而不重义说的。这里的盗,是指盗窃、抢劫等违法乱纪的事。这段话"义"是关键词,"义"与"不义"是区分君子与小人的根本性标准。

(5)孔子的学生有关君子的经典精句。

前面介绍的学生中有子路、冉求和宰我三个学生的言行令孔子不满意,其中有两个处在官场,在当时那种制度和背景下,受到潜规则的影响,与孔子学说有距离,孔子一方面对他们批评教育,另一方面他们一直跟随孔子,孔子从大节上将其纳入君子之列,是属于言行作为失当,予以加强教育。孔子的学生大多出身贫寒,即使是在著名学生中,他们也处于少数,因此从总体上是忠诚于孔子学说的,这些学生的观点论述,是对孔子学说的深刻理解,可以纳入孔子学说之中。其中对君子的论述属于经典精句,现罗列如下:

①有子曰:"君子务本,本立而道生。"(见《学而篇第一》1·2)

有子说:"君子致力于培根固本,打好基础,根本立起来了,基础打好了,为人处世之大道、国家之大道、社会之大道就建立起来了。"

有子是孔子的学生,姓有名若。孔子有三千学生,其中有七十二贤。在《论语》中能被尊称为"子"的有孔子、有子等多人,与孔子,有子是被尊称为"子"的学生之一,可见其造诣之深。他被称为"子",可能是他的学生参与编写《论语》时对他的尊称,这说明他在学生中威信很高,他的学生能够参与编写《论语》这样流芳百世的古代经典名著,"名师出高徒"。

这段话是论述"孝弟"时说的。孝:是指孝顺父母;弟:同"悌",是指尊敬兄长。他指出,能做到孝悌,在社会上就很少冒犯长辈和上级,不会有犯上作乱的行为。据此将其提到"君子务本,本立而道生"的高度,做到孝悌,就是仁的根本和社会基础。

"仁"是孔子伦理道德的最高准则,也是孔子思想的核心理念。"孝悌"是达到"仁"的基础。而孝悌是家庭伦理的核心内容,是"仁"的重要体现。孝顺父母、尊重兄长，家庭才能和睦，社会才能和谐。将其提到"本立而道生"的高度，由此推出"孝弟也者，其为仁之本与！"是理论的应用，这是有特指性的。提到"君子务本，本立而道生"的高度，就有了"君子"的一般性。"本""道"是关键词。本是指根本、根基，"务本"是指抓住根本、筑牢根基，打好家庭伦理基础。道是指伦理道德，"道立"是指达到伦理道德、社会伦理的制高点和标准，进而达到治理好国家和社会的目标，是说把根基筑牢，抓住"务本"，就能"道生"，把国家治理好。

②曾子曰："君子所贵乎道者三：动容貌，斯远暴慢矣；正颜色，斯近信矣；出辞气，斯远鄙倍矣。"（见《泰伯篇第八》8·4）

曾子，姓曾，名参（shēn），字子舆，是《论语》中与孔子同称为"子"的另一个学生。从前后看，这段话是曾子病重时对自己一生为人处世的感悟，其中的"君子"是指在上位的人，是按照君子的要求来要求上位的人，这是有特指性的。将其称之为"君子"，就具有"君子"特点的一般性。贵：是指宝贵；道：是指待人接物。其意是指，君子可贵的是待人接物的三个方面：一是"动容貌"，容貌代表人的形象。暴，意为粗暴无礼；慢，意为怠慢。在外表上，要严肃庄重，别人才不会怠慢你。二是"正颜色"。颜色：是指脸色，脸色能反映的态度，态度端庄才能使他人诚信待己。这里的信是指诚信。三是"出辞气"。言辞代表人的素养。辞：是指言辞；气：是指声调，这里是说言辞要得当和气。鄙：是指粗野鄙陋；倍：同"背"，是指不合理、错误。言辞得当和气，有涵养，才可以避免粗俗。形象、态度和言辞是君子为人处世可贵的三件大事。这是在告诉人们，要注意自己的言行举止，以和为贵，友善待人。

③曾子曰："可以托六尺之孤，可以寄百里之命，临大节而不可夺也。君子人与？君子人也！"（见《泰伯篇第八》8·6）

曾子说："可以将幼小的孤儿托付给他，可以把国家的命运托付给他，当面临安危的紧要关头，却不动摇屈服。这样的人称得上君子吗？这就是君子。"

孤：指年幼丧父的孤儿，六尺之孤：是指幼小的孤儿；百里：是指国家；命：是指命运；大节：是指气节，是说在紧要关头、危难关头、生死存亡关头的气节；不可夺：是指坚贞不屈、临危不惧、毫不动摇、不失大节，能担当重任。关键时刻最能考验一个人，能够放心把幼儿托付给他，能够在国家紧要关头，敢于挺身而出，担负重任，能够在关乎生死存亡的关键时刻保持气节、情操，坚贞不屈，意志坚强，临危不惧，毫不动摇，经得起考验。这样的人，就是君子，做人要做这样的人，做官要做这样的官。

④子贡曰："纣之不善，不如是之甚也。是以君子恶居下流，天下之恶皆归焉。"（见《子张篇第十九》19·20）

"君子恶居下流，天下之恶皆归焉。"君子厌恶处于有失德之处境，一旦有了污点，仿佛天下所有恶事都会归咎于他。

⑤子贡曰："君子之过也，如日月之食焉；过也，人皆见之；更也，人皆仰之。"（见《子张篇第十九》19·21）

子贡说："君子之过错，就好像日食和月食一样：有了过错，人们都能看得见；改了过错，人们都会敬仰他。"

将君子比作日月，过错比作日食月食，包括五层意思：其一，日食月食挡不住日月的光辉；其二，君子的过错，就像日食和月食一样，不影响君子的形象和伟大；其三，君子光明磊落，胸怀坦荡，君子之过是属于过失，不会当面一套、背后一套，不会遮遮掩掩，不会只找客观原因而不从自己身上找原因；其四，君子有了过错，必然会改正错误，从中吸取经验教训，成为自己前进的动力；其五，子贡这段话的大意是，君子也会有缺点，也会有过失，也会犯错误，但是君子犯了错误，人们都能看得见，是光明正大的，是毫不掩饰的，更重要的是，能够改正错误，因此，人们对君子更尊敬。这是在告诉人们，人难免会犯错误，犯了错误，并不可怕，可怕的是掩饰错误，不加以悔改。"更"是关键词。

再引用一段，可以和此段连读，作为对照。

子夏曰："小人之过也必文。"（见《子张篇第十九》19·8）

子夏说："小人对自己的过错，必然加以掩饰。"

⑥子贡曰："君子一言以为知，一言以为不知，言不可不慎也。"（见《子张篇第十九》19·25）

子贡说："君子说一句话可以显示他有知识，也可以显示他无知，所以说话不可不慎重。"

这段话是在子贡连续赞誉孔子以及反驳别人诋毁孔子之后，有人提出他这是恭维孔子、难道孔子真的比他强时说的。整段话前面已做详细解读，意思是说，老师就像天上一样，是用梯子无法登上去的，他怎么能与之相比呢？为了让对方无言应对，他在前面做了这一段论述，将其提到"君子"的高度，是作为"君子"说话，是有分量的。一句话可以抬高一个人，一句话也可以诋毁一个人，因此，言行举止一定要慎重。这是有特指性的。将这段话单独提出来，就具有了"君子"要注意自己言行举止的一般性，按文字解读，其意思是说，一个人为人处世，一句话，可以显示他知识，也可以显示他无知，可以显示他这个人有水平，也可以显示他这个人缺乏涵养；进而其言行举止，可以给他人带来好的、有益的结果，也可以给他人带来不好的、有损的影响。"慎"是关键词。"慎"是指慎重、得当、深思熟虑，彰显君子的品行和作风。

⑦子夏曰："虽小道必有可观者焉；致远恐泥，是以君子不为也。"（见《子张篇第十九》19·4）

子夏说："即使是小技艺，也一定有可取的地方；但是，恐怕它妨碍远大的事业，故而君子不会这样去做。"

子夏，姓卜名商，字子夏，是孔子的学生。泥（nì）：留滞、拘泥。这段话大意是，有些事从一件事、从局部看，是有一定道理的，看起来是对的；但是从大局看、从长远看，却有碍大的目标、是于理不通的，是不对的。这就是说，看一件事、看一些道理，不能只看这件事本身，只看小道理，而是要从大局和长远看，这是观察事物、分清对错的基本原则。小道理服从大道理，就是这个意思。

⑧子夏曰："百工居肆以成其事，君子学以致其道。"（见《子张篇第十九》19·7）

子夏说："各种工匠在作坊完成自己的工作，君子通过学习以获得他追求的道理。"

肆：是指作坊，是古代制作物品的场所。这段话的大意是，工匠完成他的任务，是在作坊使用工具完成的。任务是目标，作坊是场所，没有场所，没有工具，就无法完成任务；反之，只有场所和工具，没有工匠的辛勤劳动和智慧，也同样完不成任务。这个事例，是日常常见的，道理浅显易懂，举这样的事例，是为了让人们更能够理解后面君子所为的大道理。君子有其奋斗目标和远大理想，是通过学习和实践达到的。没有学习与实践这个过程，难以达到自己的奋斗目标；相反，如果没有奋斗目标，学习获得的知识再多，也难以取得预期的成就。这里强调学习的重要性。同时也要强调动力，是为了追求一定的目标和理想，这样才能够提高学习的积极性和主动性。这就是说，前面以工匠工作作坊和工具与完成任务的关系为比喻，阐述君子学习和实践与达到一定理想和奋斗目标的人生理论与实践的奋斗逻辑，将其从大局和长远看问题的观点，提升到人生的理论和实践的人生观上观察问题的高度。

⑨子夏曰："君子有三变：望之俨然，即之也温，听其言也厉。"（见《子张篇第十九》19·9）

子夏说："君子有三种令人感受到的变化：其外表端正庄严；与之接触性情温和；说话时严肃认真。"

这三种变化是指从不同的角度来观察的结果：一是从外表上看非常端庄，让人感到很正直，很严肃；二是待人接物平易近人，没有架子，让人感到很和气；三是说起话来"厉"，这个"厉"不是指严厉、盛气凌人，而是指说话很在理、有分量，说话算数，具有威力，让人感到有威严。这三变，反映君子说话办事的魄力、威望和亲和力，彰显君子的气质和风度。

⑩子夏曰："君子信而后劳其民；未信，则以为厉己也。信而后谏；未信，则以为谤己也。"（见《子张篇第十九》19·10）

子夏说："君子只有取得信任，才能让百姓听从、服从；如果没有取得百姓信任，百姓就认为你是欺压他们、奴役他们。取得国君信任，才能进谏；如果未取得国君信任，就去进谏，国君就会认为你是在诽谤他。"

子夏这段话，是将君子之道用在治国理政上。"信"即信任是关键词。这里君子取得信任包含两个层面。前一段话是对在上位的人包括最高领导说的：你的治理、你的工作、你自己的所作所为，能够取得老百姓信任，这是最重要的。能得到老百姓的信任，老百姓就拥护你，听从你的安排；如果不能取得老百姓的信任，老百姓就会认为你在强迫他们、奴役他们。后一段话是针对大臣、官员说的：进谏是大臣、官员正直、进献诚挚之言的一个显著特点，但是要看上位的领导者是不是信任你，如果信任你，你的进谏才能听得进去；如果不信任你，就认为你是在诽谤。可见信任是何等的重要。从这段话得出的启示是，君子立于世，为人处世，以诚信待人，以诚信立世，要取得别人的信任，首先自己要有诚信，这是为人处世之道。表现在上下级关系上，处在领导岗位的人，要以自己的诚信取得下级的信任，不能以领导者自居，强迫命令，不平等对待下级。在社会上，在看待和处理人与人的关系时，取得相互信任依然是极为重要的事情。

⑪子游曰："子夏之门人小子，当洒扫应对进退，则可矣，抑末也。本之则无，如之何？"

子夏闻之，曰："噫！言游过矣！君子之道，孰先传焉？孰后倦焉？

譬诸草木，区以别矣。君子之道，焉可诬也？有始有卒者，其唯圣人乎？"（见《子张篇第十九》19·12）

子游说："子夏的学生，叫他们做做打扫、接待客人、迎来送往的工作，那是可以的；不过，这些都是细枝末节的工作。至于根本性的基础则没有，这怎么可以呢？"

子夏听到以后说："唉！言游说错了！君子的道，哪些先传授，哪些后教诲，就像草木应该区别种类一样，哪能乱传授呢？至于从头至尾都能融会贯通的，大概只有圣人吧！"

言游，姓言名偃，字子游，孔子的学生。这段话体现了子游和子夏两位老师对教学的不同看法，主要关于接待客人的方式，子游认为子夏让学生做的是低微的基础工作，缺乏根本性工作，这是不行的。针对这种看法，子夏认为，学习必须循序渐进，首先打好基础，再进行提高，从头至尾都能融会贯通高深的理论并且达到尽善尽美，恐怕只有圣人才能做到。他举例说，比如草木种类很多，先从识别种类着手，再逐渐了解和选择哪些是好哪些是差，进而选择优良品种种植。子夏针对子游的话，并没有直接反驳，而是用"君子之道"来衡量好坏的标准，这样具有说服力，避免了纠缠不休的争论，彰显君子教育教学育人之道，进而体现君子为人处世之道，子夏与子游都是孔子的著名学生，他们都有自己的独到见解，他们之间的学术之争是正常的、正向的君子之争，没有什么门户之争，也不存在成见和偏见。因为子游的一些言论未直接使用"君子"称谓，所以此处未引用。

⑫子夏之门人问交于子张。子张曰："子夏云何？"

对曰："子夏曰：'可者与之，其不可者拒之。'"

子张曰："异乎吾所闻：君子尊贤而容众，嘉善而矜不能。我之大贤与，于人何所不容？我之不贤与，人将拒我，如之何其拒人也？"（见《子张篇第十九》19·3）

子夏的学生向子张问应该怎样交朋友,子张问:"子夏怎么说?"

这位学生回答:"子夏说:'可以交的,就交往;不可以交的,就予以拒绝。'"

子张说:"我听到的与此不同:君子尊敬贤人,也能容得下一般人;称赞善人,又能同情没有能力的人。如果我是大贤的人,还有什么人容不下呢?如果我是不贤的人,别人会拒绝和我交往,我怎么能拒绝别人呢?"

子张:姓颛(zhuān)孙,名师,字子张,是孔子的学生。他的论述有一些独到的见解,本处只引用使用"君子"称谓的一段论述。矜:指怜悯、怜恤、同情。学生的问题是如何交朋友,两个老师回答的不一样,子夏的回答是可以交则交,不可以交的不交;子张的回答提到"善"和"贤"的高度。"善"和"贤"是关键词,"贤"可以"容众","善"可以"矜不能",即同情和帮助没有能力的人。是说既不随便交朋友,又要广泛交朋友。这里子张对同为孔子的学生的同学提出不同意见,一个是说他听到别人说的道理,这个人可能是老师说的,他不愿用老师压别人,也可能是其他人,这表达的是他的看法;另一个是使用"君子"一词,是说君子是如何交朋友的。"君子尊贤而容众,嘉善而矜不能。"不愧是孔子的学生,连争论、表达不同意见的方式也学孔子,真是有其师必有其徒。将"君子尊贤而容众,嘉善而矜不能"单独运用,就具有了"君子"交友、为人处世的特点。贤是善的内在品质,善是贤的外在体现,这彰显了孔子的学生为人处世的品行以及君子贤善之道。

6. 君子型人才是具有仁德和才能的优秀人才

孔子有三千学生,孔子通过教育,培养君子型人才,其中最突出的是七十二贤,都是君子型人才。

其中大致分为四类:

(1)做过错事的君子。他们是从政者,身居高位者为极少数,代表人物如子路、冉求,他们一方面是有过失和错误,有能力和治国才能但仁德不足，处于官场，在当时那种制度和环境下，也存在遵循官场潜规则，支持诸侯国对内进行讨伐战争，为掌握实权的当政者敛财等严重问题。另一方面，又始终以孔子为师，不弃不离，接受孔子批评教育，说明还是信奉孔子学说的，可以属于有过失的人才，归纳于君子之列。特别是子路，敢于大胆向老师提意见，而且提的意见往往很尖锐，受到孔子的批评教育也很多。孔子的批评也很不客气，但是孔子不愧是教育大师，师生之间没有任何隔阂，心胸坦荡，具有圣贤级君子的风度，这也是子路敢于向老师提意见，而且愿意跟随孔子、尊敬孔子的重要原因。

（2）有缺点的君子。以子贡为代表，很有才华，能够与老师深度探讨重大的理论和现实问题，孔子对他非常欣赏，认为是能够对其学说有帮助的人，但是子贡具有有才华的人常有的缺点，就是清高，说话往往伤人，孔子为此对子贡进行教育，子贡通过与老师的交流，不仅自身受到终生影响，而且在做人的教诲上也受益匪浅，因此在后来当有人认为他强于孔子的时候，他将孔子比作天上的日月，是靠梯子登不上去的，自己是根本无法与之相比的，是孔子学说的忠实信奉者和传承者。

（3）修养好的真君子。以颜渊为代表，包括子贱等，其好学精神，孔子认为在他的学生中无人能比。颜渊家庭贫寒，居住在穷人区，生活困难，在这样恶劣的环境和生活艰苦条件下，刻苦学习，矢志不移，其德与才得到孔子高度赞扬，他的早逝让孔子号啕大哭，多次称赞。但是颜渊有一个缺点，他从不给孔子提不同看法和意见，孔子因此认为他对自己没有帮助，在这一点在孔子更欣赏子贡。

（4）堪比圣人的君子。以有子、曾子为代表，是孔子学说的继承者和弘扬者，他们有其独到的开创性见解，学生能够将其与孔子同称为"子"，固然是因为其学生是编写《论语》的参与者，出于对自己老师的尊敬，但是从两人在《论语》中的言论看，两个人称"子"当之无愧，特别是曾子，亦被后世人称为曾圣人。其学生参与编写《论语》这种名著，他们二人亦被称为国家顶尖级大师。从上面直接使用"君子"称谓的论述,无论是从数量上,还是从理论深度上在孔子的学生中都是最为突出的。他的父亲曾点,亦是孔子学生,是普通人,其品行同样得到孔子的好评,可以称得上是君子型的人。儿子表现更为突出,父子同为孔子的学生,又都很优秀,在孔子的学生中实属少见。对于曾子直接使用"君子"的表述前面已经引用,不再重复。还有一些言论,再作一些引述。

①翻开全书,孔子对曾子的评价极少,只是在一处,只有一个字,而且是和其他几个人在一起点评的。

柴也愚,曾也鲁,师也辟,由也喭。(见《先进篇第十一》11·18)

高柴愚笨,曾参迟钝,颛孙师偏激,仲由鲁莽。

柴:姓高名柴,字子羔,孔子的学生。这段话,没有标明是孔子说的,是学生对孔子对这几个人评价的概述。这里说的是这四个人的缺点,说曾子的缺点是"鲁"。鲁:是指迟钝。这个评述应该不是随便说的,比较准确。但是从曾子的言论、学识和思想敏锐看,他似乎不迟钝,孔子为什么要这样说呢?可能只有一种解释,曾子的天资并不聪明,硬是用笨办法,即刻苦努力和钻研熬出来的。这里主要是说学习,故而不完全是贬义。

②曾子像子贡那样与孔子交流也很少,《论语》仅有一次这样的记述,堪称经典。

子曰:"参乎!吾道一以贯之。"曾子曰:"唯。"

子出,门人问曰:"何谓也?"曾子曰:"夫子之道,忠恕而已矣。"(见《里仁篇第四》4·15)

孔子说:"参呀!我的学说贯穿一个基本观点。"曾子回答:"是的。"

孔子说完走了出来,其他学生就问曾子:"这句话是什么意思?"曾子回答:"他老人家的学说,概括为一句话,就是贯穿着'忠'和'恕'两个字。"

贯:是指贯穿、统贯。忠:引用孔子"己欲立而立人,己欲达而达人"

作为解读（见《雍也篇第六》6·30），其中"立"和"达"是关键词，是从严以律己着手，自己首先做到，再要求别人做到；"恕"引用孔子的解读："己所不欲，勿施于人。"（见《卫灵公篇第十五》15·24）"勿"是关键词，是从宽以待人着手，连自己都不想、都做不到的，就不能要求别人做到。这样深度解读、精准点评、高度概括孔子学说，在学生中大概只有曾子能够做到。孔子的"一以贯之"是传世经典，后来曾被用来表明前后一致、表里如一。曾子的"忠恕"，将孔子学说转变为"君子之道"的一般性准则，大意是说，在为人处世上，首先从自己做起，自己践行仁德，自己敬业事成，再帮助别人敬业事成；自己过得好，也让别人过得好；不能连自己都不想做、达不到的事，却一味要求别人去做、去达到，或者只图自己过好、享受，却不管他人利益，甚至将自己的享受建立在他人的苦难之上。这一"忠恕之道"亦是传世经典。

③曾子曰："吾日三省吾身：为人谋而不忠乎？与朋友交而不信乎？传不习乎？"（见《学而篇第一》1·4）

曾子说："我每天都再三反省自己：为他人做事是不是忠诚、尽心尽力呢？与朋友交往是不是以诚相待呢？对老师传授的学业是不是复习了呢？"

这段话的重点是"三省"。省：是指反省；三：是指多；三省：是指多次反省。曾子是在说他自己，能够严格要求自己，每天都对自己的所作所为进行回顾，一是为他人做事时是不是实心实意、尽心去办，这里强调的是"为他人"而不是"为自己"。推而广之，对工作是不是尽职尽责。二是与朋友交往是不是以诚待人。推而广之，对人是否以诚相待。三是对老师讲的内容是不是认真复习，亦指是否进行练习、实习并联系实际。曾子说的老师是指孔子，这也包含着对老师学说的深刻了解，时时刻刻都在领会和深入思考，从中得到新的收获。"吾日三省吾身"是经典。"吾"指自己。如果按文字将"吾"理解为每个人自己，这句话就有了一般性意义。

"省"是关键词,其意为人们要学习"吾日三省吾身"的精神,每日根据自己的情况,回顾自己一天的所作所为,哪些做到了,哪些没有做到,哪些做得好,哪些做得不好,检查有没有失误或者错误,加以改正,认真反思,总结经验教训,这些都是可以做到的。

④曾子曰:"慎终,追远,民德归厚矣。"(见《学而篇第一》1·9)

曾子说:"慎重举行父母的丧礼,对先祖虔诚地进行追思和祭祀,民风和社会伦理就会归于淳厚了。"

终:寿终,是指父母去世;远:是指远祖、祖先。"民德"是关键词,曾子这里讲的,不仅仅是一种礼节和祭奠仪式,而且提到民风和社会伦理的高度,要人们不要忘记父母养育之恩,不要忘祖,通过祭奠和追思,表达自己的情怀,继承好的家风,激励自己前行,进而营造好的民风和社会风气。

⑤曾子有疾,召门弟子曰:"启予足!启予手!《诗》云:'战战兢兢,如临深渊,如履薄冰。'而今而后,吾知免夫,小子!"(见《泰伯篇第八》8·3)

曾子得了重病,将自己学生召集到自己的病榻前,说:"看看我的脚!看看我的手!《诗经》上说:'战战兢兢,如临深渊,如履薄冰。'学生们,从今往后,我能免除灾害了!"

启:掀开被子(的动作);履:步行;小子:指弟子,即是自己的学生。曾子生了重病,手和脚都浮肿了,他把学生召集起来,看似认为自己可能过不了这一关,而发出内心感慨,对学生做出交代。实则是以自己的生病感受来喻义,人生之路不平坦,前面存在不少坎坷和挑战,必须处处小心谨慎,不要等问题来了才明白过来,要防患于未然。"战战兢兢,如临深渊,如履薄冰",这段话是曾子引用《诗经》上的,因为被收入《论语》之中,就成为传世的经典,常被人们作为警句加以引用,以形容人生道路的艰险,一定要"战战兢兢",时刻高度警惕,这样才能将人生的路走好。

⑥曾子言曰:"鸟之将死,其鸣也哀;人之将死,其言也善。"(见《泰伯篇第八》8·4)

曾子说:"鸟将要死时,鸣叫声音悲哀;人将要死亡时,讲的话是善意的。"

这段话是对看望他的鲁国大夫说的,是为了后面强调的"君子所贵乎道者三"而讲的。其意思是说,我是将要死的人,我讲的话是真心的,是善意的,你应该相信我的话,按君子的要求去做。后面"君子所贵乎道者三"这段话在前面孔子的学生的经典警句里已做过解读。这段话单独提出来,亦是传世经典。

"鸟之将死,其鸣也哀",是鸟临死之前的叫声,是哀叫,是凄惨的,是无助的哀叫,让人怜悯,这是本能,是真切,是发自内心的;"人之将死,其言也善",人在临死之前讲的话没有什么顾虑,没有什么隐瞒,是真心话,没有什么恶意,是善意的,真实反映了人的善念本能,以"鸟之将死,其鸣也哀"作实例,以寓意"人之将死,其言也善"。"善"是关键词,反映了人的善的本能。这段话和"战战兢兢、如临深渊、如履薄冰"连起来看,反映人"善"的本色,是说人的一生都要"兢兢业业",将人生的路走好,到死时终生无悔,对得起自己的良知;同时也告诫人们,不要在人生的征程中不严格要求自己,不好好珍惜自己,把握不住自己,留下缺憾,甚至犯严重错误以致走上犯罪之路,到死时,才反映出善念和善心,其时悔之已晚。

⑦曾子曰:"以能问于不能,以多问于寡;有若无,实若虚,犯而不校。昔者吾友尝从事于斯矣。"(见《泰伯篇第八》8·5)

曾子说:"有才能的人向没有才能的人请教,知识丰富的人向知识少的人请教;有学问就像没有学问一样,知识充实就像知识空虚一样,被人冒犯,也不计较。我以前的一位朋友就是这样。"

校：是指计较。这段论述的核心是讲要有好学的精神、渴求知识的态度和不与别人计较的品行。一是不要老认为自己比别人强，再不行的人都有值得学习的方面，要看到别人的长处，这是好学的精神；二是对于自己，要将有知识当作没有知识，有才能当作没有才能，要虚心向别人学习，这是求知的态度；三是这段话似乎与学习有关，是说无论是别人认为你有知识还是没有知识，你都不要在意，可以解读为，被别人冒犯，也不计较，这是为人处世的品行。最后一句是说他的朋友就是这样，意思是他有实例，他的这些论述，就是从实例中总结出来的。

⑧曾子曰："士不可以不弘毅，任重而道远。仁以为己任，不亦重乎？死而后已，不亦远乎？"（见《泰伯篇第八》8·7）

曾子说："读书人不可以没有坚强的意志和毅力，因为其肩上担负的责任重大而且路途遥远，以实现仁德于天下为己任，其责任不重大吗？为之奋斗到死方休，其路途不遥远吗？"

古时将读书人称"士"，现在称为知识分子，主题是讲人生的大道理。其含义是，知识分子是国家的栋梁之材，肩负着国家、社会和民族的重任和使命，这就要求知识分子以实现仁德于天下为己任。"任重而道远""死而后已"作为经典常被后世引用，反映责任的重大和终身为之奋斗的要义。不只是对知识分子，而是广义地指每个人，都要将人生的路走好，不仅为自己、为家庭，更重要的是，人活得要有意义，就需要为国家、为社会、为民族尽自己一份力量，做出应有的贡献。

⑨孟氏使阳肤为士师，问于曾子。曾子曰："上失其道，民散久矣。如得其情，则哀矜而勿喜。"（见《子张篇第十九》19·19）

孟氏让阳肤担任法官，阳肤向曾子请教，曾子说："现今在上位的人不按规则行事，老百姓早就离心离德了。你在执法办案中，就应该了解百姓的疾苦和真实情况，同情他们、怜悯他们，切不可自鸣得意。"

这段话主要讲社会违法犯罪问题，其含义是，这与社会的大环境有关，上面的官风不正，腐败昏庸，民不聊生，失去民心，这样出现的社会问题，就不应该只是惩治下层民众，不能把他们看成是罪犯，而应该同情他们、怜悯他们。"上""道"是关键词，社会违法犯罪的根源在"上""道"、在"上失其道"。"民"是判断的标准，主要是看民心。在"上"不正、社会风气不好的大环境下，对于民众违反法规制度的问题要做具体分析，对于一些因社会环境等因素造成的轻微违法情况，应在合法合规的前提下给予理解和适当帮扶。曾子这段话分析得很透彻。

对孔子的学生的言论引述，曾子的论述并未全引；有子以及其他学生的言论都未全引。就已经记载的这些引述足以反映出孔子的学生的才华。我之所以不惜笔墨、不惜篇幅，大量引述孔子的学生的言论，就是在表明以下要点：

一是孔子学说是我们老祖宗给我们留下的最为宝贵的不朽治国宝典，《论语》是见之于文字最为珍贵的中国思想文化和中华文明的传世遗产。

二是在当时还处在人类早期的奴隶社会或者说是从奴隶社会向封建社会转型的时代，诸侯争霸、战乱不断的社会环境下，孔子的治国学说难以在当时完全推行，可是作为顶尖级圣贤大学者，在教育上却是成功的，开创了我国教育事业，是我国教育的奠基人，为我国教育做出始创性贡献。

三是孔子一生所秉持的是治国之道，他的学生将其记录下来，编写成册，成为传世宝典，彰显了教育及其教育者，特别是顶尖级教育者，在历史上的地位和作用。

四是孔子在教育上的最大贡献，是培养了一批顶尖级、君子型很有才华的学生，成为后世教育者的典范。这些学生的可贵之处在于记录传承并发展弘扬孔子学说，并非只有孔子一人推动。在当时那样没有纸张，交通不便，资料极少的历史条件下，能培养出如此优秀的学生，如此有才华，如此有独创性，其精神、理念和教育实践都是非常了不起的，将其挖掘出来，作为孔子学说的重要组成部分，是十分必要的。

7. 考察是识别君子的方式

《论语》系统介绍了识别君子的标准、原则和方法，此处选摘了三个方面。

（1）识别君子的方式，是考察。

子曰："众恶之，必察焉；众好之，必察焉。"（见《卫灵公篇第十五》15·28）

孔子说："大家都讨厌他，必须要进行考察；大家都喜欢他，也必须要进行考察。"

这里主要强调考察的重要性。对于那些多数人支持或者反对的人更应该进行考察，搞清实际情况。不能简单地以众人的好恶来给一个人下结论，要看这个人的好坏，看这个人是不是君子，要以考察为准。只有进行考察，才能对一个人做出全面的、准确的、实事求是的定论。君子有自身的界定标准，不能以众人的好恶为依据，不能只听片言只语，不能凭主观印象看人，这样容易产生误判。"察"是关键词，在选人用人上，要在民意测验的基础上，认真进行考察，做出正确的判断。

（2）以人的言行举止作为考察的主要内容。

这一条是孔子从自己亲身经历中总结出来的，他说，过去他观察学生是"听其言而信其行"，通过实践，他转变为"听其言而观其行"。（见《公冶长篇第五》5·10）

"行"是关键词，行是指行为举止；"观"是指观察、考察。这句话是说，不仅要听你怎么说，而且要看你怎么做，主要是看你的行为举止，这是考察的依据。

（3）将德才兼备作为考察的标准。

子曰："骥不称其力，称其德也。"（见《宪问篇第十四》14·33）

孔子说："千里马不是要称赞其力量，而是称赞其品德。"

孔子以千里马比作人才。千里马能行千里路，一是靠才能，二是靠品德，靠意志，靠精神，靠毅力，两者缺一不可。可是，两者中，理想信念、精神动力、意志毅力、品德素质是首要的，"德"是关键词。品德不行，不仅坚持不下来，中途停止、松劲，达不到目的地，才不能达标，而且可能走弯路，走偏方向，甚至走错路、能力用到违法犯罪的路上去。考察人才重才，又要重德，首先是考察品德。品德好，这个人才就可以放心使用。将德才标准广指君子，既重人的才能，又重人的品德，首先要看人的品德。德才是考察的标准。

这里是以千里马作为比喻，在实例中，孔子使用的一个词，是"器"。器是指器皿。孔子用器比喻的不是一个人，前面已经介绍过，其中有一个人，在孔子所处的春秋时期是一个重量级的人物，叫管仲，是处在一人之下、普天之下万人之上、有显赫地位的关键人物，在前面讲治国之道时已做过介绍。这里是从君子的角度、从伦理道德的角度对其进行辨析。这个人是一个有争议的人物，孔子的学生对管仲有看法。齐国君有两个儿子，其中一位后来做了国君，就是齐桓公，而另一个由管仲辅佐的儿子被杀，管仲投靠齐桓公，孔子的学生认为这是不仁。按照当时的礼制，学生的质疑是有道理的，而作为对当时礼制非常坚信笃行的孔子，却从大局和大节上，认为管仲相齐桓公，称霸天下。"桓公九合诸侯，不以兵车，管仲之力也。如其仁！如其仁！"（见《宪问篇第十四》14·16）桓公多次主持诸侯间的盟会，不是用战争的方式，不使用武力，这都是管仲的作用。这是大节，虽然没有称"大器"，而是连连称赞其仁德，这就是大器，即大气。

但是，孔子却又明确说："管仲之器小哉！"（见《八佾篇第三》3·22）即是"小器"之意。前面的"大器"是指对外上说的，在对内上，不守礼节，只有国君才有的设置和待遇，他也设置，这是不循礼，有大量市租收入，其下属人员庞大，挥霍浪费，从不节俭，这都不是小事，都不是治国之大器。这就是说，大器，是从大节上说的；小器，也不是小节，但从全局和总体上看，相对是小节。功是功，过是过；功过相比孰轻孰重，用对人才的历史和社会地位与作用评价人才，准确到位。至于在大节上没有使用"大器"用语，指的是仁德；在小器上，没有指明是仁德问题，是孔子用语的精准。"大器""小器"，被后世人常常引用（指某个人身上特质等内容），如"小器之人""必成大器"，就是由孔子而来。

与之相关联的，孔子称君子为"大器"，又说"君子不器"，如何理解？

孔子以"器"比喻人，如子贡。

子贡问曰："赐也何如？"子曰："女，器也。"曰："何器也？"曰："瑚琏也。"（见《公冶长篇第五》5·4）

子贡问："我是一个怎样的人？"孔子说："你，好比是一个器皿。"子贡又问："是什么器皿？"孔子说："就像宗庙里盛黍稷的瑚琏。"

赐，端木赐，字子贡，孔子的学生；女，同"汝"，即你；瑚琏，古代宗庙里盛祭品的器皿，很珍贵，像子贡这样有才华的人才，可被视为"大器"。

子曰："君子不器。"（见《为政篇第二》2·12）

孔子说："君子者，人也，而非器皿。"

这里之所以做这样的解读，是将"器"作为关键词，首先要弄清"器"的基本含义。再将其作为"器"时，器是指器皿，是比作物，孔子在将人比作物时，如子贡、管仲，都有具体的对象，指有用人才，是君子型人才，这是特指性和特殊性。如将其广指"君子"的一般性和普适性，首先确定的是人，属于人学范畴，包括人道学、人事学、人伦学、社会伦理学、治国理政学等，进而确定以"君子"做人的标准，无论是领袖还是普通人，均以"君子"作为做人的标准，回答做什么样人的问题，做人要做君子型的人，人才要做君子型的人才。

孔子在使用"君子不器"时，没有具体载体和附加条件，这一表述具有一般性和普适性，仅解释为君子是人而非器、非物，首先确定为"人"，回答的是否为人的问题，既然是人，就具有了人的一般性和普适性，既然君子是人而不是物，就具有了人的所有特点，即人的思想意识、人的品行、人的素质品格、人的人生理论和实践，这些是人都应该具备的，君子型的人是做人的标准。这里包含两层意思，一个是就个人而言，以君子型为标准，要求自己、塑造自己、实践人生，有独立的人格，不能将自己当成工具，依附他人；对上位的人和人之间的关系而言，不能把别人当作工具，特别是对待下级，不能将平等关系转变为依附关系。另一个含义是，人是有语言和思维的，这是物不具备的，其言行要按君子要求。掌握"器"和"不器"的基本内涵，就能正确回答有关"君子"的所有问题。孔子的准确把握和智慧为后世树立了榜样。

三、伦理治世的最高境界是仁道

进入孔子有关伦理治世的领域，首先将孔子学说界定为人学，包括人伦学、即以孝悌为主要内容的家庭伦理和以伦理道德为主要内容的社会治理学，将人放在社会的大环境里，来观察人、审视人、对待人，正确看待和处理人道、人事、人伦，正确看待和处理人与他人、人与社会、人与国家以及人与人之间的关系问题，回答人是什么，人的本质、人的社会地位和作用问题。

其次，弄清了人的本质之后，"君子"的提出，回答了要做什么的人的问题。孔子通过大量论述，构建君子的理论体系和实践体系，阐述君子应具备的标准和要求，明确君子的社会作用和使命。提出做君子式的人的意义就在于排除以地位、等级、知识、财产等为标准的划分方式，而是无论你是什么样的人，你的地位有多么高、你的知识和文化层次有多么深，你的财产有多么富，都应以君子的标准来区分，这具有平等性和公平性，而且是人人都应该按君子的要求去做，也是能够做到的。对于有地位的人，包括国君，要求要做君子式的国君和当政者。要做君子型国君和当政者，对其自身要求更高，要起带头和表率作用。

在阐述上面两个问题之后，就可以正确解读孔子伦理治世的核心理念问题。伦理治世是治国之道的一个组成部分。在治国之道部分，其主旨是治国，治国主体是执政者和当政者，治国的责任和重担由执政者和当政者承担，其执政理念是为政以德、爱人惠民，"因民之所利而利之"，做到"惠而不费"。为了防止将治国主体的担当转变为治理民众，本书并未采用将《论语》解读为《伦语》这种解读方式。这并不是说伦理治国是错的。进入社会治理领域，"仁"的核心理念突显了出来，反过来佐证孔子学说、孔子思想、孔子的治国之道以及以"仁"为核心的理念，彰显仁德和仁政。

这首先是对治国主体执政者和当政者的要求，是通过领导人和领导集体自身仁德来施行仁政的，这一点在伦理治世时更为彰显。执政者和当政者通过仁德和仁政，治理好国家和社会，做到天下有道、太平稳定、安定团结、社会和谐、社会风气良好，人民安居乐业。在社会治理中，人民既是国家和社会治理的获益者，又是国家和社会治理的参与者，这就要求社会每个成员要做有仁德的人，有品行的人，有素养的人，有担当的人，充满爱心，爱人、爱社会、爱国家，为人民、为社会、为国家贡献自己的力量。

1. 伦理治世的要义是以人为核心，以道、德、仁、礼为内涵的有机结合

子曰："志于道，据于德，依于仁，游于艺。"（见《述而篇第七》7·6）

孔子说："志向在于道，根据在于德，依靠在于仁，活动在于艺。"

这是一个仁者爱人、以人伦和社会伦理为主要内容的有关伦理治世的比较完整的表述。孔子有关伦理治世的字、词、句、意以及其他表述，都可以涵盖其中。基于这种认识，可以对这段话做如下的理解：

（1）以道为目标，以仁为核心，将仁内化于德，外显于礼，这是伦理治世的基本表述。

这段话是根据专家的考证而得出的感悟。根据专家的考评，在孔子之前，伦理道德构建重在礼节、礼仪、规矩等的治世之道，孔子的历史贡献在于，把重礼节等外在的规则，转变为以仁为核心的伦理道德，"仁"就成为孔子学说的核心理念，这是对中华文明、中华思想文化高度的概括和总结，也为中华文明、中华思想文化治国奠定了开创性基础，开启了文明之邦、仁义之邦、德治仁政之邦的治国治世之道，生生不息，代代承传，成为中华文明独具的特点和优势。

（2）"志于道，据于德，依于仁，游于艺"是伦理治世较为完整的表述。

按照以"仁"为核心的解读，"道"是"仁"的目标、准则，是"仁"的最高标准和追求。但是，这个"道"，不是达到了"仁"的目标，就称为"道"，而是专用词，是最高目标的专用词，不仅是"仁"达到的最高目标，也是"德"达到的最高目标，是"礼"达到的最高目标，是一切思行达到的伦理目标、人的品行目标、社会伦理目标、社会风气目标、仁德仁政目标等，是伦理的极致。春秋时期，对"道"专门研究的是老子，孔子曾请教于老子，可是孔子并未照搬照套老子的道，而是以此建立自己的伦理学说，由于封建社会长期推崇孔子的学说，对后世的影响要比老子大得多。

前面以"道"为目标，以"仁"为核心，内在于德，外显于礼的表述，没有原文引述，而是根据专家的解读概括出来的。"仁"是孔子学说、孔子思想、孔子伦理治世的核心理念。一个核心，四个要件，即道、德、仁、礼，可以称之为一核心、四要义，或者说是一纲四目。

而"志于道，据于德，依于仁，游于艺"是有文字明确表述的。对于这段话可做这样的解读：

一是仍以道、德、仁、礼为基本要义，其内容更全面。

道、德、仁三项内容有明确表述，但这里没有显示"礼"。按照专家考证，"艺"是指六艺，即礼、乐、射、御、书、数六种科目（内容）。其一，从《论语》中表述看，并不是以"仁"替代"礼"，而是将"礼"作为"仁"的外在表露，孔子依然很重礼，将其作为"仁"的外显。从教育角度，孔子常常带着学生习礼。其二，"礼"是六艺中的一项，"艺"指六艺，这是有特指性的，"艺"广义是指技艺，是指才能和智慧，这是践行的层面；"游"，与前面伦理关联，作为践行、实践解读较宜。这样就有了道、德、仁、礼、行五项内容，舍去六艺的特指性，舍去技艺的特指性，践行道、德、仁、礼，这些内容反映在人身上就成为才能和智慧，反映在国家和社会治理上就成为力量和能力。

二是道、德、仁、礼、行在以"仁"为核心的理念中的作用和依存关系。

"志于道，据于德，依于仁，游于艺"反映了道、德、仁、艺之间的依存关系。

"依"是依据、依凭，"仁"是伦理的依凭，确定其为核心地位，是伦理治世的核心理念；"仁"的目标、准则、最高标准是"道"；"据"表示根据，有内含伦理道德之意，是"仁"的内在含义；将"礼"从"艺"中单独提出，"礼"是礼节、礼仪、规矩，是"仁"的外在表露；"艺"，泛指技艺，是指才能和智慧；"游"广义是指践行、实践，是对"仁"的实践。这样，前面所讲的称之为一纲四目，这里形成了以"仁"为核心，包含道、德、仁、礼、艺五个要义，即一纲五目，更为全面。

三是道、德、仁、礼、艺分之为五项，有其独特的含义。

现在把四句话分解开来，作为项、作为目，分解开来解读。

"志于道"。志向在于道。志向是指理想、信仰、远大目标、最高准则、人生追求目标；"道"，这是老祖宗设置的专用词，内容丰富，从国家治理和社会治理上，是指最高目标，孔子称之为理想社会，在实施上包括道行、道路，达到最高目标；从伦理治世上，"道"是伦理的最高要求，如道行、道义、伦理道德、社会秩序、社会风气；从意识形态上，是精神的最高境界，是人类社会和社会前进的动力。

"据于德"，根据在德。"据"是指根据、缘由、内涵；"德"是指道德。从国家和社会治理上，包括仁德和仁政；从伦理上，仁者爱人，包括以修己为主要内容的人伦、以孝悌为主要内容的家庭伦理和以社会伦理道德构建为主要内容的社会治理。

"依于仁"：依靠在于仁。"依"是指依靠、依凭，是核心理念；"仁"是指仁道、仁德、仁慈、仁爱、仁义，一切与真善美有关联的字、词、句，都可以涵盖于"仁"的核心理念之中，在治国理政上，"仁"是治国治世的核心理念，反映为为政以德、爱人惠民的治国方略和治国理念，体现为爱人、爱民、惠民，充满爱心。爱人反映在两个层面，一是爱人民，泛爱众，宽厚待人；二是爱惜人才、尊重人才，知人善任，重贤才；在伦理道德上，"仁"是人伦道德和社会治理的核心理念，体现在社会伦理道德构建、社会秩序、社会风气等方面。

"游于艺"中的"艺"包含"礼"，"礼"是"仁"的外在体现。"游"，本源是游移，是动，用于"礼"上，可指践行、实践、遵循、信守；"礼"，是指礼节、礼仪、规矩。"游于礼"，泛指习礼、尊礼、循礼，包括循规蹈矩、遵纪守法，建立良好的社会风气和道德风范。

"游于艺"。"艺"，是指六艺，这里可广指技艺，即才能、本领、技能、智慧，可以简称之为"才"。广义可指将道、德、仁、礼付之于实践。

四是将道、德、仁、礼、艺合之为整体，具有完整的含义。

从内容和结构方面看，分之为项，为独立主张、观点，合之为学说、理论与实践体系，反映为有机结合，以"仁"为核心、为理念。相互之间紧密结合。所谓有机，是指融合，是相互依存，相互促进，成为统一体。

理解这段表述，应注意两点，一是将其与《论语》中有关论述联系起来，这样把握就更准确些；二是这段话中有特指性，从广义上或者说从得到启示上说，可以做这样的解读，仁者爱人，以人伦为基点，以"仁"为核心，构建伦理道德和社会治理，"仁"是核心理念，内涵于德，外显于礼，以"道"为目标、准则和最高境界，并付诸实践，以实践作为衡量的标准。这种实践包括物质文明和精神文明，从而避免将其理解为空洞的说教，避免理论与实践脱节。

（3）以"仁"为内核，以道、德、仁、礼、艺为核心层面，构建其伦理治世的理论与实践体系。

通过前面大量论述，简要地加以概括表述，孔子人学，仁者爱人，以人伦为基础，以"仁"为核心，以道、德、仁、礼、艺为要义，构建其伦理治国治世的理论与实践体系。

《论语》通篇都是将人作为主体，仁者爱人，故而我将孔子学说归之为人学。孔子的人学思想是以人伦为基础，每个人都从修己做起，做到两个"不"。一个"不"是：不以地位高低和文化高低衡量人、对待人，而是以君子要求人、对待人，作为衡量人的标准；另一个"不"是：不以人自己的情况衡量人的好坏，而且是以个人对他人和对社会能否做到"仁"来衡量人的好坏，即是以"仁"为核心。

首先从修己做起，即是每一个社会成员从自我做起，严于律己，具有人的品格、人的素养、人的德行，使自己成为真真正正的人，成为君子型的人；这种自我要求，不是为了个人自己，而是全社会达到"仁"的要求。按象形字，"仁"字由"二""人"组成，其最初使用时间虽不可考，但孔子将其作为自己学说的核心理念。"仁"意味着心里有他人。例如，有了父母，才有了你，父母养育了你，你尽孝是天经地义的，你尽了孝，才做到了仁；但是光有父母也不行，如果没有社会为你提供生活的条件，你不仅活不下来，还将一事无成。由此推知，"仁"是人之所以成为人应具备的内在品行，"仁"又是人立于世对人的基本要求。"仁"是人人都可以践行的，但是要达到"仁"的标准却需要付出不懈的努力。

在"仁"的践行和达标上，执政者和当政者有着相同的核心理念，但在具体要求和标准上执政者有着特殊性，其不同点，一是要求更高更严，起带头和示范作用；二是体现在仁德和仁政上，以自己的仁德践行仁政，其仁德体现在爱人、爱民上，其仁政体现在爱人惠民、利民、惠民上。孔子为此树立尧、舜治国样板，高度赞扬尧、舜崇高伟大，同时指出，即使像尧、舜这样崇高伟大的人物，"博施于民而能济众"也需要终生不断的努力。（见《雍也篇第六》6·30）

这里有两个关键，一个是以"仁"为核心理念，树立和践行以"仁"为内核、道、德、仁、礼、艺相结合治国治世的核心层面，在此基础上构筑和践行孔子伦理治国治世的理论和实践体系；另一个是，以诸侯国国君为首的执政者和当政者群体，坚定树立"仁"的理念，首先搞好自己的仁德和仁政。这个群体能做到仁德和仁政，得到老百姓的认可和拥护，老百姓就会"不令而行"。

季康子是鲁国掌握实权的大夫，他和孔子对话，孔子针锋相对，道理讲得很透彻。摘录三段："政者，正也。子帅以正，孰敢不正？""政"是什么？就是端正。只要领导者自己端正，有谁敢不端正？"苟子之不欲，虽赏之不窃。"如果你自己不贪图钱财，就是奖励他们去盗窃，他们也不会干；"子为政，焉用杀？子欲善而民善矣。君子之德风，小人之德草。草上之风，必偃。"你治理国家，为什么要杀戮？你自己想要成为有德行的人，老百姓也会有德行。当政者的德行好比风，老百姓的德行好比草，风向哪边吹，草就向哪边倒。这三段话，面对面，直接批评，很尖锐，一针见血，毫不留情，一改温文尔雅的作风。至于子贡说的孔子罕言时弊，是指孔子不泛泛议论时弊，而是在大是大非面前，表明立场，态度鲜明。这里的"君子"是指执政者,"小人"是指老百姓。将执政者称为"君子",不是以地位来区分,而是以"仁"区分,不能误读。(见《颜渊篇第十二》12·17,12·18,12·19)

2. 孔子的"道"源自老子的"道"

孔子在《论语》中常常使用一个词是"道"字,而提起"道"字,不得不提到另一个"道"学说的创始人——老子。《老子》一书是老子所著,这是一个再简单不过的事情,可是由于老子本人卷入到政治漩涡之中,辞官之后,西去入陇隐居至终。《老子》一书成书于这段时间。这就使问题变得复杂起来。我们姑且不说老子、孔子二人在中国思想文化史上的重要贡献,先弄清楚这中间的一些问题,如《老子》是否是老子亲著?诸多手抄本中哪一本更接近《老子》原本?老子的"道"和孔子的"道"有无关系?两个人的交往和时间,这对老子重要,对孔子更为重要。在《论语》中和学生的文字记录中,未留下孔子提及老子的片言只语。

陕西省社会科学院原图书馆馆长、研究员王西平先生做了大量的考证和研究,写了《老子辨正》一书,他确定了版本,逐章、逐段、逐句、逐字地辨析和解读,将老子那作为极致目标的专用词"道"分析得清清楚楚,让人读得明明白白。根据王西平先生的研究成果,我仅就与孔子有关联的几个问题做一些解读。

(1)孔子受教于老子。

孔子受教于老子,大约有两次。孔子时周王朝大权旁落诸侯国之手,相互争霸,可是都打着周王朝的旗号,诸侯国君去周朝拜。孔子第一次拜见老子时,孔子的官职已经显赫。鲁君去周朝拜,大夫南宫敬叔建言鲁君与孔子同往,"鲁君与之一乘车,两马,一竖子俱,适周问礼,盖见老子云"。此时孔子约四十岁,老子比孔子大二十多岁,此时已六十多岁,任周守藏史。虽然从与《史记》有关孔子记载与老子记载内容,交谈内容不尽相同,应都是这次适周所谈。对其谈话情况和内容,孔子从未提及,其学生也未有记载，但受教是肯定的，孔子受到很大教育，有很大收获。据《史记》记载："孔子自周反于鲁，弟子稍益进焉。""孔子去，谓弟子曰：'鸟，吾知其能飞；鱼，吾知其能游；兽，吾知其能走。走者可以为罔，游者可以为纶，飞者可以为矰。至于龙，吾不能知，其乘风云而上天；至今日见老子，其犹龙邪！'"孔子这些话的意思是老子学问高深莫测，自己从他那里受益匪浅。

第二次受教，大约在孔子五十一岁，此时老子已经七十多岁了。老子因为卷入政治漩涡，辞官居家，这一年孔子也因国内政治原因去官，带领学生去各国宣传他的学说，到了老子所在地专门拜访请教，这次交谈是在老子西行之前。而《老子》一书是在老子西行出关之后写的，其中有关天道的思想在西行之前是否形成，不得而知。但是有完善的天道论述，应该是在写书时完善和发展的，由于是手抄和民间传抄，那时交通不便，信息闭塞，孔子未必看过《老子》一书，他的学生在编写《论语》时，也未必看过。太史公写《史记》时，受汉武帝"独尊儒术，罢黜百家"的政治影响，对老子记述很少，即使是对老子的考证，由于"隐道"，自己也未必能考证清楚，这一点对研究老子有影响。但是，对孔子受教这些都未受影响，其时老子有关"道"的学说已经成熟。这次受教时间长、交谈深、对孔子影响大，都是不容置疑的事实。

（2）孔子的"道"即是老子的"道"。

根据王西平先生考证，中国"道"学说的开拓者和独创者是老子，他是见于文字记载的第一人，有完整的理论和实践体系，是中国"道"学说的祖师爷。孔子向老子请教、深入交流、探讨，老子对孔子影响至深。孔子的"道"源于老子的"道"。孔子的儒和老子的道是学派的不同，而非二者"道"的不同，孔子从老子那里汲取的是"道"的思想。至于在《论语》以及学生记载的孔子言谈中，未见孔子提及老子，作为同时期的学派创始人，孔子已建立自己的学说，将老子的"道"贯穿于自己的学说之中，对老子的崇敬不言而喻。至于后世多引证孔子的"道",并未撼动老子的"道"原创的地位和作用。这是一个基本思路,也是观察中国思想文化和中国文明发展史的一个切入点。

(3)孔子根据老子的"道"创建自己治国治世之"道"。

孔子的"道"就是老子的"道",但不是将其照搬照抄,移植于自己的"治国之道",而是根据老子的"道"创立自己的治国学说。老子立"道",孔子用"道";老子对人类最大贡献是"天道",即宇宙本体论和生成论,而孔子用之于"人道";老子的"道"揭示的是"道"的本源,孔子的"道"重在运用;孔子的"道"重修养,修己修身,老子的"道"重修炼,修意修心。读懂《老子》,有助于读好《论语》;读好《论语》,也有助于更好地读懂《老子》。两者相互关联、互补,这是我读了《老子》之后感受到的。

3. "道"在孔子以"仁"为核心的伦理治国治世中具有达标和极致的特点和作用

这个命题是根据上面大量有关论述概括和总结出来的。这个"道",是面对面两次受教于老子而学得的,孔子不同凡人之处是将老子的"道"用之于创立自己的学说,创立既源于老子又不同于老子的治国之道,这对后世的启示作用更为重要。

(1)孔子的"道"是对老子的"道"的继承和创造性发展运用。

这个问题在上面已经论述清楚了,可以说贯穿于《论语》的论述之中。因为这个问题非常重要,所以我再一次阅读《论语》,力图从中寻找出读者能够体会得到的文字记载,并再一次谈到孔子的"道"与老子的"道"。《论语》中,在涉及"道"时,多数都对"道"有一些具体的说明,杨伯峻先生在自己的论著中多次谈及"道",有着深刻的见解,不过有几处没有对"道"进行具体的解读。例如:

子曰:"君子食无求饱,居无求安,敏于事而慎于言,就有道而正焉,

可谓好学也已。"（见《学而篇第一》1·14）

杨伯峻先生的解读是，孔子说："君子，吃食不要求饱足，居住不要求舒适，对工作勤劳敏捷，说话却谨慎，到有道的人那里去匡正自己，这样，可以说是好学了。"

这段话，使用了"道"字，没有对"道"做进一步具体解读。这个"道"字，从孔子思想受老子影响的角度来看，就是老子的"道"。可以说，这是孔子向老子学"道"后自己的总结和体会。

子曰："志于道，据于德，依于仁，游于艺。"（见《述而篇第七》7·6）

杨伯峻先生对"志于道"的解读：目标在"道"。这里的"道"是以"仁"为核心的目标，即一种追求的境界。

子曰："笃信好学，守死善道。危邦不入，乱邦不居。天下有道则见，无道则隐。邦有道，贫且贱焉，耻也；邦无道，富且贵焉，耻也。"（见《泰伯篇第八》8·13）

杨伯峻先生的解读是，孔子说："坚定地相信我们的道，努力学习它，誓死保全它。不进入危险的国家，不居住祸乱的国家。天下太平，就出来工作；不太平，就隐居。政治清明，自己贫贱，是耻辱；政治黑暗，自己富贵，也是耻辱。"

这段有五个"道"字。第一个"道"字是从老子那里学到的，是自己坚信、死守的"道"；第二个和第三个"道"字可理解为太平的意思；第四个"道"字可理解为"政治清明"；第五个"无道"可理解为"政治黑暗"。我认为杨先生的解读把握得比较准确，这里提到的"道"字是指老子的"道"，具体解读，是孔子运用到治国之道上的"道"。

（2）孔子学"道"是为了创立自己的治国之道。

如果上面引述的内容是从解读和分析中得出，下面这段引述却是直接引用。

子曰："无为而治者，其舜也与？夫何为哉？恭己正南面而已矣。"（见

《卫灵公篇第十五》15·5）

  这段话的意思是，孔子说："能够做到'无为而治'而能把国家治理好，使天下太平的大概只有舜吧？他只是庄严端正地面朝南坐在国君的位子上而已。"

  "无为而治"是老子"道"学说的核心理念和治国的重要思想。这一思想是基于春秋时期诸侯争霸、社会动荡等时弊而提出的，其内涵是不刻意干预，遵循自然规律行事，从而使国家大治。老子并没有陷入这种现实之中，而是提出"无为而治"的治国核心理念。这种"无为"并非什么都不做，而是指有所为有所不为，不该做的不做，该做的就做。孔子受教于老子，他引用老子"无为而治"的思想，并将其融入自己的治国思想之中。读了西平先生的《老子辨正》以后，我对此有了深刻的感受。

  孔子对舜高度赞扬，认为他将国家治理得很好，其中一个重要治国经验是"无为而治"。中国有一个俗语就是"天下衙门朝南开"。孔子说舜"无为而治"，其方法是庄严端正地坐在朝廷。孔子是一个重实的人，他引这句话的含义概括起来有以下几点：

  一是"无为而治"凸显国家掌舵人在国家的领导权威、地位和作用。每天上朝是古时就有的一种制度，由国君主持，就是坐在龙椅上，端庄地坐在那里，一切大政方针、国家大事、重要决策，都是由廷审、廷议而定的。就像舜这样的明君，庄严端正地坐在那里，是一种威严，能够廷议集思广益，听取各种进谏，最后一言九鼎，看似"无为"，却取得正确的决策。

  二是国家掌舵人的"无为而治"是指凸显国家领袖的作用，指导者不纠缠于具体事务，而是把精力放在把握战略、方向、全局等方面，选拔贤才、任用干部等事务上。"无为"就是不要事事都自己去做，纠缠于具体事务之中，而是选准用好干部和人才，充分发挥干部和人才的作用，这是有所为有所不为。以上朝为例，如果用的人是庸人和不正派的人，你能端正地坐在那里"无为"而达到"治"吗？

三是形成以国家主要领导为核心的坚定团结的领导集体,这是治好国、执好政的根本保证。从这三点看出,孔子坚持了老子的"无为而治"的思想,将其用之于自己的治国之"道",并以舜这样崇高伟大的圣贤级国君作为"无为而治"的样板,对后世治国治世都具有启示和示范作用。

(3) 孔子将"道"作为以仁为核心的伦理治国治世的目标、规范和最高准则。

我对《论语》中使用"道"字进行统计,计44处,其中作为词组的有天道、大道、善道、适道、有道、弘道、乐道、直道、信道、道德等,其他单独使用"道"字,都可以称之为孔子治国治世之"道",都具有其具体的含义,有的一段中有几个"道"字,解读也不尽相同,含义丰富,一词多义。将其归纳,主要有学说、思想、主张;目标、理想、信仰、信念;真理、道路、志同道合、品行最高高度、思想最高境界;治理好、规矩、准则;政治清明、天下有道、天下太平、仁义之道,其他如方法、小道、小技艺、道听途说等。总体上可将其概括为以"仁"为核心的伦理治国治世的目标、规范和准则。下面仅举一些方面的事例。

① "说""道"是反映人品行的窗口。《论语》中一般使用"曰"字,使用"说""道"的表述很少,但"曰"字的用法都可以理解为"说""道"的意思。这意味着,体现"道"的表述远不止"道"字单独使用的44处,这是简单的道理,孔子不仅重视自己和其他人说话的表述,而且将其作为看待、审视、要求他人的重要依据。

其一,从大的方面说,言语可以兴邦,也可以丧邦。

定公问:"一言可以兴邦,有诸?"

孔子对曰:"言不可以若是其几也。人之言曰:'为君难,为臣不易。'如知为君之难也,不几乎一言而兴邦乎?"

曰:"一言而丧邦,有诸?"

孔子对曰:"言不可以若是其几也。人之言曰:'予无乐乎为君,唯其

言而莫予违也。'如其善而莫之违也，不亦善乎？如不善而莫之违也，不几乎一言而丧邦乎？"（见《子路篇第十三》13・15）

鲁定公问："一句话可以使国家兴盛，有没有这种情况？"

孔子回答："并不是像说一句话这么简单。不过有人说：'做国君难，做臣也不容易。'如果能够懂得做国君的艰难，这不差不多是一句话可以使国家兴盛吗？"

鲁定公又问："一句话可以使国家灭亡，有没有这种情况？"

孔子回答："并不是像说一句话这么简单。不过有人说：'做国君没有感到有什么快乐，就是我讲的话没有人敢违抗。'如果你讲的话正确，也没有人违抗，这不很好吗？如果你讲的话不正确，这不差不多是一句话可以使国家灭亡吗？"

这段话的主题是"一言而可以兴邦"，"一言而丧邦"，这是国君提出的。于是，这个主题就变成为国君的一句话可以使国家兴盛，一句话也可以使国家灭亡。这反映了当时诸侯国国君的真实思想，他们认为，自己是国家的主宰，自己的话就是圣旨，我要怎么讲就怎么讲，大臣都得听自己的。孔子面对国君这样的说法，既没有随声附和，也没有回避不回应，更没有直接回答，以免引起国君的不满、误解而祸从口出。

他采取两种办法，巧妙进行应对。一个办法是，没有直接否定鲁君的说法，而是用这不是你说的这么简单一笔带过，进而指出，一句话可以使国家兴盛还是灭亡，这主要取决于国君，取决于国君的言行。这样就将个人的主宰转化成为个人的主体，兴盛或灭亡是由国君的言行带来的。另外一个办法是，没有使用孔子个人第一人称，而是称其论点是别人说的，用引用别人的论点来表述自己的观点，增加了可信度和说服力。其论点的大致内容是，"为君难，为臣不易"。做国君难，做大臣的更难。"予无乐乎为君，唯其言而莫予违也。"做国君没有什么快乐，只是我讲的话没有人敢违抗。针对这段话，孔子评述说："如果你说的话正确，没有人违抗，这不是很好吗？如果你说的话不正确，也没有人违抗，这不差不多是一句话可以使国家灭亡吗？

孔子告诉国君，国君的一言一行必然对国家和社会产生或好或坏的影响，不是产生好的影响，就是产生坏的影响。其言行能取得大臣真诚的赞同和服从，能取得百姓的信任和拥护，就能使国家兴盛；如果国君的言行不能让大臣心悦诚服，口服心不服，表面服从，内心不满，不能得到百姓的拥护和支持，就会给国家和社会带来不良影响，以至于可以造成国家灭亡。造成一言可以兴国或者一言可以亡国，主要在国君。同时，国君也不能认为，一言兴国，是大臣没有反对国君带来的，把功劳归于自己；所谓一言丧国，是将国家出现问题归因于大臣和人民不听话。

其二，从伦理治国治世上讲，语言是人的品行的外在反映。

子曰："古者言之不出，耻躬之不逮也。"（见《里仁篇第四》4·22）

孔子说："古人话不轻易出口，怕自己行动赶不上。"

耻：意思是感到羞耻；逮（dài）：赶上。孔子用古人的言行教育现时人。他常常将言与行联系在一起，强调谨言慎行，说话不能说大话、空话，讲出的话一定要兑现，说到做到，这是立人之本。

子张学干禄。子曰："多闻阙疑，慎言其余，则寡尤；多见阙殆，慎行其余，则寡悔。言寡尤，行寡悔，禄在其中矣。"（见《为政篇第二》2·18）

孔子的学生请教谋事之道。孔子回答："多听，有疑问的不要急于表态，有把握的要慎重说出来，这样才能少说错话；多看，拿不准的事情不要做，有把握的慎重去做，这样才可以少犯错误而不后悔。言语少出错，做事少后悔，谋事的道理就在其中。"

干禄：干，求得；禄，旧时官吏的俸禄，是指谋事之道。孔子讲，要在职场站住脚，就要老老实实做事，谨言慎行，少说错话，少做错事。不要太张扬、说话不靠谱。只要说话少出错，做事少后悔，这样就能取信于人，就能在职场站得住脚。不能把谨言慎行理解为谨小慎微、胆小怕事、该说的话不说、该做的事不做。

子曰："可与言而不与之言，失人；不可与言而与之言，失言。知者不失人，亦不失言。"（见《卫灵公篇第十五》15·8）

孔子说："可以与其交谈而不交谈，就会失掉人才；不可以与其交谈而去与人交谈，就是白费口舌。有智慧的人，既不错失人才，又不白费口舌。"

这段话具有特指性，是针对执政者而言的。去掉其特指性，按文字解读，是说，为人处世，可以与其交谈而不交谈，该说的话不说，就会失去人心，失去可交之人，难以立身处事；不可以与其交谈却去交谈，不该说的话却说了，就会说话不当，不能起到好的作用，难以立言。

孔子曰："侍于君子有三愆：言未及之而言谓之躁，言及之而不言谓之隐，未见颜色而言谓之瞽。"（见《季氏篇第十六》16·6）

孔子说："陪伴君子说话容易出现三种过失，没轮到你说话你抢先说，这叫急躁；该你说话你不说，这叫隐瞒；不看对方脸色随便说话，这叫盲目。"

愆（qiān）：过失。瞽（gǔ）：本义为眼睛瞎了，这里是指没有眼色、盲目。此处用"孔子曰"是针对执政者说的，这是有特指性的，仅就"言未及之而言谓之躁，言及之而不言谓之隐，未见颜色而言谓之瞽"，按文字作一般性解读，是指在与人相处的言谈举止上容易出现的一些不好的现象或差错。一是急躁。不该说的，先入为主，发表意见，让别人接受你的看法，不善于听取和接受他人的意见和看法。二是隐瞒。该你说话不说，隐瞒自己的看法，不表什么态度，不谈自己真实的想法和看法，隐瞒观点。三是乱说。不看脸色，不分场合，信口开河，不管该讲不该讲，不管别人接受得了还是接受不了，随意发表意见和看法，起不到应起的作用。为人处世，要克服以上三种偏向，不先入为主，要善于听取别人的意见，谨言慎行，不该讲的话不讲；不隐瞒观点，该说的话要说；要针对对象和场合，说话注意方法和效果。

其三，有关言语的精言警句。

"入则孝，出则弟，谨而信，泛爱众，而亲仁。"（见《学而篇第一》1·6）

"与朋友交，言而有信。"（见《学而篇第一》1·7）

"敏于事而慎于言。"（见《学而篇第一》1·14）

君子"先行其言而后从之"。即说出的话就要去做，做到了便可谓之君子。（见《为政篇第二》2·13）

"多闻阙疑，慎言其余，则寡尤；多见阙殆，慎行其余，则寡悔。言寡尤，行寡悔，禄在其中矣。"（见《为政篇第二》2·18）

"成事不说，遂事不谏，既往不咎。"已经做过的事情不要再解释了，已经做成的事情不要再规劝了，过去的事情不要再责备了。（见《八佾篇第三》3·21）

"古者言之不出，耻躬之不逮也。"古人话不轻易出口，是怕自己的行动跟不上。（见《里仁篇第四》4·22）

"君子欲讷于言而敏于行。"君子说话慎重得当，做事勤劳敏捷。（见《里仁篇第四》4·24）

"听其言而观其行。"（见《公冶长篇第五》5·10）

"鸟之将死，其鸣也哀；人之将死，其言也善。"（曾子语。见《泰伯篇第八》8·4）

"法语之言，能无从乎？改之为贵。巽与之言，能无说乎？绎之为贵。"巽（xùn）：同"逊"，谦逊、恭顺；绎：分析鉴别。有道理的话，能不接受吗？改正错误才可贵。恭维好听的话，听了能不高兴吗？能够分析鉴别才可贵。（见《子罕篇第九》9·24）

"夫人不言，言必有中。"这个人平时不爱说话，一开口就说到点子上

了。(见《先进篇第十一》11·14)

"仁者,其言也讱。"讱(rèn):迟钝,此处可作谨慎解。所谓仁,就是说话要谨慎。(见《颜渊篇第十二》12·3)

"一言而可以兴邦","一言而丧邦"。(见《子路篇第十三》13·15)

"言必信,行必果。"言语一定要兑现,行动一定要果断。(见《子路篇第十三》13·20)

"有德者必有言,有言者不必有德。"有品德的人一定有好的言论,有好的言论的人不一定有仁德。(见《宪问篇第十四》14·4)

"其言之不怍,则为之也难。"怍(zuò):惭愧。如果一个人说起话来大言不惭,那么,他做起就很难。(见《宪问篇第十四》14·20)

"君子耻其言而过其行。"君子以说得多做得少为耻辱。(见《宪问篇第十四》14·27)

"言忠信,行笃敬。"言语忠诚守信,行为忠厚认真。(见《卫灵公篇第十五》15·6)

"可与言而不与之言,失人;不可与言而与之言,失言。知者不失人,亦不失言。"(见《卫灵公篇第十五》15·8)

"群居终日,言不及义,好行小慧,难矣哉!"整天聚集在一起,不讲道义,只是卖弄小聪明,这样的人很难相处!(见《卫灵公篇第十五》15·27)

"巧言乱德。小不忍,则乱大谋。"花言巧语可以败坏道德。小事情不忍耐,就会坏了大事。(见《卫灵公篇第十五》15·27)

"言未及之而言谓之躁,言及之而不言谓之隐,未见颜色而言谓之瞽。"(见《季氏篇第十六》16·6)

②孔子治国治世之道可以用"忠恕"二字加以概括。

子曰:"参乎!吾道一以贯之。"曾子曰"唯。"

子出。门人问曰:"何谓也?"曾子曰:"夫子之道,忠恕而已矣。"

（见《里仁篇第四》4·15）

孔子说："参呀！我的道贯穿一个基本观念。"曾子回答："是的，老师说得对。"

孔子走后，其他学生问曾子："这句话是什么意思？"曾子回答："老师的'道'，概括为一句话，就是贯穿着'忠'和'恕'两个字。"

所谓"忠"，"己欲立而立人，己欲达而达人"。（见《雍也篇第六》6·30）

所谓"恕"，"己所不欲，勿施于人。"（见《卫灵公篇第十五》15·24）

这里的"道"，可作学说解，是说他的学说用一个基本思想、一个基本概念加以贯穿。曾子不愧是像孔子一样被其他学生称"子"的圣贤级大师，他对孔子的"道"即治国治世的学说概括得准确、彻底、到位。主要包括以下要点：其一是人本思想，仁者爱人，人是社会组成的主体，强调个体的主体作用；其二是，孔子说的人，是社会的人，由个人组成社会，就有一个如何看待和处理人与人之间的关系问题。

基于以上两点基本认识，孔子主要提出两个基本看法和思想：

其一，立人和达到。立人先立己，严于律己，修己修身，自己要达到立人的要求和标准，这就是立己；同时，通过立己进而立人，要带动、支持和帮助他人立人立世。仅仅只有个体对自己的要求，还不能算是尽到做人立人、为人处世应尽的责任和担当。

其二，自己不想做、做不到的事，不要求、强求别人去做、做到。

下面几个实例有利于理解孔子的基本思想。

孔子以尧为样板，表明他的治国之道。尧自己以身作则，堪称无人能及的楷模，将国家治理得很好，又选拔、培养、扶持了舜，同样能治理好国家，孔子高度赞扬尧的崇高品德和伟大思想，说人民简直无法用语言感谢尧的恩德。孔子指出，即使像尧、舜这样崇高伟大的人物，在"修己以安百姓"方面也没有完全做到。

孔子以曾点为榜样，赞扬普通平凡人的助人为乐精神。曾点是曾子的父亲，同为孔子的学生，曾点是一个普通的人。孔子让四个人谈治国之志，其中子路、冉求、公西华三人都谈如何治理国家的问题，只有曾点谈自己去洗澡，约了一些成人和小孩一起去洗澡，共同享受春天的快乐和幸福，孔子只是表示赞同曾点的看法和做法。这引起后世的不解，成为难以破解的"千古之谜"。我以为，孔子之所以赞同曾点，不仅是不满意其他三人的治国之策，并且认为，即使是普通的老百姓，他在自己的位置上，只要有一种助人为乐的精神，自己好，也帮助别人好，就是值得赞扬的。（见《先进篇第十一》11·26）

以"大器"和"小器"集于管仲一身，评价一个人的功过是非。

孔子力排他议，指出，管仲背叛原主，辅佐齐桓公是正确选择，在争霸战乱的年代，"九合诸侯，不以兵车"，避免生灵涂炭，这是"大器"。但是管仲在对内方面，不遵守当时的礼制，属下人员庞大，不节约开支，大手大脚，这是"小器"。"大器"是大节，是主流；"小器"也不是小节，不能因对外大节，而不计这个小节，不能因功而掩过。这就是孔子的"道""一以贯之"的基本内涵。（见《宪问篇第十四》14·16，14·17，《八佾篇第三》3·22）

③孔子将"道"作为"仁"的最高目标和终极追求。

我在上面已做过大量论述，对孔子的"道"做了详尽解读，其论点可以归纳为：孔子的"道"来自老子的"道"，其不同点是，孔子的"道"，其核心理念是"仁"，孔子将"仁"转变为治国治世之"道"，这个"道"在"仁"的体系范围内。而"仁"，概括起来，内化于德，外显于礼，构成其理论和实践体系。这是观察和审视孔子学说的基本思路。

子曰："志于道，据于德，依于仁，游于艺。"（见《述而篇第七》7·6）

这段话前面已做解读，这里的"志"是作为"目标"解，目标在"道"；

"仁"是依靠，即核心理念；"德"系"仁"的内涵；"艺"系"仁"的外显；"礼"是"六艺"之一；"游"作"活动"解，即活动在于"六艺"。《论语》中其他所有与"仁"有关的字词，或直接用"仁"表述，或者归之于"德"、归之于"艺""礼"的范畴。

再举一些其他表述。

子曰："富与贵，是人之所欲也；不以其道得之，不处也。贫与贱，是人之所恶也；不以其道去之，不去也。君子去仁，恶乎成名？君子无终食之间违仁，造次必于是，颠沛必于是。"（见《里仁篇第四》4·5）

孔子说："富裕与高贵，是人人都向往的；不以'道'得到它，就不能这样做。贫穷与卑贱，是人人都厌恶的；不以'道'来改变它，就无法摆脱。君子去掉了'仁'，怎么能保持住他的名声呢？因此，就连吃饭的时间都不能违背'仁'，就是再匆忙也一定与'仁'同在，就是在流离颠沛的时刻也一定与'仁'同在。"

这里的"仁"，是核心理念，富也罢贫也罢，贵也罢贱也罢，每时每刻都不能离开"仁"，体现为"仁"。这里的"仁"是目标，"道"是通向"仁"的途径。"仁"是最高准则，"道"是"仁"的实现方式。

子曰："士不可以不弘毅，任重而道远。仁以为己任，不亦重乎？死而后已，不亦远乎？"（见《泰伯篇第八》8·7）

孔子说："读书人不可以没有坚强的意志和毅力，因为他们肩上担负的责任重大而且其'道'远大。以实现仁于天下为己任，其责任能不重大吗？为之奋斗至死方休，其'道'能不远大吗？"

这里的"仁"是核心理念，要"以实现仁于天下为己任"，且"死而后已"，是核心理念，责任重大，矢志不移，为之终生奋斗；这里的"道"是目标，很远大，通过践行"仁"来达成，"仁以为己任"与"任重而道远"充分体现了"仁"的内核和"道"的目标之间的关系。

4. 孔子的伦理观，是以人伦为基础、"仁"为核心内容的仁者爱人的治国治世之道

本书在前面已经对"仁"做了大量的表述，凡是涉及伦理的问题，都属于"仁"的范畴，可以说通篇都是讲"仁"的。

我将孔子的学说确定为治国之道。孔子的治国之道仁者爱人，以人作为基础，以"仁"为核心内容，可以称之为人学、人伦学与仁学。

子曰："入则孝，出则弟，谨而信，泛爱众，而亲仁。"（见《学而篇第一》1·6）

这段话没有全引，这是一段代表性的论述，重点是阐述"仁"。理解"而亲仁"的含义，是解读全段的关键。"而"是连接词，连接全段而不仅只是连接"泛爱众"。"仁"是广义的"仁"而不仅仅是亲近有仁德的人。"亲"是指亲近，可以做信奉、践行、做到解。

这一段前半段是讲仁体现为以"孝弟（悌）"为核心的家庭伦理，后半段仁体现为以"泛爱众"为内涵的社会伦理。总体而言，"仁"是孔子治国治世的核心内容。这样就将"仁"落在实处，看得见，摸得着，人人都可以践行仁、达到仁；都要求人人不仅仅每时每刻不忘仁，而且为此终生要求不能有丝毫松懈。即使你思想境界再高、职位再高、文化程度再高，也没有例外。

（1）以孝悌为核心的家庭伦理是"仁"的基础。这方面的言论不少，如"三年无改于父之道，可谓孝矣"。"三年"是指多年，可以解读为终生不忘父母的教诲和期盼，这样就可以称得上是尽孝了。（见《学而篇第一》1·11）"父母在，不远游，游必有方。"父母健在时，要好好照顾他们、孝顺他们，尽孝道；如果到远处去，要经常问候他们、关心他们，不让他们担心，以各种方式帮助他们排忧解难，要有孝心，让父母生活幸福。（见《里仁篇第四》4·19）

孔子的另一位与自己同被学生称之为"子"的学生有子对孔子的孝道

有深刻的理解。

有子曰："君子务本，本立而道生。孝弟也者，其为仁之本与！"君子致力于培根固本，打好基础，根本立起来了，基础打好了，为人处世之道、国家之道、社会之道就建立起来了。孝悌，这是仁的根本、根基和社会基础。有子将"君子务本"提到"本立而道生"的理论高度，由此推出"孝弟也者，其为仁之本与！"将理论运用于实践。（见《学而篇第一》1·2）

孔子严厉地批评不尽孝道的不孝子女。

子曰："今之孝者，是谓能养。至于犬马，皆能有养，不敬，何以别乎？"（见《为政篇第二》2·7）现今所谓的孝子，能够供养父母就是尽孝了。可是狗和马也能得到人的饲养，如果不孝敬父母，只是供养，这与养狗养马有什么区别呢？

（2）以"爱人"为主要内容的社会伦理是"仁"的体现。

"仁"是什么？孔子的回答是两个字："爱人。""人"在这里指人才，其含义为爱惜人才、知人善任，选拔重用优秀人才，这些人才是有才能的人，是国家的栋梁之材。

"爱人"的另一个含义，是指"泛爱众"。这是仁者爱人、以人伦为基础的体现。对执政者、当政者而言，体现为爱民、为民、利民、惠民、爱人惠民，以"因民之所利而利之"为宗旨。

"宽则得众，信则民任焉，敏则有功，公则说。"宽厚就能得到群众的拥护，诚信就能得到百姓的信任，勤敏就能取得成就，公平就会使百姓心悦（说）诚服。（见《尧曰篇第二十》20·1）

（3）"仁"是治国治世内涵的核心内容。

子曰："君子去仁，恶乎成名？君子无终食之间违仁，造次必于是，颠沛必于是。"（见《里仁篇第四》4·5）君子怎么能成就他的名声呢？就是吃饭的时候也不忘记"仁"，就是再匆忙一定与"仁"同在，就是在颠沛流离的时候也一定与"仁"同在，这段是说"仁"的重要性，"仁"是君子的本质属性，君子就是仁人，也是君子保持其气节、名声、本色而不褪色、改变颜色的品行和操守，无论在任何环节、情况和条件下，时刻都必须践行和坚守，是治国治世、立人、立德、立世、立业之本。

①"仁"是立人之本。

子曰："仁者安仁，知者利仁。"只有仁者才能践行"仁"，用"仁"来要求自己、约束自己，使自己成为有品行的人；只有有智慧、有才能的人，才能善于运用"仁"、做到"仁"，走好人生、成就人生。（见《里仁篇第四》4·2）

子曰："唯仁者能好人，能恶人。"只有仁者，才能用"仁"的标准识别是好人还是恶人，从而正确地判断人、看待人、支持好人好事，反对坏人坏事。（见《里仁篇第四》4·3）

子曰："苟志于仁矣，无恶也。"只有矢志不渝地将"仁"作为做人做事的达标要求，不断要求和践行"仁"，就不会做出恶事坏事。孔子将"仁"作为做人的达标要求，成为衡量人品行的标准，是做人的道德高地，可以引导人扬善除恶。（见《里仁篇第四》4·4）

子曰："欲仁而得仁，又焉贪？"追求"仁"而能达到"仁"，怎么能够有贪念呢？用现代词解读，真正具有"仁"品行的人，怎么会有贪污和受贿等恶念恶行呢？（见《尧曰篇第二十》20·2）

②"仁"具有可实践性。

子曰："仁远乎哉？我欲仁，斯仁至矣。""仁"离我们很远吗？只要我想追求"仁"，"仁"就能实现。（见《述而篇第七》7·30）

这里用第一人称"我"，似乎孔子是在说自己，可以这样解读，这是有特指性的，这对人们起表率作用。孔子还说过，践行和实现"仁"，对老师也不要谦让。（"当仁，不让于师。"见《卫灵公篇第十五》15·36）这里的"我"可作自己解，即是指每个个人自己。这段话包含以下意思：

其一，"仁"是可践行的。"仁"不是虚无缥缈、不可捉摸的东西，不是深奥、高不可攀的东西，是实实在在的、可以践行、可衡量、可判断，有可操作的考量标准。其二，"仁"是每个人必须具备的。"仁"，不是只指某部分的人，而是指每一个社会成员，是每一个社会成员都应当具备的，是对每一个社会成员的要求，而且每时每刻都不可或缺，是首先必备的。其三，能否践行和做到，关键是靠自己。对于因个人放松要求、平时不注意"仁"的践行和严格要求自己，而做错事、有过失，甚至违纪违法而言，等明白过来已经为时太晚。有的人可悲的是至此仍然从客观、外界找原因，知错不改，难以接受教训。只有从自己的身上找原因，才能避免重犯错误。

③要真正践行和达到"仁"，就要付出长期艰巨的努力。

（宪问）："克、伐、怨、欲不行焉，可以为仁矣？"子曰："可以为难矣，仁则吾不知也。"孔子的学生原宪问："好胜、自夸、怨恨、贪心这些缺点都没有，是不是可以算作仁了？"孔子回答："这样可以说是难能可贵，若说到仁，我不知是不是算仁。"（见《宪问篇第十四》14·1）这里的"不知"，不是孔子真的不知道，其包含两层意思，一个意思是没有达到要求，做得还不够，另一个意思是达到"仁"的标准是很高的，不是一般改正克服那么简单，要达到必须做艰巨长期的努力。争强好胜、争名夺利；自高自大、目中无人；怨天尤人、不求上进；自私自利、欲壑难填。这些都是伦理道德范畴，能克服改正就不错了，只能说是"近仁""不知道"，表示还不能说完全达到"仁"的标准，也不是改正了，就认为一劳永逸了，要求长期坚持做到"仁"；另一方面，"仁"的标准是很高的，考量是通过外在表现的指标进行综合分析的。看一个人是否为"仁"，不但要看他有没有缺点，更要看他做了些什么，有什么表现和效果。孔子是一位严谨的学者，不会根据这么几点就说算或者不算。"不知道"，一是对没有达到的谨慎表态，二是具有可变性，是说不能仅仅根据这几点就下"仁"

或者不"仁"的结论。

其一，要真正达到"仁"太难了。孔子很少对"仁"使用肯定性很强的词汇，一般用"近仁"等表述。他认为即使是像尧、舜那样"唯天为大，唯尧则之"的圣贤，也难以完全达到。（见《泰伯篇第八》8·19；《宪问篇第十四》14·42）

学生是这样记述孔子的："子罕言利与命与仁。"（见《子罕篇第九》9·1）

孔子不是不讲利，他将"因民之所利而利之"作为执政宗旨。这里的"利"，不是指整天把利益挂在嘴上，而是特指不追逐私利。孔子说"五十而知天命"这里的"命"不是迷信，与不讲鬼怪、神灵是一样，孔子很少讲命，这里的"命"是指把命运掌握在自己手里。对于"仁"，明明孔子整天把"仁"挂在嘴上，给执政者讲，对学生讲，《论语》全书都在讲仁，为什么说孔子很少讲仁呢？这是因为他讲"仁"不是空谈大道理，而是都有所指，并且他认为很少有人能达到完全的"仁"。这里不仅仅指仁德，也包括仁政，总指仁的达标。

其二，能够真正达到"仁"的人太少了。

子曰："我未见好仁者，恶不仁者。好仁者，无以尚之；恶不仁者，其为仁矣，不使不仁者加乎其身。有能一日用其力于仁矣乎？我未见力不足者。盖有之矣，我未之见也。"（见《里仁篇第四》4·6）

孔子说："我没有见到过完全达到仁的标准的人，也没有见到过厌恶不仁的人。达到仁的人，没有比他再高尚的人了；厌恶不仁的人，自己能达到仁，同时也不使不仁的东西加于自己身上。有谁能在一天之内用足自己的力量达到仁呢？大概这样的人是有的，只是我未见到。"

这段话表述以下意思：首先，"仁"的标准很高，达到"仁"的人是很高尚、无人能比的；厌恶"不仁"的人，是自己已经具备了"仁"、又不会沾染上"不仁"的人。其次，要完全达到"仁"是非常困难的。再次，这里的"一日"是指短期，孔子说在短期内完全达到"仁"，可能有这样的人，但他没见过，实际他认为是几乎没有、很难完全达到。这段话的中心意思是："我未见好仁者，恶不仁者。"

孔子认为，在当时的社会"鲜矣仁"。

子曰："德之不修，学之不讲，闻义不能徙，不善不能改，是吾忧也。"（见《述而篇第七》7·3）

"德之不修"意为不修养品德。孔子的感慨"由！知德者鲜矣。"（见《卫灵公篇第十五》15·4）社会伦理缺失，不讲公德，不重视人的品性修养。这是指当时懂得品德修养的人太少了，存在社会伦理缺失，人们不讲公德，不重视品性修养的现象。

"学之不讲"中的"学"是指教育、教化，"学之不讲"是指不重视对人的教育、教化，这会导致社会礼制、规矩缺失，社会秩序不好，社会风气不良。

"闻义不能徙"其中"闻"是指听、见闻；"义"是指道义、礼仪、仁义；"徙"在这里表示追随、照着做。这句话的意思是：遇到道义之事却不追随做，对于不义之事也不反对、不制止。这总的体现了社会"义"的缺失。

"不善不能改"，其中"善"是指行善、善心、善事等社会充满爱心和善的风气相关的内涵。其义是，对于不义的社会现象不能改正、恶行不能反对制止。

德、学、义、善都体现了仁。孔子对反映社会治理的四种现象缺失很担忧，即社会伦理缺失，不讲公德，不重视品行修养；不重视对人的教育、教化，不讲如何做人，社会礼制、规矩缺失，社会秩序不好；对于义的事情不做、不愿做，对于不义的事情，不反对、不制止，道义、礼仪、仁义缺失；对于不善的社会现象不能改正、对恶行不能反对制止，社会善心、善行、善事、爱心、和善缺失。这些都是"鲜矣仁"的反映。这对当时社会具有特指性,去其特指性,也说明要做到德、学、义、善以及改正这四个方面存在的问题是一件不容易的事情。孔子从这些问题和社会现象,以及反映社会治理的几个重要的"仁"的状况,对国家和执政者提出告诫和启示。

下面具体列举几种现象。

现象之一:德行不好,则很难达到仁。

子曰:"巧言令色,鲜矣仁。"(见《阳货篇第十七》17·17)

巧这里表示技巧,巧言是指说话花言巧语;色这里表示脸色,令色是指做出讨好的脸色,善于迎合他人。这段话的意思是,在语言上花言巧语、讲得好听,而在行为上察言观色、讨好人,这样的人能达到仁是很少见的。言行反映人的品行,品行不好,很难做到、达到仁。从个人讲,每个人都要注意自己的言行,不能认为花言巧语,看人的眼色行事,一味地讨好人仅仅是为人处世的一种方式,甚至是好的方式。要加强修养,提高素质,言行一致,表里一致,按"仁"严格要求自己,这样才能成为有品行的人,才能立足于社会。从国家讲,通过教育、培养和提高,使人真正成为有品行的仁者,更为主要的是,"听其言而观其行",选拔重用优秀的人才,以防止"巧言令色,鲜矣仁"的人进入领导层。

现象之二:不仁对社会礼乐制度带来不良后果。

子曰:"人而不仁,如礼何?人而不仁,如乐何?"(见《八佾篇第三》3·3)

礼,指礼节、礼仪,这里特指礼仪制度;乐,指音乐,在古代,音乐既是一种风俗,也是一种乐制。这段话的意思是,人如果没有做到仁、达到仁,怎么能遵循礼节、礼制和乐礼、乐制呢?

在古时,如婚礼、丧礼就是一种传承遵循的民风民俗,而朝廷礼仪和乐舞是有规定的,是必须遵守的。

孔子谓季氏:"八佾舞于庭,是可忍也,孰不可忍也?"(见《八佾篇第三》3·1)

"八佾"是一种舞蹈的礼仪制度,天子八佾,诸侯六佾,大夫四佾,季氏只是诸侯国的一个大夫,却用只有天子才能用的礼乐,这是严重违规,孔子对此不能容忍,他说:"这样的事情都能容忍,还能有什么事不能容忍呢?"这是有特指性的,去其具体内容,是指国家有国家的礼仪制度,地方政府和地方领导干部如果采用国家规格的礼仪制度就是违规行为,就必须予以问责。至于民风民俗,如违反,会受到人们的非议和谴责。"是可忍,孰不可忍"成为常用经典。

其三,通过克己复礼做到仁。

颜渊问仁。子曰:"克己复礼为仁。一日克己复礼,天下归仁焉。为仁由己,而由人乎哉?"

颜渊曰:"请问其目。"子曰:"非礼勿视,非礼勿听,非礼勿言,非礼勿动。"(见《颜渊篇第十二》12·1)

颜渊问什么是仁。孔子回答:"严格要求自己,使自己的言行都合乎礼。一旦这样做了,天下就达到仁治了。实践和达到仁全靠自己,还能靠别人吗?"

颜渊又问:"怎么去做呢?"孔子说:"不合乎礼的事情不看,不合乎礼的话不听,不合乎礼的话不说,不合乎礼的事情不做。"

克己:是指严格要求自己、约束自己;克己复礼,是通过克己而达到复礼,就是做到仁了。复礼,包含两层意思,一个是针对上面社会"礼之不讲"的问题,不是消极地抨击,而是通过克己复礼解决;另一个是指复兴,通过坚持礼、遵循礼、弘扬礼,这样做到仁。

具体措施,就是四个"勿"。"非礼勿言",不讲非礼的话;"非礼勿动",动即是动作、做,非礼的事不做。这两个"勿"好理解。"非礼勿听",非礼的事勿听、不要听,能塞住耳朵不听,或者马上离开就行了吗?这段话的意思可以这样理解:对非礼的话,不听不信,还要与之做斗争。而不能把它看成无所谓、与己无关的事情而不闻不问、不加制止,甚至受到影响，也跟着去做，如听到骂人的话，不制止，反而也跟着学会骂人恶语；"非礼勿视"也是同样理解。这四句话，是指坚持杜绝非礼的言行，这样才能做到仁。

孔子说的"克己复礼为仁"，这段话是对颜渊讲的，颜渊听后表示坚决按老师说的做，这是有特指性的。我没有引用全文，只是如上述所引，是从一般性来讲的。这个立论是从立和治的方面，作为治国治世的伦理和理念提出的，不能将其与具体社会发展或者后来社会发展来挂钩，即使社会发展到今天，这段立论依然适用。

其四，通过劳动而获得就是仁。

（樊迟）问仁，（子）曰："仁者先难而后获，可谓仁矣。"（见《雍也篇第六》6·22）

孔子的学生樊迟实际提了两个相互关联的重要问题，一为"知"，一为"仁"。"知"的问题已被大量论述，而此处"仁"的问题却论述不足。

孔子所处的春秋时期距今两千多年，当时奴隶制向封建制过渡，属于古代农耕时代。随着社会发展，农业有了很大发展，属于小农经济，并且战争也需要农业的支持，当时有青铜小作坊制造武器，已经有商业活动，这在《论语》中有所记述。

孔子有一句名言："工欲善其事，必先利其器。"（见《卫灵公篇第十五》15·10）

"工"指小作坊的工匠，"器"指工具，"利"的意思是打造好。大意是，工匠要干好活，首先要把工具打造好，要有好的工具。这说明古代锻造业、小作坊已有一定发展，而工匠使用的工具，用现在的话讲，就是商品，可以用来卖钱。

子贡曰："有美玉于斯，韫椟而藏诸？求善贾而沽诸？"子曰："沽之哉！沽之哉！我待贾者也。"（见《子罕篇第九》9·13）

子贡说："这里有一块美玉，是把它收藏在柜子里呢，还是找一个商贾卖掉呢？"孔子说："卖掉吧！卖掉吧！我正在等识货的商人。"

如果上一论述尚未明确商业活动，此段使用"商贾"这一商人的称谓，则明确表示了从事商业活动，说明孔子并不反对经商，是支持正常的商业活动的，两次强调表明态度坚决。他毫不隐晦求富的态度，说如果可以求得财富，就是让他做手里拿着鞭子维持秩序的工作也愿意。（"富而可求也，虽执鞭之士，吾亦为之。"见《述而篇第七》7·12）但是，他坚决表示不取不义之财。他说，通过不义取得的财富，对他来说，就像天上飘着的浮云一样，不为所动。（"不义而富且贵，于我如浮云。"见《述而篇第七》7·16）他认为，富与贵，是人人都向往的，但必须通过正当的方式获得。那种不以正当的方式得到它的事情，是不能做的；贫与贱，是人人都厌恶的，不以正当的方式改变它，就无法予以摆脱。（"富与贵，是人之所欲也，不以其道得之，不处也；贫与贱，是人之所恶也，不以其道得之，不去也。"见《里仁篇第四》4·5）

引述到此为止，对于大量的、丰富的、重要的论述不再一一解读、分析和辨析了。用孔子自己说的一句话"吾道一以贯之"概括孔子的学说，用一个基本的理念、一个基本思路、一个基本观点贯穿起来，作为观察、分析、辨析的总原则，对上面的大量引述加以理解，就可以做到一通百通。

第三部分

孔子其人

孔子是我国古代具有开创性的政治家、思想家和教育家。

> 天下君王至于贤人众矣，当时则荣，没则已焉。孔子布衣，传十余世，学者宗之。自天子王侯，中国言"六艺"者，折中于夫子，可谓至圣矣！
>
> ——司马迁

太史公司马迁这段话见之于他所撰写的《史记·孔子世家》，是对孔子的介绍、生平纪实之后最后的评语。其大意是说，自古至今（至汉武帝时），天下君王即执政者、当政者，具有仁德、国家治理好可以称之为"贤人"的众多，在位时很荣耀，可是在离任之后就悄无声息。可是孔子只是一介"布衣"，一个平民百姓，经过政权变迁更替，历经十余世，其信奉者众多、其名声久盛不衰，他的学说、他的思想、他的品格和践行，是那些天子王侯无法比拟的，上至皇帝下到平民、学"六艺"的人，都把他的话当作评判思想行为的准则，称之为圣贤！我以为，这个评述比较准确，不仅是十余世而不衰，时至两千多年后的今天，孔子依然在"传世"，不仅在中国而且传至亚洲、传至世界。孔子学院在世界各国纷纷成立。

孔子是我国古代具有开创性的政治家、思想家和教育家。

孔子从十五岁志于学起，便树立起远大的治国抱负，开始学习治国之道，到"三十而立"时，从卑贱的饲养牲畜的工作起步，走向仕途，一步一步官至鲁国司寇，不为养家糊口、升官发财；不为光宗耀祖、不为名不为利；没有任何私欲杂念，排除任何干扰，毫不松懈、毫不动摇。

所谓开创性，包含两层意思，一是总结前人，即三皇五帝以来的治国经验，特别是尧、舜治国样板和周文王、周武王的治国榜样，构建自己完整的、系统的治国学说；二是在当时的奴隶社会，面对社会时弊，具有针对性和特指性，又不趋同或受限于其社会形态之中，跳出制度和时弊，以"立"和"治"为出发点和落脚点，建立起自己独有的开创性理论和实践体系。孔子不同凡人之处在于，站在历史、时代和战略的高度，创建其可实践的理论和践行体系。

　　孔子从小好学，据他自己说，他酷爱古代文献，从《论语》中可知，他之前见之于文字的是《诗经》，他常常引用《诗经》中的词句，另外还有《易经》，他说他在邻居中，有在其他方面超过他的，都不如他热爱学习；如果晚上睡不着时，就起来学习；活到老，学到老，他说他一生"发愤忘食，乐而忘忧，不知老之将至"。他不仅通过学习获得知识，而且整理修订文献，对于古代文献有缺损的地方进行修补和修订，更为重要的是，他将他的治国之道，通过讲述，让学生记录下来。这些记录，分则为一个一个的论点，合则成为理论和实践体系，构成自己开创的、独具的思想文化，后来在他去世以后，学生及学生的学生根据他的讲述笔记，进行收集、汇总，编撰成书，以《论语》命名传世，因此，孔子又是我国古代具有开创性的思想家。

　　为了推行他的学说，他广收学生，如果说，在当时的社会推行不了，但他通过教育将他的学说传承下去，在教育上却是成功的、是有建树的。他教的学生号称三千弟子，七十二贤。有人对是否有三千有怀疑，太史公还列出有名有姓的学生名单，是多是少、具体数字是多少并不重要，据孔子说，他的学生，只有第一次去送给他少许干肉，这不是学费，不需要每学期交，他的学生多是贫困生，即使不送干肉也收。一无校舍，二无教材，三是资料极少，四是交通不便，五是信息不通，六是独自一人，七是条件极差，八是私人办学，九是上无领导，十是无可借鉴，在这样的环境和条件下办教育，可以说，孔子是中国教育史上一位极为重要的教育家，是我国教育的创始人和奠基者。在那个时代、那么差的条件下，独自一人，开创了我国教育事业，有明确的教育理念、教育宗旨，紧紧围绕治国主题，提出"有教无类"的主旨，培养出在我国历史上有建树、有影响的第一批顶尖优秀人才，通过编撰《论语》将孔子的学说传于后世，为我国教育树立了榜样，研究孔子其人，对当今仍然有重要意义。

1. 我国有悠久的思想文化发展史

孔子生活在两千多年前的奴隶社会，当时处于落后的小农经济时代。此前积累的思想文化底蕴相当深厚，是产生孔子及其学说的历史文明基础。孔子不同凡人之处在于，他勤于学习、善于学习，在落后的社会状况下，抓住三皇五帝特别是尧舜文明治国的主线，以及周文王、周武王治国的经验，构建自己的治国理论和实践体系，创立自己的治国学说。

2. 大变革时代造就孔子及其学说

周王朝初期，周文王和周武王对建立周王朝有功的诸侯，采用分封制，分封领地，这些大大小小的诸侯逐渐壮大起来，打着周朝的旗号纷纷建立诸侯国，进行争霸和征战，这是从奴隶社会向封建社会的一个大变革、大转型的历史时期，在人类社会发展的初始阶段，最后到秦统一各国，建立封建社会，用了五百多年，史称春秋战国时期。春秋战国时期，又分为春秋和战国两个时期，前半部分是以争霸和扩充为主要特点，后半部分以兼并和战争为主要特点。孔子一生处于春秋末期，可以说已经出现了自耕农和手工作坊。大变革时代是人才辈出的时代，时代造英雄，时代也造就人才。孔子不同于凡人、不同于其他学者之处在于，他紧紧抓住大变革时代的历史机遇，站在大时代的前沿阵地，跳出奴隶社会的制度框架，用战略的眼光，义无反顾、毫不动摇、坚定不移从立和治的方面创建自己的超越时代的不朽学说，对后世产生深远影响。

3. 社会治理的需要是孔子治国学说的出发点和原动力

长年争霸和战乱，诸侯国执政者都将主要精力放在争霸和战争上，国之不治，德之不修，民不聊生，礼乐制度败坏，社会秩序混乱，社会风气不良。孔子不同于凡人，不同于其他执政者、学者之处在于，既不悲观厌世，碌碌无为，随波逐流，又不随声附和，趋同官场，沾染官场恶习，遵循官场潜规则，建立自己立、治的学说以及一整套社会治理的理论和实践的方略、措施和方法。

4. 家庭文化背景以及幼年时生活贫困是孔子成就人生的基础

孔子出身贵族家庭，其文化基础深厚，到父亲时家庭衰落，孔子幼年丧父，生活贫困，他并没有怨天尤人、对生活失去信心，自十五岁"志于学"便树立远大的治国理想，从卑贱的工作开始，他没有将其看作是下贱的工作，而认为这些"卑贱"工作才让他学得许多技能和智慧，以饲养牲畜的工作为开端，依靠自己的奋斗，一个台阶一个台阶地跨越，官至鲁国司寇，创立自己的治国学说，当此路走不通时，又转向教育，周游列国。毫不动摇，毫不降低标准，毫不妥协，坚持宣传、推行自己的学说，这些都是孔子的过人之处。

以上四个方面，主要是从文化和文明史底蕴、大变革时代背景、社会环境和条件、个人家庭环境和幼年磨炼等客观环境、外部因素等方面分析孔子的成长。在那个时代，有很多人与孔子生活环境和条件相似，但并未取得孔子那样的成就，这是需要思考的第一个问题；孔子生活的时代是人类社会的初始阶段，外部环境和条件很差，但他却成为我国誉满古今的开创性圣贤级治国大师并创立了自己的治国学说，这是需要思考的第二个问题；孔子的家庭，并没有给他提供优厚的学习成长环境和条件，以及仕途的特殊背景，他却建立起自己的不朽的治国学说，这是需要思考的第三个问题。

为了加深理解，举《论语》一些论述简要加以提示。有官员问孔子的学生子贡："孔子是圣人吗？怎么那么多才多艺？"子贡无法用语言表达这个问题，回答说："是上天让他成为圣人，又使他多才多艺，如此有才能和智慧。"其意思是说，是世人做不到达不到的，是上天赋予他的。针对这个回答，孔子说："这个官员了解我吗？""吾少也贱，故多能鄙事"，我的学问不是上天给我的，是自己家庭贫寒、奋发努力取得的，像我这种情况，君子是少见的。（见《子罕篇第九》9·6）他说："生而知之者上也，学而知之者次也。"这里的"知"是指天资聪明，这是生来就具有的，这样的人是最好的，学而知之是后天人的作为，"知"是学来的。其含义是即使是天资聪明的人，也得后天学习、努力，天资聪明只是比别人学得快的优越条件，如果自恃天资聪明而不好好学习和努力，就不会获得知识，不会有所成就。(见《季氏篇第十六》16·9) 这里使用"孔子曰"虽有针对季氏的含义，但文字表述具有一般性和普适性。他说："我非生而知之者，好古，敏以求之者也。"(见《述而篇第七》7·20) 他明确表示，自己不是"生而知之者"，而是学而知之者，其智慧和才能是后天经过自己的努力求得的，实际上就是否定"生而知之"的表述。这一态度，在《论语》中常有所见，是孔子的真实思想，是孔子终生坚持的人格素养和人生哲理。

一、书如其人

> 颜渊喟然叹曰："仰之弥高，钻之弥坚。瞻之在前，忽焉在后。夫子循循然善诱人，博我以文，约我以礼，欲罢不能。既竭吾才，如有所立卓尔。虽欲从之，末由也已。"
>
> ——见《子罕篇第九》9·11

这段话是孔子的学生颜渊对孔子及其学说的评价。在前面颜渊使用了两个形容词来表达感情，一个是"喟然"，是指长叹、感慨；另一个是"叹"，表达出一种叹息的情感，合在一起解读，是说深切地感慨，表示真情实意、感受至深，增加后面看法的分量，说明对老师学说的坚信和对老师的真实感情，这是其一。

"仰之弥高，钻之弥坚"。"弥"是指增加。其意是老师的学说，仰视越看越高，钻研越钻越深，其学说博大精深。

"瞻之在前，忽焉在后"。向前瞻望，它好像就在前面，这表示展望其学说未来十分远大；回头看过去，又觉得其内涵深厚。两句话合起来是，总结过去，内涵深厚，面向未来，意义深远。

"夫子循循然善诱人，博我以文，约之以礼，欲罢不能"。老师循循善诱，教诲我们，用各种文献丰富我们的知识，增加我们的才能和智慧，用礼节约束我们的行为，让我们规规矩矩、堂堂正正做人，在老师的教育和启发下，我们就是想停下来不学都不行，学习的愿望更加迫切、态度更加自觉。

"竭尽全力，如有所立卓尔。虽欲从之，末由也已"。卓尔：高大直立；末：没有、无；由：途径；末由：是指不知道怎么办，没有办法去达到。这段话是说，我竭尽全力去领会、学习，也能学到一些东西，可是再深入钻研，却达不到老师那样的高度。这一段话具有代表性，它不仅反映孔子学说得到学生高度认可，而且表明孔子教书育人的精神深深感染了学生、激励了学生，从而建立起深厚的师生情。

有这样一个事例，孔子在匡这个地方被囚禁，脱离出来，颜渊赶了过来，孔子一见面就说："吾以女为死矣。"我以为你死了。颜渊说："子在，回何敢死？"老师在，我哪敢死？"女"同"汝"即你。"吾以女为死矣"，表示老师对学生的深切担心；"子在，回何敢死？"表示学生对老师的深厚感情。这种真挚的师生情在危难时期充分表现出来，是发自内心的。（见《先进篇第十一》11·23）颜渊英年早逝，孔子控制不住自己的感情，号啕大哭。一个老师，学生去世，能够不加掩饰，哭得感天动地，无不让人动容，这不仅将师生情怀表露得淋漓尽致，也反映出孔子的爱才惜才之情，这样的老师，能不让学生崇敬吗？能不激励学生学习"欲罢不能"吗？（见《先进篇第十一》11·9，11·10）

1.《论语》全书贯穿着"夫子自道"

"夫子自道也"是孔子的学生子贡针对孔子说自己作为君子没有做到的话而发，说这是老师对自己的评述。子贡对老师说自己不足的内容没有表示看法。其含义是，老师能够严格要求自己，清醒地认识到自己的不足之处。从孔子所说自己做不到的"仁者不忧，知者不惑，勇者不惧"来看，结合书中的一些事实，这三条孔子做得不错，孔子从高标准要求自己，子贡这句话增加了学生对老师的崇敬，从而激励学生向老师学习。（见《宪问篇第十四》14·28）

"夫子自道也"是指孔子是在说他自己。夫子，是对孔子的尊称，即是老师、先生称谓；道，是指说，意是老师在说他自己，具有针对性和特指性。纵观全书，借鉴"夫子自道"贯通全书，贯通孔子学说，同样适用。孔子是一位表里如一、思行合一、一以贯之、终生不移的典范人物，既有大智，又有大德，其每一个论点，都是自己的心声表露，都是自己治国学说的心血凝聚，都是自己品行的人格历练，书中处处都留有"夫子自道"的印记，是书人一体的，是思行合一的，是合成体，而非两张皮。这是理解孔子及其学说的一个基本思路，一通百通，是孔子及其学说在历史长河中经久不衰的一条重要原因。

2.《论语》书名体现孔子学说的特点和优势

书名是由编撰的学生确定的。学生定名为《论语》，我们对此书名做一些分析，是出于以下考虑：

一是孔子主要是用言语表述的，一次一个观点，即论点均以平常的人和事物为描述对象，围绕治国学说精心阐述一个个独立的观点，这些事既不脱离主旨，又不是无关紧要的小事，都有深厚的内涵。一个一个论点，集合起来，形成理论，即孔子学说，构成完整的理论和实践体系，其基本形式是语录，是论点和理论以语录记述下来。这种语录和后世名人语录不同之处在于，后世的语录是从大量的理论阐述中，将其中精辟经典的论点摘录出来，汇集成册，而孔子语录是孔子论点的原始表述记录，是论点的集合。

二是不去细究，但在《论语》中治国学说占比很少，伦理部分占比很大，孔子学说中伦理部分虽然是重要组成部分，孔子的学生在每篇中将二者混在一起，虽在安排、标题上有侧重点却不去细究，这使得《论语》仍被后世误读为《伦语》。《论语》书名把握得比较准确。这样安排还有另一个容易产生的问题，这就是执政的主体是执政者，执政者会利用自己的执政地位，将治国的责任侧重点转变为治理社会的其他方面，将执政担当和对执政的要求转嫁为对全民的要求和担当，扭曲了孔子的治国学说，这不是论点和理论本身的问题，从"立"和"治"上讲也没有问题，从《论语》定名上也没有问题。问题出在，学说的推行完全依靠执政者担当，而其治国学说宗旨和理念与执政者的治国宗旨和理念是相向还是相背决定了学说的推行情况，并非由其说本身所决定。

三是《论语》定名，其论点也好，理论也好，归之为孔子学说，不仅包括理论论述，还包括学生的行为、实践、评价等各类交流内容。语言是学说的表述形式，论述是孔子学说的深厚内涵；语言是一面镜子，理论是一把尺子。据此，准确把握语和论的有机结合，就能正确解读和运用孔子学说。

3. 孔子循循善诱教诲他的每个学生

这不仅反映在孔子对好学生的态度上，还表现在孔子不厌其烦、真心实意、循循善诱地对待有缺点和错误的学生方面。本书多次提到子路、冉有、宰我三个人，前面已大量做过引证。教育好学生相对容易些，教育像子路等有个性的三位学生，更能显示教师的才能和水平。子路比孔子小九岁，他辅佐卫国掌握实权的大夫季氏，在官场处于高位。用孔子的话说，性格鲁莽，他是最敢给孔子提意见的人，提的意见往往很尖锐、很不客气，也是被孔子批评最多的学生，却一直没有离开孔子，不离不弃，这主要原因在孔子身上，不是或者不主要是由于孔子的官职和名望，也不是孔子在各方面有什么特殊的照顾，主要是孔子为人师表的真诚、大度和品行。

子路对孔子提意见直言不讳。

子见南子，子路不说。夫子矢之曰："予所否者，天厌之！天厌之！"（见《雍也篇第六》6·28）

南子是卫灵公的妻子，把持着卫国大权，以美貌著称但名声不佳。"说"同"悦"，意为高兴、喜悦；"矢"同"誓"，意发誓；"所"意为如果、假若。孔子出于礼节会见南子，可是却引起学生子路的不满，对于这样有损自己名声的事，孔子没有责怪子路，也没做解释，却发誓说："如果我有不当的行为，让上天来谴责我，意指让人们来厌恶我。""天厌之"连讲了两次，信誓旦旦，以自己人格来做担保，这更让学生崇敬。学生记录下来，说明孔子心胸坦荡，是道德的典范。孔子没有因为子路的质疑而不悦，认为学生有疑问，"人不知，而不愠"，无可非议，彰显孔子的品德与胸怀。

子路曰："卫君待子而为政，子将奚先？"

子曰："必也正名乎！"

子路曰："有是哉，子之迂也！奚其正？"

子曰："野哉，由也！君子于其所不知，盖阙如也。名不正，则言不顺；言不顺，则事不成；事不成，则礼乐不兴；礼乐不兴，则刑罚不中；刑罚不中，则民无所措手足。故君子名之必可言也，言之必可行也。君子于其言，无所苟而已矣。"（见《子路篇第十三》13·3）

奚（xī）：何、什么；阙（quē）：同"缺"；阙如：欠缺，这里指存疑；错：同"措"，安置、安排、处置；"无所措手足"：不知道手足放在什么地方，即不知道怎么办。这段话是孔子与子路师生的一次思想交锋，是围绕"正名"说展开的。问题是由子路提出来的，说："如果卫君要用你治理国家，你首先怎么做？"这是特指。孔子针对"治理国家"，回答既有卫国的针对性，又有治理国家的普适性。

所谓"正名"，就是立规矩；子路说："你竟然这么迂腐，要正什么名分？"直截了当批评老师迂腐，对于这样的批评，孔子用了一句"说话粗野"，并没有过多批评和指责，下面说了两句："君子对不懂的地方，可以采取存疑的态度。"意思是说，你有什么疑问，是可以提出来的，现在我回答你提出的问题，把重点放在提出"正名"的理由上，彰显了孔子既严肃又宽容的态度。他说："治理国家首先要立规矩，有了规矩，说话才有章可循，说话算数；说话有章可循，事情才能做成；事情能够做成，国家制度才能建立起来；国家有了制度，刑罚才有了根据；国家刑罚有了根据，老百姓就知道该怎么办。反之，名分不正就会产生一系列的问题，你说的话没有根据，太过随意；说的话随意，不算数，任何事情就办不成；事情办不成，制度也立不起来；没有制度，刑罚没有依据，就会乱套；刑罚混乱，老百姓就会无所适从。"

最后孔子总结，必须先正名分，说话才有根据，说的话也才能行得通，"名之必可言，言之必可行"。作为君子，不能没有规矩，信口开河。道理讲得很透彻、很深刻，以理服人，让子路和学生深受教育。后来，封建社会将"正名"作为君权至上和等级制度的理论基础，是对孔子正名说的扭曲。

在陈绝粮，从者病，莫能兴。子路愠见曰："君子亦有穷乎？"子曰："君子固穷，小人穷斯滥矣。"（见《卫灵公篇第十五》15·2）

孔子被困在陈国断了粮，跟随的学生都饿病了，站不起来。子路生气地对孔子说："君子也有穷困的时候吗？"这是在发牢骚，被困断粮，难道是孔子造成的？孔子和学生一样同样被困在那里。子路的话包含的意思是：你带着学生宣传、推行你的学说，这能当饭吃吗？孔子回答：君子遇到穷困，固就是坚守，克服困难，作为是一种磨炼，而小人在穷困时就会胡作非为。在这种情况下，通过这种机遇对学生进行教育，要求学生在危难时刻，临危不惧，坚持信念，渡过难关，给了学生战胜困难的信心、精神和力量。

孔子对子路的批评也多，且毫不客气，直击要害。除了前面说的，再举几例。

子曰:"衣敝缊袍,与衣狐貉者立,而不耻者,其由也与?'不忮不求,何用不臧?'"子路终身诵之。子曰:"是道也,何足以臧?"(见《子罕篇第九》9·7)

孔子说:"穿着破旧的袍子,与穿着狐貉皮袍的人站在一起,不感到羞耻的,恐怕只有仲由吧?《诗经》上说'不嫉妒,不贪求!'"子路听到后,整天念这两句。孔子说:"仅仅这样,怎么能好得起来呢?"

缊(yùn):旧絮;臧(zāng):善、好;忮(zhì):嫉妒。这段话前半段是对子路的表扬,用现代语言解读,子路穿着旧袍子与衣着华贵的人站在一起,并没有认为是一种耻辱且丢面子的事情,孔子对此评价很高。使用"其由也与",意思是大概只有仲由能做到,没有把话讲满,这是孔子严谨之处。引用《诗经》"不忮不求,何用不臧?"不嫉妒,不贪求,为什么不会好?不嫉妒别人吃穿比你好,不会有私欲和贪念,这样做才活得有价值,活得更好。于是子路整天念着两句话,这本来无可非议,孔子却借此敲打子路。《诗经》这两句话,既是对子路的肯定,又是对子路提出的更高要求。孔子认为,子路在这一点上,"是道也",合乎德的标准,做得好,但是只做到这一点,有什么值得骄傲的?他没有具体讲是什么,让子路自己思考。包含的意思是:你辅佐季氏,做了那么多不得人心的事,要按这两句话联系自己实际进行反思。这种教育让子路感受至深。

子曰:"由之瑟,奚为于丘之门?"门人不敬子路。子曰:"由也升堂矣,未入于室也。"(见《先进篇第十一》11·15)

瑟(sè):古代一种乐器;门人:学生;升堂:是指进入堂屋;室:内室、房间。这段话分为三段:

第一段:孔子说,子路为什么在他门下弹瑟?这句话不是指那种乐曲好不好,也不是指弹得好不好,这些孔子对学生不会加以评论。问题是,那么多地方,子路却偏偏选择在老师门下弹瑟,是让老师听,是有动机的,采取这种方式孔子是不赞成的。

第二段：说学生听了孔子的话看不起子路。学生瞧不起子路，不仅仅是因为子路在老师门下弹瑟，认为这种做法动机不纯，而且通过平时的接触和了解，对子路的为人处世，特别是处于官场的行为看不惯，否则，同学之间，弹得好，弹得差，没有必要这么在意。曾点是一个普通平民的学生，在孔子让学生谈其志向时，曾点在现场弹瑟，孔子对此并没有任何表示和制止（见《先进篇第十一》11·26），因为曾点弹瑟是练习，并没有动机不纯。

第三段：孔子对子路在他门下弹瑟的做法，只是说了一句点到为止，在学生瞧不起子路时，他对子路弹瑟做出评价。孔子以回家做比喻，说子路弹瑟就像回家一样，已进门了，已经不错了，但是还未进入内室，功夫还不深。一语双关，实际话题已转到对子路其人的评价上，在做学问方面，在仁德方面，在做人方面，在素质方面，已经入门，但是还未进入内室，还未到家，还未达到要求。这种论述浅显易懂，又深入透彻。

孟武伯问："子路仁乎？"子曰："不知也。"又问。子曰："由也，千乘之国，可使治其赋也，不知其仁也。"（见《公冶长篇第五》5·8）

孟武伯：鲁国大夫；千乘之国：春秋时期，打仗用车子，国家强弱用车子的数目计算，孔子时，千乘之国属于中等国家；赋：兵赋。兵役工作，这里包括军政工作。鲁国大夫孟武伯问孔子子路的仁德怎么样？孔子回答，不知道。孟武伯继续追问，孔子回答："中等国家，让子路负责军事工作，是可以担当得起的，才能是有的。"至于仁德，依然回答不知道。作为老师，特别是像孔子这样的老师，不可能对子路的仁德不了解，但是在子路的上级面前，不能指出其仁德的不足，只能回答不知道，让他们自己去考察。这不是隐瞒，是对学生的保护，不能因为不足而影响学生的工作。况且，仁德是根据外在的行为来判断，有其不确定性，因此，孔子这样的回答是说得过去的。

季子然问："仲由、冉求可谓大臣与？"子曰："吾以子为异之问，曾由与求之问。所谓大臣者，以道事君，不可则止。今由与求也，可谓具臣矣。"

曰："然则从之者与？"子曰："弑父与君，亦不从也。"（见《先进篇第十一》11·24）

季子然问："仲由与冉求做大夫怎么样？"孔子回答："我以为你问的是别人，问的却是仲由和冉求。所谓大臣，就是要以正道来侍奉国君，如果行不通，就辞职不干。至于仲由和冉求，他们两人可以说已经具备了做大臣的才能。"

季子然又问："那么，他们会一切服从上级吗？"孔子说："杀父弑君的事，他们是不会服从的。"

季子然是季氏的族人，季氏在鲁国掌握实权。其提问实际是了解两人辅佐是否适合季氏。这段话用现代语言进行解读。季子然问孔子："仲由和冉求做大臣怎么样？"这里没有明说，是说辅佐季氏你怎么看。孔子说："我以为你问别人，你问的是这两个人，他俩是我的学生。要做大臣，就要按'道'来为国君做事，如果不能用'道'做好大臣，就辞职。"这里是孔子对做好大臣的概述，没有具体点两个人的名，实际很具针对性。在季氏要进行讨伐战争时，两人不加制止，孔子当着两人的面批评他们，引用别人的话："能胜任，就任职，不能胜任，就辞职"（见《季氏篇第十六》16·1）。据此，孔子说两人具备了大臣所需才能。接着季子然明确提出，能服从上级吗？实际的意思是问子路和冉有能服从季氏吗？这表明他说的仁也罢，仁德也罢，道也罢，和孔子说的仁德不是一回事。孔子多次批评两人在辅佐季氏时支持季氏不仁的事，而这些行为正是季氏所需要的。这样讲很露骨，孔子依然未进行反驳，说了一句，让杀父弑君、杀人越货这样的事，是不会干的。将此段与前面一段连在一起解读，孔子的意思是，子路和冉有具备做大臣的才能，对于其仁德，他是不知道。但是，这两个人是有道德底线的，对于杀父弑君、杀人越货的事，是不会跟着干的。

这里重点介绍子路的情况：子路是孔子的学生中具有代表性缺点和错误的人物，一是身处官场、地位高，辅佐孔子所在诸侯国掌握实权的重臣季氏；二是孔子的学生中年龄最大的，与孔子只差9岁；三是问题和错误较多，这方面亦有典型性；四是给孔子提意见最多而且很尖锐的学生，有时让孔子很难堪；五是受到孔子较多且尖锐批评，却常常跟随孔子的学生。

当时只有孔子一人办学，这么一个高官、又敢作敢为的学生，随时可以离开孔子，却一直对老师不离不弃，这对教育者和教师是一个值得探讨和深思的问题。有人说，孔子是具有大智和大德的人，别人达不到他那样的高度。我以为，这不是主要的，后面我会谈到这个问题。问题的关键是孔子对教育理念和教师的职责理解得比较透彻而且能以身作则。的确，孔子是一个有大智慧和非凡才能的人，他对子路这些人的批评是尖锐的、深刻的，点中要害，让他们难以忘怀；不仅如此，孔子能举一反三，从子路的问题中能够引出新的道理，引起学生的思考，明确今后的方向，令学生深受教育，受益匪浅。

故而子路很在意孔子对他的看法，虽然身居官场，他不一定接受孔子的观点，但是子路对孔子是很服气的，这是他不离开孔子的一个重要原因，却不是主要原因，主要原因是孔子的大德。孔子对子路的看法是公正的、客观的，肯定他的才能和好的方面。孔子对学生没有任何偏见、歧视，一视同仁，循循善诱，诲人不倦，以理服人，以德感人。对于爱提意见、有些意见很尖锐、甚至有损自己的形象的子路，孔子并没有指责，甚至没有因此对子路淡漠、另眼看待，产生思想隔阂。过去怎样现在依然怎样，还经常将其带在身旁，孔子有很高的涵养和德行。特别是孔子身体力行，起表率作用，以自己的德行感化学生，这种身教重于言教的为人师表，更能打动这些学生。

还有一点，并不是子路身居官场、年龄较大，孔子就认为他与冉有、宰我等铁板一块，各人有各人的缺点和问题，应予以区分。孔子对学生并不是眉毛胡子一把抓，然后一起批评，谁是什么问题就是什么问题。他观察细微，能深入了解每一个学生。例如，上面提到的子路和冉有两人一起去告诉孔子，季氏要进行讨伐战争，只见到冉有与孔子进行谈话和辩解，按子路的性格有什么看法会直说，此时却一言未发，孔子只批评冉有，未点评子路。子路没有发表意见并不代表他不同意冉有的看法，一起去见老师至少不反对，孔子却不一起批评，这就是实事求是的处理态度。

对于冉有和宰我就不一一详谈了。这里只举几例。

季氏富于周公，而求也为之聚敛而附益之。子曰："非吾徒也。小子鸣鼓而攻之，可也。"（见《先进篇第十一》11·17）

冉求，字子有，亦称冉有。季氏比周公还富裕，冉有却为其搜刮、聚集财富。孔子说："冉求不是我的学生，你们要大张旗鼓地抨击他。"

据《左传·哀公》十一年和十二年文，鲁国季氏要用田赋制度增加税收，让冉有去征求孔子的意见，孔子的意见是："施取其厚，事举其中，敛从其薄。"意思是，给老百姓施惠要多些，要多做些事情，从老百姓那里收得要少些。可是冉有仍然听从季氏的安排，实行田赋制度，孔子对此十分生气，才发动学生声讨他。这不是一般错误，是非常严重的，是大是大非问题，孔子是不允许自己的学生这样做的，发动学生"鸣鼓而攻之"，就像打仗那样鸣鼓助战一样，不能含糊，但没有放弃冉有。作为老师，孔子该批评的批评，该抨击的抨击，却不放弃教育，不放弃自己教师的职责。这种教育方式对冉有震动很大。

冉有小孔子30多岁，没有给孔子提过什么意见，孔子并没有因此对他该批评的不批评。当冉有很委屈，认为自己能力不足的时候，对此，看看孔子是怎么教育冉有的。

冉求曰："非不说子之道，力不足也。"子曰："力不足者，中道而废。今女画。"（见《雍也篇第六》6·12）

冉求说："我不是不喜欢你的学说，而是我能力不够，达不到。"孔子说:"能力不够,是走在半路上停了下来,可你是自己给自己画了一条界线不肯往前走了。"

这段话在前面已经做过详细解读,不再重复。孔子对冉有问题的分析,对冉有震动很大,教育至深。这一分析,对人们有很大的启示作用。冉有画的这根线,是一条不能跨越的底线,人们往往认为这是保险线,只要不逾越,就是安全的,实际上将其作为达标线,在日常生活中,在教育上,在为人处世上常常出现这种情况。例如,在学校教育上,学生也好,家长也好,教师也好,强调的是知识、本领、才智的教育。至于德育,那往往是说教,能够毕业就行了。出了校门,走向社会,出问题往往就出在这上面,有些问题看似工作问题,也是个责任问题;再举个简单事例,喝酒,不喝醉是底线,认为不喝醉就安全,但是人们往往把握不住,容易醉酒出事;官场规则,有底线,一旦突破,在利益驱动和诱惑下,一发不可收拾,贪污腐败,悔之晚也。两千多年前,孔子已经分析透彻了底线问题,对当今也仍有启发。

宰我(予)其他不说了,仅一件看似小的事情,孔子却讲出大道理。

宰予昼寝。子曰:"朽木不可雕也,粪土之墙不可圬也,于予与何诛?"子曰:"始吾于人也,听其言而信其行;今吾于人也,听其言而观其行。于予与改是。"(见《公冶长篇第五》5·10)

宰予大白天睡觉,用现在的眼光看,这有什么大不了的,何必拿此说事。可是孔子时,学生白天就是学习,不好好学习,虚度光阴,孔子认为难以成才,而且那时的课,就是孔子治国的观点,睡觉说明对孔子的学说不感兴趣。宰予的问题不止这些事,这段话只是其中一个典型事例。基于平时的了解,孔子认为宰予是需要多加教育的。他对这件事看得很重,将其比作腐朽的木材和粪土的墙壁。对腐朽的木材进行雕刻,是难成有用之才的;圬(wū):同"圬",指粉刷墙壁,这里是说对粪土做的墙壁进行粉刷,就像外面冠冕堂皇,里面却是粪土,难以掩盖其内里污浊的东西。老师对自己这样评价，这个比喻，恐怕让宰予终生难忘。

还有宰予很会掩饰，骗过老师，孔子发现后进行反思总结，鉴于宰予白天睡觉之事，认为自己过去"听其言而信其行"，现在则要"听其言而观其行"。孔子善于从一件看似一般的个例中，进行反思和总结，别人大概是做不到的。"朽木不可雕也"常被后世引用。"听其言而观其行"成为识人、选人、用人的典型经验，不仅可以用来教育学生，而且经久不衰。

我不惜用大量笔墨引用孔子对有缺点和错误以及难以管教的学生的论述，是因为这个问题很重要，教育这类学生并不比教育优秀学生价值低，教师不能因为难教而放弃，这是教师的职责，也不能认为教育优秀学生更有价值。通过教育将这些学生转变为好学生，对教育、社会、人才培养都是贡献，使难教的变为受教的，难成才的成为成才的，后进的变为先进的，无所谓的变为知耻的，每一个进步都饱含教师艰辛和心血，很有价值。在资料丰富、信息畅通、智慧大增的时代，孔子的这些论述仍有启示和借鉴意义。

4. 孔子因材施教，高标准，严要求，培养贤才

子曰："骥不称其力，称其德也。"（见《宪问篇第十四》14·33）

骥：指千里马。孔子以千里马比作人才，能行千里的马，靠的是力气，这是才能即才，千里马是有力气的马；千里马要行千里，光靠力气不行，还得有德，这个德，是和才相对应的品质。要行千里路，"任重而道远"，要有理想抱负、坚定不移的信念，要有行千里的品格和德行，要有坚持不懈和百折不挠、克服各种困难的意志和毅力，归之为一种精神动力。千里马又是具备精神动力的马，或者是具备"德"的好马。

孔子以千里马比喻人才，很形象，一听就明白。对于德和才的关系，孔子看重的是德。千里马力气是实力，没有力气，行不了千里，不能称为千里马，不是好马。但是，没有德，或者走偏方向、走弯路，或者没有动力，松懈或半途而废，难行千里。孔子看重千里马，不是看重力气，人再有才，没有精神动力，也难以完成千里任务，不能成为有用的优秀人才。

孔子这个教育理念和培养德才兼备人才的观点，可称精辟之论。

从国家层面看，德才兼备的栋梁之才，首先要有国家、民族意识，要有为民情怀，有"任重而道远"的理想抱负，勇于担当、不辱使命、临危不惧、克服困难，堪当重任；要加强道德修养，严格要求自己，克己奉公、安定天下、安抚百姓；遵循社会伦理，恪守道德操守，坚守大信，不断提升"松柏立于寒冬而不凋"的气节。就个人而言，从"志于学"开始，就应有远大的理想和志向，学习知识和做人之道，以理想为目标、仁德为动力，打好做人与品德基础，推动知识学习，奠定成才基础。立业后，按照千里马的品行进行人生实践，一步步成为千里马式的德才兼备的优秀人才和治国的栋梁，坚定不移地将人生推向高峰及成就人生。

孔子教育的理念，是教书育人。教书以增知，育人以成才；教书循循善诱，育人诲人不倦；教书增值，温故而知新，育人成才，立人立业，以立人促立业。所谓因人施教，是指针对每一个学生的特点进行教育，这样教育具有针对性，使教育收到实效。了解每一个学生，这是一项难度很大的基本功，必须准确掌握每一个学生的特点，如果了解不深透，就难取得实效，甚至产生负面效果。就像孔子这样做到因人施教的人少之又少，是教师和教育工作者学习的榜样。从《论语》中反映出孔子教育的优秀人才大致有以下几种情况：

（1）品学兼优、德才兼备的优秀人才。

其典型代表是颜渊（颜回，字子渊，小孔子30岁，鲁国人）。颜渊家庭贫寒，住在贫民居住的陋巷里，环境很差，却能不受干扰，刻苦学习，对孔子学说深入钻研，领会很深。孔子高度赞扬颜渊，说像颜渊这样德才兼备的优秀学生，在他的所有学生中没有人能与之相比，培养这样的人才是不容易的、是难得的，可是却英年早逝，育之难得，失之过早，为之恸哭，足见为培养治国栋梁之才呕心沥血的用心和执着。但是，就是这样的好学生，不给老师提意见，孔子认为对自己没有帮助，是缺点。

（2）有仁德的真君子。

子贱（宓不齐，字子贱，小孔子 30 岁），虽然他比起颜渊来有差距，但也得到，孔子很高的评价。子谓子贱："君子哉若人！鲁无君子者，斯焉取斯？"（见《公冶长篇第五》5·3）孔子说，子贱这个人是君子，鲁国如果没有君子，这个人从何处得到这么好的品德呢？得到孔子这样高度评价的学生，除颜渊外，子贱也算一个。孔子在这里通过赞扬子贱告诉其他学生：你们的周围就有君子，就有品德好的人，只要你们勤于学习，就一定会学到好的品德，你也会成为君子这样的人。

（3）有才华的突出人才。

这类人的典型代表是子贡（姓端木，名赐，字子贡，卫国人，小孔子 31 岁），其特点是有才，理论功底深厚，经常与孔子就一些理论和实践问题以及一些深层次问题进行交流和探讨。这种交流和探讨对子贡的教育和提高极为重要，而孔子也认为对自己有所帮助。在这方面，颜渊是不具备的，孔子更肯定子贡。可是，子贡有一个缺点，就是时常指责别人，说话伤人（"方人"见《宪问篇第十四》14·29）孔子针对这个缺点对子贡进行教育，说你就那么好吗？孔子接着说了一句话："夫我则不暇。"孔子说他自己没有那个闲工夫教育子贡。这包含两层意思，一个是你有那个闲工夫，还是少讽刺别人，把你自己管好，做好自己的事情；另一层意思是，别人即使有什么没做好的，你也不要将功夫用在讽刺上，而是善意地指出和帮助。指责别人、说话伤人，清高，看不起别人，这是有才华的人常有的缺点。孔子是在指出和教育子贡。子贡认为："我不想别人把事情强加给我，我也不想强加给别人。"孔子说："这不是你自己所能做到的。"如果与上面说的子贡的缺点联系起来，孔子说的意思是，根据你个人的特点，这样你做不到。这就给子贡留下了思考：要加强修养，克服自己的缺点。从哲理上思考，社会上的事情是复杂的，不会像你想象的那样别人不会强加于你，这一点，不是你可以掌控的，你做不到。按照你说的，别人强加于你，

你也要强加于别人。这就错了,别人强加于你不对,你强加于别人就是错的。(见《公冶长篇第五》5·12)

(4)培养一批有独立见解的高端人才。

这一批人组成一个高端人才群体,不仅对孔子学说有深刻的理解和钻研,而且有其独立见解,其中大部分又从事教育工作,亦收自己的学生,将孔子的学说以教育和文化的方式传承下去,没有这些人,就没有《论语》,就没有孔子学说的传世。从《论语》中列举五位典型代表:

有子:姓有名若,小孔子43岁,是与孔子同样被称"子"的两个学生之一,收有自己的学生,其学生可能参与了撰写《论语》一书,称"子"是对老师的尊称,下同。

曾子,姓曾名参,字子舆,小孔子46岁,是与孔子同样称"子"的另一个学生,收有自己的学生,其学生也可能参加了撰写《论语》一书。

子夏:姓卜名商,字子夏,小孔子44岁,是孔子的学生,又收了自己的学生。

子游:姓言名偃,字子游,小孔子45岁,是孔子的学生,又收了自己的学生。

子张:姓颛(zhuān)孙名师,小孔子48岁,是孔子的学生,又收了自己的学生。

其他如子思、子容、子木、子羔、子开、子周、子牛、子华等,还有一些未列入孔子的学生之中的、有才华的、参加撰写《论语》的学生。

(5)一大批普通人身份的优秀学生。

凡是自愿拜孔子为师的,孔子都收。其中大多数是出身贫寒的普通人,其中具有代表性的是曾点。孔子和四个学生坐在一起,让他们谈谈自己的志向,子路、冉有和公西华三人都谈的是治国之志。曾点和他儿子曾子先后是孔子的学生,曾点是四个学生之一,在其他三人谈志时,他坐在一旁弹瑟。其他三人谈完后,孔子点名要他谈,他停止弹瑟。他是一个普通人,没有什么治国大志，过的是普通人的生活。他说，暮春时，春光明媚，他换上春服，约了一些成人和小孩结伴，到河里去洗澡，洗完之后，在岸上吹吹风，又与大家一路唱着歌回家，这是他的"志"。

四个人谈完以后，孔子只说了一句话："吾与点也！"（我赞成曾点的看法）。这反映了孔子的世界观和方法论。孔子不是以学生是当官还是老百姓作为判断好坏、是非的标准，子路和冉有谈的治国之志他并不满意。而一个平常人，过的是平常人的生活，没有什么治国的雄才大略，只求生活过得好，他自己过得快乐、幸福，也让周围人快乐、幸福，这是孔子非常赞赏的。

这些事，虽然是日常小事，却反映了热爱生活、乐于助人、"己欲达而达人"的人生态度。如果人人都像曾点一样，这个社会不就是人们追求的美好社会吗？孔子是站在这样一个高度看人看事的，这也正是他的学说所追求的。还有一点，在这个场合，曾点在别人谈志时，他在弹瑟，孔子不仅不制止、不批评，还表扬这种自由洒脱的学生。孔子的教育活动，是成人教育，不是在固定的场所，他讲，学生听，或者搞得很严肃，而是采取座谈式，鼓励学生不要顾虑，讲自己真实的想法，气氛很宽松。再者，在那个时代，"乐"是"六艺"中的一种，不是单纯的娱乐，而是一种礼乐、乐制，孔子会带领学生经常练习。否则，曾点那么大年纪，不会在那种场合，当着老师的面弹瑟。

（6）有严重缺点和错误又有才能的人。

这类人是极少数，以子路为代表，前面已经做过详尽的介绍和分析。孔子认为这样的人，是有才能的有用人才，其身上的缺点和错误通过不断教育扬优抑错，是可教育的。要发挥其长处，肯定其好的一面。对于问题，不能迁就，不能放松要求，不能护短，要不时敲打，毫不留情。子路和冉有的问题，是争霸时代和奴隶社会造成的，在官场上特别是在季氏的直接领导下，不妥协是难以立足的。他们两人不是不相信孔子学说，而是认为在实践上是行不通的,这一点孔子自己也知道。与孔子不同的是,孔子坚持自己的学说,不会依附于当政者,而子路和冉有却跟随当政者做了一些错事和坏事。应该说,孔子对这两人和宰我的教育是有效的,方法是得当的,尤其是不放弃这些人的精神是值得赞扬的。

孔子最大的贡献是创立治国学说;他的最大不足是将他的治国学说寄希望于当时的执政者,注定在自己有生之年无法实施;他的最大优点是对自己学说的坚信不移和其百折不挠的精神;他的最大成功是教育,他培养了一批有建树的顶尖级学生,使其学说得以传承,不朽传世。

5. 孔子着力培养有独立见解的高端人才

子曰:"当仁,不让于师。"(见《卫灵公篇第十五》15·36)

这句话的大意是,在践行仁德上,不要对老师谦让,敢于大胆去做,敢于超过老师。鼓励学生超过自己,展现了孔子的胸襟。正是在他的这一思想指导下,培养了一些有独立见解、有建树的优质突出人才。从广义上说,后来者居上,应成为一条规律,不培养后来者居上的人才,社会就很难正向发展。孔子"当仁不让"的教育理念,为教师树立了好榜样。嫉贤妒能、压制人才,总怕被别人超过自己的行为,是违背教育职业道德和教师品德的,必须加以纠正。不仅在教育上,在社会各个领域、各个方面,包括在上下级关系的处理上,这也是需要遵循的规律。作为领导,不能把上下级的关系理解为绝对服从的关系,不得压制、埋没人才;从下级个人讲,也不能唯唯诺诺,唯领导指示是从,需要大胆去做,发挥自己的才能,积极为工作贡献力量。因此,孔子这句话堪称经典,"当仁不让"大概由此而来。

前面对学生的论述做过汇总,现在选择其中一些对孔子学说能够深度解读的典型事例。

(1)深度解读孔子"一以贯之"的思想。

子曰:"参乎!吾道一以贯之。"曾子曰:"唯。"

子出，门人问曰："何谓也？"曾子曰："夫子之道，忠恕而已矣。"（见《里仁篇第四》4·15）

孔子说："参！我的学说贯穿一个基本观念。"曾子回答："是。"

孔子说完走了出去，其他学生问曾子："这句话是什么意思？"曾子回答："老人家的学说，概括起来就是贯穿着'忠'和'恕'两个字。"

孔子对曾子提出自己的学说贯穿着一个基本观念，是说用一个基本观念将自己的学说概括起来。这么一句话，其他学生（门人是指学生）并不明白是什么意思，只有曾子做了解读，概括这个基本观念，就是"忠"和"恕"两个字。

什么是"恕"？用孔子自己的话说就是："己所不欲，勿施于人。"（见《卫灵公篇第十五》15·24）意即，你自己不想做的事情，不能要求别人去做；自己都做不到的事情，不能要求别人必须做到。

什么是"忠"？孔子将其概括为"己欲立而立人，己欲达而达人"。（见《雍也篇第六》6·30）意即，对你有益处，也要对别人有益处；你追求自己成功，也要使别人成功；你生活过得好，也让别人生活过得好。

"忠"和"恕"连接起来就是，你自己都不想做、做不到的事情，不要强迫别人去做、去达到；你自己想做、能做到、对自己有益处的事情，也帮助、支持别人去做，让别人受益。这种解读深刻到位。

有子曰："其为人也孝弟，而好犯上者，鲜矣；不好犯上，而好作乱者，未之有也。君子务本，本立而道生。孝弟也者，其为仁之本与！"（见《学而篇第一》1·2）

这是有子的解读。有子以君子为例，强调要"务本"，即抓根本，只有抓住根本，为人处世之大道、国家之大道、社会之大道就建立起来了。其意思是，老师的学说"一以贯之"就是讲这个道理。其内涵就是"务本"，提出"本立而道生"的重要思想。他提出，孝悌就是仁的根本，他从孝悌来理解孔子以仁为核心的学说。他认为，将以孝悌为内涵的家庭伦理做好了，搞不好上下级关系、搞不好人际关系，总之做不好工作是少见的；以孝悌为内涵的家庭伦理搞好了，也不会违背社会伦理道德、胡作非为，做出破坏社会秩序、违法乱纪、损人利己、危害他人的事情。不孝敬父母，不尊老爱幼，不遵守家庭伦理，不搞好家庭和睦，这个基础不重视、不搞好，要遵守社会伦理，搞好上下级和人际关系，这能让老师做到"一以贯之"地传授学说吗？将两个人的解读结合起来，对孔子的学说理解更深透。

（2）对孔子学习、交友和为人处世论述的深度解读。

子曰："学而时习之，不亦说乎？有朋自远方来，不亦乐乎？人不知而不愠，不亦君子乎？"（见《学而篇第一》1·1）

这段话是全书开篇之论，对全书起到提纲挈领的作用，反映出孔子乐观、积极、大度的人生态度。我在《古论今语》以及本书中做过详细的解读。这里主要是选择曾子、有子对这段论述的解读，他们的解读是孔子学说的重要组成部分。

曾子曰："吾日三省吾身：为人谋而不忠乎？与朋友交而不信乎？传不习乎？"（见《学而篇第一》1·4）

现将两段话对照解读，曾子这段话是对孔子论述的解读。

孔子这段话是对自己学习、交友和为人处世三个方面的态度，去其特指性，从文字上解读，主要是讲了学习、交友和为人处世三个方面；曾子是以自省即反思自己对孔子提出的三个方面进行解读。这均是以自我的方式、亲身经历体会的方式讲述三个方面的大道理。

孔子认为，学习，从"志于学"开始，树立远大的理想信念是立德、立人、立世、立业之本，是成就人生之本，终生"一以贯之"，边学习，边工作，以学习为原动力促工作、出成绩。学习不仅使知识增值，转变成为人的知识和才能，而且提高人的素养和品行，使人活得有品位，可以说人的事业、人的成就、人的一切都是从学习得来的。要终生学习，成才学习、立业学习，活到老，学到老，老有所为，孔子主要讲学习的必要性和重要性。曾子的解读是"传不习乎？"狭义是指"对老师的传授进行复习了吗？"从广义上讲，"习"是指学习，"传"是指传承。这个传承是通过学习，以思想和文化的方式进行传承，其传承包含着继承和发展。这就是说，孔子主要是讲学习的必要性和重要性，而曾子主要是讲学习的继承和发展。

孔子讲的第二件事是交友，他讲的是朋友来看他的一件具体事情，孔子在社会上交了不少志同道合的朋友，他们往往就一些重大问题进行交流，建立了深厚的友情。孔子说有朋友从远方来看他，这是一件多么让他高兴的事情。他将这种友情看得很重。孔子这件事给人们的启示是，无论学习、生活还是工作，人们都必须搞好人际关系、广泛交友，拥有一些知心的朋友，这对于人立足于社会很重要。如果离得远，不常见，朋友从远方来看你，这是一件多么高兴的事情啊！曾子将孔子这段话总结为与朋友交往要达到信任的高度，朋友之间要相互信任，真心实意，要交知心的朋友，不搞假心假意、表里不一，不交酒肉朋友、利益朋友。

孔子讲的第三件事是为人处世的问题。孔子说："人不知而不愠，不亦君子乎？"人的一生，在为人处世上，最揪心的是遭人误解、冷遇、非议、流言蜚语，甚至讽刺、挖苦和中伤。孔子自己就遇到不少这样的事。对于这种事情，孔子毫不含糊、态度明朗，"道不同，不相为谋"；对于流言蜚语，如果不是出于自己的原因，泰然处之。对于有些事情，是人家不知情，说了伤害你的话，做了伤害你的事，不要在意，不要计较，以君子之风的大度对待。这反映了孔子过人的品行和涵养。曾子将为人处世问题提到忠诚的高度，在为人处世上以忠诚、忠厚待人，真心实意，相互信任，以心换心。在学习上体现为"传"，在交友上，体现为"忠"，在为人处世上体现为"信"，既是对孔子学说的深度理解，又有自己的独到见解。

（3）对孔子以"孝悌"为内涵的家庭伦理和以"泛爱众"为内涵的伦理治世的深度解读。

子曰："弟子入则孝，出则弟，谨而信，泛爱众，而亲仁。"（见《学

而篇第一》1·6）

子夏曰："贤贤易色；事父母，能竭其力；事君，能致其身；与朋友交，言而有信。虽曰未学，吾必谓之学矣。"（见《学而篇第一》1·7）

本书孔子的论述和子夏的论述都单独做过详细解读。这里将二者对照解读，看看学生子夏是如何学习和理解孔子有关论述的。

孔子的论述是讲给学生听的，讲的是孝道和有关伦理治世的道理。子夏解读加了一句话："贤贤易色"中，第一个"贤"是动词，表示尊重、崇尚；第二个"贤"是名词，指贤德之人。"易"是改变的意思，"色"有多种解释，一种说法是指态度、神色。整句话的意思是尊重贤德之人，改变自己的态度（而敬重之）。

孔子说："入则孝，出则弟（同悌）。"是说要孝顺父母、家庭和睦。子夏说："事父母，能竭其力。"要做到孝顺父母，就必须竭尽全力，就是要全心全意，不是半心半意；要全心侍奉，不是给脸色看，甚至打骂虐待；不只是生活供养，而且要无微不至关怀、照料，只有做到竭尽全力，才能将孝顺父母真正落到实处。

孔子说："谨而信，泛爱众。"子夏说："事君，能致其身；与朋友交，言而有信。"子夏在孔子之后增加了一段如何对待国君上的论述，这是社会从政不可回避的问题，孔子时期没有行政组织和机构，按现代解读，国君代表国家。这句话可以这样解读：是为国、为民，要将全身心奉献给国家，全心全意为国尽力，要教育学生为国尽忠，"谨而信"。

孔子这里的"谨而信，泛爱众"，严谨而讲信用，是广泛地爱大众、爱人民、爱普天下的人，是说严己宽厚，言而有信，宽以待人；而子夏重点强调的是"事君"与交朋友。两人强调的重点不同，这并不是说子夏与孔子治世学说相违背，而他们的思想是正向正能，并不矛盾。下面再引述一段子夏论述，则更加清晰。

司马牛忧曰："人皆有兄弟，我独亡。"子夏曰："商闻之矣：死生有

命，富贵在天。君子敬而无失，与人恭而有礼。四海之内，皆兄弟也。君子何患无兄弟也？"（见《颜渊篇第十二》12·5）

司马牛，姓司马，名耕，字子牛，孔子的学生；子夏，姓卜名商，字子夏，孔子的学生。司马牛告诉子夏，人家都有兄弟，唯独他没有，因此感到很孤独。子夏劝说司马牛，用了一句话："死生有命，富贵在天。"子夏说是他听别人说的，用别人说的表述他的意思，这也是孔子表达自己看法的常用方式。这里主要是弄清"命"和"天"的意思。无论这句话是谁说的，"命"和"天"是孔子使用过的，而且他也将两字合在一起使用，用"天命"表述，如"知天命""畏天命"。孔子说的"命"是指命运，是说好与不好都是命运；孔子所说的"天"含义较为复杂，带有一定主宰性等多种含义，不完全是指客观规律，是靠人认知和掌握的。这两句话的大意是，你生在什么家庭，是贫穷还是富裕，这些都不是自己主观所能决定的，是客观的。但是这些"天命"是人的后天可以认知的，有没有兄弟自己决定不了，但人生的命运可以掌握在自己的手里。所谓"畏天命"，就是你认知它，不按自然规律办，将一事无成，或者付出代价、遭到惩罚，这些是人自己的行为带来的。

子夏这两句话是说，有没有兄弟不重要，重要的是你的一生主要决定于你自己。"敬而无失，与人恭而有礼"，对工作兢兢业业，认真负责，不出差错，与人相处恭敬而有礼貌。他对于这两句又用了一个"君子"，君子是孔子为人的标杆，是说要像君子那样，做好工作，礼貌待人，就会得到人们的信任和拥戴，这怎么会孤独呢？他接着又用了一句经典论断："四海之内，皆兄弟也。"普天之下都是你的兄弟，"君子何患乎无兄弟也"？你能做到如君子那样，虽无兄弟，到处都拥有胜似兄弟的情谊，你有什么好孤独和伤感呢？"死生有命，富贵在天""四海之内，皆兄弟也"已成为传世经典。

子夏的两段论述将孔子有关家庭伦理和伦理治世的表述理解得深刻和

透彻，读起来很有新意。他的其他论述不再引用了，孔子其他学生的理解也不一一列举了。这一命题引用到此为止。按照孔子"一以贯之"的理念，书如其人，每个论点和小节，都能围绕书如其人阐述出大道理。

基于这种认识，孔子的学生的论述以及对孔子学说的解读，可以这样说，是孔子学说的重要组成部分，使孔子学说更加丰富，更加反映孔子的观点和学说，更加体现孔子的品格、素养和德行，更加彰显孔子的知识、才能和智慧，孔子不愧为中国古代治国学说的开创性大家。

二、学生对孔子的记述和评价

> 文武之道，未坠于地，在人。贤者识其大者，不贤者识其小者。莫不有文武之道焉。夫子焉不学？而亦何常师之有？
> ——子贡（见《子张篇第十九》19·22）

这段话是孔子的学生子贡回答公孙朝的提问而说的，公孙朝是卫国大夫，他问子贡："仲尼（孔子）的学问是从哪里学来的？"子贡回答的大意是：周文王、周武王之道没有失传，还在民间流传。贤能者能抓住大道理，不贤者只能抓住其中的小道理，这其中都有文王、武王之道在里边。我的老师何处不能学，为什么要有固定的老师进行传授呢？

这段话包含以下意思：第一，孔子的学问不是别人传授给他的，是靠自己勤奋学习而获得的。第二，孔子善于学习，善于思考，可将已有的知识，经过认真思考，转变为自己的学问。第三，老祖宗给我们打下江山，建立好的治国之策和天下有道的好传统，流传在民间。其含义是执政者已经丢掉了这些良策和传统，但是老祖宗打下好的基础没有丢失。有贤能的人，能抓住大道理，没有贤能的人只能看到一些表面的现象，或者说抓住一些枝节问题，将现象当本质，将枝节当全局，根本学不到良策，继承不了优秀传统，而我的老师是具有大贤、大德、大智、大能的人，他为什么一定要老师教才能学到东西呢？第四，孔子学习，不仅善于从书本、从古典、从老祖宗那里学习，而且善于从实践、从现实、从社会进行学习，善于向周边的人和事学习，处处留心皆学问；善于抓住平常的一些人、事、物讲述大道理；善于将社会的一些现象总结上升为理论和本质问题；善于在工作和践行中，边工作、边学习、边提高，活到老，学到老，这些都是一般人难以完全做到的，为什么一定要有固定的老师专门去教呢？

学生对老师的记述和评价，我在《书如其人》一节中做了大量引用，除此之外还有以下几个方面：一是全书中分散的记述，《述而篇第七》中相对比较多些，将其汇集在一起，对于前边已录的内容，可录或者不录，可解读，可不解读，可多解读，可少解读。二是《乡党篇第十》全部是对孔子的记述，可以说活灵活现，事无巨细；主要是行为，大到上朝、礼节，小到衣食住行，对内对外、为人处世、生活习俗，不惜笔墨，连篇累牍，包括吃什么，怎么吃、如何睡眠，等等，读后让人眼花缭乱，一个活脱脱的孔子跃然纸上，没有对老师如此深度了解，没有和老师相处如此密切，对老师的感情没有如此深厚，是不可能写得如此全面、真实、细致的。这从一个侧面反映出融洽的孔子师生关系，也反映出孔子平易的作风。有人批评孔子师道尊严，一个整天板着面孔、摆着老师架子的教师，学生能将其写得如此生动吗？这一篇篇幅长，文字易懂，一看就明白，不再一一解读，只举几个典型例子与上面的汇总连起来记述。以上两点和为一个方面；第二个方面是指学生对孔子的记述。第三方面是学生对孔子的看法和评价，以子贡的评价为主。

1. 学生对孔子的记述

（1）祭如在，祭神如神在。（见《八佾篇第三》3·12）

这段话是论述，没有点名是学生对当时社会"祭"现状的评述，前面评述，后面加引号是指孔子对评述的态度，这种句子的组成结构是顺理成章的。另一种情况，前面反映孔子的观点，后面是孔子自己对这种观点的自我态度。去其具体的特指性，按文字表述解读，祭如在，不只是特指祭祖先，是指"祭"的活动，包括祭祖、祭天、祭鬼，如与"祭神如神在"，前面应是"祭天如天在"或"祭鬼如鬼在"。可做这样解读，祭天如同天就存在，祭神就如同有神存在。按此解读，就有着另一种情况，如果不祭天、不祭神，不相信有天有神，天和神就不存在，这反映人的世界观，信其有，不信其无。这样，孔子后面的话："吾不与祭，如不祭。"就是对前面论述的态度，表明了如果自己不参与祭祀，就如同不祭天、不祭鬼神一样。至于祭祖先，就如同祖先就站在自己的面前，以表哀思，表达了不忘祖的意思，这种理解是正确的，如果采用我原来选用的解读："我若是不能亲自参加祭祀，也是不会请别人代理的。"这样表述是含混的。

（2）子入太庙，每事问。在《八佾篇第三》（3·15）中，太庙里供的神是有所指的。太庙：古代开国之君，叫太祖，太祖的庙叫太庙。周公旦是鲁国最初受封之君，故而太庙是周公庙。后面引用，或曰："孰谓鄹人之子知礼乎？入太庙，每事问。"鄹（zōu）人之子：孔子的父亲叔梁纥曾做过鄹大夫，古时常把某地的大夫称为某人。这段话的大意是，于是有人就说："谁说叔梁纥这个儿子懂得礼？他到了太庙，每件事都要问。"这是批评孔子不懂礼。子闻之，曰："是礼也。"孔子听了以后说，这就是礼。其意思是说，礼不是天生带来的，只有学习才懂礼，《乡党篇第十》（10·21）中，将"子入太庙，每事问"单独列为一条，作为记述孔子言行的一个重要方面。去其特指性，按文字解读，太庙，可作古庙解。每事问，包括这个庙是什么时候建立的，庙里的神是哪一位，这个人的具体情况，是哪里人，其生平事迹如何，因何将其供入太庙，等等。问得很详细，认为是一个学习的好机会。一般人入太庙每处拜，信神心诚，拜佛虔诚，孔子与一般人不同的是，每事问，求知若渴，学习虚心，打破砂锅问到底，有一股子"每事问"精神。每事问精神反映孔子的求知精神。

（3）子之燕居，申申如也，夭夭如也。（见《述而篇第七》7·4）燕：

同"宴",安逸、闲适;申申:整敕之貌;夭夭:和舒之貌。孔子在家闲居时,衣着整洁,神态祥和。在外工作紧张,注意仪态言行,谦谦君子;回到家里,心情放松,休闲安逸,学者风范,文人风采,高雅儒者。

(4)子食于有丧之侧,未尝饱也。(见《述而篇第七》7·9)孔子在死了人的家属旁边吃饭,从来没有吃饱过。看到人家办丧事,吃饭难以下咽,心里感到很难受,反映了孔子对人的去世充满怜悯之心、对人充满爱心和真情实意。

(5)子于是日哭,则不歌。(见《述而篇第七》7·10)孔子如果这天哭泣过,这一天就不再唱歌。孔子是一个重感情的人,一旦伤心流泪,就会整日闷闷不乐,说明孔子重情重义、感情专注。

(6)子之所慎:齐、战、疾。(见《述而篇第七》7·13)齐:同"斋",是指斋戒;战:战争;疾:疾病。孔子对斋戒、战争、疾病这三方面特别小心谨慎,斋戒关乎礼仪问题,不能马虎,要合规矩和礼节;战争关乎政治问题,孔子以慎言表达不支持的态度,他的学说就是应对这种情况的对策;疾病是关乎民生问题,一定不能含糊,要认真对待。这三件事,都是当时的大事,斋戒系当时社会的重大礼仪礼节;战争处于争霸和战乱时代,关乎人民的生死存亡;其时缺医少药,生病关乎人的生命安全。学生感触很深,故而记载下来。

(7)子在齐闻《韶》,三月不知肉味,曰:"不图为乐之至于斯也。"(见《述而篇第七》7·14)《韶》:舜时的乐曲名。孔子在齐国听了《韶》乐之后,很久都尝不出肉味,说:"想不到《韶》乐如此美妙,让人陶醉到这种程度。""三月不知肉味",形容对《韶》乐到了如醉如痴的程度,说明孔子对古代文化酷爱到了痴迷的程度。

(8)子所雅言,《诗》《书》,执礼,皆雅言也。(见《述而篇第七》7·18)春秋时,各国语言并不统一,雅言是当时的"官话",相当于现在的普通话。孔子在读《诗经》《尚书》以及主持礼仪时,都用雅言,即是在读书和一些正式场合，使用的都是雅言。

（9）子不语怪，力，乱，神。（见《述而篇第七》7·21）怪：怪异；力：暴力；乱：战乱（或解读为叛乱、动乱）；神：鬼神。自然界存在许多怪异现象，还有鬼神之类，对于自己不一定能弄清、没有弄准确的事，孔子不乱说，也不去误导学生。对于暴力、战乱这类与政治有密切关系的情况，或者涉及与统治者相关的敏感话题，他肯定有自己的看法，但不随便发表议论，也不随声附和、唱赞歌，坚持自己的原则，仅这一点就难能可贵。

（10）子以四教：文，行，忠，信。（见《述而篇第七》7·25）孔子从四个方面教育学生：文化知识、社会实践、待人忠诚、诚实守信。第一方面是文化知识，以提高人的文化水平和思维能力；第二方面是品行实践，以提高人的道德品质和思想素质，从而提高将知识和智慧转化为实践的能力；第三方面是以忠待人，忠即忠诚、诚恳，以忠诚待人，"忠"是社会伦理的一个重要内容，是待人的基本原则；第四方面是以信处世，信，即信义、信用，做任何事情都要讲诚信、讲信义，信亦是社会伦理的一个重要内容，是为人处世的基本原则。这四个方面，前两者是重在自身提高，在立人；后两者是重在为人处世，在立世。"忠信"两字不能截然分开，以合起来为好。

（11）子钓而不纲，弋而射宿。（见《述而篇第七》7·27）弋（yì）：带生丝的箭；宿：归巢的鸟。用网捞鱼省事，而钓鱼要有耐心，磨炼毅力；"弋而射宿"：用箭射鸟，而不射归巢之鸟。宿鸟好射，而飞鸟处于动态，瞄准难度大，可以练好技术。学生意指老师在休闲生活时，也注意磨炼自己。

（12）互乡难与言，童子见。门人惑。子曰："与其进也，不与其退也，唯何甚？人洁己以进，与其洁也，不保其往也。"（见《述而篇第七》7·29）大意是，互乡这个地方的人难说话（"难与言"，广义是难打交道）。有一个互乡少年来见孔子，孔子予以接见，学生不理解，孔子谈了自己的看法，包含以下内容：一是这个地方的人不是铁板一块，不能以偏概全。二是难说话、难打交道，都是可以教育的。这两点虽然没有明确指出，但后面语言中已经包含这个意思。三是这个少年能来，要看到人家进步，不要只看人家的过去。四是有礼不冷上门客，人家登门拜访，而且穿着整洁，很有礼貌求见，我们也应以礼相待。五是来者虽然是少年，人不分年龄大小，来者都应同等对待，而且少年这样有礼貌，更应以礼相待。这反映了孔子实事求是、与人为善、宽厚待人，不论资、论龄排辈的为人处世之道。保：守，这里是指记住，"不保其往也"，是说不记住人家的过去，没有必要抓住过去不放。

（13）子与人歌而善，必使反之，而后和之。（见《述而篇第七》7·32）反：重复一次；和：跟随者一起唱。是说孔子与人一起唱歌，如果别人唱得好，一定请这个人再唱一次，然后又和这个人一起唱，反映孔子谦虚好学的态度。

（14）子温而厉，威而不猛，恭而安。（见《述而篇第七》7·38）温：温和；厉：严肃；威：威严；猛：凶猛、暴躁；恭：庄重；安：安详、祥和。孔子态度温和却严肃认真，一丝不苟；外表威严却不暴躁，不会让人害怕，不惩罚学生；行为端庄祥和，让学生感到可亲、可信、可敬，既是好老师，又是为人的楷模。孔子这些优良品行和为人处事之道，反映在方方面面。

（15）子罕言利与命与仁。（见《子罕篇第九》9·1）孔子很少讲利、命、仁，并非其不重要，恰恰是太过重要。"利"即利益，孔子很少将利益挂在嘴边，并非不承认其对人的作用。"命"即命运，孔子讲"天命"意在人可了解命运并掌握自身命运；"仁"是孔子伦理治世的核心理念，虽《论语》中通篇讲"仁"，这里的"罕言"，并非泛泛而谈，一是"仁"需践行于一言一行上，二是"仁"的标准很高，需终生努力，所谓仁人也是指相对而言。

（16）子绝四：毋意，毋必，毋固，毋我。（见《子罕篇第九》9·4）绝：杜绝；毋：不。子绝四，即孔子杜绝四点。毋意：意，指臆想，主观臆想，缺乏客观依据，毋意即是不凭空揣测，不信口开河，不随意行事，必须要深思熟虑，言必有据，行为谨慎。毋必：必，意指武断。即不绝对化，不先入为主，不预先设定，不绝对武断，要实事求是，客观准确，留有余地。毋固：固，意指固执，即不固执己见，不僵化绝对，不固定看法，要倾听意见，善于学习，随势而变。毋我：即不以我为中心，不唯我是从，不自以为是，要抛开小我以求大我，为国家、为社会、为人民而忘我贡献。绝是指绝不，反之，就是严格要求，坚决把握住自己。因为"毋"特别难做到，所以要坚决做到四个"毋"。

（17）子见齐衰者，冕衣裳者与瞽者，见之，虽少，必作；过之，必趋。（见《子罕篇第九》9·10）齐（zī）衰（cuī）：丧服；瞽（gǔ）：盲人。孔子见穿丧服的人、戴着礼帽穿着礼服的人以及盲人时，虽然他们是年轻人，他一定会站起来；走过时，一定会加快步脚步。他对这三种人，即使是年轻人，也很尊敬。穿丧服的人，家里有长辈人去世，是悲伤的表现；穿礼服戴礼帽，是表示尊敬；对盲人的态度，体现出爱怜之情。说明孔子是一个重感情的人，也是很懂礼貌的人。

（18）子欲居九夷，或曰："陋，如之何？"子曰："君子居之，何陋之有？"（见《子罕篇第九》9·14）九夷：泛指东部少数民族聚集地，"夷"在当时带有一定歧视性意味。其大意是，孔子要到这样的地方去住，有人劝他，这样的地方条件很差，你怎么能居住呢？孔子回答"君子居之，何陋之有？"意思是君子居住于此，就不会简陋，体现出孔子的豁达胸怀与对自身品德修养的自信。孔子用了"君子居之"，是说作为君子，怎么会怕条件差而不去居住呢？既然君子能做到，我为什么做不到呢？孔子以君子作为标准，是说要按君子标准要求自己。

（19）厩焚。子退朝，曰："伤人乎？"不问马。（见《乡党篇第十》10·17）孔子的马棚失火了。孔子从朝廷回来，问："伤到人了吗？"而没有问马有没有伤亡。其意是指，他关心的是人员有没有伤亡，而不是关心自己财产的损失，反映了孔子的高贵品质。

（20）亵裘衣，短右袂。（见《乡党篇第十》10·6）亵（xiè），意指在家穿的便服；袂（mèi）：袖子。其大意是，孔子在家穿的衣服并不在乎正规和样式，主要在乎的是冬保暖，夏省料，舒适、方便、实用。尤其写字、拿东西，多用右手，右袖短，更方便和利索些。

（21）食不厌精，脍不厌细。

唯酒无量，不及乱。（见《乡党篇第十》10·8）

"食不厌精，脍不厌细"是人们常引用的经典，其意为食粮不嫌作得精，肉不嫌切得细。广指精细制作，注重食品质量，做得细一些、好一些，也包含细嚼缓咽有利于消化、卫生和健康的意思。

孔子对饮食很注意，不贪吃，不乱吃，但对酒不限量，只是一条，从来不喝醉。乱，是指神志昏乱，即醉酒。学生写书是在孔子去世以后，说明孔子喜欢喝酒，却能把握住自己，一生不醉，这是常人难以做到的。

（22）食不语，寝不言。（见《乡党篇第十》10·10）吃饭时不交谈，睡觉前不说话，是良好习惯。

（23）孺悲欲见孔子，孔子辞以疾，将命者出户，取瑟而歌，使之闻之。（见《阳货篇第十七》17·20）有一个叫孺悲的人要见孔子，孔子不想见这个人，让人传话说自己病了。传话人走后，他拿出瑟来弹唱，让孺悲知道他是不想见而不是真病。这是孔子为人处世的一种方式，不想见，避免当面拒绝使人难堪，既拒绝人又不伤人，也让这个人想想，为什么人家不想见他，这比直接拒绝要好，反映孔子既不违背意愿和原则，又宽厚待人和注意方式方法的品质风范。

（24）齐人归女乐，季桓子受之，三日不朝，孔子行。（见《微子篇第十八》18·4）归：同"馈（kuì）"，馈送的意思；季桓子：鲁国季孙斯，掌握鲁国实权，时任鲁国上卿；孔子时任鲁国司寇。其意是，齐国选了一批歌姬美女送给鲁国，鲁国掌握实权的季孙氏接受之后，多日不上朝理政，荒淫无度，作为鲁国司寇的孔子，认为国家治理无望，毅然带领学生出走他国，周游列国，宣传推行他的治国主张。

2. 学生对孔子的看法和评价

夫子温、良、恭、俭、让以得之。夫子之求之也，其诸异乎人之求之与？

——子贡（见《学而篇第一》1·10）

这段话是回答子禽的提问而说的。子禽，姓陈名亢，字子禽，孔子的学生。他的提问是，先生到一个国家，总能知道这个国家的政事，是他自己求情得到的，还是人家主动告诉他的。子贡回答说："他老人家是靠温和、善良、恭敬、俭朴、谦让得到的。老师通过自己的举止取得别人的信任，获得这种待遇的方法，也许与别人有所不同吧？"温者，和蔼可亲；良者，与人为善；恭者，诚恳待人；俭者，朴实厚道；让者，谦虚谨慎。"温、良、恭、俭、让"体现了孔子的优秀品质，成为人们学习和效仿的典范。

学生对孔子的看法，都是通过自己对孔子主张的不同理解和方式来表述的，彰显孔子的品行、素养和风格。其中直接面对面表述的有两个人，一个是子路，他时常向老师提意见，甚至向老师表达不满和批评，他又是得到孔子批评教育最多的学生。他们之间的关系展现了孔子的坦荡胸怀和高风亮节。这并未损害孔子的形象，反而提升孔子在学生中的威望，给孔子加分。另一个是子贡，他有时与别人谈及老师，回答别人关于老师的提问，有时与老师当面交流和探讨，可以说，能够面对面对孔子记述和评价的，唯子贡莫属，此段引述就是典型事例。这里再举两例：

子贡曰:"夫子之文章,可得而闻也;夫子之言性与天道,不可得而闻也。"(见《公冶长篇第五》5·13)

子贡说:"老师对古代文献的讲解,我们能够听得到;而对于有关性和天道的看法,我们却听不到。"

文章:是指古代文献,如常引用的《诗经》;性:是指人的本性;天道:先秦所谓的天道一般是指自然与人类社会吉凶祸福的关系。有关性和天道,孔子已有这方面的表述,这一点子贡是知道的,可是子贡却说听不到。从这段话的记述理解,孔子作为一名教师,其讲学严谨慎重。古代文献有根有据,能讲明白;对于他自己都没有搞明白,或者没有确切看法的东西,他不随便、不信口开河给学生讲。因为从老师口中说的话,都会对学生造成影响,弄不好会对学生产生误导。再者,孔子重实,对于人性和天道这类比较虚的问题,不泛泛讲,围绕他的学说,注重实际,将理论与实际结合,讲则讲透。还有一点,这段话带有子贡个人的看法,子贡的理论功底深厚,他想听到老师对性和天道这类理论性、学术性强的问题的看法,希望老师多讲一些,这一点孔子所讲的不能满足他的要求。

太宰问于子贡曰:"夫子圣者与?何其多能也?"子贡曰:"固天纵之将圣,又多能也。"(见《子罕篇第九》9·6)

太宰问于子贡:"孔老先生是圣人吗?他怎么这样多才多艺?"子贡回答:"是上天使他成为圣人,又使他多才多艺。"

太宰是官员。这段话是孔子的弟子子贡关于孔子是不是圣人、为什么多才多艺的问题回答官员。首先从回答看,肯定孔子是圣人,孔子多才多艺,是真心话,是对老师的真实表述和看法。他说,是上天使他成为圣人,使他多才多艺。这是发自内心的,不是客套话,不是当着官员口头赞美自己老师,而是心声的表露,是在用人间语言难以表达自己感情时,借用于上天而抒发。大意是说,你说的不错,老师是圣人,又多才多艺,这大概是上天使他成为圣人,又让他多才多艺,否则他怎么能这样多才多艺，这样学识渊博，这样大德大智，当之无愧成为圣人。此处的"天"并非指迷信意义上的"上天"，而是借助"天"来表述人间之事，以体现孔子形象高大。这种表述，孔子也常使用，即使是当今，也为人们常用。

  君子之过也，如日月之食焉：过也，人皆见之；更也，人皆仰之。

——子贡（见《子张篇第十九》19·21）

  这段话的意译是，君子的过错，就像日食和月食一样：有了过错，人们都能看得见；改了过错，人们都会敬仰他。其大意是说，人们对君子很崇敬，因此人们对君子的所作所为很关注，就像日月一样看得清清楚楚。君子也会有缺点和错误，君子的缺点和错误就像日食和月食一样，人们都能看得见，是掩盖不了的；君子有了缺点和过错，就能加以改正，因此人们对君子更为敬仰。这段话对人们的启示是，要注意自己的言行举止，有了错误不要掩饰，人们都能看得到，掩饰反而会损害自己的形象；能够改正错误，不仅不会损害自己的形象，而且还会使自己的威信更高，会受到人们的崇敬。同时，这也是看人看事的基本观点，不能认为，人好，就没有任何缺点和错误；人有了缺点和错误，就全是缺点和错误。

  从这段话所处的位置看，同样适用于孔子。之前，是一些高人和民众对孔子的批评；之后，是一些当政者对孔子的诋毁，子贡这段话是有针对性的，是说，孔子是君子的典范，其身上也有缺点和错误，这些人们都能看得到，他从不掩饰自己的缺点和错误；有了缺点和错误，会认真进行改正。他的缺点和错误，就像日食和月食一样，损害不了他的形象。这段话实际也是对孔子的评价。

  （1）针对"子贡贤于仲尼"之说。

  子贡曰："譬之宫墙，赐之墙也及肩，窥见室家之好。夫子之墙数仞，不得其门而入，不见宗庙之美，百官之富。得其门者或寡矣。"（见《子张

篇第十九》19·23）

宫墙：是指围墙；仞（rèn）：古时七尺曰仞，数仞，表示围墙很高；官，指房舍。这里拿围墙做比喻，子贡说他家的围墙只有肩膀高，站在墙外能看到房舍的美好；而他老师家的围墙好几丈高，如果不进大门，就看不到里面像宗庙一样雄伟壮美、富丽堂皇的房舍，可是能找到门进去的人太少了。这种比喻很形象，让人一看就明白。

（2）针对诋毁孔子的现象。

子贡曰："无以为也！仲尼不可毁也。他人之贤者，丘陵也，犹可逾也；仲尼，日月也，无得而逾焉。人虽欲自绝，其何伤于日月乎？多见其不知量也。"（见《子张篇第十九》19·24）

针对诋毁孔子的现象，子贡说："不要这样做！仲尼是诋毁不了的。别人好比是丘陵，是可以超越的；仲尼，好比是日月，是无法超越的。一个人即使想自绝于日月，但对日月来说，能有什么损失呢？只能说明这个人不知自量罢了。"将老师比作日月，日月是诋毁不了的，只能说明诋毁者不自量力，能对诋毁他的当政者加以驳斥，可见孔子在学生中的威望有多高。

（3）针对孔子贤于子贡是谦虚之说。

子贡曰："君子一言以为知，一言以为不知，言不可不慎也。夫子之不可及也，犹天之不可阶而升也。夫子之得邦家者，所谓立之斯立，道之斯行，绥之斯来，动之斯和。其生也荣，其死也哀，如之何其可及也。"（见《子张篇第十九》19·25）

这段话是针对子禽提问而说的，其提问是："子为恭也，仲尼岂贤于子乎？"我之前曾引用他人的所说，子禽是孔子的学生，从这段问话的口气，似乎不是孔子的学生，一个学生能当着另一个学生的面问，你对仲尼恭敬，这是谦虚，难道他真的比你强吗？其意思是说，你这是谦虚，但实际上比仲尼强。我翻了《史记》里面列出的孔子的学生，里面没有子禽。

子贡前面一段话是针对子禽不当提问而说的，他没有直接指出，而是用君子所为阐述，是说作为君子，说话一定要谨慎，想好了再说，不能信口开河。其意思是说，我对老师恭敬，是发自内心，不是谦虚，我与老师怎么能相比呢？你怎么这样说话呢？

下面子贡提出老师的学说不可及的理由。子贡说，无法赶上老师，就像上天无法用梯子登上去一样。这不仅体现在老师的贤德上，也体现在老师的思想上、学说、治国之道上。用他的治国之道治理国家，该立的礼节和规矩都能立起来，用以引导百姓，百姓也会跟着走，要让百姓立于礼，百姓就会立于礼；安抚百姓，百姓就会投奔他；动员百姓，百姓就会齐心协力去干。意思是说，子贡创立的学说，无人能比。他生时所做的贡献无上光荣，死后让人们哀悼怀念，我怎么能与老师相比呢？子贡通过这些阐述，体现出对孔子的敬重。

三、孔子的自我评述

> 吾十有五而志于学，三十而立，四十而不惑，五十而知天命，六十而耳顺，七十而从心所欲，不逾矩。
>
> ——孔子（见《为政篇第二》2·4）

这是孔子对自己一生的总结，我在《古论今语》一书中做过详细解读，这里不再重复了。因为这段话特别有借鉴价值，这里着重强调几点：

第一，孔子这段话总共只有 38 个字，可以说是人生之路最为简洁的总结和高度概括，也是最为精辟和经典的总结，可见其思想造诣之高。

第二，孔子的人生，是理想和实践的统一，理想高远，信念坚定，严格践行，无论遇到何种困难和挫折都矢志不移。自己立下志向，通过学习、立业、实践等，逐渐迈向人生的高峰。在遇到冷落、阻力、讽刺，因而根本推行不了的情况下，坚持自己的学说，周游列国无果，就广收学生传播自己的学说。虽然在当时的社会不能实现，但是他的学说站在跨越制度的高度，对后世具有重要的价值。

第三，孔子的人生总结还以自己的身教给学生做出榜样，也是对所有人的人生之路给予启示和借鉴。这个总结的贡献在于，他以自己的人生经历为基础进行总结，高度概括出台阶论和跨越论，从事业上讲，是台阶式的爬坡，从思想境界上讲，是跨越式提升，事业和思想境界相辅相成，而思想境界对事业更为重要。志于学之年、而立之年、不惑之年、知天命之年、耳顺之年、从心所欲不逾矩之年，这六大跨越、六大提升，对每个人都有借鉴意义。他以自身经历和典范，给人们提出人生的志向和路径，又给人们提出这一志向和路径的分段把握和要求，一步一步地实践，一个台阶一个台阶地跨越，最终走向人生的顶峰。这就是孔子不同凡响之处，这就是孔子为后世树立的榜样。

这一总结是孔子自我评述的总思路，根据这一思路，孔子对自己的评述大致有以下情况：

第一，受到赞誉低调回应。

保持清醒头脑，不炫耀自己而飘飘然，要做到"达"，而非"闻"（"达"即做到，"闻"即沽名钓誉，见《颜渊篇第十二》12·20）。

第二，面对批评泰然处之。

对于正确的批评，坦然接受，认真改正。对于非议、批评、挖苦、讽刺，要不动怒，不发火，这才是君子风度，"人不知，而不愠"；对于大是大非问题，既坚持原则，又有礼有节。

第三，以真善实立人立世立业。

真，即保持本真，真真切切，不为赞誉所飘然，不为名利所动，坚守自身本色；善，即充满爱心，爱人、爱百姓，秉持善良，多行善行，待人宽厚和善，处世和睦安泰；实，即实实在在，实事求是，不尚空谈、不图虚名，不搞花架子，实实在在做人，扎实做事、诚信待人。以真视己，以善待人，以实处世。

第四,以"吾""我"称谓表述自我。

表明自己的看法、观点、态度,体现了孔子品行和为人处世的风范。

这四个方面,概括了孔子的自我评述,其中包含的大量记述,有的不再重复,而有的内容重要,不惜叠加以引用、汇总、记述。据此,将孔子自我评述汇总罗列如下:

(1)吾道一以贯之。(见《里仁篇第四》4·5)

我的学说用一个基本概念贯穿起来。去其曾子解读的特指性(即"忠恕"二字),按文字作一般解读,孔子的学说是一个完整的理论和实践体系,前后一致,表里如一,相辅相成,有机结合,不能将其割裂开来,以免造成前后分割、表里不一,理论与实践脱节的情况。其主张和观点,分则为一个论点,合则构成体系,不是松散的集合,而是有机的结合。总起来是治国之策,分则为伦理治世,用治国之策将伦理治世贯穿起来,就构成为孔子治国学说。

(2)老者安之,朋友信之,少者怀之。(见《公冶长篇第五》5·26)

这段话是孔子让颜渊和子路谈其志向时说的,这个志向是指为人处世之道,在二人谈完之后,子路让孔子谈他的为人处世之道,孔子说,我要做到关爱老人,使老年人安度晚年;以诚待人,让朋友信任我;关怀青少年,教诲栽培年轻一代成长。"老者安之,朋友信之,少者怀之",堪称经典。

(3)十室之邑,必有忠信如丘者焉,不如丘之好学也。(见《公冶长篇第五》5·28)

十室之邑中的人是指在某人周围的人;忠信:忠诚且讲信用。这段话的大意是,在周围居住的人,必然有人和我一样忠诚且讲信用,可是在学习上,他们都不如我。广义用现代语言是说,在忠信方面,也会有人与我一样忠信,可是却没有人能做到像我一样爱好学习。这就是说,孔子具有非同一般的好学精神,他能成为创立学说的大师,成为被人们称为圣人的人物，都是以孜孜不倦学习而得来的，因此对自己的评述一点也不夸张，对人对己都确切到位，其洞察力也非常人所及。

（4）予所否者，天厌之！天厌之！（见《雍也篇第六》6·28）

如果我有什么不当的行为，就让上天厌弃我吧！就让上天厌弃我吧！孔子说这段话的背景是，卫灵公夫人南子把持卫国的大权，有不正当行为，名声不好。孔子出于礼节，去拜见南子，引起他的学生子路的不满。作为一名教师，又是正人君子，很在意他的名声尤其是这方面的名声，于是发誓说，如果我有什么不当的行为，就让上天来谴责我吧！来惩罚我吧！前面孔子说过，他看重的是"达"而不是"闻"，那是指不图名利，但是这里关乎他的名声，他很在意，将此看得很重，这关乎他的信誉，不仅有损他的礼节礼仪，而且有损他的品行操守，有损他的形象人格，让他如何面对学生？让他如何面对世人？让他怎么抬得起头？可是，他对于子路的不满，并没有说一句话，没有任何意见，采取宽容和不计前嫌的态度，表现出君子的风度，这一点是非常人所能及的。

（5）述而不作，信而好古，窃比于我老彭。（见《述而篇第七》7·1）

能够认真传授知识而不创作，相信并热爱古代文化，我自比为老彭。不作：不发挥，不创新，均可讲通；老彭：对其人说法不一，有人认为是商代贤大夫，有人认为是老子和彭祖两人，有人认为是殷商时的彭祖，有人认为与孔子同时代的人，但无论是何人，在当时都是名人，这个比喻学生都能听得懂。这段话的大意是：孔子说，我这个人在教育之事上颇为认真，但是其他方面有所不足，我的爱好就是阅读和研究古代文化，我将自己比作老彭。广义可做这样解读：我这个人在教育上很努力，没有其他本领，可是有一个爱好，就是阅读和研究古代文化，这方面我把自己比作老彭。如不发挥、不创新解读，这是指教学思想和内容，是孔子的自谦之词。但总体来看孔子的教育思想和教学内容，不存在不发挥、不创新的问题。不过孔子说自己在这方面做得不够，有守旧思想，却是存在的。同时，这也符合孔子严于律己、谦虚谨慎的作风。

（6）默而识之，学而不厌，诲人不倦，何有于我哉？（见《述而篇第七》7·2）

孔子说，将所学的知识默默记在心间，勤奋学习永不厌烦，教诲别人永不疲倦，这方面我做得怎么样？识：记住。这是孔子对自己的自省和反思。"何有于我哉？"是说经常提醒自己要按照三方面努力去做，这是要求；另一层意思是经常反思自己，这方面做得怎样？还有一些什么差距？今后如何去做？这是反思，对照检查，更加严格要求自己，还得不断努力去做，孜孜以求，有所提高，为后世树立了榜样。"学而不厌，诲人不倦"成为传世经典。

（7）德之不修，学之不讲，闻义不能徙，不善不能改，是吾忧也。（见《述而篇第七》7·13）

不注重品德修养，不重视知识学习，对符合道德的事不能去做，对不善的事不能改正，这些都让我很担忧。其大意是说，当时社会存在一些不良现象和社会弊端，如人的品德下滑，社会风气低迷，不讲道德的事屡屡发生，不良社会现象和这些弊端不能改正。他说，这些都是他最为担忧的事情。这种担忧，促使他要改变这种现状，这也是他提出自己学说的一条重要原因。

（8）甚矣吾衰也！久矣吾不复梦见周公！（见《述而篇第七》7·5）

我衰老得多么厉害呀！有好长时间没有梦见周公了！周公：姓姬名旦，周文王的儿子，周武王的弟弟，周成王的叔叔，曾辅佐周成王，制定周朝的礼乐制度，是孔子心目中崇拜的一位古代圣人。孔子梦见周公的喻义是，将国家治理得像周公时那么好，是我一生的理想。但是我越来越衰老了，力不从心，看来在自己有生之年难以实现了。这一方面是对自己实现不了理想的感叹，也在告诉学生，我这一辈子实现不了，你们一定要继续坚持完成。

（9）自行束脩以上，吾未尝无诲焉。（见《述而篇第七》7·7）

主动给我一束干肉的人，我从来没有不教诲的。束脩（xiū）：脩是干肉，束脩就是十条干肉，古代用来作为初次拜见的微薄见面礼。这段话反映的大意，一是孔子属个人私人办学，这一束干肉不是学费，是当时社会初次会面的见面礼，是一种礼节；二是主动送的，是说虽然是初次的见面礼，不送也可以。孔子收的学生多系贫困学生，他从来不拒绝收贫困学生。以上这两点表明，孔子办学不以赚钱为目的，是为了培养人才。

（10）子谓颜渊曰："用之则行，舍之则藏，惟我与尔有是夫！"

子路曰："子行三军，则谁与？"

子曰："暴虎冯河，死而无悔者，吾不与也。必也临事而惧，好谋而成者也。"（见《述而篇第七》7·10）

这段话是由孔子表扬颜渊说起的，孔子说："如果用自己就认真去做，如果不用，就不要再显露自己，这一点只有我和你能做到。"舍之则藏的"藏"字，不是指隐藏、放弃，不是指自暴自弃、灰心丧气或者怨天尤人、满腹牢骚，而是指泰然处之、低调对待，相信自己的才能。这反映的是人品和涵养，孔子说能做到这一点，只有我和你。

对此，子路不服，但他没有直接提出，而是说："如果让你统帅军队，你选什么样的人？"子路一直认为自己很勇敢，借此表示不满。他不针对老师，而是给老师出难题。其意是说，你老表扬颜渊，颜渊的那些品行和涵养，如果让他带军队，选这样的谦谦君子是不行的，还得用像我这样勇敢的人。

孔子则认为，子路的性格不是勇敢，而是鲁莽，因此他说："赤手空拳与老虎搏斗，过河不用船只，这样死了而不后悔的人，我不会与他共事。我所选的人，是不盲目冒进，遇事能够冷静、善于谋划而能完成的人。"

这反映了孔子看人、待人和选人的着眼点和立足点，绝不选择有勇无谋的冒失鬼。他选的人是能够深思熟虑、多谋善断的，能够保证完成任务取得成功的人。他在教育子路，即使是带兵，有勇无谋也不行，鲁莽行动也不行,要认真认识和改正自己的缺点。去其特指性,孔子是说,人要有涵养,做事要收敛,不要过于张扬,他表扬他的学生颜渊能做到这一点,他自己能做到这一点,这一点子路却做不到,借此进行教育。这对人们的启示,实质是做什么样的人及其如何做人的问题,孔子以自己的实例予以表明。他将学生颜渊的品行与自己进行对比,平等对待学生,以此来鼓励学生,让学生难以忘怀。他以关乎生死存亡的事例教育子路,使其明白自己的缺点如不改正会带来严重后果,说服力很强,给学生留下深刻的记忆。

(11)富而可求也。虽执鞭之士,吾亦为之。如不可求,从吾所好。(见《述而篇第七》7·12)

如果可以求得财富,就是让我手拿鞭子维持秩序我也愿意。如果求不到,还是做好我爱好的事。这是特指孔子自己,去其特指性,按文字作一般性解读,其意是说,谁不想富裕,但是你得通过劳动取得。你没有那个本事,还是干好自己的事情。用现代语言解读,这段话表达几层意思,一是求富之心人皆有之,谁都想日子过得好些;二是要通过劳动致富,不能不劳而获;三是要根据自己的才能,扎扎实实做好自己力所能及的事情,不要整天想入非非,总想天上掉馅饼,一夜暴富;四是劳动没有贵贱之分,关键是"劳动",是正当收入。孔子作为大知识分子,作"执鞭之士"都愿意,这是一种思想境界;五是要扎扎实实做好本职工作,不以获取私利为目的,收入是劳动获取的报酬,不取不义之财。他所从事的工作,不是为了赚钱,既然自己"不可求",那就"从吾所好"。这是在告诉人们,要把精力放在自己的工作上,不要想那些办不到的事情。

(12)饭疏食饮水,曲肱而枕之,乐亦在其中矣。不义而富且贵,于我如浮云。(见《述而篇第七》7·16)

吃粗粮,喝凉水,弯起胳膊做枕头,乐趣就在其中。用不义取得的财富,对于我就像浮云一样。肱(gōng):胳膊。这是孔子对生活的态度,他吃的粗茶淡饭,过着简朴的生活,并将其作为生活乐趣。认为通过不正当手段获取的富贵，就像空中飘着的浮云。这是一种价值观，重点在"不义"，对于不义之财，不为所动，不取不义之财。"浮云"的比喻，很形象，随风飘走，不沾其身。

（13）加我数年，五十以学《易》，可以无大过矣。（见《述而篇第七》7·17）

让我多活几年，活到五十岁时学习《易经》，就可以不犯大的过错了。《易经》是一部很难读懂的书，这大概是孔子五十岁前、四十多岁时所讲的话。其意是说，我从小一直坚持学习，认识能力和水平不断提高，对于《易经》这样难懂的书，已经能够"不惑"即读懂了，但是在运用上还不能保证不出差错。读懂读透《易经》而不出差错，需要相当认知功力，能不出大的差错，体现了孔子不断追求、深入钻研的学习精神。

（14）其为人也，发愤忘食，乐而忘忧，不知老之将至云尔。（见《述而篇第七》7·19）

孔子说他自己，发愤用功便忘记吃饭，心情快乐便忘记忧愁，连自己衰老都感觉不到，如此罢了。云尔：云作如此解；尔作而已、罢了解；云尔意指如此罢了、如此而已。这段话是孔子的自述。"发愤忘食，乐而忘忧，不知老之将至"。努力学习、发奋工作到了废寝忘食的程度；志趣、乐趣到了忘记忧愁、忘记艰难的程度，甚至连自己到了老年都感觉不到的程度，其意是说，活到老，学到老，发奋到老，乐趣到老，充分反映出孔子对学习和工作的责任和忘我精神，同时也充分反映了孔子奋发有为、乐观进取的人生理念和追求，不仅给学生起到表率作用，而且给世人树立了学习的榜样。

（15）我非生而知之者，好古，敏以求之者也。（见《述而篇第七》7·20）

我不是生来就什么都知道的人，我喜爱古代文化，我的知识是通过勤奋追求而得来的。其大意是说孔子认为自己不是生而知之者，而是学而知之者，其才能和智慧不是天生带来的，而是后天经过自己学习和努力求得的，这就是孔子的人生哲理。这段话是"其为人也，发愤忘食，乐而忘忧，不知老之将至云尔"的引申。

（16）三人行必有我师焉。择其善者而从之，其不善者而改之。（见《述而篇第七》7·22）

和几个人一起同行时，其中必有我值得学习的老师。我学习他们身上的优点，对于其存在的缺点，则加以改正。其大意是说，孔子十分好学，认为周围就有不少人值得他学习。对他们身上的优点进行吸纳，对他们身上的缺点引以为戒，不使之成为自己的缺点，不犯他们的错误。从这一点上讲，周围的人也是自己的老师。孔子的学习精神启示人们，只要你有好学的态度，周围的人都是你的老师，处处留心皆学问。针对别人对孔子的质疑，子贡有精辟的评述，可参阅《子张篇第十九》19·22。

（17）天生德于予，桓魋其如予何？（见《述而篇第七》7·23）

上天把品德赋予我，桓魋能将我怎么样？桓魋（tuí）：宋国的司马向魋，因是宋桓公后代，故叫桓魋。这段话的背景，《史记·孔子世家》是这样记载的："孔子去曹，适宋，与弟子习礼大树下。宋司马桓魋欲杀孔子，拔其树，孔子去，弟子曰：'可以速矣！'子曰：'天生德于予，桓魋其如予何？'"在宋国，带兵的人要杀孔子，孔子的学生很害怕，说赶快走。在这种情况下，孔子讲这段话是安定学生的心情。其大意是说，我们行得端，走得正，合乎礼仪，于心无愧，不要怕他。喻义是人行得端，走得正，不做亏心事，理直气壮，堂堂正正做人，遇到各种危境，都敢于面对，就没有什么好害怕的，谁也不能把我们怎么样。关键时刻，彰显了孔子的品行和气节！

（18）二三子以我为隐乎？吾无隐乎尔。吾无行而不与二三子者，是丘也。（见《述而篇第七》7·24）

你们这些学生以为我对你们有什么隐瞒吗？我对你们没有什么隐瞒的，这就是我孔丘的为人。二三：是指数目；子：是指学生；二三子：是说你们这些学生。这段话包含两层意思，一层意思是毫无保留的传授知识，将该讲的都讲给学生；另一层意思是，没有什么隐瞒的，开诚布公，公开透明，心胸坦荡，以诚待学生。孔子说，这就是他的为人，这就是他的人品，这就是教师，这就是我孔丘！

（19）圣人，吾不得而见之矣；得见君子者，斯可矣。

善人，吾不得而见之矣；得见有恒者，斯可矣。亡而为有，虚而为盈，约而为泰，难乎有恒矣。（见《述而篇第七》7·26）

圣人，我是见不到了，就见到君子，也就可以了。

善人，我是见不到了，能够见到有操守的人，也就可以了。没有却装着有，空虚却装着充足，贫穷却装着富有，这样的人，就难以保持操守了。

恒：是指操守；亡：即无；盈：是指丰满、充实；约：是指贫穷；泰：是指富裕。圣人和善人是孔子心目中最为优秀的人。圣，即圣贤，是品行最为优秀的人，孔子说没见到过这样的人。君子是各方面都优秀的人，这样的人只要努力，就能达到，所以孔子说，只要平常努力去做，就可以做一个君子。

善，即完善，善人可以说是比较完善的人。孔子说，他没有见过这样的人。有操守（亦解读为有恒心）的人，却是可以做到的。孔子指出，要做到有操守、有善行的人就必须真心实意按"善"做人，扎扎实实按"善"做事，要杜绝以下行为：本来空空如也，没有真才实学，却装着自己有多大本事，什么都行；本来生活贫穷，外表却装着富有的派头，这样的人很难保持自己的操守，谈不上是有操守的人。从孔子这段自我评述得到的启示是，做君子和有操守的人是可以做到的，但需要不断努力；在此基础上，再向圣人和善人努力，这是终生奋斗的目标，虽不一定能够达到，但朝着这个方向努力可以达到人生的较高境界。远大理想，始于足下，从自己的实际出发，要高标准，严要求，一步一个脚印，踏踏实实勤奋努力，不能好高骛远，徒有虚名。

(20)盖有不知而作之者，我无是也。多闻，择其善者而从之；多见而识之；知之次也。（见《述而篇第七》7·28）

大概有一种人，自己明明无知却好像什么都能办到，这一点我做不到。我是多听，选择其中好的学习；多看，记在心里，这样的知，是仅次于"生而知之"者。孔子没有否定"生而知之"，我在前面已作解读，孔子说他不是生而知之者，是经过自己的努力获知的，主要是多听多看，处处留心皆学问，勤于学习，善于学习。孔子是学而知之论者，"多闻，择其善者而从之；多见而识之"，这是获知之道，也是立世之道。可参阅"我非生而知之者，好古，敏以求之者也"的相关论述，此处是"我非生而知之者"论述的具体化。

(21)仁远乎哉？我欲仁，斯仁至矣。（见《述而篇第七》7·30）

难道仁德离我们很远吗？只要我想做到仁德，仁德就能达到。其大意是说，仁德不是高不可攀，也不是虚无缥缈，而是反映在方方面面，要作为理念，从品行上要求，只要认真去做，就能达到。从广义讲，难道仁离我们远吗？只要我想做到仁，仁就能达到。仁不是高不可攀，也不是虚无缥缈，而是反映在方方面面，要作为理念，认真按仁要求去做，就能达到。

(22)陈司败问："昭公知礼乎？"孔子曰："知礼。"

孔子退，揖巫马期而进之，曰："吾闻君子不党，君子亦党乎？君取于吴，为同姓，谓之吴孟子。君而知礼，孰不知礼？"

巫马期以告，子曰："丘也幸，苟有过，人皆知之。"（见《述而篇第七》7·31）

陈司败问孔子："鲁昭公懂不懂礼？"孔子回答："懂礼。"

孔子走出去后，陈司败给孔子的学生巫马期作了一个揖请他走近，说："我听说君子对人不偏袒，难道君子也会偏袒他人？鲁君娶吴国夫人，因为吴国与鲁国同姓，故而这个夫人叫作吴孟子，如果鲁君懂礼，还有谁不懂礼？"

巫马期将这些话告诉孔子，孔子说："我真有幸，如果有错误，别人一定会指出来。"

陈司败，不是鲁国人，是其他国家官员；昭公：鲁国国君；巫马期：姓巫马名施，字子期，孔子的学生，比孔子小30岁；为同姓：鲁君为周公之后，姓姬，吴为泰伯之后，也是姓姬；吴孟子：春秋时期，国君夫人的称号一般是所生长国名加她的本姓。鲁娶于吴，本应称为吴姬，按周朝礼节，同姓不通婚，因违背周礼，取夫人名字，称吴孟子。

这段话给后代的启示，一是外国官员针对孔子回答鲁君懂礼的情况，按当时礼节，同姓不通婚，明明是违礼，你却说是懂礼，这是偏袒。意指非君子所为，这段话有理有据。我们不必考究，同姓不通婚的礼节是否正确，从我国当前的礼节，没有规定同姓不通婚，但同宗不通婚是有规定的，这是从子女健康和伦理而作的规定。这就是说，这样的指出不能说是不对的。

二是孔子回答懂礼也不能说是错的，鲁国是孔子的所在国，用现在的语言，鲁君是自己的国君，孔子回答是按内外有别的原则，现任国君代表自己国家（诸侯国）的形象，回答"懂礼"并非虚伪、掩盖或偏袒。

三是最为重要的，孔子对其他国家官员的指出，并没有做任何解释，没有任何不满的态度。他说，我有错误，别人能指出来，这是自己的荣幸，这样谦谦君子的坦荡风度，对别人批评的宽容大度，并且将其看作是自己荣幸的思想境界高度，是难能可贵的。

（23）文，莫吾犹人也。躬行君子，则吾未之有得。（见《述而篇第七》7·33）

书本上的知识，我和别人大约差不多，但是在实践和身体力行做一个君子方面，我还没有达到。其大意是，孔子是知识和实践的统一论者。作为君子，不仅要有书本知识，还要身体力行去做。他认为自己的知识并不比别人差，但是在实践上还有差距，还没有达到君子的要求，还要认真去做。这说明孔子对自己评价时头脑十分清醒，既肯定了自己的优点，又能看到自己的缺点。他认为学习书本知识重要，将其用之于实践更为重要。

（24）若圣与仁，则吾岂敢？抑为之不厌，诲人不倦，则可谓云尔已矣。（见《述而篇第七》7·34）

讲到圣和仁，我哪敢当？要说学习这方面，还要努力为之，永不满足，教诲别人永不疲倦，不过也就如此罢了。其大意是说，孔子名望很高，可能有人称其为圣人和仁者，或者是学生这样称呼老师。孔子说，这样称号我不敢当，不过我一定向这方面努力，毫不松懈，并以此教诲学生，不厌其烦，也就是如此而已。孔子对自己人生目标定得很高，他始终不渝地为达到目标而践行，做到"为之不厌，诲人不倦"，自己做到，也指导别人去做。对此学生公西华说："正唯弟子不能学也。"正是在这一点上，我们学生是学不到的。广言之，正是在这一点上，一般人是难以做到的。孔子曾经说过："学而不厌，诲人不倦。"是指学习方面。"为之不厌，诲人不倦。"是指为人处世方面。学，是获取知识、武装自己，这是立人立世之本；为之，是做人、处事有为，是学的实践应用，是做事立业之本。以此对自己严格要求，做到"学而不厌"，对人循循善诱，做到"诲人不倦"，"己欲立而立人，己欲达而达人"。

（25）吾少也贱，故多能鄙事。君子多乎哉？不多也。（见《子罕篇第九》9·6）

我小时候贫苦，所以学了不少技艺。真正的君子能有这么多的技艺吗？是不会的。太宰：是指官员。这段话的背景是，一个官员问孔子的学生子贡，孔老先生是圣人吗？他如何如此多才多艺呢？子贡回答，是上天让他成为圣人，又使他多才多艺。孔子是针对上述太宰和子贡对自己的评述说的，是说我的才能不是上天给的，是自己小时贫苦，自己努力学习得来的。鄙事，是指鄙贱的技艺，这是针对说自己是圣人的谦虚之词，低调回应，实际是指才艺、才能。

（26）吾不试，故艺。（见《子罕篇第九》9·7）

我没有被国家所用，所以我学了一些技艺。试：作"用"解，是指没有被使用；艺：技艺，是指多才多艺。这句话是对上面那段话的直白解释，是说没有被使用，自己才学了不少技艺，这意味着是为成才时期打好基础，是学而知之者，而非生而知之者。是我经过自己刻苦努力学来的，并非上天赐给我的；我不是圣人，是一个平凡的人，小时家庭贫寒，做的是卑贱的事，我"志于学"，学了不少技艺。在官场的人，像我这样的人多吗？不会有很多。孔子以自己亲身经历告诉世人，小时艰难困苦，并不是一件坏事，可以磨炼自己的意志，学到不少才能和智慧，打好人生基础。

（27）吾有知乎哉？无知也。有鄙夫问于我，空空如也。我叩其两端而竭焉。（见《子罕篇第九》9·8）

我有知识吗？没有。有一个农夫问我问题，我一无所知，于是我询问他相关的情况，然后尽量回答他。鄙夫：指乡下人、农夫。其意是说，别以为我什么都知道，非也。有一个农夫问我问题，我回答不上来，就向他请教这个问题的来龙去脉、前因后果，弄清了问题的所在，然后尽量回答他的问题。像孔子这样知识渊博的学者，一个普通农民问他问题，他回答不上来，不是采取不懂装懂，或者不予回答的傲慢态度，而是放下架子，不耻下问，向农民请教，直到自己完全弄懂以后，再尽其所知，回答农民问题。"两端"是指前后、前因后果，这里指积极请教他人以弄清问题，这种虚心向他人学习的好学精神，以及对下层民众有问必答和善待的态度，是到了这个层次的人难以做到的。

（28）凤鸟不至，河不出图。吾已矣夫！（见《子罕篇第九》9·28）

古代传说，凤凰飞来表示天下太平；圣人受命，黄河就出现图画。孔子引用传说，意思是说，天下已经不太平了，没有圣人出来治理天下，喻义他提出的主张行不通，得不到推行。最后一句，可能是晚年说的话，是说我已老了，等不到了，难以推行了！对此表示遗憾，但并不表示自己已经放弃。

（29）吾自卫反鲁，然后乐正，《雅》《颂》各得其所。（见《子罕篇第九》9·15）

我从卫国返回鲁国之后，才对乐曲进行了整理，使"雅"和"颂"各归于适当的地方。根据《左传》记述，孔子从卫国返回鲁国，是在鲁哀公十一年冬，他结束了周游列国的历程，从事文献整理。"雅""颂"均是《诗经》的篇章，孔子对其进行了整理，说明孔子在这方面是有贡献的。

（30）出则事公卿，入则事父兄，丧事不敢不勉，不为酒困，何有于我哉？（见《子罕篇第九》9·16）

外出侍奉公卿，回家侍奉父兄，有丧事不敢不尽力，不被酒困扰，这些事我做到了哪些呢？这是孔子的自我反省，大意是，在外敬业，回家孝顺父母，对于礼仪尽力去做，从来不因酗酒误事，这些自己都做到了吗？其寓意是，这些事虽然都认真去做了，但是他认为自己做得还不够，还需要做得更好。这说明孔子对自己要求严格，都体现在对这些事情认真去做的态度上。

（31）譬如为山，未成一篑，止，吾止也。譬如平地，虽覆一篑，进，吾往也。（见《子罕篇第九》9·19）

好比堆土成山，如果再加一筐土便成为山，却停了下来，这是我停下来的。又好比平整土地，即便刚刚倒了一筐土，只要继续不停，就一定能够填平，要完成，还是要我自己坚持。篑（kuì）：装土的筐子；往：这里是作"坚持"解。孔子这是在说自己，也是在告诉人们，任何事情成败都取决于自己。就好比堆土成山，哪怕只差一筐土就成山，却未成功，不是客观原因，而是自己缺乏毅力，差最后一步没有坚持到底；哪怕只堆一筐土，这表明自己已经开始行动，只要坚持不懈，就一定能填平土地。人贵在做，做起来，就有希望；人贵在坚持，要做就要完成，就要做好，特别是最后一步，最能考验人的意志。

（32）苟有用我者，期月而已可也，三年有成。（见《子路篇第十三》13·10）

如果任用我治理国家，一年就有大的改变，三年就会有成效。广而言之，这段话可做这样解读，孔子认为，一旦用他的治国之策，一年就可以有大的改变，三年就会出成效，反映了孔子坚持自己主张的决心和信心。期（jī）月：是指一年；用：是指任用，可理解为按照我的主张治理国家。

（33）吾之于人也，谁毁谁誉？如有所誉者，其有所试矣。斯民也，三代之所以直道而行也。（见《卫灵公篇第十五》15·25）

我对于别人，诋毁了谁？称赞过谁？如我有所称赞，必定是我检验过的。夏、商、周三代人都是如此，所以三代能直道而行。其大意是，孔子说，他没有诋毁过别人，也不轻易赞誉别人，如果他有所赞誉的话，一定是经过考察了解、核实准确才予以赞誉的。不应该随意诋毁别人，也不轻易赞誉别人，这是做人的基本道理。之所以夏商周三代人"直道而行"，是因为那时的人都是这样做的，这是先辈留下的优良作风和好的社会风气。民：是指民风、社会风气；三代：孔子这里没有指出是何三代，专家解读是夏商周三代。从字面理解，尧舜禹可否是三个代表性时期，国家治理得好，天下有道，社会风气好，都能"直道而行"；直道而行：良好的社会风气下，正直的道德和行为准则都能得到很好的践行。孔子说，这都是经过他考察了解的。从《论语》中对尧舜禹的赞誉来看，这样解读似乎更能给人们一些启示。但是，无论如何解读，重点是孔子说他赞誉的都是经过他考察了解的，是有根有据的，是值得赞誉的。

（34）吾犹及史之阙文也。有马者借人乘之，今亡矣夫！（见《卫灵公篇第十五》15·26）

我能够看到史书有疑的地方。有马的人将自己的马借给别人使用，这些现在都没有了！孔子举了两个实例，说明当时的社会风气下滑，优良的传统和社会风气不复存在。第一个实例是说自己，书中提到，孔子整理过古代文献，这里是说，他看到史书中有空缺的地方，自己都将其记下来，以便进行补缺、释疑，这是在做一件有意义的工作，这是一件重要的工作，这是一种为方便后世人阅读的认真负责精神，可惜现在的人们不重视这样的工作，缺少的是这种责任意识和负责精神。马，是古代重要的交通工具，是有钱的标志，将马无偿借给别人使用，这是一种高尚的思想境界。孔子说，这种精神现在难得见了。孔子以自己的亲身经历和另一件事为例，说明社会风气、道德风尚和精神境界的下滑。

（35）吾尝终日不食，终夜不寝，以思，无益，不如学也。（见《卫灵公篇第十五》15·31）

我曾经整天不吃、整夜不睡地思考问题，没有益处，不如去学习。孔子是在说他自己，过去有时白天吃不下饭，晚上睡不着觉，一直在思考问题，可是没有头绪，想不明白，这对自己毫无益处，还不如去学习。孔子这段话反映了两个问题，孔子的思考钻研已经达到废寝忘食的程度，另一个是解决疑难问题，主要靠学习，要有好学精神。"不如学也"，既指孔子的体会，又是对世人的启示，既要有钻研精神，又要有好学精神，以学习推动钻研、解决钻研的疑难，"学而不思则罔，思而不学则殆"（见《为政篇第二》2·15）。只是学习知识而不进行思考，知其然而不知其所以然，无法提高；只进行思考而不去学习，思考就得不到要领，无法进行释疑，学习是获知之本、思考之本、立业之本、立德之本、为人之本、立世之本，是治国之本，是成功之本，是获得一切之本，可以说一切都是通过学习而获得的。

（36）子贡欲去告朔之饩羊。子曰："赐也！尔爱其羊，我爱其礼。"（见《八佾篇第三》3·17）

孔子学生的子贡（端木赐）要把鲁国每月初一祭祖庙用的活羊省去不

用。孔子说:"赐呀!你爱惜的是那只羊,我爱惜的是祭礼。"朔:农历每月初一;告朔之饩(xì)羊:是古代祭祀用的活羊。每年秋冬之交,周天子把第二年的历书颁给诸侯,诸侯将历书藏于祖庙,每逢初一,便杀一只活羊祭于庙,然后回朝廷听政。在祖庙祭祀并报告朔日之事叫"告朔",使用的羊叫"饩羊"。鲁君不亲临祖庙,只是杀一只活羊走走形式,所以子贡说,干脆羊也不用杀了。孔子说,这不是杀羊不杀羊的问题,这是礼节制度执行不执行的问题,只重形式,不顾礼节,实在令人痛惜。

这对人们的启示是,祭祖是一种礼仪活动,要防止走形式、装样子,无论是省钱也好,大排场也好,甚至使之成为迷信活动,都是要防止的。广指一些大的活动也常出现形式主义,失去活动本身意义,导致铺张浪费,劳民伤财。不过,必要的活动、礼节制度,还是需要的,重实质而不重形式。

(37)原思为之宰,与之粟九百,辞。子曰:"毋!以与尔邻里乡党乎!"(见《雍也篇第六》6·5)

原思为孔子管家,孔子给他小米九百,他不收,孔子说:"你不用推辞!如果你不用,拿去送给你的邻里乡党。"原思:姓原名宪,字子思,孔子的学生;宰:官员,这里是指原思给孔子管家;九百:是数量,现在不必要弄清是多少,其意义不大,应该说在当时是比较合理的,孔子不会亏待学生;邻里乡党:五家为邻,二十五家为里,一万二千五百家为乡,五百家为党。"邻里乡党"一词现在还在用,同一个地方的人互称乡党。这里说的邻里乡党是指家乡贫困的人。学生为老师管家,孔子不会让学生白干,或者少给报酬、亏待学生,给的报酬在当时比较合理,子思认为是给老师管家,坚决不收。对于像子思这样的学生来讲,一般也是人之常情,是真心实意不收。可是孔子认为,付报酬是应该的,不能认为是学生就不收或者少收。他对子思说:"你不能不收,我必须付给你,你如果认为你不需要,你给你需要资助的人。"这反映孔子的师德和人品。

（38）樊迟请学稼。子曰："吾不如老农。"请学为圃。曰："吾不如老圃。"

樊迟退。子曰："小人哉，樊须也！上好礼，则民莫敢不敬；上好义，则民莫敢不服；上好信，则民莫敢不用情。夫如是，则四方之民襁负其子而至矣，焉用稼？"（见《子路篇第十三》13·4）

这段话可做两部分解读。前一段是说学生樊迟向老师孔子请求讲一下务农和种菜的问题，樊迟这样要求并没有错。孔子回答："务农我不如老农，种菜我不如菜农，可向他们学习。"

后一段，孔子是从治国的角度讲的，而治国的主体是执政者，是谈认识问题。是说作为执政者，要从自己做起，严格要求自己，首先要考虑的是治理好国家，而不是将主要精力放在做一些具体事情上。要治好国家，就要取得人民的信任，这就要求自己先做到礼、义、信，即当政者注重礼节，老百姓就没有人敢不恭敬；当政者注重道义，老百姓就没有人敢不服从；当政者注重诚信，老百姓就没有人敢不诚实。如果能做到这样，四面八方的老百姓就会背着小孩来投奔。这段话是前一段师生对话引申出来的，即是说，孔子自己的作为，这是事实，后者是以前面孔子亲身作为的事实，引申谈自己的认识，是属于认识论，是说前面的事实，虽然是事实，但是不是事物的本质属性，是一些枝节问题，是表面现象，如果从全局看，作为知识分子，要学治国之道，提出为民、提出学农的想法，就去当农民，这是认识偏颇。

将前后两段合起来，孔子认为樊迟的认识，从小局看，樊迟的认识没有错，从全局看，樊迟的认识有偏颇，是不对的。称樊迟为小人，不是与君子对应的小人，而是目光短浅、胸无大志的人。孔子这里谈的是选择职业问题，而不是是否应该种庄稼的问题，不能将此理解为看不起务农这个职业，孔子讲的是学习的重点，樊迟的问题是一个认识能力和认识水平问题。这里从对世人的启示讲，用现代的观点，孔子提出的是一个认识论问题。有人将一些社会表层现象、一些枝节问题作为事实，而不是从全局看、从深层看、从本质属性看，从而出现认识偏颇，抓住表层和枝节的一些所谓事实不放，出现误判，误导自己的行为，误导人们。因此，不能仅仅从孔子与樊迟对话以及孔子提出的认识，就做出特指性理解，而是从广义上解读，悟出从认识论上如何正确认识问题，如何看待问题，如何正确处理问题的大道理。至于知识分子要不要学农，是不是参加农业活动，这是另一个命题，不能把此与孔子讲的重点混为一谈。

（39）在陈绝粮，从者病，莫能兴。子路愠见曰："君子亦有穷乎？"子曰："君子固穷，小人穷斯滥矣。"（见《卫灵公篇第十五》15·2）

这段话分为三段。第一段是学生对当时情况的描述。是说，孔子带领学生在陈国被困断了粮，学生都饿坏了，站都站不起来，这是说，处于最危难、关乎生死关头的境地。

第二段是学生的反应。子路对此很生气，将气直接发在老师身上，质问孔子："君子也有穷困的时候？"其言下之意是君子也要吃饭，暗指孔子的学说不能当饭吃，这是在发牢骚。其实在这种情况下，孔子同样断了粮，没有饭吃。子路身在官场，认为孔子讲的仁德、主张、学说难以推行，便在这种情况下借机发泄。其含义是说，如果不是出来推行你的学说，哪有断粮这回事。

第三段是孔子的态度。面对当时的困境，面对子路的尖锐意见和不满，他的态度很镇静，很坦然。在这种情况下，他作为教师，是学生的主心骨和顶梁柱，学生都在看着他，他强压住自己饥饿的难受和痛苦，表现镇定，增加了学生克服困难的力量；他没有对子路表现出任何不满的举止，表现得很宽容和大度。

学生遭受饥饿折磨，他内心也难受，但子路即使意见再尖锐，他也不应该在乎，因为这样他心里会更好受些，任何小的不满表露都会对学生带来影响，这充分显露了这是他人品、师德以及教师的责任心。但是他没有忘记从子路讲的内容上对其进行教育。同时，从广义上讲，这也是适用于所有人在关键时刻如何应对的人生哲理。

病：痛苦，这里是指饿坏了；兴：站立，这里是指站不起来、不能走路了；固：固守，坚持操守，把握住自己；滥：泛滥，是指约束不住自己，就像泛滥的洪水一样，做出不该做的事情。这两句话的意译是，君子穷困时能够坚持，小人在穷困的时候却无所不为。这段话对人们的启示是，在关键时刻最能考验一个人的品行、自制力、认知水平、才能、责任和担当、文化底蕴和思想底蕴，孔子在这方面以自己的言行起到表率作用，做到"为人不厌，诲人不倦"。"君子固穷，小人穷斯滥矣"亦成为传世经典。

（40）子曰："莫我知也夫！"子贡曰："何为其莫知子也？"子曰："不怨天，不尤人，下学而上达，知我者其天乎！"（见《宪问篇第十四》14·35）

这段话是孔子与子贡的对话。在学生中，只有子贡常常就一些重大问题、理论与实践问题、深层次的学术问题与孔子进行交流和探讨，而此次交流是由孔子提出的。莫我知：是指没有人了解我。不知其因何而起，似乎是在发感慨。从直义上解读，是说他的主张、他的学说推行不了，受到当政者的冷落，受到社会的一些非议，他们并不了解我的主张和学说的真谛，进而通过自我的状况，提出一个人在没有人了解的情况下，如何正确对待的问题。针对这句话，子贡的提问是，"莫知子"是什么意思？实际是如何看待"莫我知"？如何对待"莫我知"？这已将孔子自身的问题，变成为"莫我知"的一般命题。

"不怨天，不尤人。"不怨恨天，也不责备人。其意是指，无论遇到任何挫折和困难，我都不会怪天怪地，责怪别人，而是全心全意深入学习钻研，建立自己的学说，不遗余力地推行自己的学说。广义是说，在"莫我知"的情况下，自我对待的方式给人们的启示是，不要怪这怪那，怪自己没有好环境，怪别人不理解自己，怪老天爷对自己不公平，要将命运掌握在自己手中。

"下学而上达。"这是整段话的核心问题。前一段是"不"的方面,不怨天,不尤人,正确对待,后面这一句是从正面理解,是如何做的问题。下学,即下学人事,从"下学而上达"解读,下学相对上达而言,就是平常要坚持学习知识,深入钻研,进而转化为立世处世的智慧和能力。下学是打基础,是为了上达。上达,解读为知天命。这里的天命,是知天命的一个意思,就是掌握了规律,建立自己的学说,并坚持自己的学说。上,是上升、升华;达,是指达到目的。这是在教育学生,也是揭示人生的普遍要求,即学习,实践,再学习,再实践,逐渐达到人生的顶峰。任何怨天尤人的悲观情绪和做法,都是不正确的,要有积极的、上进的、事在人为的正确态度,努力做到,走好人生之路,这就是孔子通过自我告诉人们的人生哲理。最后一句,"知我者其天乎!"是呼应开始"莫我知"(即没有人了解我)的感慨,是说只有上天了解我。孔子常用"上天"来说人间的事,意即人在做,天在看,主要还是靠自己。只要你不怨天尤人,做到下学而上达,就能克服各种困难和挫折,以坚定的信念和意志力,迎着风浪勤奋努力,积极向上,为国家、为社会做出贡献,这就是从这段话得到的启示。

(41)公伯寮愬子路于季孙,子服景伯以告,曰:"夫子固有惑志于公伯寮,吾力犹能肆诸市朝。"

子曰:"道之将行也与,命也;道之将废也与,命也。公伯寮其如命何?"(见《宪问篇第十四》14·36)

公伯寮:字子周,孔子的学生,曾与子路同时为季孙氏的家臣;愬(sù):同"诉",进谗言;子服景伯:鲁国大夫;肆诸市朝:古时将犯人处死后陈尸于街市示众。这段话可分三段解读。

第一段,是学生记述,孔子的学生公伯寮,在鲁国掌握实权的季孙氏面前说孔子另一名学生子路的坏话。无论动机如何,同为孔子的学生,当着上级的面说另一名学生的坏话,都是不正确的,也有损于孔子的形象。

第二段，鲁国的另一位大夫子服景伯将这件事告诉了孔子，说："季孙氏被公伯寮迷惑了，我凭借自己的力量就可以把公伯寮的尸首放在街头示众。"公伯寮的行为引起鲁国另一个大夫的极度不满，他将公伯寮说子路的坏话告诉孔子，说公伯寮这个学生太坏了，说子路的坏话，季孙氏又相信他的话。这是搬弄是非，应该对其陈尸街头示众。用现在的话讲，就是枪毙！将这件事看得这么重，似乎只有枪毙才能解心头之恨。当着孔子的面，还有的话没有说出来：这就是你教的学生，这就是用你的学说教出的学生。

第三段，孔子对自己两名学生的情况是了如指掌的，人家当着他的面，把公伯寮说的坏话已经讲到这个份上，他是清清楚楚的，他对此没有表示任何态度，他不能当着当政者的面说自己学生的问题，更何况问题没有严重到那个程度，是属于教育问题。至于季孙氏受没受公伯寮说子路坏话的影响，在其同为当政者的同事面前，即使是在其他一般人面前，也不会发表自己的看法的，毕竟是由公伯寮说子路的坏话引起的，无论二人之间有什么是非曲直，在其上级面前去说是不对的，对此也不能不表态度。

于是他讲了一段似乎答非所问的回应，仍以公伯寮说事，转到说他的"道"即主张和学说上，这里用了一个关键词，是"命"字。这个"命"不是指命运的安排，也不是指听天由命，而是说，不是公伯寮所能左右得了的，也不是任何人左右得了的，这里是指不是当政者主宰得了的。其意思是说，他的学说是正确的，其命运掌握在自己的手里，坚定不移地推行，其正确性是不可否定的。这样，这种做法相较于直接批评公伯寮，效果要好得多，也深刻得多。更重要的是，既回答了问题，又巧妙地将公伯寮的问题转移到当政者身上，喻义是，不能以学生说了另一个学生的坏话，就夸大其词，讲得那么严重，将矛头实际是指向我孔丘的头上，我的学说是正确的，其命运是掌握在我的手上，当政者"其如命何？"能否定得了吗？

（42）师冕见，及阶，子曰："阶也。"及席，子曰："席也。"皆坐，子告之曰："某在斯，某在斯。"

师冕出。子张问曰："与师言之道与？"子曰："然；固相师之道也。"（见《卫灵公篇第十五》15·4）

这段话是学生记述孔子为人处世的一件具体感人事例。师冕：师，是指乐师，冕是这个乐师的名字，古代的乐师多是由盲人充当。乐师来见孔子，作为一个知识分子、一个大学者，孔子并没有让学生搀扶师冕，而是亲自搀扶。走到台阶处，提醒这是台阶；走到座席跟前，提醒这是座席；帮扶坐好以后，一一详细告知，某某人坐在那里，照顾很周到，一丝不苟，注意每一个细节，不能有任何闪失，孔子这种对盲人乐师无微不至的照料，让学生深受教育。子张深有感触地问老师："这是与盲人交流的方式吗？"孔子回答："是的，这是帮助乐师的方式。"由此可以看出，孔子处处能以身作则，起到典范作用，从平时一些小事和细节上，也足以反映孔子的高尚品德和助人为乐精神。

四、社会各界对孔子的评价

> 学而时习之，不亦说乎？有朋自远方来，不亦乐乎？人不知而不愠，不亦君子乎？
> ——孔子（见《学而篇第一》1·1）

这是《论语》全书开篇之论，可以说是全书的纲，通过学习、交友、为人处世三个方面折射孔子及其立人立世的基本态度和原则，是阅读全书的总思路，在我编著的《古论今语》一书中已有详细的解读。（参阅此段的解读及其章末的本篇思考）这里只是结合社会各界对孔子的评价，有针对性地进行解读。

"学而时习之"。孔子一生酷爱学习，他在其他方面都比较谦虚，唯独在学习上，他认为周围的人都不如自己，其学习达到废寝忘食，活到老，学到老，"不知老之将至"的痴迷程度；他不仅学习书本知识，实现知识增值和创新，而且将知识转变为智慧和创新能力；他不仅重视向书本学习，而且更重视向实践学习，向社会学习，向他人学习，向一切人学习，包括每一个人，都有值得学习之处，在时间上，除过睡眠，所有的时间都用来学习，处处留心皆学问。学习是他获知之本、思考之本、立业之本、立德之本、为人之本、立世之本、成功之本，是他创立自己学说之本，可以说是他获得一切之本。

当他受到赞誉时，他说他非生而知之，是学而知之者，获得的值得赞誉的是学习得来的，但是自己还做得不够，没有达到；对于别人的批评和非议，有则改之，无则警惕之，要勤于学习、善于学习，这是孔子对自己人生总结的最为根本的经验，能够"学而时习之"是他最为愉快的事情。

"有朋自远方来。"每个人生活在人的社会，存在着两种情谊，一个是亲情，一个是友情，这两件事都是关乎人生立人立世立业的大事。亲情是不可或缺的，父母情、兄弟姊妹情、家庭情、亲属情、亲戚情；另一种是身处社会，就有一个交友的问题，友情包括同事情、朋友情等，待人之情也是友情的一部分。孔子交友，不是酒肉朋友，不是利益朋友，不是金钱朋友，不是以利己为目的加以利用的所谓朋友,他交的朋友均是真心实意的朋友，是志同道合的朋友，从远方来看你，从内心感到由衷的高兴；同时，在一起对共同关心的问题进行交流和探讨，更加让他高兴。

孔子在交友方面，是很谨慎和严格的。"道不同，不相为谋。"这是做朋友的标准，而不是与人相处的标准。"和而不同"，这是待人之道，而不是交友之道。以喝酒为例，孔子喜欢喝酒，但一生未曾喝醉，他与朋友喝酒，秉持着不喝醉的原则，开怀畅饮的同时又能把握分寸。孔子的弟子及再传弟子《论语》是在孔子去世之后，其中虽未提及朋友从远方来饮酒之事，但据第十篇记述的孔子饮酒原则，可知孔子一生不醉酒，足见孔子的品行，小事不小，影响颇大，这是我的分析）。烂醉就容易出问题，既损害自己，又损害朋友，饮酒误事，会造成伤害，甚至会危及生命安全，不是交友之道。至于交友不慎，轻则造成伤害，重则毁掉人生。孔子以自己的交友方式，为人们做出表率。

"人不知，而不愠。"人在社会学习、工作、生活，常常会碰到不公正、不公平对待的问题，会遇到别有用心、有意诋毁、诽谤、有损名誉的事情。孔子对一些大是大非问题，采取"以德报德，以直报怨"的态度，"以直报怨"包含两层意思，一个是以自己的正直，行得端、走得正回报别人的怨恨，是指泰然处之；一个是有原则的，在大是大非问题上，不能迁就，要分清是非。前者是自我要求，反映人品；后者是坚持原则，澄清是非。除此之外，在多数情况下，是站的角度不同、了解情况不够、思想认识片面，孔子都将其归之为"人不知"，采取理解的态度，即使是意识不好，也归之为教育问题，亦采取"不愠"的宽容态度。孔子将"人不知，而不愠"提到君子的高度，是说这是人应具备的品格和涵养。由此可见，孔子说的三件事都不是小事——学习关乎立人的问题，交友关乎立世的问题，"人不知，而不愠"关乎为人处世问题。孔子以自己的经历和体会，将其总结上升为人生的理论和实践的三件大事上，这是观察、审视社会各界评价孔子的一个着眼点。据此，摘录汇总如下。

1. 当政者对孔子的评价

> 吾闻圣人之后，虽不当世，必有达者。今孔子年少好礼，其达者欤？吾即没，若必师之。
> ——鲁大夫孟釐子（见《世家第十七·孔子》）

这是鲁国大夫孟釐子在临死前，对将要继承他的儿子懿子的遗言。其时孔子十七岁。孟釐子死后，懿子与鲁国人南宫敬叔前往向孔子学礼。孟釐子生前向儿子介绍孔子家庭的显赫背景，用现代的语言讲，就是听人讲，圣人的后代，虽然没有走向社会，但是以后必然会成为人才。

据此，对上面孟釐子的这段话解读，大致反映了以下几点：一是孔子虽然出身名门，但到他这个时期，家庭已经衰落，正如孔子自己所说："吾少也贱，故多能鄙事"，生活贫苦。

二是孟釐子死时，孔子只有十七岁，正处于"志于学"初期，能够得到当政者的关注，家庭背景的因素是有的，但是主要还在于自己的努力得到认可。

三是这段话是在临死前所说，正像曾子的名言："人之将死，其言也善。"此时讲的话是发自内心的，对孔子的评价是真实的，要儿子向孔子学习也是讲的真心话。

四是他讲的圣人后代，其因家庭门风、熏陶、教养，其后必达。这个"达"，就是孔子在其他处解释的，是达到，而不是闻名，孟釐子这里说的是指孔子，是说给儿子听的，足以说明孔子在当时是有一定的声誉的，而这种声誉，是通过自己刻苦学习、勤奋作为而达到的。

五是作为鲁国的高官，在对儿子交班时，没有讲为官之道，没有讲生活之道，没有讲光宗耀祖之道，而是讲学礼之道，是要儿子向孔子学礼，孔子虽然年少，其在这方面已有功力，他所强调的是，首先要学做人之道，这是立人立世立业的根基、根本，这种交代充满正能量，也是对孔子正面评价。

这里所说的对孔子的评价，是指同时代各界依据《论语》书中记述的对孔子的评价，书中对孔子的赞誉是在一定的场景、对象、所指情况下，以提问、问答、质疑的方式表达的，情况虽不尽相同，但可以用"敬而远之"四个字加以概括。即看重孔子的声望，但对其学说冷眼看待，是否推行孔子的主张取决于自己。此处摘录几例。

齐景公待孔子曰："若季氏，则吾不能；以季、孟之间待之。"曰："吾老矣，不能用也。"孔子行。（见《微子篇第十八》18·3）

齐景公就如何对待孔子说："像鲁君对待季氏那样对待孔子,我做不到;我要用次于季氏、高于孟氏那样的待遇对待孔子。"过后又说,"我老了,不能用他了。"孔子离开了齐国。

齐景公:齐国国君;季孙氏,鲁国大夫,掌握鲁国实权,权力很大;季孟氏:权力比季孙氏要小。孔子周游列国,意在推行他的学说,他带领学生到了齐国,是要求在齐国推行他的学说。去了齐国之后有个齐君见不见孔子的问题,见是见到的话以什么礼遇对待孔子。规格高了,不行;规格低了,对于这样有名望的大学者,怠慢了,不尊重,也不行。但是问题的关键,他不会让孔子在齐国推行自己的学说,当面拒绝,难为情。因此,后来想,干脆不接见了,婉言拒绝,说他老了,不能用孔子。"不能用",是真心话,"吾老矣",不是理由,是托词,依旧是敬而冷之的态度。从孔子来说,谋职位,其目的是推行他的学说,用则留,不用则走,于是离开了齐国。

这不是齐国的特例,敬而冷之,各诸侯国普遍这样对待孔子。

鲁国是孔子的出生地,是孔子的所在国。用他的学说治理自己的国家,是孔子终生的理想和志向。在鲁国,他从卑贱的工作做起,一路顺风,官至大夫的高位。在此期间,他创立了自己的治国学说,形成完整的理论和实践体系,并且不遗余力地推行他的学说,他试图将自己的学说在鲁国实施。

鲁国执政者重用孔子,出于两个方面的因素,一是孔子的才能和智慧,他是有用人才;二是地缘政治。鲁国是个相对小国,处于大国的夹缝之中,用一个有名望的知识分子,利用其声望,在大国之间求生存,不使吞并,是一个重要因素。可是对他的学说,与其他诸侯国没有大的不同。有意思的是,孔子是以德治国的开创者,鲁国让他任大司寇并摄相事,分管司法工作,这是在限制他的权力。他在分管司法工作中,试图公正判案以杜绝犯罪再次发生,但难以做到。他对学生说,没有人能了解他,也是包含他的学说在鲁国难以推行的意思。前面举的事例，孔子一个学生在季氏面前说另一个学生的坏话，另一个大夫子服景伯借题发挥，意指孔子学说，因是面对面，又牵扯自己的学生，孔子只好应对。

在另一种场合，鲁国一位大夫在朝廷上对大夫们讲，"子贡贤于仲尼"，就是这位子服景伯又将此事告诉子贡，未见孔子有什么反应。子贡头脑非常清醒，以自己家院墙及肩一眼能看见里面的华美，而孔子家院墙高看不见里面的富丽堂皇、又难以入门进行很有说服力的陈词，说明无法与老师相比。有的当政者认为这是子贡谦虚，子贡又用充分的事实，说明自己怎么能与老师相比呢。

在《子张篇第十九》中，对孔子的评价比较集中，其中重要的部分前面已作解读，此处不再重复。在这里要说的是，鲁国当政者不仅认为子贡比孔子贤，比孔子强，甚至在朝廷上当着大臣的面说一些诋毁孔子的话，这么重大的且关乎孔子品行的问题，孔子却一言未发，没有任何态度，只有子贡的看法和态度。

这大概有以下原因：

一是孔子对非议和诋毁的基本态度是泰然处之，同时非议者和诋毁者又是本国朝廷大员，孔子采取大度的君子风度，这是孔子的人格魅力。翻翻孔子对当政者的回应，涉及大是大非问题而必须回应的，予以澄清是非；再者是高度赞扬，如子贡说他多才多艺是上天赐予的，他回应是刻苦学习和勤奋钻研获得的；还有当着他的面讲的重大问题，如子服景伯当着他的面涉及他的学生而其意是指他的学说不得不回应。不在当面，泛泛评议，就像"子贡贤于孔子"这样的问题，也不予回应。

二是有子贡的回答，只有子贡有才能和智慧作回应，又有资格表达孔子的态度，有高度，有深度，讲得透彻，铿锵有力，同时，也讲了孔子不好讲的话，不需要他再说什么了。

三是，对于"子贡贤于孔子"这句话，孔子有一句名言："当仁，不让于师。"孔子是知行统一、表里如一者，学生贤于老师是理所当然。虽然当政者这句话对他有贬义，对此他不会介意，而且他能有子贡这样贤于他、强于他的学生，他反而会高兴。

四是，更为重要的一点，子贡对孔子的维护和忠诚，说明孔子的学说后继有人，教出像子贡这样的学生，面对当政者敢于理直气壮地维护孔子，这是对自己的学说坚信不疑，这是孔子教育的出发点，也是孔子教育成功之处。他的学生将这些表述记录下来，不仅是表明子贡代表他们的看法，也足以说明孔子的学说后继有人。这些记述不仅不会降低孔子的威信，而且更增添人们对孔子的崇敬。

2. 地方官员对孔子的评价

地方官员对孔子的看法，与上层当政者是有一定区别的，对于像孔子这样的身为大学者、高官的大知识分子，是从形象高大、智慧和才能不同凡人看待的，亦用四个字表达："敬而赞之"。当政者处于国家政权的上层、权力中心，在当时的争霸和剥削制度的社会环境下，孔子的学说动摇着国家剥削制度、争霸和统治基础，因而是敬而冷之。地方官员处于中下层，处于服从地位，或者说，他们更多的是从社会的角度看人，故而敬而赞之。现举例说明。

太宰问于子贡曰："夫子贤者与？何其多能也？"子贡曰："固天纵之将圣，又多能也。"

子闻之。曰："太宰知我乎？吾少也贱，故多能鄙事。君子多乎哉？不多也。"（见《子罕篇第九》9·6）

这段话是地方官员对孔子的评价。太宰是官员称谓。下面的解读分为三段。

第一段，官员对孔子的评价。"夫子圣者与？何其多能也？"这是提问式。夫子是对孔子的尊称，是说孔老先生是圣人吗？他怎么会这样多才多艺？这种提问包含着肯定的意思，肯定孔子多才多艺，那么有学问，那么有智慧,又有那么多的才能和智慧,如果不是圣人,怎么会多才多艺,这实际是肯定孔子是圣人。为什么用疑问式?是向子贡提问,孔子怎么能成为圣人?为什么如此多才多艺?圣人,多才多艺,是地方官员对孔子的评价。

第二段,"固天纵之将圣,又多能也。"这是子贡对太宰提问的回答。首先他肯定了自己老师是圣人和多才多艺。意思是说,你说得对,我的老师就是圣人,只有圣人才能这样有学问,才能如此有智慧,也才能这么多才多艺。说到老师的圣人和多才多艺是怎么来的,面对政府官员,简直无法用人世间的语言表达出来并能让官员相信,于是说是"上天让我的老师成为圣人,又让其多才多艺"。这是借上天来说人间的事,而不是真的认为有个上天,是上天赐给他的。这段话是说,我不知道如何表达我的老师怎么成为圣人,谁能成为像他这样的圣人?只有说是上天赐给他的,才能表达他的心声,这样表达更能让官员崇敬老师,也能让世人崇敬老师。这样是子贡的大智慧。

第三段,"吾少也贱,故多能鄙事"。这是孔子对太宰提问的回答。按说,对于子贡称他为圣人并且是天赐之才的说法,孔子应该作出回应。"天赐"的说法,子贡是跟孔子学的,而且子贡用得恰如其分。因此,他未直接回答子贡。"太宰知我乎?"这句话包含的意思是:太宰不了解我,我并非是什么圣人,我的多才多艺,不是上天赐给我的。"吾少也贱,故多能鄙事。"我是一个平凡的人,小时候家庭贫寒,学的都是一些鄙贱的东西,做的都是一些鄙贱的事,我的多才多艺是自己学得的,是自己勤奋努力得来的。最后一句话是说,那些处于高位的人,自以为君子,能学到这些才艺吗?他回答说,这是那些养尊处优的所谓君子所做不到的。

孔子的这段论述,是以自己的亲身经历告诉人们,小时候的贫困和困苦生活,并不是一件坏事,是人生经历的一次磨炼,可以磨炼人的意志,为人生打下一个好的基础。其对人生的启示是,天上不会掉馅饼,人生走得如何、好不好不是老天爷赐给的,不是靠父母获得的,不是靠不劳而获得到的,而是靠自己的努力,是靠自己从小一步一步打下好的基础并不断艰苦奋斗而成就人生的。要把人生的机遇,作为条件,抓住不放,创造人生,要把曲折作为动力,奋发图强,改写人生。

3. 民间高人对孔子的评述

所谓民间高人,是指没有固定职业,居无定所,云游四方,或者隐居的自由民。由于他们处于下层,体察社会和下层民众,又善于开动脑筋,善于进行思考和分析,对社会现象看得深,看得透彻,并能给人指点迷津,但是不显山露水,不暴露自己的姓名、身份和住址,不轻易与人交往交流。此类人对孔子学说的评价是:难以推之。

事例一

楚狂接舆歌而过孔子曰:"凤兮!凤兮!何德之衰?往者不可谏,来者犹可追。已而!已而!今之从政者殆而!"

孔子下,欲与之言。趋而避之,不得与之言。(见《微子篇第十八》18·5)

狂人,一般是指隐居民间的高人,他们对孔子的情况比较了解,从孔子身边路过时,故意唱歌让孔子听,其歌词的大意是:凤凰呀!凤凰呀!你为何德行这么衰弱?过去的无法挽回,今后还来得及改变。这里将孔子比作凤凰,将孔子的德行比作他的学说,是说虽然你的才华出众,学说很好,可是你的才华在天下无道时难以有所作为,你的学说无法推行,常常受到非议和阻力,但是你的学说是好的,只要你坚持不懈,这种情况必然会有所改变,前途是光明的。将孔子比作凤凰,说他的学说是正确的,虽然孔子的学说推行不了,但不是孔子学说本身有什么问题,而是在当时的社会推行不了,这种见解入木三分,很有见地。接着这位高人继续说:"算了吧!算了吧!现在依靠从政,你的学说是推行不了的。"这里的"殆"是指无所作为,是说依靠从政是推行不了的。

孔子是大智者,对这个高人的话是什么意思一听就明白,立即从车子上下来,想与其交谈,可是这位高人并没有停下来,"趋而避之",加快脚步避开,没有搭上话,高人将思考留给孔子,孔子更加坚定自己的信念,不仅自己坚持不懈终生为推行自己的学说不遗余力,而且通过教育广收学生,精心培养,在教育上取得成功,通过学生将自己的学说传承和发扬下来。

事例二

子路从而后,遇丈人,以杖荷蓧。

子路问曰:"子见夫子乎?"

丈人曰:"四体不勤,五谷不分,孰为夫子?"

子路拱而立。

止子路宿,杀鸡为黍而食之,见其二子焉。

明日,子路行以告。

子曰:"隐者也。"使子路反见之。至,则行矣。

子路曰:"不仕无义。长幼之节,不可废也;君臣之义,如之何其废之?欲洁其身,而乱大伦。君子之仕也,行其义也。道之不行,已知之矣。"(见《微子篇第十八》18·7)

子路跟随孔子,落在了后面,遇见一位老者,用木棍挑着锄草工具。

子路问:"你见到我的老师了吗?"

老者说:"四肢不劳动,五谷分不清,谁是你的老师?"说完,把木棍插在地上,锄草去了。

子路拱着手恭顺地站在那里。

老者便留子路在他家住宿,杀鸡做饭给子路吃,又叫两个儿子出来接见。

第二天,子路赶上了孔子,将这件事告诉孔子。

孔子说:"这是个隐士。"让子路返回去再见这个隐士。等子路赶到那里,这个老者已经离开。

子路说："不做官是不符合道义的。长幼间的礼节，不能废弃；君臣之间的礼仪，怎么能废弃呢？想洁身自好，却破坏了君臣之间的伦理关系。君子出来做官，是实践君子大义。至于我们的政治主张实现不了，这早就知道了。"

要弄清老者说话的针对性和意思，主要以子路最后一句话"道之不行，已知之矣"作为观察点。"道"是指学说，谁的学说？是孔子的学说；已知之矣：是指自己早已知道。这就是说，"道"不行，这里的"道"不是指自己。如果是指自己，作德行解，用"已知之矣"说不通。说早知道老者"德之不行"，显然也不是。只有是指孔子学说才说得通。子路从不隐瞒自己的观点，对孔子学说推行不了直言不讳，这一点孔子也清楚。弄清这一点，再解读全段话。

第一段，是老者对孔子学说的评述。

一是"四体不勤，五谷不分"，不是指子路，过路人问你见到他的老师了吗，你劈头盖脸说人家"四体不勤，五谷不分"于理不通。老者说的是孔子以及孔子的学说，表达对孔子学说的不满，认为其在当时是行不通的，没有什么用。

二是子路问路，老者对孔子有看法，不能不理子路，把人晾在那里。由于子路恭顺礼貌地耐心等待，于是把子路请到家里住宿，这一方面是为子路的礼貌和诚心所打动，另一方面反映出老者对孔子学说本身并不是反对的，不然不会拿出家里能拿得出的好吃的款待子路，而且把两个儿子叫出来与子路相见。前后对照，前面是老者认为孔子学说推行不了，没有用；后面是老者认为学说本身没有错，不过难以推行的评价。

子路对老者评述的态度。子路是直接和老者接触的人，他对老者的态度，前面是对隐士的看法，认为隐士不出来做官，不符合道义，不符合君臣之间的礼节和伦理关系，只有出来做官，才能实践君臣大义，着重谈对隐士的看法。后面是谈老者对孔子的评价，只说了一句话，他早就知道孔子学说推行不了。

孔子的态度是这个人是隐士，其意是隐士是有高见的，他让子路再去见这个隐士，是想与隐士就自己的学说深谈。对于老者对他个人以及其学说的看法，孔子泰然处之，不发表任何意见，并想与之相见，是一种学习的态度，是一种深入探讨的态度。对子路最后的一句话，他没有任何回应；对隐士的看法，学生怎么谈，是学生的看法，他不会评议。从他的这种不语的态度分析，孔子对不同的意见是尊敬的态度；对子路说他的学说推行不了，他早就知道了，他自己也知道这是实情。子路的性格直来直去，他也是知道的。即使子路说得不对，态度生硬，对于这类看法，孔子不会发表意见，这反映出真诚的师生关系，也反映出孔子的大气风度。

事例三

子击磬于卫，有荷蒉而过孔氏之门者，曰："有心哉，击磬乎！"既而曰："鄙哉，硁硁乎！莫己知也，斯己而已矣。深则厉，浅则揭。"

子曰："果哉！末之难矣。"（见《宪问篇第十四》14·39）

孔子在卫国，有一天正敲着磬，一个挑着草筐的人从门前经过，说："这个人敲磬，有深意呀！"等了一会儿又说，"磬声就像敲打石头的声音，可悲呀！没有人知道，你就独善其身罢了。水深，就穿着衣服涉水过去，水浅，就撩起衣裳走过去。"

孔子听到以后说："这个人很果断，看来没有办法责难他了。"

磬（qìng）：古代打击乐器；荷：背；蒉（kuì）：筐子；荷蒉：是指挑着草筐；硁硁（kēng）：打击石头的声音；鄙：粗俗，这里可作可悲解；"深则厉，浅则揭"引自《诗经·邶风·匏有苦叶》，其含义为水深就穿着衣服涉水过去，水浅就撩起衣服走过去。这句话比喻在社会黑暗时，若黑暗程度深就要自保，如果黑暗程度不深，可以撩起衣服，避免浸湿，从而不被污染。

这个人和上面两个人不同的是，他并不一定知道击磬的是孔子，他可以从击磬的声音判断出击磬的是孔子。这样的人造诣高深，而且能听出就像击打石头一样没有得到回应，用此比喻不得志，没有被了解，还可以随口引出《诗经》的话，指点迷津。据此，此人亦是民间高人。

这段话的寓意是，孔子击打乐器，就是指他的学说。其人认为，孔子学说有深度，但是可悲的是，孔子想宣传他的学说，让人知道，却像击打石头一样，得不到回应。这里引用的《诗经》的话是说，在当时黑暗的社会，你这一套行不通。只要能够自保，不受到污染就行了。对孔子学说的评价，与上面两人没有什么不同，亦是"难以推之"。孔子对上面两个高人的评价没有回答，对此人却有回应，他认为这个人说的是实情，看来宣传、推行自己的学说很困难，但是并不放弃敲磬即推行他的学说，即使没有回应也要坚持下去。否则，他不会讲这段话。

4. 下层民众对孔子的评述

（1）基层公职人员的评述。

子路宿于石门。晨门曰："奚自？"子路曰："自孔氏。"曰："是知其不可而为之者与？"（见《宪问篇第十四》14·38）

子路在石门这个地方住宿了一晚，早晨出城门时，守门人问子路："你从哪里来？"子路回答："我是从孔子那里来。"守门人说："就是那个明知道做不到还是要去做的人吗？"

守门人，应该是公职下层人员。他知道孔子，说明孔子当时很有名望。他对孔子的评述是，明知不可为而为之。这里带问号，是问是不是就是这个孔子。他的看法虽然是"难以推之"，但他讲述的内容与下层民众是相同的，是说学说虽好，可是推行不了，你坚持没有用。这里是表述自己的老师，子路自然不做回应。孔子没有回答，是泰然处之的态度。

（2）下层民众的评述。

达巷党人曰："大哉孔子！博学而无所成名。"子闻之谓门弟子曰："吾何执？执御乎？执射乎？吾执御矣。"（见《子罕篇第九》9·2）

达巷：达，是一个地方；党：古代五百家为一党；也有说达巷是一个地方。这个地方的人对孔子的评价大意是：孔子真伟大！"博学而无所成名"按其文字表述可做这样解读，有那么好的主张，却没有被所了解、所认知而获得声望。首先，说明当时的名气已很大，在达的这个地方都有很大影响；其次，孔子在达这个地方人的心目中形象高大，认为孔子很伟大，对孔子很崇拜；再次，认为孔子学识渊博却没有被认知而闻名。喻义是有那么好的主张，不被认知，推行不了。对孔子的态度是赞誉，敬而仰之。

孔子听到这样的话，对学生说："他们称赞我不敢担当，我只是一个平凡的人，能干什么？只能做平凡的工作，驾驭车吗？能射箭吗？还是适合赶马车。"其寓意是，什么赞誉，不要看重这些，还是踏踏实实做人，实实在在做事。这不是虚伪，而是头脑清醒。这是孔子对赞誉的态度，低调回应，有很强的自知、自制和自控能力。孔子对其才智和主张不被认可、学说推行不了，采取泰然处之、不加评述的态度。

（3）自耕农的评述。

长沮、桀溺耦而耕，孔子过之，使子路问津焉。

长沮曰："夫执舆者为谁？"

子路曰："为孔丘。"

曰："是鲁孔丘与？"

曰："是也。"

曰："是知津矣。"

问于桀溺。

桀溺曰："子为谁？"

曰："为仲由。"

曰："是鲁孔丘之徒与？"

对曰："然。"

曰："滔滔者天下皆是也，而谁以易之？且而与其从辟人之士也，岂若从辟世之士哉？耰而不辍。"

子路行以告。

夫子怃然曰："鸟兽不可与同群，吾非斯人之徒与而谁与？天下有道，丘不与易也。"（见《微子篇第十八》18·6）

长沮、桀溺是两个农民。孔子时期，是由奴隶社会向封建社会转型的大变革时期，这两个农民，是从农奴中剥离出来的自耕农。这种自耕农能从农奴中剥离出来，这不是当时的农奴自身所能办到的，而是社会其他人员分化产生的。他们有一定的才能和见识，这从他们两人对子路的态度和言谈中可以看出。

耦（ǒu）而耕：两个人一起在田间耕作，这里的"耦"，是指做农活。孔子时期，中国的农业已经有了一定的发展，耕作工具可以在手工作坊打造，耕地也可以使用牲畜，故而，"耦而耕"是指两个人一起在田间做农活。其所以称为自耕农，是因为他们拥有自己的土地，或者说他们可以在所耕作的土地上自由务农。他们不是奴隶主，也不是农奴，是新产生的阶级，是封建社会的阶级基础，因为他们是一种新兴的势力，孕育着封建社会的地主阶级的产生。在进入封建社会的进程中，这些自耕农会因为占有土地和生产资料的多少进行阶级分化。在当时，他们处于社会下层，是劳动者，依靠自己劳动获得收入。

对于这段记述，可分三段解读。

第一，长沮在与子路的对话中对孔子的评述。

孔子让子路去问路，按照一般情况，农民会告诉他怎么走，或者说不知道，可是自耕农不是一般农民，他们关心社会和天下事，有自己的才能和见解，善于观察和分析问题。看到一个文人坐在车上，问路的也不是一般人，他并不认识这个人。他问子路："车上坐的人是谁？"子路回答："是孔丘。"他进一步核实："是鲁国那个孔丘吗？"子路回答："是的。"在核实是孔子之后，他说了一句："是知津矣。"他是知道怎么走的。

这段对话反映了以下几点：一是长沮看到一个坐在车上的文人，让一个看起来也不俗的文人前来问路，就对这个人感兴趣，因此，他并没有回答路如何走的问题，而是调查孔子其人。

二是他此前没有见过孔子，不认识孔子，也不认识子路，却在反复确定是鲁国的孔子。

三是在确定孔子身份之后，依然没有告诉路怎么走，而是讲了一句："他是知道路是怎么走的。"按照常规，人家不知道怎么走才问你的，这样回答是明确表示不满，不屑回答。这说明他对孔子的情况了如指掌，回答是带情绪的。

四是孔子与他没有任何恩怨和纠葛，他却不告诉人家路怎么走，这里的知路就超出了路径本身的范畴，寓意着你那么有本事，还需要问别人吗？

五是通过上述分析，这句话是指孔子的主张、孔子的学说，是对孔子的看法，但是，这个看法和执政者、当政者的看法不一样，执政者是针对学说内容的，长沮是认为这个学说推行不了，没有什么用。这反映的是下层人员对孔子学说的基本看法。

第二，桀溺与子路对话中对孔子的评述。

在长沮那里碰了钉子，子路又去问与长沮一起劳动的桀溺。桀溺首先问子路："你是谁？"子路回答："我是仲由。"桀溺又问："是鲁国孔丘的学生吗？"子路回答："对。"桀溺说："天下乱得像滔滔的洪水，你们同谁去改变它呢？与其跟着躲避国君的人，还不如跟着逃避乱世的人呢！"说完，仍然去干他的农活。

这段对话反映了以下几点：

一是他首先落实子路的身份，在回答是仲由以后，就知道子路是孔子的学生，说明子路在当时也有一定的知名度。这里使用"对曰"一词，体现出子路对提问者的礼貌，说明子路礼节到位。

二是桀溺有具体的评述，这种评述反映出他具有一定的分析能力，显露其为高人。

三是他的评述，不是针对子路，是讲给子路听的，即使是不满子路的某些言论，也会归之于他的老师。况且，子路对他那么有礼貌，他也不至于对子路大发非议，不告诉怎么走，他是给孔子看的。

四是对这段话的解读，其寓意是说，天下无道就像滔滔的洪水一样，已经蔓延各个领域，靠你的主张和学说是治理不了的。这里他没有对孔子学说的内容加以评论，而是提出了与谁一起去改变它的问题。

这寓意着两个要害问题：你的学说在立在治，你没有解决怎么立和靠谁立的问题。一方面成为全国性的严重问题，用现代的话是说，不彻底改变这个制度，仅仅依靠改良是根本不行的。另一方面，要靠谁改变，你把希望依托于执政者，是行不通的，（这种做法下）你的学说是无用的，这些政策没有给老百姓带来任何好处。他们认为，孔子跟那些服从国君的当政者一起，把自己的学说寄托在执政者身上，还不如到老百姓中间，和他们一起，远离做官，就像他俩一样做自食其力者。这种评论，一针见血，切中孔子学说的短板，寓意很深。

第三，孔子的态度。

有老师在，子路没有表示态度，将实情告诉了孔子。孔子的态度：

一是对两人不理睬他，把他晾起来的不满情绪采取宽容的态度，泰然处之。

二是因为涉及自己的学说，必须要表明态度。

三是这段话是对学生说的，也是对社会表明自己的态度。

四是孔子在表态度之前的感慨。孔子在表明态度之前，加了一个"夫子怃然曰"。怃（wǔ）：失望、失落，这里可作感慨解。从《论语》全书看，孔子的思想是活跃的、丰富的，但是作为一个教师，他很少表露自己的情感。在与高人和隐士的几次接触中均有所触动。从上述所引述的几次交谈中，有未与之见面由子路告知对方之事，孔子希望与之交谈而对方离开，孔子感到遗憾的；有对方歌之而过，孔子下车欲与之交谈，对方却未停步，孔子感到失意的；有孔子在门外听对方弹瑟评议而未谋面，（孔子）感触很深的。这次长沮、桀溺与前几次不同的是，孔子就在当面，孔子目睹两人那种毫不掩饰的不满、不屑和毫不客气的表述，这种态度常人是难以接受的，在孔子内心也引起了很大震动，他是知道当政者对他的学说有非议，也知道社会下层对他的学说不看好。在孔子看来，他的学说是为国为民的，可以说他的全部心血都用在自己的学说上，没有任何私欲和私念，想不到下层民众对他的意见这么大，根本不买他的账，一点情面都不留。孔子是人，也是有感情的，泰然处之，并不能掩盖自己的情感，怃然，是一种触动情感的流露，是一种感慨。

五是孔子的回应，这段话的关键是后半句："天下有道，丘不易也。"其意思很明确，如果天下有道，无论在任何情况下都能治理得好，我们就不需要费这么大的力气宣传我的学说、推行我的学说、坚持我的学说，正因为天下无道，我们才要宣传、推行、坚持我们的学说，这是一种信念，必须坚定信心，坚持不懈地推行。

六是对前面一段话的解读。"鸟兽不可与同群，吾非斯人之徒与而谁与？"把这两句话放在后面孔子表述的基点上，再结合高人的评述，这两句就能理解了。"鸟兽不可与同群"，这是一个形象的比喻，顾名思义，是说"道不同不相为谋"这个"道"，就是他的学说，蕴含着其学说的正确性，他同意二人的看法，天下无道就像洪水一样泛滥，他认为这个洪水虽然在当时是无法改变的，他的学说虽难以改变这种现状，但只能靠他的学说才能改变，这一点要坚持不懈；这句话还蕴含着另一层意思，对于那些被私欲腐蚀、违背人伦道德、破坏社会礼节和秩序的执政者和当政者，不能与之同流合污、妥协放纵，甚至放弃原则跟着干，这一点他和二人的看法相同；"吾非斯人之徒与而谁与？"我不与人为群，又能与谁为群呢？孔子的学说是讲治国之道，他的学说是仁者爱人的立治观和以社会伦理为核心的人伦观。再好的学说都要靠人来实施，执政者是治国的决策者、组织者和主导者，当政者、从政者是执行者，治国必须依靠他们。正因为推行不了，他必须与他们打交道，必须宣传他的主张，坚定不移地推行他的主张；如果不与他们打交道，为了推行自己的学说不做官，都去做自食其力者，这样洪水永远治理不了；爱人惠民，执政又依靠民，这是治国的宗旨和依靠力量，也是社会发展、解决社会问题的根本；再者，统治者中也有好的国君和好官，孔子也曾称赞他们、介绍他们好的一面。

纵观上述，在整个态度中，孔子对二人没有评述。桀溺的评述是针对孔子的，孔子没有正面回应，只是讲自己的观点和看法。

可是在不长的观点和看法中蕴含对桀溺评述的异同：

一是对社会的看法。对桀溺的洪水泛滥之说孔子是赞同的，可是和其态度不完全相同，二人认为治理不了，态度是失望的，孔子对治理不了之说并未反对，其"怃然"不是失望，而是感慨二人的分析和态度，表达了正因为治理不好才要坚持的积极态度。

二是异同的焦点反映在孔子的治国学说上。相同之点是二人对孔子学说的内涵并未提出异议，主要是认为推行不了，是无用的，是白费力气的，对老百姓带不来什么好处，由此波及对孔子的不满和非议。而孔子则认为正因为治理不好，他才建立自己的学说，提出自己的主张，才带领学生到各国宣传和推行自己的学说，更加坚定自己的信念。

三是最大的异同在于解决的基本思路。二人认为，这个社会靠孔子学说是根本无法治理好的，是改变不了的，要解决这个社会的问题，只有改变这个社会，这让孔子为之震撼。他之所以感慨，是他不得不承认二人的分析，这是他根本不敢想也不愿想的问题，因此他对高人抱有崇敬的态度。在奴隶社会二人提出这样的思路是超前的，从社会制度、从立治的角度上讲，在当时同样是实施不了的，这样要求孔子，是勉为其难的。而孔子的思路是创立自己的治国学说，建立治理体系，主要依靠执政者。二人的高度在于对社会透彻地分析，从制度上改变社会来根治，孔子的智，在于立治国学说、放在立治上；二人的观点的问题是改变的依靠力量、改变的基础均不具备，而且没有解决的办法；孔子的问题是不改变现状，寄希望于执政者。

四是解决方式的异同。方式问题同样重要。二人的态度是不做官，不与官员来往，不与执政者同流合污，趋而避之，隐于民间，参加劳动，洁身自好，而孔子实际上不赞成二人采取的方式，这种躲避不是办法，如果都像他们二人那样，滔滔洪水是永远治理不好的，这是一种消极的态度。

五是孔子与二人最为根本的异同，在于对人的基本看法和态度上。二人对社会的病症看得准确，根源分析得准确，提出解决的办法也是根本的办法，这代表了下层民众的心声，但是他二人在解决办法上，恰恰忽视了人的作用和力量。人是社会的主体，要改变社会，是依靠人来改变的，人是社会的获益者，又是社会的参与者，好的社会制度是靠人制定的，是靠人实施的。孔子说我们不与人为群，又能和谁为群呢？孔子的观点反映出对他二人的观点的不认同；反过来解读孔子的观点和看法，以孔子的思维能力，应该可以对这个社会做透彻的分析，但是他不愿意把精力放在抨击社会上，他的思想是守旧的，把希望寄托在执政者身上，因此在桀溺点出他的问题之后，他感到很震惊。而是（孔子）提出自己治国的人本思想，即仁者爱人的人学观和以人伦为基础的社会治理观。这个思想在前面已作大量论述，此处只是结合孔子对二人评述的态度，理顺和解读这段话的含义，以证明孔子的看法基本可以说是正确的，或者说是可行的。

从直义上解读这句话："我们不与人为群，又能和谁为群呢？"这个问号是表示，你们的办法不行，解决社会的问题，是要靠人的。用现代的语言讲，在当前这种现状下，要从制度上彻底解决是不可能的，可行的办法是发挥人的作用。人大概可分为两个群体，一个是统治者，一个是民众。从学说上讲，执政者是治国的主导，你得和他打交道，前面是道不同不相为谋，不能妥协，不能跟随，后面是谋事，还得共事。对于民众来说，他是真正与民为群的，他自己就是民众的一员，是为民的。他的学说、他的主张都是贯穿着为民的思想，在治国之策上，提出为政以德、爱人惠民，"因民之所利而利之"的治国方略和宗旨，提出民富、民食、民惠、民生的执政理念，提出敬事而信，节用而爱人，使民以时的治国之策，提出民信、民服、民情、民心的执政要求和衡量标准。在伦理治世上，提出"仁者爱人"的思想，要求执政者"先之，劳之"起带头作用，"子欲善而民善矣"，"民无信不立"；要求严于律己，宽以待人，要求"修己以敬""修己以安人""修己以安百姓"，做到"己欲立而立人，己欲达而达人"，"己所不欲，勿施于人"，对于惠民的执政者和当政者，孔子加以赞之，对于无道损民的执政者和当政者，则予以批评或者不相为谋。

孔子与二人观点和看法上异同的原因，与出身和经历有关。长沮和桀溺系自耕农。自耕农主要有两种来源，一种是有才能的智者，对当时的社会看得很透，不愿意进入官场与执政者共事，于是隐居于农村，成为自耕农；还有一种人，原来是当官者，有一定的才能，由于政治原因被免职或辞官，隐居于农村。智者和隐者都是高人，是从高人加入农民队伍中来的，成为自由民。另外，还有一种情况，就是在兼并中，一些小的诸侯国被灭，一些有才华的人才，成为遗民，流落农村，但其亦是高人，我将其归之于前面的两种情况之中。

长沮、桀溺二人是高人，隐居或定居农村，属于文化人加入自耕农队伍之中；而孔子虽出身名门，有文化底蕴，可是自父亲那一代家庭开始衰落，他幼时生活贫寒，从小就生活于底层社会，正像他自己所说，"吾少也贱"，从小就贫贱，因此，孔子对下层人民有深厚的情感。这对于他建立学说，产生了深刻的影响。由此可知，长沮、桀溺二人作为自耕农，不是土生土长的农民，而是从外来进入底层社会的，就处于下层所产生的情感，他们对下层民众的情感与孔子从小是不能相比的。

对此进一步分析可知，二人是由于政治原因，社会地位由高而低成为下层自耕农的，他们对当时的社会是失望的，认为是治理不好的，对人民是不相信的，这是认识论上出现了偏差。要说困难，孔子比他们困难得多，从小为生活所困，可是在极度困难的情况下，"志于学"，立下远大的理想和抱负，刻苦学习、痴迷学习，到了废寝忘食的程度；学习古典、学以致用，《论语》多引用《诗经》；向前人学习，向周围的人学习，"三人行必有我师"，"每事问"，不耻下问；向老子学习，结合实际，创立自己的学说；向实践学习，勤于观察，善于思考，孔子的主张来自生活，多比喻，浅显易懂，道理高深，具有人民性；立业，从"鄙事"即下贱的工作做起，一面工作，一面创建自己的学说，其学说紧紧围绕治国之道，分而为论点，合则为学说，逐步形成体系，不断完善和发展，建立了完整的立治体系。

他走仕途之路，不是为了个人的私利和名望，完全是为了推行他的学说，他的仕途一帆风顺，逐步提升，官至鲁国大司寇，位高权重，可是在推行他的学说方面注定是不成功的。他的可贵之处在于，坚信自己的学说正确，从不灰心丧气，仍坚定不移，最后官也丢了，并且到处碰壁，他依然认为，只要有哪里要用他，他都愿意，被学生子路说成是迂腐，也不松懈，最后变成为一种信念、一种精神、一种意志和毅力。

在通过仕途其学说难以推行的情况下，他将思维转向教育，广收学生，他的学生多为贫困学生，反映了教育的人民性；在普教的同时，注意提高，将重点放在培养千里马式、能传承和发扬他的学说的"贤才"上，培养了一批如曾子、有子、子贡、子思、子游、子夏、子张等顶尖级的人才，这些学生又多自己收学生，使孔子的学说传承下来，这是他成功之处。

我之所以不惜笔墨大量引证，是为了让现代人更能透彻了解孔子，更能读懂读明白《论语》。无论是二人的态度和看法，抑或是孔子的态度和回应都具有典型性，针对性很强，这是对高人评述和孔子回应的互动和异同，带有总结性。不仅如此，亦是对社会各界对孔子评述的概括，进而，亦是对全书的总体评述，对后世具有启示和借鉴作用，从中得到的启示是，人的一生，会遇到各种困难、挫折和难以逾越的坎坷，只要你有远大的理想和信念，有克服困难和跨越坎坷的勇气和信心，有敢于挑战艰难险阻的胆略和气魄，就没有过不去的火焰山。

曾有人评述孔子知其不可而为之，这是不自量力，孔子的回答是："天下有道，丘不与易也。"如果天下有道，还要我们费这么大的力气吗？这就是说，天下无道，明知道我的学说推行不了，我坚信我的学说正确，我也义无反顾而为之，即使碰得头破血流也在所不惜。这不仅是回应二人，也是告诉世人，这就是孔子！这就是孔子为世人树立的榜样！

5. 从孔子的家教看孔子

《论语》对孔子的个人评述很详细，从大事到日常的小事细节，可以说是无微不至，但却很少讲孔子自己的家事。据太史公在《史记》中记载，只提到孔子生了一个儿子，名鲤，字伯鱼。《论语》中仅提到两次，一次是从别人的口中表述，一次是自述，可以反映出孔子的家教和品行。

别人对孔子家教的表述。

陈亢问于伯鱼曰："子亦有异闻乎？"

对曰："未也。尝独立，鲤趋而过庭。曰：'学《诗》乎？'对曰：'未也。''不学《诗》，无以言。'鲤退而学《诗》。他日，又独立，鲤趋而过庭。曰：'学礼乎？'对曰：'未也。''不学礼，无以立。'鲤退而学《礼》。闻斯二者。"

陈亢退而喜曰："问一得三，闻《诗》，闻礼，又闻君子远其子也。"（见《季氏篇第十六》16·13）

陈亢问孔子的儿子伯鱼："你在你父亲那里得到过与别人不同的教诲吗？"

伯鱼回答："没有。有一次，他一个人站在庭中，我从庭中过，他问：'学《诗经》了吗？'我说：'没有。'他说：'不学《诗经》，就不会说话。'

我回去就学《诗经》。又有一次，他又一个人站在庭中，我又从庭中过，他问：'学礼了吗？'我说：'没有。'他说：'不学礼，就无法立足于社会。'我回去便学礼。我私下就听到这两次教诲。"

陈亢回去高兴地说："我问了一个问题，就有三个收获，知道《诗经》，知道礼，又知道君子对自己儿子的教诲并不比对待学生的更多。"

这段话的解读：

第一层意思是陈亢的提问。陈亢（gāng）：姓陈名亢，字子禽。他的提问是人的正常疑问，在一般人看来，教师对自己的儿子是偏爱的，教诲的内容比别的学生多，这是人的常情。孔子的儿子的回答是，没有和别的同学不同的教诲，具体讲了两个内容。陈亢听了以后，深有感触，问一而知三，除了伯鱼讲的两点外，特别加了一条，即老师给学生传授的远超过自己的儿子，将此作为一个收获，称孔子为君子，其意是指他没有私心，这反映出他的品行是常人做不到的。作为我国教育的开创者，其师德为后世立下典范。

第二层意思是孔子给伯鱼讲授的两个内容。这让陈亢感到有很大的收获。从伯鱼的表述，是孔子站在庭中，似乎是碰到了他，随便一问，带有偶然性。他对儿子的教育是深思熟虑的，是从他一生经历中提炼出来的精髓。《诗经》是当时标志性的著作，广义可做思想文化解，学了它，懂道理，会说话，说话思想性强，认识水平高；礼，是仁的外在表现，体现为礼节、规矩，包括礼仪、秩序、风气等。他将《诗》和礼作为对儿子教育的主要内容，反映出深刻的内涵。人生说来说去，一是立业，二是立人。他抓住人生的核心问题，从打好人生的基础做起，让儿子学《诗》，以获知，而立业；学礼，以做人，而立世。孔子不同凡人之处在于，他不是片面强调知识，不是片面强调学习书本知识，而是从礼做起，从立人做起，学习思想文化，从言谈举止开始，说话有思想性，有水平，是立言。

第三层意思是孔子教育的方式是启发式。他没有讲大道理，给人感觉似乎是偶然的，是不经心的，自自然然将自己教育内容传授给儿子；而是采取启发式，先问学了吗？引起儿子注意，再说不学的害处，让儿子有了认识，自觉去学习。先学什么，后学什么，不是一揽子，而是有步骤的，一次强调一点，印象深刻，便于集中力量去做。最主要的是提高自觉性，使学习内容落实，通过自我认知进行学习。孔子不同凡人之处在于，不以家长式、强迫式强行要求儿子，也不是放纵式、溺爱式，放任不管。孔子对后世家长教育子女做出典范。

从对师生情和父子情看孔子，这是唯一一次学生记载孔子提到自己的儿子，这反映在他对儿子的丧事和他最爱的学生颜渊丧事的办理上。

颜渊死，颜路请子之车以为之椁。子曰："才不才，亦各言其子也。鲤也死，有棺而无椁。吾不徒行以为之椁。以吾从大夫之后，不可徒行也。"（见《先进篇第十一》11·8）

颜渊死后，他的父亲颜路请孔子将自己的车子卖掉为颜渊买外椁。孔子说："无论是有才能还是没有才能，各人说起来都有自己的儿子，我的儿子死后，也只有内棺而没有外椁。况且，为了你的儿子，我不能把车子卖掉，因为我也做过大夫，是不能徒行的。"

颜路：名无繇，字路，是颜渊的父亲，亦是孔子的学生；颜渊：小孔子30岁，其死亡时间晚于孔子儿子；椁（guǒ）：古代高官棺木至少有两层，里面一层叫棺，外面一层叫椁。这段话起码包含以下问题：

第一，颜渊的父亲请求孔子卖掉自己的车子为他儿子买椁，反映出孔子并不富裕，做官几十年，官至朝廷大夫，为官清廉。颜渊的父亲也是孔子的学生，知道孔子的经济状况，不然不会要求老师卖自己离不开的车子。这证明孔子做官不是为了追求财富，而是为了推行自己的学说。

第二，颜渊的父亲对孔子提出的要求不合礼。按当时的礼制，有地位的官员，死后棺木才有椁，一般人只能有棺材。颜渊的父亲提出的要求违背了当时的礼制，不完全是经济是否允许的问题，这是孔子不会同意的原因。但是颜渊是他最喜爱的学生,家长又是自己的学生,提出不合理要求直接拒绝不是孔子的风格,这是摆在他面前的难题。

第三,孔子在儿子的丧事上反映出自己的高尚品格。孔子已经70高龄,儿子去世,白发人送黑发人,其内心的悲痛不言而喻。可是他对自己儿子后事的办理和颜渊是一样的,只有棺材,没有外椁,是完全同等的。如果不是颜路提出,他是不会提起儿子这件伤心的事的。颜路提出的要求是不合理的,孔子还有其他学生,都应一视同仁。如果他答应了颜路,如果其他学生不幸死亡,家长提出同样要求该如何处理?但是他这时不愿意用对待学生应该一样来讲道理,只好拿自己的儿子做比喻,其意是说:你的儿子去世,此前我的儿子也去世,也只有棺而没有椁。话讲到这个份上,老师儿子都是这样,如果自己再坚持,就说不过去。

第四,孔子更看重的是礼制。学生要卖自己的车子满足不合理要求,孔子自己不得不提及这件事,是被迫的,如果不是颜路提及,他也不会主动提这件事。孔子官至大夫,车子是礼制待遇,无论是上朝、到其他诸侯国,坐车子是一种礼节,这不是坐车和徒行的问题,是礼节问题,用这个理由说服力更强。

这里说的是同等对待,其实在亲情和师生情上,孔子更看重的是师生情,有这样一段表述:

颜渊死,门人欲厚葬之。子曰:"不可。"

门人厚葬之。子曰:"回也视予犹父也,予不得视犹子也。非我也,夫二三子也。"(见《先进篇第十一》11·11)

颜渊死后,学生们想要厚葬他,孔子说:"这样不行。"

学生们没有听从孔子的意见,仍然厚葬了颜渊。孔子说:"颜渊把我当父亲看待,我却不能像自己的儿子那样对他。这不是我的主意,都是学生们自己这样做的。"

对这段话做以下解读：

第一，对这段话的编排。这段话不是汇编学生随便乱排的，而是精心安排的：其一，上面那段表述没有放在这段表述之后，而是放在之前，说明孔子不同意颜路的不合理要求，与颜渊厚葬是没有联系的，不是因为厚葬颜渊才不同意颜路的不合理要求。这里出于礼制，后者是人情；不合礼，不能同意，不合理，出于情，可以理解；其二，厚葬的要求不合理，从情感上，是难割舍的师生深情。没有放在一起，是不想让人们产生误会。

第二，学生准备用厚葬的方式办理颜渊丧事，孔子明确表示不同意，原因不外乎两点，其一是礼制有规定，其二是习俗。具体可做这样的解读：他认为不能因颜渊厚葬造成厚此薄彼，故而他认为颜渊对他儿子对待像父亲一样，他却不能将他像儿子一样厚葬，他对此很伤心。他对颜渊的感情很深，颜渊死后，他控制不住自己的感情号啕大哭，他将此比作父子情，不能同意厚葬是被迫做出的，是在说他把我当父亲，我却没有把他厚葬，其内心痛苦可想而知。

第三，学生没有听孔子的话，还是厚葬了颜渊，可见学生对颜渊的死也是很悲痛的，学友情同样是很深的，能够不听从老师的意见，这与孔子号啕大哭一样，是动了真情。可见颜渊在学生中的威信之高，说明孔子对颜渊的爱惜，不是偏爱，是学生发自内心认可的，是学生学习的榜样。

第四，孔子对学生不听他的意见，好像是无奈，表示这是学生自愿要这样做的，对于他们的做法，我不能硬行阻止。其实从孔子在颜渊死后的整个态度可以看出，对于学生们将颜渊的厚葬，他内心起码认为学生们了却了他的心愿，他是感谢学生们的，这是情感纠结的最佳处理方式之一，这将孔子的师生情怀和爱惜人才的治国之志表露得淋漓尽致。

6. 对社会各界对孔子评述引发的思考

列举的大量例证中，对孔子赞誉者有之，崇拜者有之，敬仰者有之，非议者亦有之，不满者亦有之，诋毁者亦有之。究其原因，不外乎地位、政治需求、思想观念、观察角度、经历不同以及自身缺陷。存在不同看法和评价是正常的，说明孔子其人及其学说在社会上引起了高度关注。正像孔子自己所述，有了缺点人们都能看到，这是好事，不是坏事。

让我感受最深的是书如其人。

第一，孔子是书人合一的典范。简而言之，就是书和人一体，思想与行为合一、表里如一，这是品行一致的体现。孔子的语言、主张以及著作，都是其本人心声的表露，是正向的、一体的、心书合一的，不是二元结构，不是说的一套，做的是另一套。他的说话、主张、学说不是说给别人听做给别人看的。孔子可贵之处在于，他的每一个看法和主张，都是他个人思想与品行的结晶，用他个人的话是"一以贯之"，即不是局部的，不是一时的，而是长期的，可以说是他一生的心血凝聚。用孔子的学生曾子的话说，概括为"忠恕之道"，即自己能做到的，也帮助别人做到，连自己都做不到的，不要求别人做到。

孔子是这样说的，也是这样主张的。提出"立治"学说并终生坚持不懈，即使如此，他仍认为自己没有完全做到。他是这样要求自己的，也是以此教育和评价学生的。例如，子贡那么有才华，他是很赞赏的，却明确告诉子贡在学习上不如颜渊，并指出子贡有语言伤人的缺点，身上有才华的知识分子常有的毛病，孔子一针见血，点出要害。即使像颜渊这样被高度赞扬为德才兼备的学生，孔子也说他的缺点就是不给老师提意见。

第二，孔子评述他人，也折射对自己的评述。这是书如其人的另一体现。《论语》全书中的语言和主张都是对人和事的评述，这是他的一个特点，是他的一大优势。他对每一个执政者的评述，都很准确到位，他对社会各界的每一个评述，都讲得透彻明白，这不仅是认知水平有深度，而且思想境界很高，是思想、认识、品行三位一体的体现。从这一点上讲，对别人的评述，即是对自己的评述。正因为孔子的思想境界高、认识能力强、个人品行优，三位一体，才能始终如一，对人和事做出正确的评价。翻阅每一个评述，都很接地气，没有很高的洞察力，没有很高的思想境界，没有很高的认识水平，没有深厚的道德品质和人格，是达不到的。他的学生子贡说过一句话："夫子自道也。"是老师自己说自己，这句话虽然有特指性，笔者以为，可以用在孔子的所有评述上。

第三，孔子评述尧、舜是为评述领袖人物树立了榜样。孔子的学生根据孔子的表述，之所以在《论语》中最后一篇定为"尧曰"，是对全书的总结。孔子从学习开始，接着提出为政以德、爱人惠民的治国方略和治国之策，并以大量论述和例证进行阐述，这中间涉及治国方略、治国之策、治国模式。他的学说是针对当时的社会背景、社会现状、社会弊端的时代性和现实性提出的。他的基本思路是，国君是社会的主导，执行他的主张和学说，将基点放在依靠国君上，相对于高人来讲，是他的短板。承认现状，立足现状，这一点是守旧的，但是他没有受社会和时代的束缚，而是跳出当时的社会制度和社会现状，站在全局和战略的高度，提出了自己以"立治"为基点的治国学说和治国之策，为了证明自己学说的正确，为了推行自己的学说，他树立起尧、舜的样板。

孔子阅读的史料很多，在三皇五帝中选择了尧、舜，大加赞扬，说是多么伟大、多么高尚，甚至说可与上天比美，这个问题前面已做详细的记述，这里仅从评述的角度进行梳理和解析。

为什么选择尧、舜作为样板？是出于两个关键缘由：一是按接班人的条件，尧在选舜时，并不是从继承的角度，即自己的儿子自然接班，不管这个儿子有德无德、有才无才，只要是国君的儿子，将国君继承下去，尧破除世袭制、选拔接班人的先例；二是接班人治国的德才和接班国君的条件，尧在交班时对舜说："我将国家治理得很好，现在将班交给你，你要做到两点，其一是天下有道，百姓安居乐业，其二是使四海即全国老百姓都能有饭吃，生活不断改善，如果你将国家治理得'四海困穷'，上天给你的俸禄将永远终结。"

是周朝的开国君主，孔子选择他们作为榜样，树立了文武王之治这一典型。孔子虽然没有明确指出，但从表述上是说，周朝改变了尧、舜选择接班人的制度，施行世袭制，这与孔子立治的主张是不相符的，可是他不公开反对，而且在事实上认同，这是他保守思想的反映。这不是妥协，是认识上的偏差。在"立治"学说上，孔子肯定了周文王、周武王，明确表示支持。其含义是，周文王、周武王在选择接班人上虽与尧、舜方式不同，但这并非周朝从盛世走向衰落的主要原因，这种情况与他举贤才、治国需治君、立国先立君的领袖观存在矛盾之处。他不是采用揭露的方式，而是以"立治"为主导思想，这种不明确反对的态度，为我国封建社会搞世袭制使其合法化带来严重影响。从治国理政方面来看，他们同样将尧、舜的治国之道和治国之策做得很好，推翻殷纣，文王仁德，武王仁政。他赞扬周文王在讨伐殷纣"三分天下有其二"时仍然向殷纣称臣，说明他不是为了谋取权力，而是为了天下有道，百姓安居乐业，这种仁德是一般胜利者难以做到的，周文王具备施行仁德和仁政的可贵品质。他赞扬武王善于发现和重用治国贤才，这是能够治好国家的保证。这样明确赞扬周文王、周武王，而担忧他所处的时期"德之不修，学之不讲，闻义不能徙，不善不能改"的社会弊端，将其归为没有继承周朝先祖打下的好基础。这是他提出治国主张、创立治国学说、坚持不懈为之努力的主要原因。

后 记

孔子是中华文明治国学说的开创者

本书是《古论今语》的续集。写完《古论今语》，我的心愿实现了，能够对《论语》全书逐篇、逐段、逐句、逐字进行解读和思考，这已经超出了我的意料，是"不可为而为之"，了却了亲友对我的期望和自己的心愿。可是写完以后，我阅读的兴趣并未停下来，这里引用孔子的学生颜渊的一句话："欲罢不能。"正像颜渊对孔子的评论，他认为孔子的学说很高深，研究有了一定的成效，就是想停下来都停不下来，即使是终生学习也难以做到的。我是怀着一种强烈的追求在写续集，现在这一心愿亦实现了。这本 30 余万字的书稿已经落笔了，这是又一个难以预料的结果。这足以说明，知识的追求是无止境的，每一个"不可为而为之"，都通过"为之"变成为"可为"的了；而每一个"为之"，都使人的思想水平和认识能力有新的提高。基于这种认识，现就本书有关的几个重要问题加以说明。

一、本书的主题是对孔子学说进行辨析

1. 辨析是正确鉴别和评价孔子学说的需求和途径

写完《古论今语》，原以为通过对《论语》全文意译和解读，一字不漏，该讲清楚的都讲明白了，该进行透析的也分析透彻了，可以圆满收官了。可是一个问题立即浮上脑海，一些有关孔子及其学说的分歧，并没有

完全解决，有些该厘清问题的并未完全厘清，有些该理顺的并未完全理顺，特别是肯定和否定的分歧至今并未统一认识。存在分歧和争论，从学术上讲是正常的，可是这么大的分歧，涉及对孔子及其学说的看法和评价，就有一个为什么的问题，值得认真进行思考。这是辨析命题的出发点和立足点，也是写此续集的必要性和迫切性的原因。

2. 辨析的作用在于正本清源、牢根固本

辨：辨别、鉴别、识别、辨正，意在正本清源、去伪存真；析：分析、剖析、透析，意在培根固本、古为今用。"辨"是"析"的前提，原原本本、原汁原味，贵在继承；"析"是"辨"的后续，透透彻彻、清清楚楚，贵在发展。在继承前提下发展，在发展过程中坚持。"辨"和"析"是有机的结合、辩证的统一，通过辨析，消除分歧，达到认识的统一。

既然《古论今语》解读到每篇、每段、每句、每字，就是说，每个主张和论点都不需要再辨析了，再像《古论今语》一样完全重复辨析一遍，毫无意义。其分歧主要出在系统上。孔子学说是由一个一个主张和论点汇集成庞大的学说体系，分则为论点，合则为学说。学说上出现分歧或者说需要辨析的问题，大致上反映以下几点：

一是解决《古论今语》中意译和解读与专家注释和解读存在的差异问题。我选择的两个《论语》版本，其注释和解读都是经过专家考证的，比较专业，我一般尊重他们的意见和看法，只是在表述上尽量用现代语言，差异主要是在解读上，更多地反映自己的观点和看法，在不违背原意的原则下，根据古代一字多义的特点，按文字作一般解读，给人们提供一些思路和启示，让当代阅读的人都能读懂读明白。这就往往导致解读与专家解读不一致的现象，这是解析的一项重要内容。

二是辨析主要解决《古论今语》中系列论点构成整体时关联方面的短板。《论语》的特点，一不是著作，而是语录，一次一个论点；二不是一次所讲，而是一生所讲，一个一个汇集，成为语录集合；三不是周密计划，

无一定格式，一无教学计划，二无教学大纲，三无教材，四无固定教室，五无固定学生，六无固定场景，七无上级领导，八无固定言谈对象，九无预设内容，十无总体表述。言谈是口述，由学生记录，因为两千多年前那个时代，没有像今天的笔记本，其条件不外乎记在竹简上或者布帛上。只能记要点，没有学说讲述的整体构思，一次只讲一个观点和论断。有的论点是讲给学生听的，好记录；有的是与诸侯国国君对话，不可能学生都在场，由随行学生记录；有些是在路上言谈，由随行学生追记。

从内容上看，那么多的论点，按照概率，治国是主题，是重头戏，与总论点比，占的比重很小，而大部分是伦理治世。从系统性看，孔子在世时没有总体论述，没有系统谋划，治国的构想是在他的脑子里，孔子去世后由学生带着他们自己的学生将孔子的思想汇集在一起，汇集也只是收集、汇总，是记述式、简介式（简介场景、言行举止纪实），没有前言、后记、说明、编辑感言，主要是在编排上下了一番功夫。

治国之策在开篇、每篇标题，内容首段、全书最后综述有所体现，将大量伦理治世论点分摊于各篇之中，是经过周密思考和策划的。其基本思路是：治国的主体是执政者和从政者，要治好国家，首先，应对国君伦理道德"先之，劳之"，起示范和带头作用。其次，体现在治国上，以仁德和仁政治理好国家。可是由于在系统安排上，治国之策和伦理治世混合在一起，又没有加以说明和提示，这就造成误读和分歧。例如，将《论语》解读为《伦语》，就是偏颇。不能说这种解读是错的，是不正确的，而是这种解读淡化了对执政主体的要求和担当，就容易将治国之策下移到伦理治世，进而演化为治民，国家主体责任转变为全民伦理道德的构建，爱人惠民就变成为一张空头支票，是执政政绩的口头语，即使有惠民措施，也是执政者的"施舍"，彰显皇恩浩荡。这一问题，《古论今语》解决不了，只有通过辨析才能做到。

三是通过辨析厘清孔子学说的原意真谛。

写《古论今语》时我才将孔子学说认识清楚。肯定与否定问题的提出和思考，在用事实说话时，存在两个解读：一个是主观思想上，先有一个结论，先入为主，从论点上找引证；另一个是引文时断章取义，以点概面，以偏概全。而要解决这两个问题，仅仅给全书作意译和解读是不够的，它不能解决总体的分歧和看法，不能解决论点之间的相互关联问题，这个问题需得经过辨析来解决。

针对以上两种情况，我未采取全部论点逐条辨析的方法，重点放在论点间的以及相互关联上，把一些重要论点放在整体的框架下进行辨析，以完全解读深透而不留有误读余地为原则，采取一些重要论点的叠加式重复引用，逐步深化理解。有的不加或稍加辨析，有的整段论点完全引用，通过辨析将原意讲深讲透；有的前后都引用注释和解读，使读者不需前后翻阅出处，通过叠加式重复理解，深化认识。认识是一个逐步的过程，没有捷径可走，必要重复会加深记忆，通过学习、提高，再学习、再提高，读一次有一次的收获，这是我学习《论语》的深刻体会。新的看法往往是在辨析的过程中产生的。真正读懂了原文，获得原文的真谛，思想疑惑和认识分歧就会消除。

3. 辨析重在读懂孔子学说

对孔子及其学说的分歧和看法，从根源上讲，不在其外，而在其中，因而解决的办法是对学说进行辨析，《论语》是对学说的集中概括，辨析的主旨是读懂深钻《论语》，也就是说，只有真正读懂读明白《论语》，才能消除对孔子及其学说的分歧和片面看法。

一是孔子学说的时代性和不朽性。孔子学说产生于两千多年以前，他是根据当时的社会现状提出的学说，其学说具有时代性，其时代有两个显著特点。其一是处于奴隶社会，即剥削制度的初级阶段，生产力落后，奴隶没有人身自由。孔子处于这个社会之中，其主张和学说并没有反映这个制度的特点，而是跳出这个制度，站在"立"和"治"的制高点上，建立其不朽的学说。其二是孔子所处时代是社会由奴隶社会向封建社会转变的大变革时代，争霸和兼并战争是这个时代的时代特征。孔子并没有趋同于这个时代和适应这个时代，而是提出了一整套以德治国的主张和治国方略，因而其学说具有不朽性。

二是孔子学说的开创性和独创性。孔子之前，我国已有三千多年的文明史和深厚思想文化底蕴。孔子勤于学习，善于思考，从尧、舜、周文王、周武王那里借鉴治国榜样，从诸多先辈吸取经验和启示，从《诗经》的思想文化经典中吸取营养和范例，从同时期先辈老子那里学习道文化思想和无为而治的理念，从民间广泛提取生动的人和事以及丰富的语言，建立在中国历史上具有开创性和独创性的文明治国学说，成为中华文明治国的开拓者。

三是孔子学说的战略性和超前性。孔子学说是根据社会现实创立的，他不拘泥于现实，而是站在社会现实之上，提出以高起点"立"和"治"为特点的治国学说，这种治理理念是开发性的、建设性的，不是为某个制度特制的，而是适应一切社会制度和社会形态，具有可实践性和达标性，具有历史的穿越性，当时的社会也包括在内。

四是孔子学说的思想性和人民性。孔子学说来源于实践，形成思想理论，又引领和指导实践。所谓思想性，从本意上讲，是指思想对行为、实践的引领和指导作用，反映为一种思想素质、文化素养、精神动力、道德品质、社会风尚、民族精神、民族气节以及中华民族的优秀品质等，孔子将其概括为千里马这种精神重德而不重其力、具有远大抱负、要忍辱负重、要坚定不移等思想，这些千里马精神。

在治国上，其思想性反映为人民性，体现为以德治国、爱人惠民的治国方略，提出"因民之所利而利之"的宗旨，实行惠民政策；明确执政者在治国中的主体作用，首先具备仁德，以仁德施行仁政。孔子学说重视"实""立""治"，但其"立"和"治"，并非只强调实干，只强调"立"，只强调"治",其"实""立""治",不是只看政绩、只看实效,首先是以德树人、以道行义,重在天下有道、百姓安居乐业。老百姓的幸福,是衡量治国实践的标准,是伦理治世的道德底蕴,是老百姓自觉参与国家立治的动力源泉。

4. 孔子学说的中心内容就是治国之道

对孔子学说分歧和不同看法的根源还在于孔子学说本身,辨析主要是辨析孔子学说,主要方法是读懂《论语》。对此本书做了大量的引证,进行梳理、解读,通过目录大致可以一目了然。翻阅目录,就会对《论语》全书阐述的纲目有所了解,这是辨析全书的基本思路,读者一看就能明白。据此梳理一下要点:

一是理顺孔子治国之道的基本框架。治国之策、伦理治世、孔子其人三大块,是孔子学说的基本框架。

二是厘清孔子学说的基本结构。孔子的全部论点(包括学生的论点),及其由这些论点集合组成的理论和实践体系的有机结合,即孔子学说,涵盖了孔子学说的组成结构。

三是厘清孔子学说的基本途径。先厘清治国之策,再厘清伦理治世,这是厘清孔子学说的基本途径。这样才不会产生主次倒置的情况,才不会转移对治国主体的要求和担当,从而才能对孔子做出准确的评价。

四是厘清孔子治国学说的基本形式。治国的基本形式是国家治理,其治国主体是执政者。体现为,其一,是对主体要求、执政核心的治理和建设,这是治好国的前提;其二是主体作用,是治好国的责任和担当。在伦理治世上,起带头和示范作用。国家治理得好,才能赢得民心和民信,才能得到老百姓的拥护。老百姓既是国家治理的受益者,又是参与者,只有有所获得,才能积极自觉参与。同时,只有执政者有好的品行和作风,才能带好社会风气和道德风尚。

五是厘清孔子学说的内在联系。孔子学说治国、治世、其人三位一体,有机结合,是孔子学说的内在联系。而书人合一,是孔子学说的基本特征。所谓书人合一,就是书如其人,不是书人两张皮,也不是写书是为别人看的,其本人的内心世界是另一码事。孔子的学说与孔子个人是一体的,其论点和学说是用自己的心写的,表里如一,书人一体,这是常人难以做到的,孔子的学说体现其治国之道,孔子本人又是自我品行和身体力行达标的践行者。

六是厘清孔子学说的达标准绳。树立尧、舜作为样板,将其作为治国榜样,使其成为开创中华文明治国的奠基人和楷模,以证明自己学说的正确性和不朽性,是我国得天独厚的特点和优势。

二、返璞归真、培根固本是正确评价孔子学说在中国历史作用的着眼点

《古论今语》采用两部经专家进行注释和考证的《论语》版本,基本尊重他们的解读,逐篇逐段逐句逐字引用,只是为了让现代人看懂看明白,在文字上使用现代语言,在此基础上,作为一个阅读体会者和研究者,主要在意译和解读中以新的视角,在不违背原意的原则下,突破过去的注释和解读模式,给人们提供一些思路和启示,目的在于正本清源、古为今用。可是并未完全解决对孔子学说的分歧和不同看法。本书做了大量的原文引证,返璞归真、培根固本,弄清了是是非非,证明分歧不是出在孔子学说本身。

社会的发展有其自身的发展规律,这种社会发展趋势是孔子学说预料不了的,封建社会是社会发展的必然趋向,中国封建社会扎根于中国社会发展的基础之上,选择孔子学说作为正统思想,有其历史的必然性。可是,正是因为孔子学说已成为封建社会的"金字招牌",引发一些理不清扯不断的是非问题,当代学者据此做出不同的判断和评论。本书通过叠加式引证评述,可以说从理论上大致厘清了问题,或者说当前新时代为正确解读

和运用孔子学说创造了最佳机遇和条件。

孔子学说建立在中华文明史的厚土深根之上，正向正能，根深根正，是中国社会文化发展的主线。

封建社会代替奴隶社会是正向发展，符合社会发展规律，是社会进步的反映。封建社会的统治者将孔子学说作为正统思想，这是传承中华优秀传统的正确选择。将《论语》作为统治者和全民的教科书，对其立和治的传承，起到正向正能的作用，继承和弘扬中华优秀传统，取得中华文明和文化的长足发展，获得丰硕的成果，在治国上出现汉唐盛世、康乾盛世等盛世，也有一些开明皇帝，这是中华文明和文化发展的主线。孔子学说的"立"和"治"主线，必将以强势发展发挥其正向正能的作用。

三、孔子学说的哲学是建立在各种关系的基础之上

孔子学说的哲学是一个庞大的关系结构和系统，可以称之为关系学。其中加以简要梳理大致有：在治国方面，存在纲与目、"治"与"立"、学说与论点、治国与治世、德治与仁政、以德治国与依法治国、君与臣、上与下、君与民、个人与他人、个人与社会、个人与国家、劳动与报酬、付出与获得、贫与富、贵与贱、公与私、权利与义务、公平与正义、战争与和平、内政与外交等诸多关系；在伦理治世上，家庭伦理与社会伦理等关系也众多，包括人伦与伦理、孝与悌、父与子、兄与弟、夫与妻、道与德、品与行、做人与做事、立人与立世，等等。《论语》中满篇皆是这些内容，这里不再一一列举，读者按此思路都会明白。这里仅就几个重要问题进行哲学思考和辨析。

1. 有关孔子"生而知之"说的哲学思考

孔子说"生而知之者"是最好的，"学而知之者"次之。这句话似乎是孔子承认有"生而知之"的人。可是他明确说他"非生而知之者"，而是"学而知之者"。这两句话应该连起来解读，用现代语言其大意是说，要

说有生而知之的人，他不否认，但他以自己为例，说明人所获得的知识，都是人的后天通过学习获得的。前面这句话是对"生而知之"这种说法的一种观点，认为如果能够"生而知之"是最好的。他不在这句话上纠缠，实际上肯定"学而知之"就是对"生而知之"的否定。这里仅举一个实例。孔子的学生子贡，是唯一与孔子多次面对面探讨、对孔子进行评价、其才华最受孔子赏识的学生。有官员问他，孔子为什么多才多艺？他回答是天赐给的。孔子得知后明确表示，自己是小时贫贱，做的都是下贱的工作，多才多艺是靠刻苦学习获得的。

有人会持异议，认为这句话毕竟是孔子所讲，上述解读难以令人服人。根据古语一词多义的特点，按照文字表述，用现代语言进行解读。"生而知之"，这里的"生"，是指不是后来获得，是生前就具有的，是遗传基因；这里的"知"，不是指知识、学问，而是指"智"，即聪明、智慧，是先天就具有的，是父母的遗传基因，这样的人具有先天优势，比起"学而知之"是一大优势，即是最好的。

外因是变化的条件，内因是变化的根据。聪明、智力是父母的遗传基因，是内因，外因这个条件，是通过内因而起作用的，"学而知之"才是获知、行为、事业、实践、获得、成就的决定性因素。举两个典型事例，虽然没有明确讲是天生带来的，是后天带来的，可以说明问题。一个是宰予，孔子认为他能说会道，很聪明，开始孔子"听其言而信其行"，可是后来发现他白天打瞌睡，孔子很生气，批评很尖锐，意思是，不好好学习，你再聪明能有什么用？另一个事例是曾子，孔子认为他很迟钝，可是曾子刻苦学习，有许多独到见解，并且广收学生，在教育上有突出贡献，成为孔子的学生中出类拔萃的传承人和弘扬者，其言论是孔子学说的重要组成部分，为孔子学说传世发挥了重要的作用。

2. 孔子"人学"的哲学思考

《论语》全书是讲人的，我将其概括为"人学"，过去在这方面有所欠缺，因此注释、意译和解读并未消除分歧和不同看法。《论语》一书紧紧围绕"人"这一主题展开，做了全面系统的引证和分析，可以说是讲清楚了。

一是用马克思主义人学观识别和检验孔子的人学观。首先根据马克思主义创始人马克思和恩格斯对人是什么、人的本质是什么的论述，对照孔子的人学观，将其概括为人的社会性是人的本质属性，这是符合马克思主义人学观的。

二是孔子的人性观在于人的社会性。孔子的人性观认为，由个人组成人类社会，人就有了人类的共同性，并非因为一个个的人组成社会和国家，就要把个性作为人的根本属性，把个性放在人类共性的基点上，才能正确地看待个性，真正体会个性的基本含义，发挥个性的真正作用。如果把个性作为人的根本属性，就具有排他性，不仅不能正确处理人与人、人与社会、人与国家、人与自然的关系，不能构建好的社会伦理、建立好的社会秩序、树立好的社会风气、崇尚好的社会风尚、发扬好的民族精神，而且将失去生存条件，甚至个人都无法来到这个世界。

三是孔子仁者爱人的国家和社会治理观。人是社会的主体，国家和社会体现人的意志。同理，由个人组成社会和国家后，社会和国家形成严密的组成形式和机构，肩负着国家和社会治理的重任。在国家和个人的关系上，既保证个人的权利和个性，又赋予个人义务并发挥个人的作用。在治国治世上，执政者是主导，老百姓是主体。所谓执政者是主导，是指通过决策、组织、措施、实施和大政方针，实行以德治国、爱人惠民的治国方略，在伦理治世上，以身作则，起带头和示范作用，带动社会治理；所谓人是国家和社会的主体，是指人民是创造人类历史的动力，坚定树立以人为中心的思想，体现在治国和治世上，人既是国家和社会治理的获得者，又是国家和社会治理的参与者。

四是孔子人学的"人"是大写的人。人既然是人就要活得像个人样，首先具有动物的需求，满足衣食住行的需求，期望日子过得好些、安全一些、稳定一些，可是人是高级动物，有语言、有文化、有素养，要做文明的人，言行举止、做人做事、处人处世要对人类社会和国家有益而无害，不能有低级动物的兽性。

五是孔子说的"人"是有思想、有仁德、有品行的人。以仁为核心，以德立人、以礼立世、以品立行、以敬立业，做君子不做小人，做真善美不做假恶丑，堂堂正正做人，正正派派待人，扎扎实实做事；仁者爱人，严于律己，宽以待人，修己以敬，修己以安人，修己以安百姓，屏四恶、尊五美，建立五美社会。

六是孔子的人才观是"举贤才"的人才观。"举贤才"是孔子治国学说的重要论述，是国家能否治好的关键。其内容是选拔重用德才兼备的优秀人才。孔子有一句名言："才难。"即人才难得。包含两层含义，其一是培养德才兼备、能够挑起治国大梁的突出人才，是难得的；其二是选拔重用优秀人才，充分发挥人才的作用，这样的人才是治好国的关键，是难得的。

因此，所谓仁者，应爱惜人才、知人善任，把优秀人才选拔到领导岗位，委以重任。带动领导团体树正气、抑邪气，把正直的人放在不正派的人之上，保持领导团体正向稳定，不使奸邪的人把持朝廷。他用一个形象的比喻，将优秀人才比作千里马，千里马有行千里的能力，更重要的是，千里路任重而道远。千里马有一股精神、一股劲头、一股韧劲，有坚定不移的毅力、信心和决心。老子有一个经典的论断："无为而治。"按其治国的一般理解，是指不与无道的执政者同流合污、不跟着干，就是"治"。孔子将其运用到自己的治国学说之中，其"无为而治"包含两层意思，一个是国君端坐在朝廷之上。那个时期每早，大臣上朝、进谏、廷议是主要形式，大政方针和每天大事是在廷议中决定的，国君就是坐在朝廷的君位上，端庄的坐在那里，显示其威严、权威，是一种定力和决定权力，另一个是选拔重用优秀人才，靠人才治国。

3. 孔子"中央集权制"构想的哲学思考

秦始皇统一六国后建立起中央集权制度，汉武帝进一步巩固了封建专制统治。孔子虽然提出了一些理念，但当时王朝衰落，诸侯各自为政，孔子的构想未能实现。

一是中央集权制构想是从周王朝执政由成功走向衰落的经验教训总结而提出来的。周文王周武王推翻殷商王朝，为了奖励开国功臣，采取分封制，给诸侯分封领地，大大小小的诸侯逐渐羽翼丰满，各自为王，形成诸侯国，将周王朝推向衰落，大权旁落。针对这一状况孔子提出了中央集权制构想，这并非权宜之计，其历史意义在于从战略高度提出了解决的举措，即中央集权制构想。

二是中央集权制构想的要义是，中央集权是把加强中央核心领导的建设和权威作为巩固国家统一、反对分裂的保证。

其基本表述："天下有道，则礼乐征伐自天子出；天下无道，则礼乐征伐自诸侯出。"（见《季氏篇第十六》16·3）礼乐：是指礼乐制度，广义是指制度；征伐：是指争霸战争，广义是指大政方针；与后句诸侯对应，前面的"天子"是代表中央。这句话的大意是，国家治理得好，制度和大政方针要掌握在中央手里，即中央集权制是治理好国家、治理好天下的根本保证；反之如果大权旁落到诸侯国家手中，国家就难以治理好。

这里表述以下意思：

其一，要治理好国家，必须将政权掌握在国家手中；其二，要处理好中央和地方的关系；其三是中央集权制不是局部性策略，不是应急措施，不是权宜之计，具有全局性、战略性和永久性，是一种模式，其构想具有中央集权制模式的雏形，是中央集权制的原始表述。

三是中央集权的旁落，是天下无道、国家和社会治理不好、政权不稳以至丧失政权的一条重要原因。其表述是："自诸侯出，盖十世希不失矣；自大夫出，五世希不失矣；陪臣执国命，三世希不失矣。"（见《季氏篇第十六》16·3）春秋时期，政权组成形式并不完善，天子（代表中央）、诸侯国（相当于省）、大夫（相当于县）、陪臣（相当于乡），十世、五世、三世，不是定数，意味着丧失政权的必然性更大。据此，对这句话的解读是，中央集权大权旁落，必然会导致政权丧失，如果从中央权力落到诸侯手里，虽然丧失政权的时间要长些，最后必然导致政权丧失；如果旁落到诸侯国大夫手里，政权丧失的速度加快、时间更短；如果大权旁落到大夫陪臣手里，由大夫陪臣掌握国家命运，速度更快、时间更短。从反面证明了中央集权的重要性。

四是中央集权制构想的精髓是中央集权。根据以上情况，孔子得出结论说："天下有道，则政不在大夫。天下有道，则庶人不议。""天下有道，则政不在大夫。"是说，天下治理得好，国家的政权不会落到地方势力手中，从正面理解，政在中央，即中央集权。故而，中央集权构想的精髓是中央集权，这是治理好国家和社会的制度性保证。

"天下有道，则庶人不议。"所谓庶人，是指下层老百姓；不议：是指不非议。这里包含两层意思，一层意思是，天下有道，国家治理得好，从中央集权构想理解，中央集权是主导，即执政者是治理好国家的关键，而人民是国家的主体，爱人惠民，才能取得人民的信任和拥护；另一层意思是，人民是治国成果的获得者，又是参与者，中央集权与庶人不议是两个关键词，是相辅相成的关系，中央集权以庶人不议为基础，庶人不议检验中央集权。

五是孔子"为政以德、爱民利民"的治国方略是中央集权制构想的内涵之一。从上述论述可以明确看出，孔子提出的中央集权制构想作为一种模式，这是中国独具的特点和优势，孔子是根据中国文明史传统总结出来的。

六是树立中央集权制典范，以证明其立论的正确性。孔子的中央集权制构想，从立论、理论阐述到构想以及模式与内涵的结合，一环扣一环，很有说服力。为了证明其正确性，他从古代贤君中选取了尧、舜作为文明治国的样板,这个样板,不仅证明他学说的正确,而且为后世树立了典范,为后世立下学习榜样。

4. 孔子有关"画底线"法则评述的哲学思考

这个评述,是由孔子与其学生的一次对话引起的。学生冉求对孔子说:"我不是不赞成你的学说,而是能力不够,达不到。"孔子指出:"能力不够是因为没有竭尽全力去做。你不是能力问题,你是给你自己画了一条界线。"这段话虽是对学生个人说的,却讲了行为和实践普遍存在的哲理问题。孔子以走路做比喻说,能力不足,走到半路上走不动了,画一条界线作为达标标准,这是一个低标准。达到这个界线不肯再向前走了。可是,这条界线是一个临界线,由于自身或者外界的原因,会突破这条线,而一旦突破,能力就会提升。这是一条实践规律和发展逻辑,我将其命名为"画底线"法则。我引用一些实例加以说明:从学生成才教育谈起,"德"与"才"都是教育硬指标,"才"是可量化硬指标,是指人立足社会要靠真本领;"德"同样是硬指标,由于难以量化和衡量,往往呈现三种情况:

一是出现教与学两张皮,教在我,学不学在你,学生对德育不大重视,在德的培养教育上,一般不会影响拿毕业证,容易出现先天不足的问题,到了关键时刻这种问题会显现出来。

二是在学校出现一些问题和错误,如果放松要求,就会将问题带到社会,造成不良影响和后果。

三是在学校要求严、重视德育,学生表现好,走向社会以后,由于环境的变化,经不起考验而出现问题。

我在这里说的是学校教育和学生个人"画底线"法则带来的问题。同时从这些事例中反映出,在社会上同样存在环境、条件、教育、管理方面的问题。

孔子以身作则践行"画底线"法则。据学生记述,孔子喜欢喝酒,以不喝醉为原则，这条线一生没有突破。

我国新时代民族复兴的伟大事业深深扎根于中华民族五千多年文明史。以孔子学说为代表的中国传统文化是中华民族的独特标识和重要财富。结合当代社会的发展需求，孔子及其学说将焕发出全新的生命力，为当代社会提供精神支柱和文化自信的力量源泉。本书是《古论今语》的续集，主题是对孔子学说进行辨析。愿本书能带给读者更多启发，于愿足矣。

完稿于 2023 年 7 月 7 日星期五